东莱风云录

张久深 著

中国人民政治协商会议山东省龙口市委员会 编

中国海洋大学出版社
·青岛·

# 《东莱风云录》编委会

主　　任：吕卫东

副 主 任：周学军　李忠维　杨成显　成宝功

　　　　　连淑琴　于艳丽　宋安元　张成纲

主　　编：赵宏韬

副 主 编：张英华

工作人员：刘　帅　吕建超

要把我国历史文化和国情教育摆在青少年教育的突出位置，让青少年更多领略中华文明的博大精深，更多感悟近代以来中华民族救亡图存、发愤图强的光辉历程，更多认识新中国走过的不平凡道路和取得的巨大成就……

——习近平 2014 年 12 月 20 日在庆祝澳门回归祖国 15 周年大会暨澳门特别行政区第四届政府就职典礼上的讲话

# 前　言

　　文史资料的挖掘整理在政协工作中占有重要地位，是进行爱国统一战线工作重要组成部分，也是一项有益当代、惠及千秋的重要文化事业。"国亡可复，史亡无救。"当年周恩来总理对抢救文史资料做过许多精辟论述和重要批示。

　　近代以来，龙口市人民在孙中山先生领导的旧民主主义革命和共产党领导的新民主主义革命中创造了许多可歌可泣的丰功伟绩；龙口涌现了许多舍身求法的仁人志士，留下了浩繁的珍贵史料。抢救、挖掘、整理这些史料不仅可以资政存史，为研究地方近代史和写史修志提供翔实依据，也便于对人民大众，特别是年轻一代进行爱国主义教育，利于加强精神文明建设，具有重大现实意义和深远的历史价值。

　　20 世纪 80 年代初政协恢复活动以来，龙口市政协历届领导都十分重视文史资料的抢救、挖掘和整理，将这项工作列入主要议事日程。广大文史工作者坚持唯物主义历史观，本着"文史并茂，史重于文"的精神和"不贬损，不溢美，不为亲者讳，不因一眚掩大德"的原则，克服种种困难，埋头苦干，秉笔直书，寓褒贬于行文。大家先后挖掘整理了许多乡贤耆旧的嘉言懿行，编辑出版了丁佛言、徐镜心、牟中珩、王永幸等重要人物传记和龙口开埠等相关史料，汇编、再版了清康熙、同治和民国《黄县志》及《龙口历史文献集成》等历史文献。共出版文史资料专辑 7 期，专题单行本 12 部，近千万字。我们还为上级政协、统战部门提供了许多具有参考价值的地方史料。我们在全国政协、省政协、烟台市政协主办的有关报刊公开发表了诸多文章，共近百万字，取得了引人关注的成绩。这些史料均经严格筛选，反复考证，为各级地方政府施政决策提供了参考依据，为省、地、县多次编纂方志（特别是人物传的撰写）节省了大量人力物力，为保证志书质量发挥了作用。

《东莱风云录》共收录文章 50 余篇，记叙了近百年来在龙口地区涌现出的重要人物和发生的重大历史事件，是作者从曾经在全国政协的《纵横》、山东省政协的《春秋》与《联合报》、烟台市政协的《烟台文史资料》等报刊发表过的近百篇文章中精心遴选、几经增补修订整理出来的。其中有的获过奖，有的被《新华文摘》等报刊选载或转载过。随着时间的推移，这些文章将会愈显珍贵。

历史的因，铸成了现实的果。"谁掌握了历史，谁就掌握了现在。"读历史，如果先从资料入手，有时反而更容易看到真相，因为这些资料在某一横断面上较真实地保存了事件原貌。文史资料信息密集，是了解当地、研究当地历史不可或缺的"资料库"。希望广大文史工作者以"时不我待"的紧迫感，发扬勇于担当的精神，再接再厉，挖掘整理出更多具有鼓舞人、教育人和存史资政价值的精品。

龙口市政协学习文教与文史资料委员会

2019 年 8 月 28 日

# 目　录

# 龙口开埠

## （一）

　　孙中山先生很早就关注龙口港的发展。其在所著《建国方略》中明确指出，在北方奉天（今辽宁）、直隶（今河北）、山东三省口岸，应设 5 个渔业港。龙口港是其中之一。

　　龙口港处于莱州湾东北侧，地理坐标为东经 120°19′14″，北纬 37°39′11″。龙口港东邻烟台，南近青岛，与大连、秦皇岛、天津隔海相望。其气候属温带季风型，四季分明，冬无严寒，夏无酷暑，年平均气温 12℃ 左右。

　　龙口港水、陆交通便利。水路方面，龙口港与全国主要港口通航，距秦皇岛 143 海里，距大连 127 海里，距塘沽 155 海里，距青岛 314 海里，距上海 591 海里；是山东省直达东北、华北、南方各地的水上枢纽，也是山东省沿海小港口中转港之一。陆路方面，龙口港距青岛 202 千米，距潍坊 166 千米，距烟台 132 千米。交通干线烟潍公路、烟青公路由此经过。

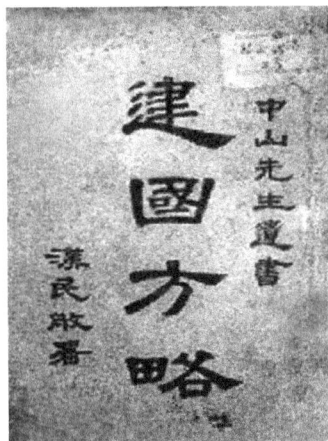

《建国方略》

　　龙口港直接腹地为龙口市、莱州市东北部、蓬莱市西部、招远市北部。腹地有煤、金、镁、玉石、大理石矿藏和原盐、水产品、农副产品等。

　　龙口之名始见于清康熙《黄县志》"龙口墩，明洪武二十一年魏国公徐辉祖建"，距今已有 600 多年历史。

　　明嘉靖年间（1522—1566 年），龙口初为沿海渔户一沙碛网场，以渔产丰富闻名。隆庆年间（1567—1573 年），由于徐邳等地淤塞，漕粮难以北运，明廷诏令实行海运，漕粮自淮入海，经龙口运天津。清代中叶以后，海禁有所松动。康熙四年（1665年）山东等处居民被准许下海捕鱼。康熙十九年（1680年），海船被准许出海贸易，直、奉、苏、浙诸省多来购鱼者。"北船来必粮酒，南船来必纸糖"，加之经龙口去东北谋生者逐年增多，渐集中为市，龙口遂有渔店酒肆，逐渐兴盛。

乾隆年间（1736—1795年），登莱遭灾大饥，直、奉商船载粮前来出售，龙口出现专营粮食的店铺。咸丰二年（1852年），黄河改道经山东流入渤海，中段淤浅而难以通船。所有南漕米粮概由海运至天津，再驳至北京谷仓，龙口又成为转运漕粮口岸。当时港湾内有商船百余艘，龙口已发展成具有一定规模的集镇。

咸丰九年（1859年），大臣袁甲三奏请山东各口设厘捐局。登、莱、青、武定、滨等16州县内遂分设6局。龙口为其中一局，辖蓬莱天桥各口、掖县（今山东莱州）海庙各口及昌邑下营各口。

咸丰十一年（1861年）1月，清政府成立总理各国事务衙门，聘用英国人任总税务司，授予其全权管理海关税务，并招聘外国人充任海关税务司和高级职员，推行洋关制度。1862年2月14日（同治元年正月十六日），登莱青兵备道崇芳由莱州移驻烟台，兼东海关监督。3月，烟台设东海关监督衙门，下辖龙口、威海分关。龙口分关下设羊角沟、石虎嘴、掖口、海庙后、黑港口、黄河营、栾家口、虎头崖、天桥口、刘家旺、平畅河、八角口、庙岛等13分卡。龙口港从此设立官方管理机构，初名税局，俗称常关。从此，渤海湾山东沿海各港口均以龙口为中心，来往船只日益增多，龙口集镇不断扩大。

当时龙口没有码头。龙口装卸靠过驳和人工作业。为保障船只进出安全，同治十年（1871年），英国人在屺𡶴岛建起一燃油灯塔，塔上置木顶楼，楼顶高出海面61米。灯为盆状，内贮豆油，上加铁盖，盖周穿有7孔，7只灯芯由孔中穿出，闪闪发光。此塔是山东沿海第二座灯塔。第一座是1867年建成的烟台崆峒岛灯塔。当时海关的职能主要是征税，港口年吞吐量仅几万吨。

光绪十二年（1886年），来往商船不谙航道，常触礁搁浅。南船船头如鸟，人称其为"鸟船"。为避讳"鸟"入"笼"（龙）以诹吉利，龙口便易名"金沙滩"，并在海神庙前建牌坊刻意宣扬。然而，"龙口"

早已名扬中外，深入人心，易名不为人接受。1912年，龙口复名。

同治、光绪年间（1862—1908年），龙口以南的黄山驿设有巡检司，监管龙口码头事务。

1912年，清朝灭亡。中华民国龙口民政署监管海关事务。龙口已与大连、营口、锦州、安东（今辽宁丹东）、天津等渤海、黄海沿海各口岸通航。当年有中、日、英三国轮船24只、566艘次，民间帆船260只来往于龙口港。日入港大小轮船24艘次，最大吨位1200吨，最小吨位470吨。年进出港船舶1260艘次，进出港人数达85 197人次，输入货物近30种。龙口成为南北海运必经之地。时有英商太古洋行的"温州""牛庄"，怡和洋行的"怡生"，旗昌洋行的"芝罘"，中国肇兴公司的"肇兴"，日商东和公司的"第二永田丸"等竞相航运。三国公司规定每5天航行一次。当时经龙口去东北及俄国东部沿海及西伯利亚地区经商打工者，每年十四五万人次。龙口河北地段已初步形成一商业区（旧商埠）。

1913年3月，日本人浅见亮受关东都督府派遣，对龙口地区进行了30多项调查，并向日本政府写出题为《龙口事情》的调查报告，详细地报告了龙口港湾、街市、人口、风俗、航运、贸易、税收、金融、腹地资源以及有关军队和政府等重要情况。1914年，日人田原天南再次来华调查龙口。他在报告中指出："龙口由于与关东州诸港关系密切，并作为由虎头崖、羊角沟出口货物之转口地，其背面又有黄县（今山东龙口）之故，近来愈加繁荣。尤其有经该港而来往于东北三省苦力不下三四百万……"他们的调查，为日本出兵龙口提供了情报。帝国主义者对龙口早生觊觎之心。

20世纪初的龙口港

## （二）

甲午战争后，在抵御外来侵略，挽救民族于危亡的探索中，以内争利权，外促富强为特色的自开商埠思想渐为举国上下广泛接受，成为清政府一项国策。1903年9月，外务部批准商约大臣吕海寰倡议广泛开埠的奏请，令"各省督抚详细查勘，如有形势扼要，商贾荟萃，可以自开口岸之处，随时奏明办理"。自开商埠既有收回权利，自强自立的民族色彩，又有追求文明进步，推动社会发展的时代特征。

1914年2月2日，北洋政府根据国务总理熊希龄等的呈请，决定开辟龙口为对外贸易商埠。埠区东西约6.547千米，南北约4.128千米，面积约27.026平方千米。官督商办，政府筹集股款开辟商埠和兴筑码头及各项工程，并制订了《龙口自辟商埠租建章程》二十条。首条提出："山东龙口地方，系奉中华民国大总统命令准备作自辟商埠，与条约所载约开口岸不同。埠界划定后，准本国商人及洋商在界内租地杂居经营商业，唯须遵守商埠章程及警务规则。一切事权归中国自理，外人不得干预。不论中外商人，均受同等待遇。"自开商埠的章程，体现出反抗侵略、收回权力的思想，具有一定程度的自觉理性，而不是盲目对外情绪的释放。龙口自辟商埠是一个适合国情、顺乎民意的决策，它为"发达地方，振兴商务"起到了积极的推动作用。7月，税务处呈准添设龙口分关。9月，负责管理港口贸易和港务的商埠局成立，受省署直辖。蔡国器为首任局长，12月正式上任。当时日本商人对开埠十分敏感，多方要挟。蔡国器一边对开埠严格保密，一边积极筹备，在国家内忧外患交加的状况下举步维艰。在决定商埠地界时，为维护国家主权，商埠局将日本人所占的电线杆区与日人商铺比较集中的老城区一并划入商埠，协调黄县县知事办理商埠征地事宜。在城建方面，蔡国器主持制订了城建章程，规划预算。龙口先期修建了9条道路和官署等设施。龙口开埠实为"虎口夺食"。蔡国器为抵制日资对龙口银行业的经济侵略，请示中央在龙口设立了交通银行；为维护烟潍路路权，将日商田中末雄的《关于山东权利开发意见》亲自翻译上报中央……9月2日，日军独立第十八师团2万余人乘兵舰24艘由龙口登陆与德军争夺青岛。北洋政府宣布，划龙口等地为"交战区域"，允许日本驻军。

商埠奉令缓办。

1915 年 1 月，龙口商埠重新筹建。11 月 1 日，设立东海关（时称洋关）龙口分关，由东海关税务司苏古敦（英国人）兼管。下辖八角口、平畅河、刘家旺、庙岛、天桥口、黄河营、石虎嘴、黑港口、海庙后、掖口、大营口、栾家口等 13 个分卡。辖区海岸线绵延千余里，专司轮船征税，兼理距海关 50 里内的常关税。海关设立初期，每年征收关税 4 万余两。

龙口开埠后，海运益繁，商业益兴，沙埠码头不敷使用，港口码头亟待兴建。自日军由此登陆，龙口港更为国内外瞩目，有识之士奔走疾呼，"开辟龙口港，振兴实业，巩固海防"的口号响遍齐鲁大地。只是当时的北京政府内外交困，自顾不暇，根本无能力从事实业建设投资。龙口虽开埠但不能建港，兴筑码头一事搁置下来。

1916 年，莱州人赵琪（瑞泉）与吕海寰（镜宇）、张树元（少卿）、徐国梁（辅洲）、蒋邦彦（晋英）等赴京请愿：既然官办无力，可允许民办。租期 50 年，期满由国家偿还投资，收归国有……经多方奔走呼吁，此提议始得当时的总统黎元洪批令允准，并在内务部、外交部、财政部和农商部立案。这种名义上的"官督商办"实际上是依靠商界以招股集资方式，使兴筑码头变成现实。

1917 年，杨湘接任商埠局长。龙口商埠筹建会在上海召开。会后商埠局派人去天津、北京、济南、青岛等地筹集股金。虽有京、沪同乡会协助，终因时局不靖，股金筹集屡屡受挫，收效甚微。同年 5 月，原兴筑公司总理丁子真、协理蔡鼎丞辞职。至 6 月 6 日，地方采取官督商办形式由龙口与济南实业界人士合伙，招股集资组办的龙口商埠兴筑股份有限公司成立。董事会、理事会同仁与新旧股东按"总理以有一百股以上之股东、协理以有六十股以上之股

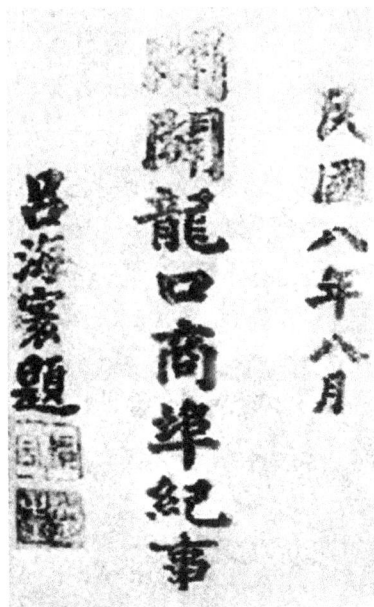

赵琪撰《开辟龙口商埠纪事》

东……为当选"等规定，推举赵琪、蒋晋英分别为公司总理、协理，任期4年。龙口商埠兴筑股份有限公司与商埠局分署办公，主要负责修筑栈桥码头。改选后的公司主要成员如下：

名誉董事长：张树元（公举）；名誉总理：徐国梁（公举）；总理：赵琪（95票）；协理：蒋邦彦（95票）；董事长：吕海寰（各董事选举）；高等顾问：劳逊五。

赵琪，1882年生。青岛德文学校毕业，后去德国留学。曾任青岛警厅翻译，并在江苏淞沪警察厅任职，颇有声望。吕海寰系总统府高等顾问，才智双全，能言善辩。工程设计之前，赵琪辞去在淞沪警察厅的职务，亲率毕业于柏林大学的技术人员陈大我、成梅荪等参观了青岛、秦皇岛、大连港码头，亲自测量海水、征租土地、修订章程、绘制图样、筹措资金，费尽心血，不遗余力。他先后力克商埠局长杨湘等人阻碍兴建码头的"背驰"行为和战乱及当年7月1日张勋拥宣统皇帝复辟造成的股东惶恐等不利因素，使码头建设在淞沪警察厅厅长徐国梁、山东督军赵树元及商埠局新局长李建寅等人和各股东的支持下受到社会各界的积极响应。尔后他又与蒋竣宇、王玉田、张孝先等几经筹划磋商，圈地8.86亩，以造价12.8万元承包给美商慎昌洋行。

龙口北栈桥码头1918年9月动工，翌年10月5日竣工，建设速度很快。龙口栈桥码头为当时中国独一无二的铁骨水泥结构，长250米，宽8.97米，高5.95米。桥面受重每平方米1500千克，并铺设间距6米的小铁轨。码头配备4轮平车和可运转的起重3000千克的起重机，用于装卸货物；置煤气灯（亚拉丁灯）7盏，用于夜间照明；备有14个救生圈和泊系大船的铸铁绑缆器16个、泊系小船的铁环24对；配置上下码头铁梯10具，防擦木等一应齐全，为中外人士啧啧称道。龙口北栈桥码头建成，根据各船行的要求，免收靠船费6个月，3个月内不收旅客票费，以示优惠。同时，龙口栈桥码头发布《码头现行章程》，加强码头设施和船舶靠离以及收费管理。

1920年1月3日，经汲泥船疏通航道后，吃水4.3米的日轮"利济丸"试靠码头未成。4月17日，肇兴轮船公司总经理李子初（黄县城后遇家村人）亲驭吃水4.3米的"荣兴"轮首靠成功，开创了轮船直接靠拢码头先例。光绪三十年（1904年），李序园、李子初兄弟二人在营口创建肇兴轮船公司，主营海运。宣统二年（1910年）肇兴轮船公司于龙口宝善街西海岸路北购买英商太古洋行旧址设立分公司，分公司经理为毡王村赵文臣，副经理为李之初女婿张家沟村张民和。

龙口北栈桥码头的建成、使用轰动一时。龙口市民群情鼎沸，纷纷到场庆贺并摄影存念，盛况空前。当时上海、天津、芝罘、济南、青岛等地的《申报》《益世报》《山东日报》《山东法报》《大公报》《济南简报》《芝罘报》《青岛新报》《商务报》《北京晨报》等10余家报纸发表了30余位知名人士的撰文，称道此事"规模宏远"。天津《益世报》赞之为"发达之声"。《济南简报》称龙口北栈桥码头为"破天荒之新建筑"并称"在铁路则为黄河桥，在河海即为龙口之码头"。吕海寰撰文说："龙口堤桥码头乃我华之创造。其规模之大，工竣之速，诚可为各埠之冠"，可谓"东亚河海工学业第一声"。栈桥码头建成后，龙口港在山东沿海声名远播，贸易发展迅速。

商以港兴，自此，龙口"商云蔚起"，开始与旅顺、营口、安东、天津、大连、上海、厦门及香港正式通航。进口货物为大宗日本棉货、煤油与火柴，出品货物为丝绸、粉条与水果。同时，龙口街市的旧格局被打破，码头北侧迅速开辟了新商埠区。除粮业外，其他行业如雨后春笋般兴起，出现了绸缎庄、船行、杂货店、代理店、粉庄。这些商号财力雄厚，操纵龙口商权。商船载运来的货物定行价、过钱码皆由其把持。据天津《益世报》1919年4月29日载："中外商家之有远见者，均纷纷向龙埠设立商业基础……轮船骤增五倍。"龙口港的航线也迅速扩展，成为山东省仅次于青岛的第二大港。"龙埠发展之速，诚非初料所及。"

1920年，赵琪继李建寅任商埠局长。当时商埠局设局长1人，提调1人，秘书1人，科长3人，科员6人，书记3人，传达1人，卫兵5人，夫役1人。局长月薪300元，司员月薪不等，夫役为8元。每月薪饷共801元概由省库拨发。

1921年，商埠局局长改称总办。1923年，薛丕治、高延文、王泽沛先后任龙口商埠总办。1925年7月，赵琪率成梅荪、蒋竣宇、赵伯衡、王玉田等骨干赴青岛就任胶澳商埠总办，将商埠兴建一事推交给龙口商埠兴筑股份有限公司总核张维仲（锡琪）代理。

# （三）

张维仲（1882—1931），黄县城关人，家资殷实，有千余亩土地出租，在黄县、龙口、芝罘、胶州、北京等地开办当铺、钱庄、商号及粮油店10余处。他虽一生恪守"君子不党"信条，未跻身政界，但深明大义，关心国家前途，富有正义感，终生以"实业救国"为奋斗目标，坚韧不拔。及与赵琪等结识，两人一见如故，遂成莫逆之交。谈及筹建商埠资绌，张维仲慨然解囊，一次认购数百股。正如赵琪在《开辟龙口商埠纪事》中所叙："张君维仲，家资巨富，一诺千金……"

为兴建商埠，张维仲接力创办实业。他结交益兴源烧锅东家张蔚东、炽昌厚经理王惠堂、肇兴轮船公司总经理李子初等，除致力于修马路、铺钢轨、建仓库，还带头投资集股与王子壮开办震兴火柴公司，商标为双龙珠，生产红头火柴。厂址设在海汊河北岸，工人200名，设备配套，产品质量胜过当时的烟台"玉手""蜜蜂"火柴，畅销全省。后因资金不足，此公司兑与炽昌厚，改名"炽字"火柴。张维仲还与掖县曹霞屯开办龙黄电灯公司。因机器中型，煤源不足，未能通到黄城，只供本埠照明用电。

为繁荣本埠文娱生活，张维仲出资创建龙口新舞台剧场。场址在大马路西，面对发电厂。他特请上海设计师设计，图纸计费大洋200元。剧场前门门斗水泥雕花，楼高3丈，3扇大门，富丽壮观。场内设楼座、边座、池座，三面环绕舞台。楼上分包厢、前排两种。场内可容观众2000余名。戏台宽大，有安全门4个，规模列胶东之首。剧场建成后特邀京津名伶演出，场场爆满，盛极一时。

龙黄电灯有限公司发电机

为便利交通，繁荣市场，张维仲于1924年、1925年独资购买了一部分人力东洋车，开办龙黄洋车公司，自兼经理，对商埠的发展起到了积极作用。他还带头组成拓植公司，重修河北马路，拟将全市商店、客栈、饭庄均迁入商埠。后此工作因当地士绅担心影响街里市场发展、极力反对而中止。

龙口南市场与北商埠间有道海汊河，河上木桥因海水腐蚀摇摇欲坠，车辆通行十分危险。1927年，张维仲发动北皂村民集资数千元，亲自带领技术人员测量绘图，开工重建。历时半年，一座长100米、宽5米的方石水泥大桥建成。桥下设5洞拦水闸，调节海潮涨落，使数百亩耕地免受海水侵蚀。此举便利了交通，保护了耕地，深得人心。

在兴建龙口商埠过程中，张维仲克己奉公，廉洁自持。公司有个把头李宝荣，天津人，全家6口，生活比较困难。张维仲让李宝荣承包建筑商店获得利润，使李宝荣全家解决了温饱。为感谢张维仲的信任、关照，李宝荣逢年过节都要带上礼物登门致谢，张维仲一概拒绝。第二年年底，李宝荣派人送来猪肉两爿、鸡鸭各10只、鲜鱼1箱，还有各种糕点。张维仲立即派人送回。往返两次后，李宝荣亲自来送，诚恳地说："东西买了，钱也花了，请您收下吧！"

张维仲说："当时是因为你家口多，将工程承包给你；谁让你花这么多钱？！"

最后，李宝荣只好应许只此一次，下不为例。张维仲收下一部分礼物，赏大洋50元。李宝荣含泪告退。

1929年，黄秉笏接任龙口商埠总办。当年11月，龙口商埠总办奉令裁撤。港务管理除海关长期履行其职责外，其他事项均由私人各自经营。

当时经营船舶运输的是有名的"八大行"和它们的代理行。这些轮船公司除运输客货，还兼理组织货源，为货主代办其他业务。港口装卸则由曲家帮、逢家帮、刘家帮三大把头组织来自昌潍、淄博、惠民等地的农民从事。驳运摇舢板由当地人承担。

码头建成伊始，无大仓库存货，钢轨小车辅路未修，码头离市区21里，中间隔有荒滩，交通运输不便，影响了轮船停靠业务开展。同时，客运设施简陋，旅客上下船仍要靠舢板过驳。每遇风浪，旅客不能下船离港的现象屡见不鲜。至于修建沿海大堤、柏油马路和烟潍公路等，仅靠当时几家私人公司经济实力确实难以企及。赵琪将几个骨干带走后，虽仍给予支持，但鞭长莫及，工作愈难开展。从那以后，龙口商埠兴筑股份有限公司仅靠码头费、地租、沙捐、房屋租赁费支撑，几乎年年亏损，每况愈下，虽经大量裁员但仍然入不敷出。张维仲有时只好以个人土地、住宅做抵押贷款为数十名职工补发工资。为表彰张维仲兴建龙口商埠的功绩，总统府曾向他颁发金质七等嘉禾章以资鼓励。

龙口开埠后，急剧改变着龙口的商业结构，对外贸易逐年上升。1919年进出口总额约为29万海关两，1922年增加到100万海关两，1926年增加至200万海关两，1933年剧增至500万海关两。1935年龙口港进出口船舶总数超过2500艘次。龙口港年吞吐量超过80万吨。据日文资料记载，1927年至1931年间，龙口各业商号637家，其中，粮店78家，钱庄15家，布庄20家，煤庄32家，杂货店65家，旅馆24家，粉庄38家。粉庄多集中于市南，故称南粉庄。

20世纪30年代，龙口港与数十个国家和地区有贸易往来，成为"东牵烟台，北控津沽"，进出、储运、集散水上交通之要冲，为北方六大港口之一。是时，龙口湾内"洋船"云集，龙口街市"洋货"遍布，龙口出现了空前繁荣景象，"俨然已小都会矣"！

1931年1月，财政部关务署调整海关机构，常关一律裁撤，重新划定关区，东海关管辖威海、龙口，系山口及芝罘分关。9月，龙口商埠兴筑股份有限公司总核张维仲因膀胱结石医治无效病逝。当时公司账上尚欠他薪金4000元，而家中一文不名，靠变卖几亩祖田和亲友资助办理了丧事。讣告发出，龙口市民与生前友好无不悲伤痛惜。开吊时，收到祭帐、挽联100余件。墓志铭由赵镒斋撰稿，杜明甫书写。其中最后一节写的是："……为兴筑龙口商埠，赵君瑞泉发轫于先，张公维仲创业于后。虽中道仙逝，半途而废，而其救国热忱、奋斗精神贻福桑梓，使后人永志不忘。"

## （四）

1932年，英人汉达被正式委派为龙口分关副税务司。6月，龙口商埠兴筑股份有限公司召开股东大会，推选张殿邦为总理，张履诚、曲运鸿为协理，赵金栋为会计，张孚臣为庶务，逄学寿分管工程。

张殿邦上任不久，即由张介之（张维仲之弟）代理，随即又由张履诚代理。

1933年8月17日和12月13日，日本军舰两次侵犯龙口海域。1934年，日本驻芝罘领事馆成员柏木兴七总管龙口海关事务。1937年，日本军舰、飞机不时骚扰龙口。龙口至大连航线停航。

20世纪30年代，中国民族船运业振兴。当时龙口"八大行"中政记公司的"得利""有利""乾利"轮，肇兴公司的"来兴""裕兴"轮，直东公司的"北京""北铭""晋兴"轮，大通公司的"东华""永顺"轮，洪盛春的"惠平""泰康"轮，炽昌厚的"龙平"轮，裕庆行的"龙安""龙得"轮以及兴顺昌的轮船共17艘，来往于龙口至东北三省和天津之间，多以载客为主。其中，政记公司的"乾利"轮和肇兴公司的"裕兴"轮往来于龙口至上海、香港之间，以运粉丝为大宗。另有烟台毛和兴船行的"新聚云""济安""登州"轮及北方船行的"新安"汽轮，常来往于登州、虎头崖、石虎嘴各港口，运货兼运客。龙口港来往旅客达10万人次。进口货物以绿豆、洋布、洋线、火油、煤炭、白酒、烟、麻、砂糖、豆饼为大宗；其中以绿豆进口最多。出口货物以粉丝、供香、花生、花生油、草纸、毛头纸、沙参、砂粉（高岭土）、花椒、白菜、大蒜、长把梨及药材为大宗；其中粉丝出口最多。

1937年9月，日军开始封锁山东沿海。龙口商号关闭，人心惶惶，屺姆岛灯塔停止燃灯。1938年2月，日军第五师团千余人进犯龙口。4月29日，胶东特委领导的八路军抗日游击队第七、八支队到达龙口，收缴了海关全部武装，有21名海关人员加入抗日队伍。7月，以蓬莱、黄县、掖县三县抗日民主政权为基础，成立北海行政督察专员公署，龙口海关大部分分卡均在辖区内。专员公署设缉私委员会（后改为货物救国捐征收处），公布货物救国征税条例，在沿海一带征收关税，严禁日货，为根据地的建设做出了贡献。

1939年3月5日，日军占领龙口，设领事馆，地方商业严重受创，半数船行商号落锁关门。东海海关关长莫米库拉任命日本人马鲁治到龙口任帮办。7月14日，伪芝罘港务局龙口分局成立，由日本海关中尉井村研尔任局长，正式对外办公，把持了港务与海关权、关税自主权。龙口成为日军掠夺金矿石、氟石、粉丝及捉拿劳工的运输港口，海关

《山东重要历史事件》,山东人民出版社,
2004 年 8 月版

成为日军推行侵华政策的工具。当年,龙口商埠兴筑股份有限公司人员离职四散,公司遂告瓦解。

1940年,日伪在龙口设专员公署,下置龙口港事务所。

日伪统治期间,日军为掠夺胶东资源,突击抢修了长10.5米,宽20.6米,吃水1.7~2.6米的钢筋水泥木板混合的踏步式码头。经营装卸的"三大帮"为汉奸把持,直接受日本管理港口生产的国际公司支配。此时,龙口海运不畅,街市萧条,进出港轮船由几十艘锐减至几艘,帆船由几百只锐减至二三十只。市面大小商号仅剩317家,勉强支撑。日商垄断了龙口经济,民族商业濒于全面崩溃。

1945 年 8 月,龙口光复,罗荣桓率队渡海挺进东北,龙口港及栈桥码头再次发挥了重要作用。黄招工商局和部分海关分卡事务所人员进驻龙口,设立龙口工商局,下置稽征股(后改关税股)。龙口港成为全国解放最早的港口,龙口海关成为中国共产党领导下的全国第一个港口海关。抗日战争和解放战争期间,民族商业和航运业日渐衰落,龙口港吞吐量急剧下降。

1950 年 1 月,龙口港成立搬运公司。2 月,龙口招商局成立。5 月 8 日,龙口海关事务所改称烟台海关龙口支关。11 月 4 日,龙口支关港务设施移交港务部门。12 月,设青岛港区港务管理局烟台分局龙口办事处。

1951 年 1 月 1 日,烟台海关改制为烟台分关,受青岛海关领导,龙口为 3 个支关之一。1952 年 10 月,龙口港务办事处从龙口搬运公司接收 304 名装卸工人组成装卸大队⋯⋯

1984 年 12 月 31 日,国务院、中央军委国发〔1984〕190 号文批准龙口港对外开放。在积极推行对外开放的同时,如何维护主权,提高民族素质和竞争力是至关重要的问题,也是晚清留下的历史思考。自主、自强、脚踏实地地为国家跻身世界强国之林而奋斗的精神永世流传。

如今龙口港海关、商检、动植检、卫检等配套机构一应俱全，服务便捷，形成了集商品生产、收购、储藏、运输、出口于一体的新格局。龙口港成为内通全国各港，外联世界几十个国家和地区的中国北方重要进出口枢纽港，被称之为"欧亚大陆东端的桥头堡"。

(选自《山东重要历史事件》，山东人民出版社，2004年8月版。)

# 东莱匠影

胶东民间称各种工匠为手艺人，通称师傅，称他们从事的劳作为"耍手艺"。随着时间推移，他们的身影或已忽隐忽现，或已淡出人们的视野。

## 铁　匠

金、银、铜、锡、铁匠称其祖师为老子李聃。有的铁匠在铁匠铺作业。铁匠铺称"铁匠炉""红炉"，而专门打马蹄铁的称"蹄子炉""蹄庄"。有的铁匠则把铁匠炉、风匣、砧子、大锤等工具和锅碗瓢盆等行李统统装到小推车上串乡，走到哪住在哪，经常几个月不回家。

晚秋时节，铁匠串乡来了。他们三人一伙，一个拉风匣的，一个掌钳的，一个抡大锤的，各有分工。待掌钳的师傅一手将烧红了的铁件从炉子里钳出来放到砧上，另一只手用小锤点击两下，两个小伙计便停下拉风，操起大锤"咣当""咣当"锻打起来。一锤落下，铁

铁　匠

花四溅，"打铁看火候""趁热打铁"之说即来源于此。

铁匠们吃饭也很独特有趣。他们最常做的便饭是"小鳖跳湾"：把盛了水的小锅放到铁匠炉上烧开，将用玉米面、高粱面做的圆圆

的小片片饼子贴在锅边上；待其半熟，用铲子铲进沸水里；煮熟之后连汤带饼就咸菜、咸鱼、大葱食用。

铁匠二月十五日为祖师过生日，要烧纸上香叩拜，乞求祖师保佑炉火兴旺，生意发达。

## 银　匠

银匠是制造和修理金银器皿及首饰的工匠。银匠铺、银匠炉为其固定作坊。另有挑担串乡的小银匠，挑子一头是化银炉、风匣，一头为工具箱。制作银器时，银匠将零碎金银放于坩埚熔化后，倒入各种模具，冷却后再进行打磨处理。小银匠的业务主要是为客户加工银镯子、金耳环、金戒指和小孩的长命锁。另外，金银器可以洗涤，首饰戴旧了，银匠通过洗涤可使其光洁如新。

银匠、金匠业务相近，统称"金银匠"。

## 铜　匠

"铜匠的挑子，走到哪儿响到哪儿。"铜匠串乡，挑子上挂着几串铜片，一走一颠，铜片发出"咣啷""咣啷"的清脆撞击声。客户一听到这种声响，便知道铜匠来了。

铜匠制作或修补铜器的主要方法有冷刨、浇铸、热锻，有的也上旋床。民间日常生活用具中铜器很多，如铜脸盆、铜勺子、水烟袋、铜烟锅以及家具上的铜饰件。其中的铜勺子就是铜匠将熟铜板在砧子上敲打成形后，再用锉刀加工修整成的。这种勺子的柄与头是一体的，柄后还有挂钩，制作起来费工费时，是一项慢工细活。不过，这种勺子样式美观，结实耐用。

铜匠的工具主要是熔炉、风匣和锤、锉、凿等，除了冷刨，还能浇铸。铸铜烟锅时，将旧铜、碎铜放在坩埚中加热熔化，倒进模具，冷却后锉磨光洁即可。柜箱等家具上的铜饰件也是将铜液倒在模具里冷却后按要求凿、切、钻、刮、磨成的。制燕窝型拉手，浇注铜液前要将铸铁模具烧热。

铜匠还能为卖油、卖糖和算命的人做铜锣等响器。制铜锣要经过热锻、淬火、旋光、定音等多道工序。铜匠将铜板放在烘炉上烧红后，便进行锻打，往往要多锤反复锻打方能使铜锣锣面厚薄均匀，大小合适。铜锣的边沿是放在有沟槽的砧子上捣出来的。这时的锣面很脆，要涂上卤水再经火烧，这样锤击时才不至于裂碎。锣面锻出来后，便要由老工匠定音。这道工序技术性特强，要用手锤在锣面上不断试敲，耳听、目测，寻找定音点。音高了，把锣放在砧子上锻击正面，音低了，锻击背面，故有"正打低，反打高，调门不准不断敲"之说。"千锤打锣，一锤定音。"这番敲敲打打后，一锤下去，铜锣算制成了。这种铜匠，除了铜锣，还制造钹、镲、铜号等铜乐器。

## 锡　　匠

锡器与铜器一样，是人们生活中常见的器皿。锡匠就是制作和修补锡器的工匠。

锡匠炉是锡匠铺化锡的熔炉。制作一件锡器要经化锡、制板、截料、定型、焊接和磨光等数道工序。一件锡器往往要经几次焊接组合才能完工。造一件锡酒壶，要先做壶身，再装壶嘴，后焊壶底。锡酒壶有讲究，用它盛酒不串味，不变质，还能看出酒中是否有毒。锡蜡台和香炉可以在上面刻字。有的锡蜡台主体造型是只仙鹤。仙鹤口衔烛盘，上插蜡烛，光彩熠熠，栩栩如生，既有使用功能，又有艺术观赏价值。

锡匠也有肩挑工具串乡招揽生意的。进村后，吆喝一声"焊锡壶来——"，要制造或修补锡器的人家便会循声找他们加工。

## 白　铁　匠

焊洋铁壶、打水筲、打缸盖、打炉筒子……这些工艺产品都出自白铁匠之手。白铁，也叫洋铁，即镀锌板。这种白色的薄铁板耐腐蚀、不生锈，加工出来的日常生活用具轻便耐用，当时因靠进口，故称"洋铁"。人们对从事这一行业的工匠称"洋铁匠"，也称"焊洋铁壶的"。

白铁匠的工具主要有大小剪、直弯剪、铁锤、木槌、拐砧、铁杠、压花礅和化锡焊热烙铁的火炉子等。常见的白铁加工工序是扣缝——将白铁连接相扣，而后用槌轻轻敲击成不漏水、不串烟的一体。打水筲（水桶）、打铁撮子、打炉筒子都要扣缝。也有用玻璃瓶加工煤油灯的白铁匠。这一工艺比较单一：将小瓶子镶压上白铁剪出来的灯把手、灯盖、灯座，卷一插灯芯的铁筒，就做成了挂灯或座灯。白铁下脚料可用来制作玩具，如铁哨、小喇叭等。"焊洋铁壶"比较常见，就是水筲、水壶蚀漏了，请他们用烙铁点锡焊堵一下就成了。这种工艺在人们日常生活中是不可或缺的。

## 纸　　匠

纸张是人们日常生活的必需品。东汉元兴元年（105 年），蔡伦总结了前人的造纸经验，采用树皮、麻头、破布、旧渔网为原料，经过分离、捣碎、交织、干燥等工序造纸成功，天下称这种纸为"蔡侯纸"。随后，民间便有了造纸的纸坊这一手工业作坊。此外，东莱一带尚有"左伯造纸"一说。

纸匠制作草纸——毛头纸使用的原料主要是麦穰、桑树皮、熟石灰。造纸的第一道工序是制浆：将麦穰用适当浓度的熟石灰水浸泡过后，放入锅内密封焖煮，再用石碾轧成"穰子"。把经过浸泡的桑树皮入锅蒸，碾去表皮，用石灰水泡 12 小时许，滤去石灰，入锅蒸成料，捣成"团饼"。将 10 份"穰子"加 2 份"团饼"上碾轧碎，放于水中搅拌，滤去石灰，便成了纸浆。第二道工序是捞纸：将纸浆放进旋盆内加水稀释，搅成浆，用帘子将纸浆剔捞出来摊平成纸坯。把控干的纸坯用笤帚逐张扫贴在白石灰墙上晾晒，直到彻底干爽定型，成为横纹较密、竖纹较疏的草纸成品。这种纸透明度好，韧性强，隔风避寒，宜做窗纸和棉衣内衬。

造纸匠以蔡伦为祖师。农历三月十七蔡伦生日和十月初十蔡伦忌日，纸坊歇业，杀猪宰羊搭台唱戏，举行祭祀活动。

## 瓦　　匠

瓦匠，亦称泥瓦匠，分大工、小工、掌尺的。所携工具比较单一，仅以泥板与瓦刀为主。凡大兴土木，修房建屋，木瓦二匠缺一不可。

民间相传二匠与石匠同出一门，皆师承鲁班。

瓦匠造房建屋，墙以石为基，中间以小墼垒砌，面敷草泥白灰，屋顶覆胡秸（高粱秸）或芦苇笆，上泥后加瓦。富户造房，墙壁以石、砖为主。石、砖皆经加工琢磨，平滑无隙，整洁坚固。瓦匠作业虽"拖泥带水"，多系粗活，但粗中有细。富庶人家建瓦房，瓦片一俯一仰。为检验瓦匠敷瓦质量，有人将一百多斤的石砘放于屋脊上，然后将石砘滚下。石砘过处瓦片要完整无损方算合格。院内所竖照壁，整体精雕细磨，用钢针抹灰扎缝，其工艺之精令人叹为观止。

瓦匠农历五月初七纪念祖师鲁班，"掌尺的"（把头）酹酒率众叩拜。然后每人各将一件工具放在祭桌上，焚纸时纸灰飘落在谁的工具上则被视为祖师向谁赐福，为大吉。

## 石　匠

石匠分专事开采石料的粗石匠和专门以制石器、石具、石饰的细石匠两大类。石场采石的石匠独具慧眼，善选石场，能辨石脉，认识丝缕。取料时依丝入錾，像常人砍瓜切菜一般轻而易举地把料石剔出来。石场上，一人端坐石块上双手稳攥钢钎，其余二人一边喊着号子一边抡锤准确无误地击打。打下大块石料，用"千斤"撬到平坦处，挥锤持錾加工。

细石匠凭钢錾雕琢石鼓、石狮、石臼、石砘、手搣，也打石牌坊、供桌、石人、石马和磨砚台，一般都能在石碑上镌字雕花，从事艺术创作。还有一类专以劗磨、凿碾为业的石匠，通称为"磨匠"。他们肩背装有剁锤、钢凿的搭裢串街走巷，专事修理加工石磨、石碾。

"石匠不打名山"。农历三月十六山神生日，石匠歇业一天，在石场上披红挂彩，鸣鞭放炮，搭台唱戏，酬谢山神。

## 木　匠

木匠是建筑房屋从事木结构作业和修造木器的工匠。木匠的工具较多，"家伙学成载一船"。锛是砍削木料多余部分的工具。将木料踩于脚下，挥起锛来向脚下砍。外行人看了提心吊胆，木匠却运用自如。斧子，是木匠几乎不离手的工具，有"千日斧子百日锛之说"。锯，横截大木的叫"快马子"，俩人对拉的叫大锯，一个人拉的叫手锯。曲尺，又叫拐尺，代代相传的量具。墨斗，在木料上打线的工具。另有推刨子、凿、钻、铲、锉、羊角锤等。木匠外出干活都备有工具箱子，箱子里的工具最忌别人乱动。

木 匠

木匠的祖师鲁班，春秋时期鲁国人，本姓公输，名般。据说他带过三个徒弟，一个木匠，一个瓦匠，一个石匠。他上山伐木，让一片边缘呈锯齿状的植物叶子划破了手，遂参照这种叶子发明了锯。

木 匠

木匠有粗细之分。粗木匠一般专司房屋支柱架梁作业。细木匠则以制作家具、农具、门窗隔扇、亭榭木栏、床榻柜橱、桌椅板凳、神像佛龛和雕刻为主。雕刻技法有浮雕、沉雕、圆雕、透雕。也可在屏风、匣几子以及梁、柱、檩、枋上雕刻花卉、鸟兽、人物等图案。木匠有作坊，另有专做大车、小车的车铺，专做棺材的棺材铺。

测验木匠出师后的技术水平的一传统项目是做条凳（二人凳）。做成后，一条仰放，另一条将四腿放在仰放的四腿上。若八条腿相对得严丝合缝，则为合格。因为条凳装腿一律打斜榫，角度难以掌握。这道身经始知其难的题目在行内广为流传。"长木匠，短铁匠""木匠的斧子八面砍""木匠吊线，睁一只眼闭一只眼"之类的俗语很多。

## 造 船 匠

造船、修船的工匠称船匠。古有伯益、番禺刳木为舟之说。

船匠造船称"排船"。船板之间均以两头带钩的船钉衔接，一条船要用许多船钉，故有"船烂了还有三千钉"一说。新船排好后用麻绺与"捻灰"（桐油、石灰合成）充填缝隙，尔后里外遍刷桐油防水、防腐。木船下水之后，每年都要在捕捞淡季上岸进行维修保养，堵漏刷油，人称从事这一行业的工匠为"捻船匠"。

排船像建房盖屋，船主要举行安船底、比量口、上绵梁3次庆祝活动。每次活动要在船头张贴"出门吉星照，满载顺风来"一类的喜联，设祭桌，摆供品，燃烛上香，鸣锣放炮。"掌桌"师傅边抢斧头订船钉边唱喜歌。船主朝木船行三拜九叩大礼，中午宴请工匠、宾朋。

## 秤 匠

制作杆秤的工匠为秤匠。秤匠的工具有锯、推刨、大小钻、割丝刀及步弓等。秤由秤钩（秤盘）、秤刀、秤系、秤星、秤箍等部件组成。民间称制秤为"升秤"。秤杆以苏木、梨木、紫檀为主要材料，若以其他硬木代替，则须将苏木屑放水中煮出颜色，将秤杆浸染成紫红色，也有把秤杆放于碱水中浸煮的。

杆秤一般有两根秤系，两组秤星。"升"秤星时先在秤杆上钻出小孔，再把铜丝栽进孔中用割丝刀割平，尔后用砺石或砂纸磨光。杆秤分刀秤、笨秤、盘秤、钩秤等。按称重量功能杆称分抬秤、手秤、戥秤。

秤杆与秤砣密不可分。民间有"秤不离砣，公不离婆""秤砣虽小压千斤"之说，也有将说大话、办事不扎实的人称为"没星大抬秤"的比喻。

## 锁 匠

锁匠分制锁的与修锁（配钥匙）的两大类。锁是看门守户的"铁将军"，旧时多取鱼形，鱼头上的鱼眼又圆又大，有着"忠于职守，永不瞑目"之寓意。配钥匙、修锁的锁匠有的串乡，有的在集市上设摊。摊上挂有一串串钥匙为幌子。锁匠走到哪里，就在哪里把工具箱一放，便开始营业。锁匠配钥匙为用户保密是行规，也是职业道德，一般不随处乱吆喝。锁匠除了修锁，也有兼营修理钟表之类的。

## 皮　　匠

　　带毛的兽皮称皮，去毛的兽皮称革。制造皮革或皮裘以及修补鞋靴的手工业者统称"皮匠"。

　　"熟皮子"是皮匠作业的主要项目。剥下家畜和野兽的生皮加工鞣制，有的制成做皮褥子、皮袄、皮帽子、皮大氅的皮，有的制成做皮带、皮箱、皮鞋的革。皮匠铺的生皮来源有 2 个：一是代客加工；二是零星收购。除了猪皮，驴皮、牛皮、狗皮、羊皮、兔子皮都能处理。皮匠铺除加工皮、革之外，也出售鞋底、皮带、皮绳、套绳、鞭梢等。俗有"三个臭皮匠，顶一个诸葛亮"一说。皮匠铺门头上多张贴"多财源鞣制，集腋始成裘"之类对联。

## 染　　匠

　　染坊多兼染、印二职。为布、帛、衣、物染色的工匠为染匠。染布的原始方法是将染料倒入热水锅，锅下要不断烧火加温，而后将充分浸泡过的布料放进锅里不断搅动，待布料颜色深重后将布料捞出来置入清水漂去浮色，称之为"摆布"。

　　土靛染布的具体步骤：下靛入缸之后加入碱、石灰，用棍搅拌，确定颜色深浅；用铁丝编成的缸罩把布浸入缸的上层，20 分钟后取出叠放在缸口的担缸板上，压出水分，摊开晾干。布料由黄变绿，由绿变蓝。第一次染出的布为浅蓝色。晾干后再染，愈染色愈深，由"月白""二蓝""深蓝"直至"缸青色"。

　　另有化学颜料染法：将颜料溶入染缸，加入碱、石灰。随着碱、石灰与颜料的溶解，水温渐高。将浸泡过的布料放入染缸搅动，待布料上足色后将其捞出，放进清水缸内漂净，晾干。"染缸里漂不出白布"

一说即由此而来。

另外，为使染好的布料挺括、鲜艳，还要将布料放到河流中漂洗，晾过后放石上用棒槌敲。

染坊收、付布料的凭据为"印子"。印子由竹片制成，一面烙两个编号，另一面烙一个符号，而后从中一劈两爿，每爿各钻一小孔。平时两爿拴在一起。收布料时把其中一爿交布主作为取布凭据，另一爿拴在布料上，做布主与染何色的记号。

染匠的祖师一个姓梅，一个姓葛。据说他俩是从用河泥染黄、蓼蓝草染蓝开始从业的。每年农历四月初十、九月初九染匠要将盛有"印子"的木盒放于祭桌上，叩拜"染缸神"。

## 成 衣 匠

成衣匠，也叫裁缝，是专门制作衣服的工匠，以黄帝、缧祖为祖师。每年农历九月十六黄帝生日，成衣铺设供品，焚香、烧纸祭祀。其时，每个工匠拿出一件得意作品赛艺，公认为佳的，赠送"彩头"—礼物。

成衣铺亦有兼做布鞋的。鞋匠以孙膑为祖师。农历十月初一祭师之日，众徒有向师傅"献鞋"的礼仪。针、线、剪、尺、锥子为成衣匠与鞋匠的必备工具。史载，魏文帝嫔妃薛氏精于针工，夜色中处帷帐内不秉灯烛亦可裁缝自如，宫中称其为针神。民间有七月初七之夜妇女月下竞穿七孔针以乞巧之俗。

## 罗 匠

罗是筛面的工具。小麦、玉米、大豆、高粱等粮食经石磨研成面后，要用罗筛一两遍，筛出未研细的皮屑，以便再磨。制罗、修罗的工匠称罗匠。

面罗有粗有细，有圆形的，也有方形的。圆形的如面盆大小，也叫手罗。长方形的叫板罗，安装在磨坊的面柜上。罗匠也称"张罗的"。张罗，是将罗底（丝网）抻张开罩在罗圈上的一项工艺。

罗匠串乡招揽生意，沿街吆喝："张罗来——卖罗！"挑子一头是薄木板圈成的罗圈，一头是张罗底用的丝网或刀、剪、木钻、卡子等。他们既修旧罗、更换罗底，也根据用户需要张新罗。有的罗匠将罗圈上两道箍绷上罗底后翻转过来，让小孩站立上去而罗不变形，可见其技艺之精湛。

# 扎 纸 匠

民间正月扮秧歌用的纸驴，打春时糊的春牛，孩子们玩的风筝、花灯，居室的仰棚和祭祀活动中焚烧的金银山、摇钱树、聚宝盆、车轿楼阁等明器，皆出至扎纸匠之手。扎纸属工艺美术序列，扎纸匠一般要具备描绘功夫。

扎纸铺有的挂彩灯为幌子，有的挂纸人。扎制纸器工序：用麻绺将缠上纸的竹片、芦苇、高粱秸借绑扎成骨架，再用衬纸将骨架糊成毛坯，裱上各色彩纸晾干，最后进行描绘。其作品逼真，那纸人扎得眼睛像会转动一样。跑驴是农历腊月、正月乡间扮秧歌必备的道具。工匠以竹篾、高粱秸扎成骨架，运用剪纸、彩绘、缀金等手法把驴的形态制作得活灵活现。小孩过年玩的狮子灯、小西瓜灯、金鱼灯也极其精巧。还有悬挂在室内或族祠庙

串乡的扎纸匠

宇里的转灯，外缀金银，内置转轮，悬珠垂缨，点燃之后灯里的戏剧人物逡巡不停，十分精巧有趣。扎风筝讲究装饰，也要保证与受风和谐一致。风筝有硬翅的，也有软翅的，式样有蝴蝶、蜈蚣、蝙蝠、金鱼、老鹰等。老鹰利爪尖喙，双目炯炯，栩栩如生。

# 编　匠

编匠编制有条编、草编两种。

条编以荆条、蜡条、紫穗槐条、杞柳条等为材料。条子不去皮为黑条，去皮为白条。黑条多用于编制生产工具，如堵在拉泥、装粪的大车车厢两头的粪帘子，抬土、抬粪用的大抬筐，拾粪用的粪筐，放在独轮小车两边的偏篓，跨在驴背上的驮篓，小孩拾草剜菜的草篓子，以及粮囤子、大装篓。白条子多取自去了皮的杞柳条。趁杞柳条干湿合适将皮剥去，便是漂白锃亮、柔软筋道的条料了。白柳条子多用于编制生活用品，如盛干粮、走亲戚携带食物的元宝篓子，饭店用的盛面条、烤饼的大条筐子，盛炊具用的箸笼，用麻绺连接钉勒成的用以盛粮食、面粉的大笸篓、大簸箕，汲水用的水料，妇女用的针线笸篓，旅行携带的柳条箱子，以及用于计量粮食的升、斗等。这些条编器具编好后要经过密封硫黄熏蒸，那样更显得洁净漂亮。

编匠们的作坊是地窖子。这种地窖子冬暖夏凉，干湿度适宜。

草编匠编的主要是草鞋、嘎哒子（木底草鞋）、提篮、蒲垫、草帽辫等。编草鞋以蒲梗与苘缕为原料。木底草鞋嘎哒子与猪皮绑一样，价廉保暖，轻便耐用，是平民百姓冬季穿着的鞋靴。编蒲垫的材料有蒲梗、玉米皮。编提篮、茶垫的材料主要是玉米皮，编草帽辫用的是麦草。

在出产芦苇、高粱的地方，多有用苇子、高粱篾子编炕席的编匠，也叫篾匠。用高粱篾子编席，要经过选料、浸泡、碾轧、去瓤、劈篾、编制等工序。编席用的高粱篾子有红、黄二色。家庭常用的席子是黄色的，婚房里的席子是红色的。红席中有的红边红面整体一色，有的边是红边，面红黄相间，中间编有一个大红"囍"字。高粱篾席纹理呈"人"字形，细密耐磨。购置时，多以麻绳作为量具。若席子与炕面大小略有出入，可把席子卷起来撞一撞或将席子抻一抻即可。

除了编席，篾匠也有加工丧葬用的装纸钱的纸笼、遮风挡雨的草帽或蛐蛐笼、小乌龟等玩具的。

# 剃 头 匠

汉族人原无剃头习惯。清初，"留头不留发，留发不留头"，汉人依满俗剃头辫发。皇帝颁诏谕告天下。此业为"头等事业，顶上生涯"，提高了剃头匠的社会地位。同人遂将挡刀布奉为"带诏"。

"剃头挑子一头热""正月不剃头，剃头死舅舅"……有关剃头的俗语很多。剃头匠学徒期3年，出徒称"出山"。"出山"时学徒基本掌握了剃头、刮脸、捶背等一整套技术。学徒除了做烧水、扫地等杂活，便捧着个葫芦头，手攥柳叶刀练腕子，做模拟动作。有很多行话：刀子磨过了的叫"上口"，没开刃的叫"青口"；客户交了钱的叫"档了"……剃头匠有的在剃头棚里坐门等客，有的挑着担子串村作业。担子一头挑的

串乡的剃头匠

是小坐框，框里装有剪子、剃刀、梳子、毛巾和碱面、胰子，另一头挑的是炭炉子、铜脸盆和磨刀石。挡刀布挂在担子头上，也算是生意幌子。有了客户，剃头匠用炭炉子烫上水，让客户坐在小座框上，披上布罩，给客户洗过头，把柳叶刀在挡刀布上上刃七下、下刃一下地挡两遍，便开始工作。

剃头业的祖师为罗真人。每年七月十三罗祖过生日，剃头匠放假一天。

# 药 匠

民间把药店坐堂医生与配制中草药的司药通称为药匠。药店门前悬有一药葫芦"悬壶"，后来改为一串木制或铜制的大药膏。走方郎中手中持有串铃小铁圈，即"虎撑子"。虎撑子形似轮胎，膛内装铁球，铁球撞击圈壁发出"哗啦""哗啦"的声响。病家听到这种声响便知

道药匠来了。药匠的祖师有神农、扁鹊、华佗、孙思邈等。药店中较常见的画像大多是华佗的。

# 糖　　匠

"苞米上了场,动手做大糖。"进了腊月,糖匠尤显繁忙。糖坊做饴糖又称"吹鼓糖"。此糖以玉米、麦芽、砂糖为主料,成品分为芝麻糖、白条糖和糖饼、糖瓜、糖球等。也有糖匠将糖浆做成袋状,用芦管吹成各种神话人物、动物,特受儿童喜爱。"含饴弄孙"之说即源于此。

糖坊里一般都备有打糊调料的陶盆、熬糖炒糖用的铁锅、调料押糖的案板。作坊内温度很高,即使在深冬依然热气腾腾。进入腊月,糖匠多在集市设摊,用两条凳子支一板案,将糖球、芝麻糖放置其上由顾客挑选,为腊月供奉灶神之用。串村的糖匠挑一副担子沿街招揽生意。担子一头是糖匣子,匣子装有带铁锅的火炉;另一头是用陶盆装着的呈胶状的麦芽糖。糖匠边走边敲担子上的铜锣。当人们围拢上来后,糖匠将担一放,熬上糖稀。待糖稀熬到火候,糖匠用芦管蘸上一团吹糖人。若糖人一时卖不完,则插在挑子上当幌子。

# 粉　　匠

粉坊推粉——制粉丝一般是春季开冻始,麦收止;秋季8月始,上冻止。推粉,俗称"浆里来,水里去",要具备丰富经验,有的则特请粉匠指导。上好原料是绿豆。

推粉的工序大体如下:将绿豆浸入滚水,直至胚芽发白(开花),再将绿豆上磨粉碎,过箩去渣,倒入大缸沉淀一天一夜,撇去上面的粉浆(油粉),取出淀粉液。原浆发酵沉淀制淀粉(粉团),工艺性更强,关键是兑浆。制成头合浆、二合浆、三合浆(黑粉)的原浆,经过不可言传的操作,将发酵的粉浆搅匀,用罗筛进盆里,再用吊兜装上沉淀好的淀粉脱水,晒干,便是粉团。

这样兜出来的粉团,可以做炒菜烧汤的勾芡,也可以用来制作粉丝。

制作粉丝又叫"漏粉",其关键是打糊揣芡。将晒干的粉团粉成面,用水搅匀,煮成糊状,即是做粉丝的"筋"。随后,把打好的糊放在大盆中,由四五个人围着盆边以拳捣搋,边顺盆绕转,步调一致,搋捣整齐,直至淀粉在盆中膨胀发亮。将淀粉分为小块,放入盛开水的大锅上方的带孔铁瓢里。粉匠一手执瓢,一手攥拳击打瓢中的淀粉(打瓢),使淀粉成丝状由铁瓢孔漏入锅里,煮成粉条。用长筷将粉条由沸锅捞出,浸入凉水降温,再用木棍穿起来放入盛浆液的大盆中浆一定时间。之后将浆过的粉丝揉搓(搓粉),使其条条疏朗。最后,选取不起尘的沙地晒场,择风和日丽天气将粉丝挂架晾晒。晒出的粉丝以色白、透明、均匀为佳。这种粉丝等用开水一烫即软,炖煮则肉烂丝不断。

# 油 匠

油匠是在油坊里将大豆、花生、棉籽、芝麻等加工成食用油的工匠。油坊多在秋后开工,春耕时收摊。大豆、花生、棉籽、芝麻油榨法不同。

生产豆油的作坊备有油碾、油榨、蒸锅等设备。榨油前先泼水将大豆润湿,再放到碾上轧坯,之后将坯放到蒸锅上蒸到一定火候,便可放到油榨上榨油了。油榨是利用杠杆作用将豆坯加压,将油汁挤压出来。热榨对油坊里的温度要求特高。油坊墙壁是火墙,总烧得热气腾腾的。即使严冬,油匠们也热得赤身裸体。

榨花生油也是热榨。工序是先将花生仁粉碎、蒸坯、炒坯,然后装坯压榨。

芝麻油也称为香油,多由酱园监制,制法与别的油不同。其加工程序如下:将芝麻炒熟,磨成麻汁,放入大盆,冲入开水,用木棒搅动;用镶木柄的葫芦礅杵,让油浮上来,使油、渣分开,名曰"礅油"。第一遍浮上来的油纯清,杂质很少,是香油中的精品。再礅再舀的香油色泽则大不如前,有杂质。礅完油剩下的渣叫"香油脚子",是上好的肥料。这种"小磨香油"造价较高,仅供饭店烹调和药坊熬膏药用,销量有限。

串街叫卖香油和麻汁的亦叫卖油匠。卖油匠或挑担或推车,敲打一块响声清脆的铜板招揽生意。素有"卖油匠,打铛铛,背着老婆晒阳阳"

的俚语。

大豆、花生、棉籽榨油后的余渣呈圆饼样，统称为"饼"。豆饼、花生饼、棉籽饼，面盆大小，一寸厚，是上好的饲料和肥料。

## 锢露匠

"挑着担子走四乡，锔盆锔碗锔大缸。"锢露匠那副担子，一头挑的是小风匣和小铁匠炉，上边挂着锔子钻；另一头挑的是有四五个抽屉的小箱子，里面装有锔钉、刷子、石灰等工具和材料。担子头上还挂有一个马扎子，走起路来一颤一悠。

民间谁家的水缸裂了、面盆碎了，都要请锢露匠锔一锔。锢露匠用的锔子是铜丝、铁丝打的扁平带钩的两脚钉。锔器物时要在裂缝两边钻上两个孔，用锔子一铆，绷严实后再加泥子（白灰）一抹即可以了。

锢露匠的手摇钻较珍贵，钻头上有块米粒大小的金刚石。所以，手摇钻常被称为金刚钻。金刚石表面呈球形，内为八面棱形立方体，坚硬无比，可以切割金属和玻璃，也是制作首饰的珍贵材料。所以有"没有金刚钻，别揽瓷器活"之话。

锢露匠最难干的活要数锔锅。锅铁硬，要用特制钻头。有的锅要补窟窿，必须用融化了的铁液加铁片补。

## 棚匠

棚分喜棚、祭棚和杂事棚。搭棚的工匠即棚匠。棚匠专司搭棚，杠坊除了杠夫还有吹鼓手，赁铺出租花轿、蟒罩和与喜丧事相关的搭棚用品。有些坊集棚匠坊、杠坊、赁货铺的工作于一身，有些兼营其中两种活计。

彩棚有的像楼，有的像亭，有的像客厅，皆以竹竿、杉杆为栋梁，篾席为顶、墙，里外饰棚布。办喜事，主要搭吹鼓手棚、客棚，以彩纸、彩绸、松枝、竹枝装饰，棚布以红色为主，上有大红"囍"字和鸳鸯戏水等喜庆、吉祥图案。

祭棚以蓝、白两色棚布为主，蓝布绣白花，白布嵌蓝花，淡雅肃穆。祭棚分茶棚、旌棚、铭棚、经棚及礼客、点主、吊唁、守穴及襄事、理事等棚。棚的大小规格各异，但均悬挂"地下有寒应彻骨，人生到此一回肠"之类的挽联。

棚匠个个身手敏捷，身轻如燕，善于攀柱登高。有的棚匠一专多能，搭完棚后还去充杠夫或吹鼓手。

# 制 香 匠

香匠，就是用香木与香料制作香的工匠。香按形状分杆条香、线香、盘香，按配料分檀香、料香、末香，按用途分供香、熏香、子午香等。檀香点燃后有檀木异香。子午香属计时香，由子时点燃至午时燃尽而得名。

香坊内设香桩，一副香桩8个工匠，分头杆——大师傅，二杆——技术把头，三杆——专司烧火、压杆的工匠，将榆树皮碾轧成面的"掐面"和晒香工匠，扒香工匠，封香（打包）工匠。

做香的第1步是磨香末：将香料、榆树皮碾成细末。第2步是按配方将香料与榆树皮调拌起来。第3步是将香料末边烫边搅，待其呈糕状后割成一块块凉棒，叫拌料。第4步是将凉棒放在香桩下的香桶中压成一圈圈的香坯，谓压条。第5步是拎条。拎条是技术性很强的工序，由头杆将香坯理成直条后，按尺码裁齐，翻进晒罗里。晒罗里的香条要边晒边刷色，晒干前放到木板下压平压直；晒干后再一板一板分开。最后一道工序是封香（包装）：每几十枝为1篼，1篼三道腰，外呈六角形。每5篼为1封，断面为梯形，下端加封套，正面贴有香坊字号的图章和"天官赐福"之类图案的香签。

《东莱风情录》，青岛海洋大学
出版社，1995年5月版

# 豆　腐　匠

民间称做豆腐的场地为豆腐坊。特别是冬季，豆腐匠敲着梆子串街走巷，客户你去我来，熙熙攘攘，生意特好。做豆腐先要将黄豆泡软，再上磨（水磨）磨成"泊"。"泊"以粗的布为包挤出液汁，为豆浆；余下的为豆腐渣。豆浆入锅热开，待稍稍冷却，表面即凝有一层皮。用细木棍横置锅面一粘一转，即可取出一张皮，此为"揭豆腐皮"。豆腐皮可连取四五张，晾干后即为腐竹。揭过豆腐皮后，在豆浆中加卤水（或石膏），稍停，即结为豆腐脑。将豆腐脑收入笼布，上压重石，挤去水分，就成为豆腐。每舀一瓢豆腐脑加一层笼布，压出一层层薄豆腐，制成千层豆腐。至于加工豆腐干、臭豆腐、豆腐乳，多是酱园的工艺。

# 笤　帚　匠

民间日常使用的笤帚、炊帚大都是用高粱穗草扎成的。这种高粱品种独特，穗草较长。其中无主蕊的俗名"笤帚草"，有主蕊的俗名"炊帚草"。加工笤帚与炊帚的方法是，取一张弦，一端栓于固定的木桩上，一端系于腰间，口衔麻绺，卷笤帚草或炊帚草于弦中，身子后仰，拴上麻绺，节节勒紧，由此称之为"勒笤帚""勒炊帚"。笤帚分扫地用的大笤帚，扫炕用的小笤帚。另有用黍穗草扎的黍穗笤帚，是扫炕与扫衣服等专用的。勒笤帚的工匠利用下脚料细高粱杆钉成的算子盖、盖帘，可以晾放馒头、饺子，也有当缸盖、锅盖用的。

# 窑　匠

窑业分烧缸盆、烧砖瓦、烧石灰之分，通称其工匠为"烧窑的"。烧制缸盆陶器的工序有调泥、成型、晾坯、装窑、烧窑、出窑等。调泥时要经过选、挖、晒、拣、压、和、踩、翻、摇、揉等工序方成熟泥。烧制圆形器具，将揉好的熟泥放在旋转的淋盘上，按照需要的样式做成雏形的坯，再安上扭、柄，晾干之后便装窑点火。烧缸、盆的窑有大有小，大窑要连烧三天三夜。待从观察孔看到窑内烧得像流水一样即可以了。

为了节省空间，烧缸、盆时往往大缸里套小缸，大盆里装小盆。•

砖瓦窑由窑门、窑洞、烟囱、火孔、工棚组成，制成的坯也要晾晒干后再装窑烧制。俗有"出窑的砖，定型了"一说。

石灰窑用的原料是石灰岩，原来用松柴烧，后改用煤炭。每窑装石料 45000 斤，用煤 15000 斤，出石灰 14000 斤左右。

窑匠的祖师多说并存，有的说是舜帝，有的说是范蠡。旧时农历二月十五（也有腊月十八）祭祀窑神，置酒相庆。

# 毡 匠

毡形似粗呢、粗毯，具有良好的回弹、保温、防潮和隔音性能，是制作铺垫、鞋靴、帽子等御寒用品的上好材料。毡由羊毛、山羊绒、骆驼毛、牦牛毛、兔毛经湿、加热、压缩而成。

制毡俗称擀毡，有净毛、弹毛、铺坯、加热及蹬、洗等工序。

擀毡时，先要将原毛上的杂质、油脂洗净、剔去，再将晒干的原毛用弓弹松。铺坯时把竹帘置于几案之上，双手执竹拍，依次拍打弹好的原毛，使其均布于竹帘上，直至达到所需的厚度。之后在上面再盖一竹帘，在毡坯上浇开水，趁热将毡坯卷成圆筒，放置于擀架活套上。毡架高可及房顶，上边有一像扁担一样的弓，弓的中间固定在支架上，两端各有一皮索下垂至地。加了热的毡坯放在活套里。3 个毡匠并坐在长凳上用脚蹬，随蹬随加热水，像擀面一样擀。一段时间后，将毡坯放下来齐边，再放掉上边的竹帘，翻转过来放到架上继续擀，直到厚厚的毡坯擀得像毯子似的，再用水洗净晒干。

擀毡属纺织一行，但毡匠不织毯。

※　　　　　　　　※　　　　　　　　※

另外，民间尚有织布匠、油漆匠和镪刀、磨剪子的，酿酒、制醋的，晒酱的，杀猪、宰羊的，做鞭炮的，莳弄花草的……五行八作，林林总总，不胜枚举。

（《烟台晚报》2013 年 7 月连载。）

# 无极会在黄县

无极会，也叫红枪会，起源于清末民初。当时，鲁西南红枪会、白枪会、马叉会各种帮会纷至沓来。"能脱了两枪，脱不了一马叉"成为人们的口头禅，流传多年。这些帮会带有浓厚的封建迷信色彩，开始暗中打的多是"反清复明"旗号。"无极会"风行时，大旗上绣有"终无极而太极，由甲寅而申丑"。道首以传道为名，广招信徒。他们随地升禅打坐，念念有词：

无极会

老天派108位天煞星下界，收尽这方生灵。福祸自肇，在劫难逃……替天行道。吾乃汉钟离，传语众苍生，曹兖被兵火，无极会当兴。洞宾吾师弟，思凡人间行……俱贬下曹兖，拯民水火中，一十二载后，三花复聚顶！

入会时，入会者由撑起的一幅"反清复明"白布下俯身鱼贯窜走，表示效忠。在室内燃起一堆大火，入会者从火上跃过，表示为本会赴汤蹈火在所不辞。然后，会众歃血盟誓，共饮同心酒……

## （一）

1925年4月25日，军阀张宗昌被任命为山东军务督办，总揽山东军政大权。其在任时两日一收税，五天一派捐，田赋增了四五倍，新增苛捐杂税不下五六十种，每年开支比任前任多至20余倍。其祸鲁三年，疯狂聚敛钱财达3亿元，直搅得民不聊生，怨声载道。这是民国时山东人民负担最重的年代。恰如《效坤诗钞》中那首《俺也写个大风歌》所描述的：

> 大炮开兮轰他娘，威如海内兮回家乡。
> 数英雄兮张宗昌，安得巨鲸兮吞扶桑！

这期间，滕县民间为抗捐抗税，抵制兵匪骚扰，兴起了"无极会"。会众自称能够"枪刀不入"，仅凭一杆红缨枪即可冲锋陷阵，所向披靡。

1928年胶东招远县南部遭逢旱涝虫灾，收成大减，民心思变。7月，以齐山店杨天育为首成立了抗捐抗税组织——白极会。毕郭行伍出身的刘殿永与史欣亭、李珍、张汝勤、方义曾、王歧松等于10月13日从滕县请来8名"师爷"发展会众。据南山樵夫的《无极道歌》记述：

> 张督办，坐山东，鸟纳税，狗纳捐，谁要不服把眼剜……营长刘殿永，卸任还家园，他说这不难，赶紧去滕县，去请无极会，本领能通天，枪炮都不怕，法术样样全，哪怕他兵匪万万千！

八月二十二，老师整八个，到毕郭，下汽车，开口先演说："如今这时势，遍地是盗贼，若不抵制他，确实没法过。咱这道会门，忠孝仁义多，无论大小事，先请问师爷。莫害怕，只管学，打仗更快乐！听见枪子响，跪下把头磕，嘴里念'老本'，手里就掐诀，不管他枪响炮轰全都一齐'索'（一扫光）！"

几个"师爷"在东大寺为毕郭村500名入会者举行了"壮身"仪式。张汝勤被推选为总道长，刘殿永、李珍、方义德、方义增、王歧松为副总道长，组成5个坛，向毕郭的"义合"酒馆、"天增福"钱庄等商号派购500支长矛做武器。无极会在招远县很快发展起来，开始与军警作对。12月4日，栖霞保安大队长安恩璞回曹州老家过年，一行16人路过招远夜宿孙家洼，强行住进一户新婚人家胡作非为。无极会将安恩璞等14人处死。《无极道歌》写道：

> 转眼北风吹，大雪满天飞。安队长，把家归，也算他倒霉：走到孙家洼，逢上无极会，老少十四口，一齐把命废！从此以后招栖两县百姓要吃亏……

无极会惹下乱子。栖霞县县长杨永泽立即电告"胶东王"刘珍年请求出兵。刘珍年遂派海军陆战队与栖霞民团400余名征剿，于12月

7 日在招远边界与无极会交战，结果被无极会打败，阵亡 10 余名，丢失钢枪 10 余支，火炮 2 门，战马 2 匹和一些辎重。《无极道歌》写道：

十月二十四，这是头一回。杨永泽，发了威，一时气炸肺！骂声狗男女，真不怕是非！立时打了电，发兵征会匪，解家村里打一仗，败得卸甲又丢盔……

无极会初战告捷。招远东南、东北部以及栖霞西部、黄县南部及莱阳北部等地，相继立会，公开抗捐抗税：

打了这一仗，齐骂："张宗昌，狗娘养，敢来找饥荒！从今不纳税，也不缴钱粮！俺是自卫团，欢迎国民党——不要你这鸡毛蒜皮在这做县长！"

胶东反动势力惊慌，密谋联合镇压无极会。1929 年 1 月 19 日，莱阳施忠诚率官兵 1000 名到靠近毕郭边界的谭格庄伺机行动。无极会集合毕郭、程家洼、张家村等 700 余名会众直扑谭格庄，击溃施忠诚所率官兵。同时，保安大队长王华亭率领的栖霞官兵在观里亦被击溃。施忠诚、王华亭率兵在谭格庄、观里大败亏输，"足足折了兵二百"。谭、观开战之际，招远县长高树峰向黄县借兵，拼凑官兵 400 余名进驻阁家村，20 日拂晓遭到无极会与白极会联合袭击，官兵几乎全部被歼，高树峰换马逃脱。此后，招远西北的神水庵、诸仙观、辛庄等地都设起道坛，蓬、黄等地也相继建立组织，仅招远就有道众 2 万余名。《无极道歌》写道：

招远全学遍，栖霞顺了风，又放哨，又打更，昼夜闹哄哄……

腊月十六，副总道长刘殿永在南庄院发下"传单"，召集道众上千名攻打招远县城：

仙师上了体，提笔写传单：腊月十六日，一同去招远，师兄弟们壮起胆，进城过大年！……枪头扛在肩，个个不怠慢，撒开腿，跑得欢，城墙在眼前，大喊杀杀杀，齐呼拿赃官……

县长高树峰吓得打开北城门落荒而逃。刘殿永登上县衙大堂，向"胶东王"刘珍年通电：

咱们招远县，民众盼青天。前任高树峰，是个大赃官，请个好县长，来把黎民安……

# （二）

黄县第四区的丰仪、七甲、田家3个乡与招远、栖霞县毗邻。据当事人慕半农先生回忆，1929年初，圈朱家村的李兆祥、上田家村的田洪滨去招远"壮身"回村后，借助地处三县交界的地利条件，以及刘珍年与张宗昌两军混战及黄县两年内走马灯似的更换了10任县长的动荡局势，在李家沟的三官庙设坛创建了带有地方联保特色的无极会。当时，多数群众对"枪刀不入"一说将信将疑：有的说是瞎胡闹；有的担心惹出乱子来。

不久，炉房村的刁安林在三官庙"壮身"后，在丰仪顶上的大庙里设坛，纠集起一伙人肩扛红缨枪，胸挂内装以银朱和朱砂画在黄裱纸上的符箓的红肚兜，挨村示威，发表演说，发展会众。当其势力稍壮大后，又采用变相强迫办法，令各村青壮年入会。具体办法是，凡不入会的村庄，勒令其日复一日地烙数百张白面香油大饼送到指定地点，直至入会为止。另外，夏、秋两季（上忙、下忙），入会者每户纳捐3元；不入会者每户则要纳捐十几元。这部分捐款作为无极会的活动经费。

随着势力的壮大，无极会内部组织也逐步健全。丰仪顶的无极会由刁安林任道长，曲士奎任外官道长（交际联络），周国泰管财务，迟殿杨管马匹。下面各村设分坛，分坛亦设道长一人。道坛大半设在庙宇祠堂里，山墙上贴着一大张红纸，只粘上面，其余三面都不粘。红纸让风一吹，瑟瑟地抖，阴森森的，让人悚然。其实那红纸上既无字迹，亦无图像。据后迟家村迟玉科讲，他家西房子里设有道坛。他担心官兵来清剿时受牵连，撕掉了那张大红纸，发现下面只覆盖一张画有大鳖的图像。大红纸下方放一张供桌，挂有桌帏，桌上摆一只香炉、一对蜡台。炉内的香昼夜不断地燃烧，烟雾缭绕，有专人轮流看守。上香时，把香点燃，双手捏香在胸前由里向外绕三圈，口中默念：

每日烧香一缕烟，先敬老母后敬天；天生老母心欢喜，修圆弟子归灵山……

这样反复默念7遍，把香插上，而后双手再如前绕三圈，最后左脚一跺地，礼毕。会众每日三餐都必须去道坛"参坛"，晚上在那里集中睡觉。

无极会并没有什么政治纲领，也没有什么系统教义，只有一本近一寸厚的折子，上面除咒诀和教规戒律，其余大部分则是一些让人莫名其妙的符篆图案。

无极会经常举行入会仪式"上体"：决定入会的人面对道坛跪着，先用水冲服一道符篆（内有麻醉神经的洋金花），然后双手合掌两臂向前直伸，默念"无量寿佛"。不一会儿，这人浑身发抖，手舞足蹈，言称某神仙附体。表演过一阵后，道长用砖头敲击其后颈一下，使其清醒过来，此谓"解脱"。如丰仪顶慕明全"上体"后自称为李逵，慕廷善"上体"后自称为刘备……

有的人喝过符篆不"上体"，道长便会说其心不诚。所以凡入会者大都装成"上体"的样子遮掩过去。这样一来，人们便虔诚地信以为真了。

# （三）

1929年2月4日，被北伐军击溃的张宗昌、褚玉璞在日本帝国主义支持下，带领一群幕僚与白俄兵由大连来胶东，准备同刘珍年展开争夺战。他们路经招远县、黄县地界。招远县的无极会事前获得消息，即去埋伏截击。黄县丰仪顶的无极会亦去助战。张宗昌的人马同无极会在黄城集村南相遇。无极会会众脱去上衣，戴着红肚兜单腿跪地，一手扶红缨枪，一手取出符篆吞下，闭上双眼默念"老本"——无量寿佛……张宗昌的人马是由此经过，并无战斗准备，连枪械也成捆地堆放在大车上。那些白俄兵不谙民情，见此情景一时摸不着头脑，愣在那里不知所措。当其还没反应过来时，无极会这边一声令下，冲杀上去"扑哧""扑哧"地用长矛挑将起来。张宗昌部死伤惨重，一时大乱，纷纷奔上烟潍路向西溃退逃窜。张宗昌与4名马弁逃至黄城集村，躲到天齐庙的小阁楼。无极会会众紧追不放，将小阁楼团团包围起来，呐喊示威，但不敢逼近。张宗昌与马弁每人两只盒子枪，居高临下还击。无极会会众只凭长矛无法攻上去。对峙一段时间后，张宗昌的溃兵惊魂稍定，反扑回来，无极会撤出战场。

这场短兵相接的战斗，无极会会众亦有伤亡，仅后迟家村就战死五六人，店埠曲家村死了两三人。尸体被黄城集村民丢进河湾里。后迟家村迟玉安的尸体一直没找到。村人只寻到一只鞋，拿回去装进棺材草草殡葬了事。

无极会会众用马车拉着缴获的战利品凯旋。他们行至丰仪店大街时，停下来歇脚打尖。只见三辆大车，前面一辆载着两挺水压机关枪，中间一辆载着满满一筐笸匣子枪，车厢里还散落了一些。另有四五十支步枪捆得整整齐齐。招远县无极会财务李明（乐土夼人）坐在车前部，手持三角形小红旗，趾高气扬地东张西望。车后尾放有一具尸体，仰面朝天，脸上浮有厚厚一层尘土。最后那辆大车载着4捆步枪，车后尾横陈两具尸体，也是尘土遮面，狰狞骇人。

参战的无极会会众在各自炫耀，乱糟糟的。其中一个对另一个说："你看看我的脊梁，八成叫枪子烫了一下，怎么火辣辣的？"他边说边把腰一躬。听者掀起他的棉袄后襟一看，可不，后背上划了条约有一尺长、一扁指深的血痕……这正如《无极道歌》中记述的：

奸贼张宗昌，勾结白俄党，领兵来蓬黄，强盗一个样。恼了自卫团，气得脸发黄。到了天齐庙，两军开了仗，杀退白俄兵，夺下两挺水压机关枪……

无极会靠迷信起家，认为人间一切福祸都由鬼神主宰。1929年农历六月，因久旱无雨，丰仪顶会坛集合会众3000多人列队求雨。队伍前面中间抬着一尊1米高的龙王塑像，右边雷公塑像，左边闪电娘娘塑像。龙王塑像前摆一只小黑瓷瓶，内装清水，名曰"甘露"。瓶中插一新鲜柳条。队伍中部抬着一大牌位，上写"九江八河五湖四海龙王之牌位"，附有一联："油然作云 沛然作雨"。再往后又抬一大牌位，上写"玉皇大帝之神位"。队伍每到一个村庄，村子里必须在街头备几桶清水、香、纸、蜡、镙和祭品。队伍一到村头，村民便焚香烧纸，随即将水桶掀倒，齐声高喊："下大雨啰！"然后，村民一齐跪倒，顶礼膜拜。

求雨的队伍无论到哪个村，只限男人接触，不准女人露面。如果发现哪个女人由窗口或门缝窥视，无级会会众上去就是一缨枪，骂其"主丧"。女人若在路上或田间逢见求雨的队伍，就得远远躲开；而男人如果戴了草帽，逢上求雨的队伍也要早早摘下来。不然，无极会会众会从他头上拽下帽子来扔到地上踩烂。

　　这样闹腾了几天，天公作美，果真下了一场大雨。庄稼得救了，群众欢腾起来。根据求雨时许的愿，道长们与各村头面人物磋商过后，请来一台大戏，连唱4天。

　　丰仪顶是一座大庙宇，原来就有戏楼，但缺少看台。为了炫耀，无极会特意到石良集包赁了王福泰的看台。王福泰为讨道长们欢心、多得赏钱，煞费苦心地将看台搭得华丽气派。演戏时，道长们端坐看台正中，左右伫立侍卫，威风凛凛。一些女戏子为讨小费，上场前、下场后公然凑到看台上为他们煽风献殷勤。本来无极会的会规是：

　　不图财，不贪色，三台（锅台、碾台、窗台）不许坐；不吃高腿（大牲畜）肉，不吃生萝卜，进坛先参驾，有话然后说。逢上三六九，进坛把符喝……

　　道长们竟然在众目睽睽下与女戏子眉来眼去，打情骂俏。这引起群众很大反感，也对个别不守本分的会员产生了不良影响。炉房村有个叫"鳌头"的无极会会员，20岁左右，晚上不是爬这家的窗户就是跳那家墙头。村民们不敢惹他，便找他爹诉说。他爹为人忠厚老实，多次规劝斥责，但其屡教不改。一天早晨，老爹气急了，手执铁锨对他说："你在外面闹腾得我没脸见人了！你说今天咱俩谁死吧：你若叫我死，就给你铁锨！"

　　"鳌头"一时无言可对，愣在那里。老爹气昏了头，骂了声："你还怄气？！"一铁锨劈将下去，"鳌头"连"老本"也没来得及念，顿时脑壳崩裂，一命呜呼。

# （四）

　　无极会的基本宗旨是抗缴苛捐杂税，所以自发起以来辖区一直没向地方政府缴纳田赋。地方政府因时局动荡，不摸底细，也没敢贸然追讨。

　　1929年下半年，黄县的无极会已波及东南70余村。这时，丰仪顶道坛接到县长孙烈发的催讨田赋公文。道长们传看了公文，有的说甭理他；有的主张去谈判。也有人说，谈判可以，但谁敢去？被扣押了怎么办？

当时，前迟家村的刁亨利也在场。他虽然读书不多，但擅长言谈，有胆有识，经常为邻里排解纠纷。周围三里五村没有不佩服他这个"和事佬"的。刁亨利说："两国交兵，不斩来使。怕什么？"

道长问他是否敢去，他不假思索地说了声："去就去！"于是，道长吩咐马夫备马。刁亨利说："别急！我回家换换衣服。"前迟家村离丰仪顶只有3里路。半小时后，他便衣帽整齐地回到坛部，跨上马背，扬鞭一指，直奔县城而去。

刁亨利来到县府，对门岗说："请进去禀报一下，无极会代表求见！"

一会儿，几个官员出来，将刁亨利迎进客厅。谈判开始。孙县长说："你们不交田赋，是何用心？"

刁亨利答："皇粮国税，平民百姓分文不敢短缺。只是那些附加税、特别捐，我们穷乡僻壤实在无力支付。"

"你们山里人生活艰难，年景不好，可以体恤。不过，田赋还是要交的……"

最后，折中协议达成：除了上忙、下忙两季田赋，其余附加税、特别捐一概豁免。刁亨利满以为这次谈判达到了预期目的，道长们也会认可。巨料，回来一汇报，道长们变了卦，强硬地说："不用管他！反正咱分文不纳！"

刁亨利见状，在抱怨道长们不讲信义、有损自己体面的同时，也深知这样下去官府不会善罢甘休，预感祸端将至，便采取远嫌避祸的态度，从此不再与无极会来往。

1929年4月19日，栾作舟集合招远县、栖霞县无极会8000余人包围了栖霞县城，攻城三日不克。南山樵夫的《无极道歌》中记述道：

花开三月间，忙了第二团（坛），南院下传单，去攻栖霞县。当月十二日，人数达八千。城门关得紧，大炮架南山，吓得百姓打战战……十二到十三，城头守得严。放快枪，扔炸弹，放火烧西关。可怜师兄弟，死了二百卅，这回破了法，仙师归了山……

攻城失利，招远县、栖霞县的无极会斗争进入低潮。7月，刘珍年派心腹武汉出任招远县县长。武汉假意与王云山等道长结拜为"生死弟兄"，引诱驻城无极会众接受招安，改编为县民团。王云山积极主张接受改编，并施计杀害了反招安的副总道长刘殿和。

黄县县府这边以为无极会能够履行谈判许诺的条件，翘首等待收纳田赋。一直到农历八月县长换为李荣梓，仍不见无极会交纳田赋。当侦悉无极会食言不交的可靠消息后，县府毅然决定采取军事行动。8月20日，县府下令，县城大小商号储存的煤油、扫帚一律征用。23日，刘珍年部营长夏卓峰率领全县军警兵分两路，沿黄水河两岸南进，去东南第四区清剿无极会。无极会闻报，集结队伍，准备迎击。当天上午10时左右，双方在馒头石大吕家附近交火。西路军警在王屋山上、东路军警在馒头石东山上将无极会的人马夹在黄水河滩。军警深知无极会的厉害：只要他们一近身肉搏起来，自己准吃亏！于是，一发现目标便集中火力射击。无极会员自知并非"枪刀不入的道骨仙胎"，一听见枪响掉头便跑，有的连红缨枪都丢了，可谓一触即溃。军警恐有埋伏，亦不穷追，只是沿途用扫帚浸上煤油逐村纵火，缓缓进逼。西路军警由王屋村开始，一直烧到店埠曲家村和后迟家村；东路军警从馒头石大吕家村开始，一直烧到丰仪店、大慕家村。此时，村民们扶老携幼，呼天号地，纷纷奔逃上山。他们回望村头滚滚浓烟，腾腾烈焰，号啕大哭，声震数里，惨不忍睹。

无极会出发迎战时，丰仪顶总坛留有周国泰守坛。他为给出征人员助威壮胆，把从黄城阳运来的两门土炮"大将军""二将军"装填上火药，瞄着枪声密集的方向拉动炮栓轰的一声放了出去。由于炮内装药过多，后坐力太大，正好撞在盛火药的坛子上。坛子内的火药爆炸，周国泰被震昏在地，不知过了多久才苏醒过来，弃坛而逃。军警赶到丰仪顶，在庙里、庙外到处纵火，将前后的8座大殿、许多配房和道士宿舍以至鸡栏狗窠统统烧成了灰烬焦土。三官庙

无 极 会

烧得也只剩下一座西殿和戏楼。经过这场战斗，道长们有的藏匿起来，有的携眷外逃。会众东躲西藏，散了伙。因时局动荡，官府也没再深究。

1929 年 10 月，招远县城的无极会接受改编，王云山出任县公安局局长。11 月，王云山出兵击退以王连奎为首的反招安派。1930 年 1 月 23 日，王云山率兵攻打岭上坚持斗争的无极道失利。24 日，"胶东王"刘珍年按武汉密电，派旅长梁立柱率兵乘机入城，逮捕了王云山、方义增、方义德等 28 名道长，全部枪杀于城东河中，岭上无极会自行解体。招远县、栖霞县、黄县一带轰动一时的无极会就这样风卷残云般地消逝了。

（《春秋》2007 年第 3 期）

# 六十年前黄县的贩毒与“禁烟”

鸦片三分，盖世英雄归绝路；
摊皮四粒，富家子弟入穷途。
竹枪一支，打得妻离子散，未闻炮声震地；
铜灯半盏，烧尽田地房廊，不见烟火冲天。


　　1937年7月7日卢沟桥事变后，日寇在北平设立“禁烟总局”，各省、市、县相继设分支机构，美其名曰“寓禁于征”。实际上，这是允许公开吸食鸦片，从中榨取捐税，达到“以战养战”目的。1940年夏季，黄县伪县公署财政科收烟税的官办贩毒机构“禁烟局”正式挂牌办公，“丁百万”家族“文莱”一支的外甥孙偓，任税务局长兼第一任禁烟局长。从此，吸贩鸦片在龙口大肆泛滥。当时人们说，凡嗜食成癖者有三快：穷得快，死得快，死后抬着还轻快。
　　黄县士绅富户较多，几乎村村不乏家资殷实的“瘾君子”。复东土产公司即是由有名的鸦片贩子“四大金刚”集资开办的，专营鸦片业务。总公司设于龙口，黄城西大街路北设有分公司，专事销售鸦片的门市部由天津人王馨泉负责。所售鸦片一部分由“禁烟局”供给，其余多由鸦片产地热河的八里罕、绥远的萨现贩运而来。营销手续则相当简捷：鸦片到货，报禁烟局来检验过数，每两征收大洋5角，加盖“验讫”图章后即可公开零售批发。凡持有“准吸证”者皆可公开购买吸食。黄县专门经营鸦片的小卖部有长乐宫、卧云轩、隐贤居、一品香、仙云阁等近十家。

据统计，当时仅黄县一隅，每月贩进鸦片不下1万两；加上龙口码头，全年进入鸦片当在30万两以上。当时鸦片价格1两在15~20元现洋之间。以此计算，全年鸦片价值达500万元左右。

除了烟资所费巨大，"瘾君子"们在烟具上也是非常讲究并舍得开销的。烟枪管必须以蛇中管竹或阴沉木、湘妃竹者为佳，烟嘴以玉石烟嘴、翡翠碰头为上品。最有名的烟枪是"潘云香"。据说，"潘云香"为江南吴兴一孀妇所做。她靠做烟枪抚育儿子成人。其所制烟枪极其精良。其子长大后，持家致富，为挽回母亲曾做过烟枪的不光彩名声，高价回收"潘云香"。因此，这种烟枪在社会上存留渐少，身价倍增。烟灯则必须用英商太古洋行生产的太古灯，灯罩以猪嘴式玻璃罩为上乘。烟签子则要用张洋制作的钢签子。此签非他签可比，不但不折，还可以弯为圆圈置放于铁盒中。仅这样一套烟具就要大洋1000余元。

韩复榘治鲁时，曾查禁鸦片、收缴烟具。有一次仅在黄县城北单家、遇家几个村就收缴烟具一马车。由此既可以窥测到鸦片在黄县泛滥的程度，也可以大体估算出烟具耗去本县人多少财资，影响了多少人的健康。

凡嗜食鸦片成癖者，上来烟瘾时无精打采，哈欠连天，涕泪横流；一旦过足烟瘾则兴高采烈，眉飞色舞，躺在那里高谈阔论，忘乎所以。时间一长，吸食鸦片者便枯瘦如柴，弱不禁风，直至死亡。出入烟馆或经营鸦片的小卖部者大都是富绅、长吏。这种场所自然又成了他们讲买卖、搞交易的藏污纳垢之地。官场中，请吸烟片或贿送烟土的风气十分盛行。烟土有时在市场上还可以按时价如货币一样流通。

鸦片之毒甚于蛇蝎。一旦沾染，不死亦伤，即使万贯家产，也难免人财两空，家破人亡。黄城"丁百万"家族富甲齐鲁，族中"文莱"的丁士珍，家资累万，所收藏的古董文物不计其数，仅青铜器就陈列了5间大厅。及其去世，偌大家业交长子、长媳执掌。长子、长媳终日与烟灯为伴，不事他务。仅10余年光景，除了居所，全部家产荡然一空。长媳因贫病交加，烟癖肆虐早早死去。长子只好远去他乡，依靠亲戚苟延残喘。

"信莱"家资与"文莱"相当。当家的二虎大爷挥霍无度，好讲排场。例如，电灯刚刚在上海兴起、在北平也罕见时，他府上便已安上了几只。他还有"皇帝癖"，私制龙袍辇盖，让家人、仆役扮成文武百官左右伺候，每天三拜九叩，并收买美女设置三宫六院……他如此荒淫无度尚没将家业败光。及染上鸦片癖后，一切家私悉由管家账房把持，几年间家业便乌有净尽，儿子忍冻受饿，死于长街。他本人先在河东沿开一馄饨馆维生，但馄饨馆因经营不善不久倒闭。他后流落到杠坊，为婚丧人家当杠夫，终因贫困潦倒而死……

烟枪即铳枪，自打自受伤；

多少英雄汉，困死在高床。

应该说，黄县"丁百万"家族的衰落除了社会动乱、政局不稳的因素外，还与挥霍无度、吸毒成风有关。

豪富如"丁百万"家族者染上鸦片尚且如此，至于一般家境的人染上此癖自然不堪言状。不知有多少人因此家破人亡，流落他乡；不知有多少人家无隔夜粮还要千方百计当裤子卖袄，披着麻袋片吸白面、扎吗啡，最后屁股都扎烂了，像猪狗一样殍尸街头！作为国家，也就"既无可以御敌之兵，且无充饷之银"……

60多年前的旧中国政治腐败，积重难返。"烟毒不禁，亡国灭种"，是有识之士椎心泣血的呐喊。时至今日，言犹在耳，殷鉴不远。但愿历史悲剧不再重演，不至于出现"六十年一个往复循环"。

（《联合报》2004 年 3 月 27 日）

# 关 东 烟

饭后抽口关东烟，
快活赛过活神仙。
——胶东民谣

在胶东农村，70岁以上的人提起"关东烟"就像对章丘大葱、莱阳梨、乐陵枣那样稔熟亲切。他们对几十年前闯关东的人回乡探亲时，一般都要带回几斤"关东烟"馈赠亲友以表达心意和亲情的轶事记忆犹新。在他们心目中"关东烟"的价值似乎可以与人参、貂皮、乌拉草媲美。

烟草源自美洲，使其传播开来的却是欧洲人。当哥伦布踏上美洲海岸时，当地土著送来的礼品中就有烟草，只不过当时哥伦布船队中无人问津。后来，船队抵达古巴，水手们惊奇地发现那里人在吸食一些卷成筒状的烟草，口鼻中不时冒出缕缕青烟。水手们出于好奇试着仿效，成为欧洲最早的烟民。烟草随着哥伦布返航的船队最先来到西班牙，不久传到葡萄牙，紧接着又迅速传到欧洲其他地区。1575年，西班牙人用大帆船将烟草运到菲律宾栽培。1580年，烟草经葡萄牙传入土耳其，随后辗转进入伊朗、印度、日本等地。至1600年前后，福建水手和商贾从菲律宾把烟草带到我国。距今已有400多年历史了。

明末名医张介宾，字会卿，号景岳，在其所著《景岳全书》中第一次提及烟草由南洋传入大陆后传播开来的经过："（烟草）自古未闻也。近自我万历时始出于闽、广之间，自后吴、楚间皆有种植之矣。然总不若闽中者，色微黄、质细、名为金丝烟者力强气盛为优也。求其习服之始，则向以征滇之役。师旅深入瘴地无不染病，独一营安然无恙。问其所以，则众皆服烟。由是遍传。而今则西南一方无分老幼，朝夕不能间矣。"《本草汇言》载："此药气甚辛烈，得火燃，取烟气吸入喉中，大能御霜露风雨之寒、避山蛊鬼邪之气。小儿食此能杀疳积，女人食此可消症痞。"由此可见，烟草在我国最初用于祛瘴、御寒和作为药材。

烟草的传入途径有两条。一是嘉靖（1522—1566）末至万历（1573—1120）年间，烟草由墨西哥传入菲律宾，而后传入台湾，由台湾传入福建、广东，渐入中原。二是天启年间（1621—1628）烟草由葡萄牙人带入日本，由日本传入朝鲜，由朝鲜传入我国东北建州。

明末王逋曾在《蚓庵琐语》记载："烟叶出闽中。边上人寒疾非此不治。"

史籍中有烟草由南洋输入的记载："粤中有仁草，一曰八角草、一曰金丝烟。治验亦多，其性辛散，食其气令人醉。一曰烟酒，其种得之大西洋，一名淡芭菰、相思草（物理小识，淡巴。姑或呼担不归）。闽产者佳。"另有说法，烟草是由越南传来的："烟草出自交趾，今所在有之。茎高三四尺，叶多细毛，采叶晒干如金丝色，性最酷烈。取一二厘薰竹管内，以口吸之，口鼻出烟，人以之御风湿。"

据《寒夜丛谈》载："烟草产自闽中……崇祯初重法禁之不止，末年遂遍地种矣。余儿时见食此者尚少，适二十年后男女老少无不手一管、腰一囊。"这里记述的是，烟草由台湾传入漳、泉后，有人将烟叶曝晒截细，以火酒炒干，称其为"淡肉果"。烟草传至戍边军队，说是"可以祛湿发散，军人衔长管点火吞吐，有醉倒于地者"。

还有台湾的烟草是由菲律宾传入的记述："吕宋国（今在菲律宾马尼拉一带）有草名金丝烟，烟气由管入喉能令人醉，并避瘴气，可治头虱。"同时，烟草还可以作农药："台田苗生虫，每下种，以烟梗附其下，虫患乃息。"

北方的"关东烟"则是于明代天启年间（1621—1628）由朝鲜商人输入东北传播开的。早在1605年前后，葡萄牙人将烟草带入日本。日本人称其为"淡芭菰"，此名就是由葡萄牙文音译来的。不过几年，长崎便有人种植牟利，吸食者也多起来。日本政府曾于1615年下令焚毁烟叶、拔除烟苗，进行禁戒，但人们却仍吸食不辍。很快，烟草种植方法传入朝鲜，又由朝鲜传入我国东北。朝鲜使臣两年一次到北京进贡，礼品中就有这宗"淡芭菰"："细截之而盛竹管或银锡筒，火以吸之，味辛辣，谓之治痰消食。"

由于烟草价格昂贵、与粮争地，明崇祯十年（1637）朝廷即明令禁种、禁吸，"犯禁者一斤以上先斩而后闻"。然而因利重，人们"屡禁不止，冒种如故"；且"边上人寒疾非此不治"，遂弛其禁。至崇祯末年有些地方竟发展到"三尺之童无不吸食"的地步。

清代，朝鲜政府以烟草为礼品进贡被责。然而清朝王公大臣嗜吸"南草"积习难改，以至妇孺竞相效尤，熏染成癖。名医张璐早在其《本经逢原》中即质疑："岂知毒草之气熏灼脏腑，游行经络，能无壮火散气之虑乎？"吴澄也在《不居集·论烟》中指出："无病之人频频熏灼，津涸液枯，暗损天年……虚损之人，最宜戒此。"据《盛京通志》《皇朝通志》等记载，烟草陇旁隙地多种之。叶肥大如葵，多细毛，茎高三四尺。三伏中开花，色黄。八月采。晒干如金丝色，用酒洗后搓碎于竹管内吸之，口鼻出烟，以御寒。性最酷烈。清太宗因烟草非土产，耗货资，王公大臣"对客辄以代茶酒，久服者知其有害无利，欲罢而终不能焉，世称妖草"，亦下禁令。此令与朝鲜政府禁令，几乎同步而行，都用重刑禁止输入和走私。天聪九年（1635），清太宗曾对臣下说："朕所以禁止用烟者，或有穷乏之家，其仆从皆穷乏无衣犹买烟自用，故禁之耳。"然而，当时王公大臣中，包括九王在内如大贝勒代善、摄政王多尔衮等早已嗜烟如命，皆"极喜南草"，已吸食成瘾，无论如何禁止也难以奏效。另外，清廷所禁是平民百姓，禁下不禁上，以至令行不止。至崇德六年（1641），清廷只好"故行开禁"，"凡欲用烟者，惟许各人自种而用之，若出边货卖者处死"。也就是说，烟草只限于自种自用，不得走私和贸易。

由于开放了禁令，东北种植"关东烟"也同南方那样盛行起来。可能基于土质、气候、光照等原因，这里出产的烟草味醇、色浓、不熄火，质量特好，堪称上品。

明清时期几度禁用。清太宗禁烟一是因其"非土产，耗资财"；二是因粮烟争地。这是从经济角度考虑的。圣祖康熙皇帝"每见诸臣私在账房吃烟，真可厌恶"，认为烟为"耗气之物"，"独取一时之爽快，然久服面目俱黄，肺枯声干而伤五脏，诸药不效，吐黄水而殒身"。这完全出于卫生与养生。所以《大清律》中对控烟做了明确规定：

凡紫禁城中及仓库、坛庙等处，文武官员吃烟革职。旗人枷号两月鞭100。民人责40大板，流放3000里。雍正皇帝虽好鼻烟，但仍倡导种粮，反对种烟。但道光年间（1821—1850）后，随着清朝日益衰落，"'控烟令'也成为一纸空文，致命烟民剧增"，"上自王公贵族，下至妓女、走卒、乞丐，莫不口衔一枝，以鸣得意"。故此，人们将吸烟、吸鸦片，打麻将和嫖娼列为晚清"四大公害"。直至20世纪30年代，蒋介石与宋美龄发起新生活运动，试图改造国民陋习，在《新生活须知》中，书有"鸦片屏绝，纸烟勿吃"字句。后因禁烟影响了税收，财政部于1935年6月15日下文："任何团体，如有假借新生活运动名义，禁止人民吸售纸烟，务应立予纠正，以维国税而安商业。"至此，由新生活运动而发起的一场禁烟遂告结束。

随着烟草的传播，烟具也在不断改进，档次不断提高，样式也讲究起来。除了黄铜烟锅，还有用名贵的湘妃竹和进口的"洋藤"制作的烟杆，连烟嘴也要用玉石、翡翠和玛瑙雕琢。至于水烟袋与鼻烟壶，那用料造价更加昂贵，制作工艺更为讲究。

明清两代有名的烟草产地有福建漳州的石马烟，浙江常山的面烟，江西的射洪烟，粤东的潮州烟及崇德烟、曲沃烟、美原烟和山东的济宁烟、黄县烟，还有兰州水烟……而胶东老一辈人唯对"关东烟"情有独钟。

（《东方烟草报》2005年5月25日）

# 浦爱德与胞衣之地龙口市

在 20 世纪，有大批国际友人为支持中国人民抗击外侵无私地投入硝烟弥漫的战场，为促进中国人民与各国人民的团结友好奉献才智，铺路搭桥。国际友人艾达·普鲁伊特女士即是其中的一位：她像热爱自己的祖国——美国一样，终其一生念念不忘自己的"母国"中国和胞衣之地黄县（今龙口市），无怨无悔，殚精竭虑地为她做出了重大贡献。

艾达·普鲁伊特，中文名字浦爱德，祖籍美国佐治亚州，1888 年出生于山东黄县。她是美国浸信会一个传教士的长女，由黄县的一个中国保姆带大，她的童年时代——整整 12 年是在龙口市度过的。这个长着褐色头发蓝眼睛的西方人一直称中国为"母国"，美国为"父国"。

浦爱德父亲西塞罗·华盛顿·普鲁伊特，中文名字浦其维，来自美国南部佐治亚州的小镇，从小就下地干农活。1882 年，他受基督教美国南部浸信会派遣，前来中国传教。1888 年，他与安娜在黄县结婚安家。在以后 50 多年的时间里，他们传教、办学、行医，对当地人宽容友善，和当地人相处得十分融洽。这与那些以宗教为掩护的别有用心的人或对中国人颐指气使的外国传教士大不相同。他们学习中国文化的兴趣极浓。为传教，他们用从美国带来的善款在黄城创办了怀麟医

《一代风流》，山东大学出版社，
1995 年 9 月版

院与崇实学校（今龙口市第一中学）。传教之余，他们经常与龙口市有文化的人探讨中国古典文学。据统计，基督教美国南部浸信会先后派出650人到中国，而在中国生活50年以上的只有4人：司徒雷登、赛珍珠和浦其维夫妻。

浦爱德12岁由芝罘中国内地会学校毕业后回国，在佐治亚州读了大学，又去纽约哥伦比亚大学教育学院，后去波士顿的麻省综合医院学习医学社会服务。她在美国费城慈善事业协会受过社会工作训练，于1920年受聘于洛克菲勒基金会，在北京协和医院设立医疗社会服务部，担任了18年主任。同时她还在燕京大学任教，为中国培养了第一代社会工作者。

1937年"七七"事变，日本侵占北京。具有正义感的浦爱德暗中支持中国人民抗日活动。她与斯诺夫妇配合，掩护隐藏抗日志士，为抗日组织秘密提供药品。11月，驻上海的国际友人海伦·斯诺、埃德加·斯诺、路易·艾黎与爱国进步人士胡愈之、沙千里等为促使蒋介石抗战，争取美国等其他国家在物资上的支持和在道义上声援，发起组织失业工人和难民自救，支援抗战。翌年中国工业合作协会在武汉成立。为处理海外捐款和物资，经宋庆龄等倡议，中国工业合作国际委员会于1939年1月在香港创立。宋庆龄任名誉主席，英国主教何明华任主席，浦爱德任美方首席发言人和基金会筹措人的活动者之一。

中国工业合作国际委员会利用海外捐款在中国以合作社形式组建小型工业组织，协助各地组建工业合作社。在解放区先后组建的服务于抗战的合作社达200多个，社员3000余名，使大批难民得到安置，并生产了大批机械工具和纺织品，为抗日根据地提供了急需物资，受到毛泽东及叶挺等的高度赞扬。

在美国与日本开战前的两年时间里，浦爱德奔走于美国、加拿大各地做有关工合的演讲，在报刊上发表文章通报工合工作情况，积极争取世界各国人民支持中国人民的正义战争，组建地方性委员会，为工合募集到最大一大笔资金——350万美元捐款。嗣后，她克服了种种险阻，不远万里把熟练的技术人员和各种机械输送到中国西北、西部和西南内地合作社。

中华人民共和国成立后，她为恢复中美邦交正常化积极工作，是中美友好促进会的主要负责人。中国人民始终没有忘记浦爱德对这片热土的深情厚谊。在 1975 年应周恩来总理之邀访华期间，她专程到日思夜想、魂牵梦绕的胞衣之地黄县探望。

"鸟近黄昏皆绕树，人到暮年倍思乡。"浦爱德在中国生活了 50 年，终生独身。她具有较高的中文写作能力，后半生参与了翻译老舍的《四世同堂》等几部中文名著，撰写了许多介绍中国国情的文章和 3 部有关"母国"的书。1975 年台湾出版了她的《在中国的童年》。该书以流畅的语言描述了 19 世纪末期她在山东龙口市出生后的 12 年经历和见闻。她一往情深地回忆自己与弟弟们在宋家疃的生活感受与感受。该书不但文字描述细致入微，而且经现在村里老人核对，其凭记忆描画的村庄轮廓和宅院平面图相当准确。其对当地人们的生活习俗记忆及对保姆"大大"一家的依恋等无不让人觉得情深意浓，特别亲切。书中还提供了诸如平度县牛倌曹德山（赵德三）靠自学由教会用人成为厨师又成为美国驻芝罘领事译员，发起组织兴建横穿鲁东的第一条公路——烟潍公路的珍贵史料……浦爱德称得上是一位与中国人民血肉相连又对中国有所贡献的优秀美国女性。回顾她的晚年著述，除了《在中国的童年》一书外，还有《汉家女：一个中国女工的自传》《殷老太太：1926—1938 年北平生活的追忆》《中国工业合作社的呼吁》等。读这些著述后我们不难理解，一个出生在中国北方农村的美国女孩，为什么会对自己的出生地这样魂牵梦绕，耿耿在念。浦爱德 1985 年去世，终年 96 岁。根据她生前建议，1987 年，山东龙口市设立工合龙口市合作企业试验点。这期间，中国工合国际委员会主席路易·艾黎曾多次垂询浦爱德在龙口的出生地、旧居及生活经历。

浦爱德——艾达·普鲁伊特与胞衣之地龙口市的情谊将永载史册。

**（选自《一代风流》，山东大学出版社，1995 年 9 月版。）**

# 张宗昌把兄弟的荣华梦

## （一）神秘来客

故事发生在兵荒马乱的北洋时期。这期间，北洋军阀主要有直、皖、奉三大派系，他们在英、美、日帝国主义者的支持下争权掠地。北京城走马灯似的变幻出袁、黎、冯、徐、曹5个大总统，一个段执政和一个张大帅，直搅得中原大地民不聊生，国无宁日。

1922年6月的一个中午，山东省黄县龙口港南5里处的张家庄静悄悄的。聒噪的知了鸣叫声中间夹杂着码头上驳船悠长的汽笛响，此起彼伏，时断时续，使处于闷热焦躁中的人们更为心烦意乱。地里的小麦已收割尽净，一望无际的田野空荡荡的，让烈日曝晒得雾气腾腾，令人昏昏欲睡。因酷热难耐，路上行人稀少。

突然，村头槐树下那只匍匐在地上吁吁直喘的大黄狗警觉地跳起来汪汪狂吠。只见一个庄户打扮的40多岁彪形大汉风尘仆仆地来到村头，在几个光屁股儿童指引下直奔张殿伟的小宅院。

大汉见了张殿伟的妻子，压低了莱州和关东混杂口音诡秘地问："大嫂，大哥不在家？"

张妻不认识这个不速之客。见他神色慌张、蓬头垢面，她心存疑惑，担心是上门来讨赌债的，便有些懒于应酬，不耐烦地说："不在家！你找他有啥事？"

"大嫂，咱们没见过面，你不认识我。我和大哥是要好把兄弟，找他有事。"

张妻见来人说得诚恳急切，将信将疑，只好让他进屋等候，自己反锁上院门到街上找张殿伟回家待客。

张殿伟前几年闯过关东，游手好闲惯了，回乡后仍不务正业，专干些坑蒙拐骗、偷鸡摸狗的勾当，过着"今天有酒今天醉，不管明天是或非"的日子。家中经常寅吃卯食，揭不开锅盖。妻子在赌场找到他，没好气地说："他说有急事。快回去看看吧，等着你呢！"

张殿伟听罢妻子介绍的来人音容举止，心中暗自揣度：会是谁呢？是讨什么债的？还是自己干过的哪桩缺德事露了马脚，苦主找上门来了？跑了和尚有庙在，躲过初一躲不过十五，硬着头皮见见吧！

待迈进家门槛举目一看，张殿伟"哎呀"一声惊叫，刚要开口，来人便急忙摇手示意他不要声张。张殿伟端详着来人憔悴不堪的样子，诧异地小声问："你怎么来的？"

来人疲惫地长吁了口气，沮丧地道："哎，一言难尽哪！"他警惕地扫视了一眼屋里门外："后面有人追我，我要赶快过海。你我兄弟一场，没别的，得设法把我送上船去，再借几个路费盘缠给我……"

张殿伟一听，知道不是几句话能讲清楚了的，便说："事有事在，天火烧不了日头。先让你嫂子做饭吃。"

在安排妻子出门去讨借米面菜蔬备饭期间，张殿伟摸清了客人的来龙去脉和眼下处境。

来者何人？他便是名噪一时的乱世枭雄张宗昌（1881—1932）。

## （二）邂逅符拉迪沃斯托克（海参崴）

张殿伟在符拉迪沃斯托克（海参崴）流浪时结识了张宗昌。当时沙俄统治下的符拉迪沃斯托克（海参崴）乌烟瘴气，人鬼杂处，大烟馆、赌局、娼寮、酒馆比比皆是。张殿伟与同乡刘德耀漂泊到这里后，一时找不到正当职业安身，整日东游西荡，偶尔逢见了在华商总会当门警头目的莱州人张宗昌和黄县人王万金。由张宗昌引介，张、刘二人充当了赌局赌主助手"扶柱子"。他们几个一见如故，打得火热，可谓有钱同花，有酒同醉，臭味相投。不久，他们便换了帖，拜了把子。

俄国十月革命胜利后，张宗昌与王万金充军入伍当了兵，开始了军旅生涯。张殿伟与刘德耀年纪大了，没法再混下去，只好归里务农，一别几年。

　　张宗昌说自己在原籍误伤人命，官府正在四处追捕他，无奈潜逃。其实，这全是假话。

　　1922年4月初，也就是一个多月前，张宗昌在东北奉张作霖之命率部由大连乘船渡海抵达青岛，稍事休整又由海路赴石臼所登陆，进驻苏鲁交界的大兴镇，准备配合京津作战。这天张宗昌所部中午正拟开饭，被江苏赣榆县警备队包围。这时，奉军张作霖为直军曹锟战败的消息已传播开来。张宗昌所部不摸虚实，军心涣散，有令不行，有禁不止，难以控制。待突出重围抵达离郯城20余里的森林地带，这支本系乌合的别动队丢枪拽棒作鸟兽散。王万金被俘。张宗昌孑然一身化装成商贩落荒而逃，由石臼所抵青岛，转赴龙口来看

张宗昌 (1881—1932)

看风头，打算由龙口乘船回大连去奉天向张作霖交差复命，以期收拢旧部重整旗鼓卷土重来。

　　张宗昌这是第一次入鲁大败亏输，自己成了光杆司令，无颜见江东父老，只好放屁打岔脚谎言遮羞。

　　张殿伟不知就里以谎为真，一边吃饭一边考虑怎样应付这件突发的棘手事件。待张宗昌狼吞虎咽地吃罢饭，张殿伟也盘算好了："老弟，你我兄弟不见外，我的家底不说你也看得清楚，用个十块八块大洋还办得到，多了是拿不出来的。我想，此事非刘德耀不可，我找他去。他门路多，让他助咱一臂之力如何？"

　　张宗昌下意识地环顾了一遍张殿伟的家里门外，可真堪称家徒四壁，室如悬磬。除了一口破锅，炕上连席也没有，更不用说被褥了。他开始时心里一阵发紧，担心张殿伟无法帮助自己，计划要泡汤。及张殿伟提到刘德耀，他不由转忧为喜，忙问："他现在干什么？"

　　张殿伟告诉他，刘德耀在龙口码头摇舢板，结交面广，认识人多，上船过海和筹备盘缠非他莫属。说罢，张殿伟立即动身去刘家村找刘德耀。他临走留话：成不成晚上9点钟回来再议。

夏天天长，太阳落得晚。张殿伟到刘德耀家时天还没黑下来。他一进门正逢刘德耀刚从海上回来准备吃饭，见到张殿伟那急惶惶的样子，刘德耀忙问："有什么急事？"张殿伟神秘地说："咱那个莱州伙计来了，要过海。这事非你办不可……"

"谁？怎么回事？"刘德耀一时摸不着头脑。

"张宗昌——效坤。他犯事啦！"张殿伟悄声道，"官府正四处捉他，他要过海躲一躲，你看怎么办？"

刘德耀一听，松了口气，哏也没打，慨然道："哟，我以为什么大不了的！没事！你让他到我这里来就是了，明天有船。我保证他平安无事，万无一失。"

张殿伟一听，悬着的心放了下来，赶回家将情况转告了张宗昌。

第二天凌晨，张殿伟领着张宗昌来到刘德耀家。吃过早饭，刘德耀为张宗昌更换了衣服，资助了一笔路费。然后他与张殿伟一起将张宗昌带到码头，送上船。张宗昌在船头拱手道声"后会有期"，航船扬帆而去。

## （三）狗肉弟兄

时光荏苒，一晃两三年过去了。

1925年5月的一天下午，刘德耀由龙口码头回家，见街头有些人在围观一张盖有饭碗口大小红印章的告示。刘德耀识几个字。他凑上前一看，原来是为在县城修建"忠义牌坊"以纪念本县一个名叫王万金的"为国死难烈士"摊捐派伕。

这个被旌表的王万金对国家、对地方有什么建树？他是怎样成为张宗昌肱股心腹、得力干将的？人们很快便访听清楚了，"烈士"的家乡和瘗地就在县城西北16里处的马格庄。

王万金（1881—1922）没读过书，家中一贫如洗，过春节时能吃上块大豆

出　海

饼就算好年景。他嘴拙舌笨、不擅言谈，但身躯魁梧、胆量过人。因生性顽劣，常偷摸村邻的瓜果梨桃，惹人嫌厌。

张宗昌随父亲张万福来到黄县。张万福在曲谭刘东家打工。张宗昌初在东王村王泰兴黄酒铺当小伙计，后到马格庄当"小半拉子"，干零工。他比王万金大两个月。"物以类聚，人以群分。"张宗昌和王万全插草为香，拜了金兰。张宗昌嗜食狗肉。俩人常在村头打狗，夜里拖进场上工棚的大锅里煮了吃。一冬天下来，村里的狗去了大半，周围几个村也被他俩搅得鸡犬不宁。

他俩打狗的手法很绝：在锅底下烧一块萝卜，煨得滚烫，夹在棉袄襟下，再把相中的狗引进胡同里，抛过热萝卜。狗扑上去衔到嘴里，萝卜便粘在牙龈上吐不出来，烫急了只好往下吞。热萝卜吞到肚子里那还了得！那狗便痛得在地上打起滚来，哀鸣几声便呜呼哀哉。

十六七岁时，两人听说闯关东可以发财，便结伴到龙口港偷上了客船。船到大连，他俩说了许多好话才被船主放上码头。他俩流浪街头时逢到一个在营口开油坊的济南人，被收留干了一年小伙计。后听说淘金利大，两人便同去吉林三道沟，在一家金矿干上了护矿的骑兵矿警（花棒子队）。日俄战争爆发，他俩随警队参过战。

辛亥革命前，两人在符拉迪沃斯托克（海参崴）华商总会当门警。革命党人冷遹来符拉迪沃斯托克（海参崴）、绥芬河一带招兵买马。两人以为是条出路，与胡匪刘五双同去上海投奔胡瑛，被编入光复军陈其美麾下，开始戎马生涯。

张勋、冯国璋奉命"讨逆"，在徐州以南二郎山与革命军交战。张宗昌与王万金所在的革命军出师不利，一战败北，张宗昌身负重伤。穷急无奈，张宗昌改换门庭，先投张勋险些被杀；后被冯国璋用一女戏子换去，委为团长、总统府侍卫官。1916年，二人被袁世凯收买，谋杀陈其美……这一切，因当时信息闭塞，刘德耀一概不知。

## （四）虎落平川

孙中山发起"护法战争"。张宗昌助纣为虐请缨上阵征讨革命军。冯国璋委他为江苏第六混成旅旅长，下辖3个团，王万金为三团长之一。

1918 年，他们随张怀芝在湖南投入战斗。攸县蛇头山一战中，他们侥幸转败为胜，为冯国璋立下汗马功劳。张宗昌晋升为陆军暂编第一师师长。王万金衣锦还乡，回马格庄住了两个月，置下 40 亩好地，先后盖了 3 栋大瓦房，买了 3 头骡子，大车、轿车俱全，还雇了长工。

代理大总统冯国璋下台，张宗昌与王万金失去靠山。1920 年冬，张宗昌所部在江西吉安闹饷被赣军陈先远在袁州吞并收编。1922 年直奉战争前，两人曾想投靠曹锟，因吴佩孚作梗未能实现。后经蓬莱人于学忠牵头，他俩与张作霖取得联系，带着二三百亲信在奉天待了下来。吉林胡匪芦永贵作乱，二人出征获胜，引起重视。后因收编绥芬河胡匪有功，张作霖委任张宗昌为绥宁镇守使。

为光宗耀祖，王万金又回了一次马格庄。这次鸟枪换炮，阔气多了。护兵马弁前拥后簇，他还带来个安徽籍二姨太——据说是张宗昌七姨太在上海读书时的同学。张宗昌在掖县老家大兴土木，建起公馆。王万金也打算在南园盖小楼，连基石都备好了。

直奉备战，王万金是张宗昌苏鲁别动队的 3 个支队司令之一。别动队在大兴镇被围。直军曹锟下达通缉令封锁了他们北上的退路，车站、码头全部戒严，缉拿别动队散兵。张宗昌落荒而逃。王万金身边只剩下书记官王钟暄和护兵小喜。本来他是可以脱险的，因想独自去青岛取一笔军款，有意跑了单帮。

他们一行三人把枪械埋在一座坟丘下，到一家客栈换了便衣。王万金虽 40 刚出头，但身胖体重，行走困难，便雇了辆二把手推车乘坐。书记官、护兵随后步行。讵料，他在枣庄车站附近被直军吴佩孚部一个头目、原奉军施从滨部下一个连长认了出来。

"王团长，久违了！你这是要到哪去呀？"这个旧袍泽改换门庭后官运亨通，发达起来。他手按枪套，冷冷地打了个招呼，"别走了，前面过不去。请宽心回兄弟防地住一晚上，明天送你上路，以尽东道之谊。"

王万金粗豪托大，当了俘虏仍满不在乎："好吧！给你添麻烦了。"

护兵小喜机灵，一看事态不妙，佯装到地里解手，顺着麦垄溜了。书记官与王万金是一个村，顾念同乡加部属之情，患难中很讲义气，始终紧随左右。

在直军驻地待了一夜，二人被"送"上火车。王万金一看火车去向不对，便诘问："要把我送哪儿去？"

"旧袍泽"像调弄手中猎物，客气中隐含杀机："王团长请少安毋躁。这是上支下派，身不由己，只好委屈你一下了。"

王万金与王钟暄被押在济南软禁起来后，驻军即给南京行辕吴佩孚发电请示如何发落。软禁期间，王万金、王钟暄生活上倒没受什么虐待。王钟暄还可以在有人跟随的情况下到街上买东西。王万金闲待得侘傺无聊，让王钟暄买了部《聊斋志异》回来讲给他听，借以消磨时光。王万金听得津津有味，如痴如醉，很有几分"乐不思蜀"的样子。

## （五）"犟由"复电

王钟暄在济南为王万金讲故事练成了"故事篓子"，直到晚年赋闲乡居，仍常在街头巷尾讲"聊斋"，侃"三国"。

电报发往南京后，逢巧吴佩孚不在行辕。电报落在一个叫由升堂的秘书长手中。关于由升堂，刘德耀也是以后才听说的。

由升堂（1865—1937），原名培筠，字竹亭，举人出身，也是山东黄县人，老家羊岚涧村与王万金家住的马格庄相距仅5里。他俩是名副其实的老乡。此人书法在当地颇有名气，早年乡居期间，与丁佛言、王叔鹤等并称黄县"八大家"。他曾在东北抚松、惠德县任知事。惠德任上因粮商相互勾结压价收粮，囤积居奇坑害农民，他制订法令加以遏制，推行官斗官秤，使粮商不敢再明目张胆盘剥农民。后来，由升堂上司串通诬告，罢了由升堂的官。

由升堂进京谋职，穷困潦倒，去一京官家坐馆教书维生。京官有个在铨叙局供职的朋友来访，偶尔经过书房，听到由升堂的书教得特好，很是赏识。回局后立即传见，问明始末曲直，决定让他仍官复原职到地方任县知事。由升堂要求：哪里倒了哪里爬，仍回惠德。

二次惠德任上，由升堂张贴安民告示，恢复官斗官秤，不准粮商垄断市场压价收粮，一时官声大振。为伸张正气，他认真清理积案，发现一个胡匪出身的大粮户杀人越货，鱼肉乡里。前两任地方官被他重金买动，百姓有冤难伸。而这个粮户不仅无所收敛，反愈加肆无忌惮，为所欲为。由升堂微服私访,掌握了罪证,立即将大粮户捉拿归案。当晚,大粮户家送来1万块大洋,求由知事法外开恩,手下留情。由升堂答复:"明天来领人吧!"当夜他即将恶贯满盈的大粮户就地正法。大粮户家里来领人时,只领到苇席下一具尸体。行贿的大洋让由升堂修桥用了。一时间百姓额手称快,齐喊"白脸包公",送了"万民伞"。

几年后,由升堂擢迁陕西河洛道尹。他为官清廉,刚正不阿,深受冀鲁豫副巡阅使吴佩孚器重。吴佩孚麾下有个旅长的小舅子贩毒被扣押。旅长找由升堂说项求情。由升堂随口应允:"可以当堂了结。请旅长于大堂一侧稍候片刻。"升堂后,他竟即令重责案犯50大板。打罢,他脸色一沉:"这是冲着旅长说情面子,不然打40也可以。"这直让那个旅长羞恼得无地自容。

不久,吴佩孚任命他为秘书长。当时,一些省主席见了吴大帅都是垂手肃立,毕恭毕敬。而一听说由升堂来了,吴佩孚竟立即起身整衣弹冠,"倒屣而迎",相当尊重。有一次,两人因一桩公务意见相左发生争执,直吵得面红耳赤,由升堂拍案而起,拂袖而去。事后论及他的倔强性格,吴佩孚解颐地戏称他"犟由",凡事倍加倚重。

由秘书长在南京行辕接到济南三次急电。他因有先斩后奏、"便宜行事"的委任,也就推诿拖延不得,稍事思忖,也没顾念同乡之谊,铁面无私地批了个"就地处决"4字复电。那求功心切的直军头目接到复电唯恐贻误军机,立即请王万金游览千佛山,且此行毋庸书记官陪同。王万金预感大限已到,对王钟喧嘱咐了一番之后,说:"没别的东西送你,这床俄国毯子你留着用吧!"

## (六)督办祭灵

车出西门,濠边厝放着一口黑漆棺木。那奉军头目将电报往王万金面前一亮:"请王团长下车吧!上支下派,身不由己——卑职奉命送你归天!"

事已至此,王万金二话没说,端起递上来的酒碗一饮而尽。他随手将碗一丢,整了整衣帽,从容地说:"好吧!别让我遭罪就行!"王万金引颈受刑。时为1922年7月,终年41岁。

事后，据王钟暄讲，吴佩孚回行辕发现那封电报，问明处理结果，连连叫苦，立即补发了"此人可用，刀下留人"的急电，但迟了两三小时。王万金的遗体由吴佩孚着人装殓异运原籍黄县马格庄安葬。

1924年，第二次直奉战争吴佩孚败北，王钟暄在济南狱中托人带信给刚刚攻占上海、被段祺瑞执政任命为宣抚军第一军军长的张宗昌求救，得以获释。张宗昌委他为"护旗队长"，以示表彰。

刘德耀以后才知道，就在一个月前，也就是1925年农历闰四月十五，张宗昌任山东军务督办，自徐州赴济南珍珠泉述职，荐引秘书处长、掖县同乡林宪祖为省长，提拔了一班追随自己的有功人员。接着，他祭死的给活的看，办了些追悼阵亡将士、

王万全 (1881—1922)

抚恤遗属事宜。王万金去世三周年前，他向黄县发了电报，准备将擒获的那个捕杀王万金的直军头目押到马格庄处决，以祭奠亡灵。

王万金叔叔的大儿子"大枣栗"在马格庄当了几年村长，见过一些世面，有点见识，在家族中较有威信。他见了电报，觉得在村头杀人会引起老少不安，便回电谢绝了。

张宗昌便将那头目就地处决，割下头颅后裹上石灰装进黑漆匣子里，由四五百名随从护送，押着一骡子车现大洋逶逶迤迤直赴黄县马格庄。

张督办祭灵气派极了。吊祭的灵棚从家里搭到坟地。坟周围刚抽穗的谷子也被割光。到场的人领条白头箍就可以吃白面馒头、大米饭和猪肉炖粉条。县长李汝谦成了杂役头，当地有功名的举人、秀才和"贤达名流"躬身俯首当了听差，个个忙得汗流浃背，气喘吁吁。张宗昌的随从文官坐轿、武将骑马，还有几个白俄乘藤椅子滑竿。他前呼后拥，威风凛凛。打前站的刚出县城，县长便探马似的跑到王家报信。队列一进村界便放了3声通天炮，直震得周围村的村民毛骨悚然，闭门龂龂。张宗昌将黑漆匣子里的人头摆放坟前，献上一桌狗肉全席，放了一排子枪，吊唁一番后，便将押来的一骡子车大洋分赏给王万金亲属。

他在马格庄前后只待了三四个钟头便打道回济南去了。

嗣后，在远离瘰地十几里的县城北隅子门外，他为王万金建了座金碧辉煌的白花石四拱两层牌坊，拟让这个把兄弟名标青史、万古流芳。牌坊上楣是隶书"河东忠义"4个鎏金大字，落款郑孝胥。附有"三等文虎章 四等嘉禾章 陆军少将 追赠中将 王万金字辅庭奔走国事 卒以身殉 义威上将军为建此坊以表忠义"等铭文。牌坊东横批为小篆"绩继龙骧"，落款陈宝琛；西横批为大篆"志同金石"，落款罗振玉。上层两根石柱是山东省省长林宪祖楷书楹联"公幸升天，把酒醴牢牲，殊不负睢阳灵爽；我惭守土，深感乏建树，诚有

牌 坊

愧武穆精忠"。下层两根石柱上是县长李汝谦的隶书挽联"一生孝友追太守，千古忠贞配彦章"。

# （七）暴发户

据说牌坊正中的"河东忠义"落款郑孝胥，实为丁佛言手笔；东边的"绩继龙骧"落款陈宝琛，实为王裕商手迹；西边的"志同金石"落款罗振玉，实为李绍溪亲撰。据说，丁佛言等迫于张督办淫威，不得不勉强应承。写后他们向张宗昌进言"在国内我等的声望远不及郑、陈、罗诸位高，落他们的名字更光彩"，竟获允准。冒名题字似属荒诞，查无实据。牌坊精雕细刻，威武肃穆，为县城增色不少，成为胶东一大景观。

张宗昌回济南当天便沿途张贴出这张为王万金建牌坊的告示。刘德耀粗略地浏览了一遍告示上的内容，最后有意无意地瞥了一眼下面的落款：义威上将军、山东军务督办张宗昌。别的字认的马虎，"张宗昌"仨字他还是认得准的；而王万金这个把兄弟他也没曾忘记。

他这一看不禁暗吃一惊："我的天爷，果真是他吗？"刘德耀生

怕一时看花了眼，反复端详了几次，搓揉得眼圈发红，直到确信无疑方才罢休。

刘德耀又惊又喜，回家后一夜未合眼。他寻思，自张宗昌从龙口去大连后一直没有音信，后来只听说"又干上了"。不管是不是他得去济南看看。

第二天，刘德耀不摇舢板了，换上一套较体面的衣服，买上车票直奔济南珍珠泉山东军务督办府。

督办府的琉璃瓦大门楼前砌有一堵照壁，仅门口站岗值勤的兵弁就有一个班，威风森严。刘德耀来到大门前，小心翼翼地对带队的头目说："在下姓刘，由黄县龙口来，想见见督办大人。麻烦老总通禀一下。"

那头目白眼一翻，呵斥道："下去！大帅有客，不见！"

刘德耀无可奈何，唯唯诺诺地退到门外远远等候观望。过了好一会儿，只听里面有人喊了声"立正"，督办出来送客了。

刘德耀举目一看，顿时喜上眉梢："没错！果然是自己的把兄弟做了督办！"他见张宗昌送走了客人转身要回督办府，赶忙抢前几步大呼一声："大帅！"

张宗昌闻声一回头，"哎呀"一声迎了过来，关切地拉着刘德耀的双手问："什么时候到的？怎么不进府？"

刘德耀将门卫不给通报的过程如实讲了。张宗昌听罢勃然大怒，把门卫头目喊到身前，左右开弓打了几个耳光，骂他瞎了眼，连刘老爷也不认识。骂过后，他挽着刘德耀的手进了督办府，大摆宴席盛情款待。

刘德耀在督办府过了半月花天酒地的日子，有些想家思归了。这天，张宗昌闲暇无事，陪同刘德耀边看戏边热情地海侃神聊，一直玩了半上午。刘德耀乘机说："大帅很忙，我在这里待的时间不少了，该回去准备麦收了。"

张宗昌把手一挥："哎，急什么？住着好啦！闷的时候让他们陪你再逛逛千佛山、大明湖，以后就不要去摇那破舢板啦！让财政按月拨款给你好了，该享享清福啦！"

# （八）鸡犬升天

刘德耀见张宗昌不忘旧情，便说："钱，你看着给，不过你还是安排个差使给我干的好。不然我无功受禄，名不正言不顺，于心不安。"

张宗昌听后笑着说："这么大岁数了，带兵太苦，也没经验；干文的吧，也不易，要动脑筋……我看就算了吧！"

刘德耀不甘罢休，脖子一梗："有省心不出力的事吧？你说句话不就得了！再说，你是督办我是白丁，咱称兄道弟的，我拿干薪也不好看嘛！"

张宗昌沉吟："你说的也是。这样吧，委你个督办府顾问好了。"

刘德耀一听张宗昌封了官衔，忙问："顾问？顾问这官儿管啥？"

"顾问嘛，出了督办府见官大一级。"张宗昌倒背着手，踱着步念念有词，"你若还想干点什么，我给你张条子，回去让县里给你安排个实缺也可以。"

刘德耀欢天喜地地从济南府回到龙口，根据个人意愿，在码头上干了个"水上监督"，事事管。从此，他一步登天，变成了一方显贵，不可一世。他父母早年见背，因地无一垄，房无一间，棺木只好放在祖祠里。这时，他找阴阳堪舆先生看好了风水地脉，以重价买了坟山为父母举办安葬仪式。出殡这天，从家门口到坟地的二三里路面全是用帐篷苇席搭的灵棚。锣鼓仪仗、纸车纸马、冥屋彩楼应有尽有。附近村子里的头面人物都来攀赍，沿途设祭桌祭奠。龙口公安署也趋炎附势，特派了两个排的武装警察值勤助威。

富在偏乡有远亲。张家庄的张殿伟把这一切全看在眼里。且不说刘德耀借张督办提携发了迹，有权有势成了气候，就是在王万金身后家务安置上张督办也是体贴入微、巨细周到极了的。

张宗昌想让王万金那安徽籍二姨太为王家当家，并言明生活有困难可随时去济南取钱用。

王万金的大哥"黑老宝"人虽憨厚朴实，男尊女卑的正统观念却极浓厚。同时，他也不甘大权旁落，便不服气地讷讷着反驳了句："老娘们哪能当家？"

张宗昌对这个王门长子虽不甚放在眼里，但觉得这毕竟是人家家事，不好过分干预，唯有抚慰一番作罢。二姨太当时不到 30 岁，在为王万金烧过三周年不久便悄然而去，不知所终……

张殿伟将这一切看在眼里，记在心中，很是愤愤不平！"这真是把兄弟也论亲疏远近。王万金、刘德耀对你张宗昌有贡献，难道我对你就寡恩薄义？我也去督办府见你去，看你能把我怎么样！"临动身，张殿伟找刘德耀发了通牢骚。刘德耀忙劝解说："效坤老弟很忙，你千万别错怪了他。他仍念旧情，很讲义气。你去看看是对的，但不要这样烦恼。"

张殿伟接受了刘德耀资助的 50 块大洋，置办了一身体面服装，立即动身。

几天后，山东军务督办府前又来了个 50 多岁的胶东老汉。他头戴呢子礼帽，身着长袍马褂，脚蹬夫子鞋，看神态气派不是个土财主也是个乡绅。他走近大门口向门卫一拱手："烦老总通禀大帅，就说黄县龙口故人张殿伟求见。"

## （九）黄县又来了个张老爷

门卫上次因对龙口来人不恭而吃了耳光记忆犹新。有了教训，他便和颜悦色地对张殿伟道："请您老稍候，待我通报。"

门卫进去不消片刻，里面便传出一声："有请张老爷！"

随即，张宗昌哈哈大笑着迎了出来。俩人一见面，张宗昌亲热地拉着张殿伟的双手说："我算计着你该来了！"

进了客厅落座后，勤务兵先敬烟后献茶，接着又安排酒宴接风洗尘，够盛情的了。可张殿伟始终呆板着脸不愿吭声，一副郁闷不乐提不起精神的样子。张宗昌见此情景忙解释说："老兄莫见怪，我这是激将法。不然，我把钱给你捎了去，你还能来吗？"

张殿伟见张宗昌仍是豪爽直快，义气为重，心里踏实些了，脸上才绽开了笑容，开口与张宗昌攀谈起别后的经历和思念之情来。

在督办府盘桓了些日子，张殿伟要告辞回龙口了。张宗昌先是执意挽留，最后是问他有什么事要办，让他尽管说，不要客气。张殿伟倒也直爽，说："钱，你看着给；差使，也得让我挂上点。"

"老兄年事已高，何必呢？"张宗昌双手一摊，"差使我看就算了吧。"

张殿伟脸色一变，不高兴了："刘德耀年岁比我小不了多少，他能当顾问，我就不行？！"

张宗昌听罢寻思了一会，说："好吧！委你个督办府咨议。"

"咨议与顾问有什么讲究？"张殿伟生怕张宗昌一样的客两种待法，自己的官衔比刘德耀的小了。

"名称不一样，权力一般大。"张宗昌赶忙解释，"你若也想干实缺，另批张条子给你，让黄县县长安排……"

张殿伟听罢，心里平静了些，但仍吞吞吐吐，像有话还要说。

张宗昌办事不喜欢婆婆妈妈，直快地道："还有什么要求你尽管讲，别为难。只要我能办到的，好说！"

张宗昌接任山东军务督办后，是他一生中最有势力的鼎盛时期，口含天宪，气焰熏天。人们传说他当时不知有多少兵马，多少钱财，多少老婆。他前半生由绥芬河到符拉迪沃斯托克（海参崴），又到上海、奉天、哈尔滨、北京、天津、长沙、无锡、南京、徐州、青岛……串州过府，闯荡了大半个中国。他来到济南府走马上任，那些远亲近邻、赌友故交、嫖伙袍泽、妍头娼妓如蚁附膻，来到泉城，将那督办府搅得乌烟瘴气。他个人应接不暇，只好委派祝仞千负责接待，直把个祝总管忙得焦头烂额，疲于奔命。

张殿伟一看张宗昌摆出一副"虱子多了不咬、欠账多不愁"的海量，怩怩过一阵子摊了牌："我年纪这么大了，干什么确实无所谓。你侄子年少英俊，学富五车，倜傥有志，正是干事业的时候，闲在家里不窝束坏了？你拉扯他一把，给个差使干嘛！"

"就这事？好办！"张宗昌一听，立即应允，"当兵吗？我让赵师长安排他个连长干！"

张殿伟苦笑着摇了摇头："老弟，你是督办，你侄子风华正茂，一表人才，只让他干个连长，不太……"

## （十）讨封请赏

张宗昌见把兄弟嫌儿子的官衔小，便道："这有什么？有功就提拔！"

无奈，张殿伟拿出赌场上讨黄账的赖邪劲，死皮赖脸地缠住不放："不管怎么说，连长小点啦……"

张宗昌怕为此失了哥们儿义气，惹他不愉快，便道："好啦！破个例，让他当营长——一营之长，有功再提升，可以了吧？"

张殿伟兴高采烈地回到龙口，进县城到县衙门递上张督办的条子，说明要干个省心不出力的差使。县长搔着秃脑壳沉吟了好长时间，并列出几个职务请他挑选。

张殿伟挑来拣去总不称意，磨蹭了半天勉强选出个"建坊委员"，督建把兄弟王万金的"忠义牌坊"。不论管不管事、到不到场，他都按月领饷拿薪俸。

牌坊本来准备建在马格庄王万金坟地之前。张委员认为马格庄地处偏远，不引人注目，力主建于县城北隅子门外"西悦来"丁家捐出的一块地上。对此，王家默许。

张殿伟的儿子当时 20 岁左右不假，人品与他老爸介绍的却差了大码。有其父必有其子。这小子抽大烟、扎吗啡，痨病鬼似的。张宗昌连影没见便许了个营长的愿，荒唐至极。

张营长走马上任这天召集连排官弁训话，很有"特色"："本营长不懂什么军事、战术。今后本营长叫你往东你往东，叫你往西你往西，叫你打狗别撵鸡。命令不打折扣，懂吗？"

"懂！"官弁们一个立正，异口同声。

张营长来了烟瘾，鼻涕眼泪直淌，唾沫四溅地又吼了声："凡是不服从本营长命令的，轻者禁闭，重者枪毙！咱丑话说在前头，莫谓言之不预！完了，散会！"

张殿伟是督办府咨议，儿子当上了营长。他再也不用蹲赌场输打赢要耍小钱了。人们说，张家老茔冒出股热气，一人得道鸡犬升天，泽及枯骨。

一年后，王万金家将张督办留下的那一车大洋花光吃净了。当时王万金上辈老哥俩还没分家，于是公推长门长子"黑老宝"去找张宗昌求助。张宗昌接见了把兄弟的大哥。"黑老宝"哭丧着脸说："钱花光了，没法过了……"

张宗昌盼顾左右询问："黄县哪个职务最发财？"

总管祝仞千道："眼下要数禁烟局长了。有个禁烟局长干，县长也不换。"

"好吧！"张宗昌快人快语，"把黄县禁烟局长免了，让老宝兄弟补缺！"

"黑老宝"回家向族人做了汇报。当村长的"大枣栗"一看有机可乘，便参谋说："大哥，场面上的事你经的少，当局长可不是闹着玩的啊！你看这样成不？名分还是你担，由我替你去干，捞到钱是大伙的。"

弟弟由张宗昌安排在褚玉璞手下当了官，"大枣栗"自己在村里混了几年村长，够神气的了，如今又占了"黑老宝"的美差。"黑老宝"再憨也有点自知之明，自忖不是当局长的材料，早有几分怯场，加上大枣栗的一番连恫吓加威胁，愈发底气不足。

# （十一）一枕黄粱

"黑老宝"见自家兄弟要替自己出面"顶缸"当局长，也算肥水不流外人田，两全其美，乐得顺坡下驴"让了贤"，甘当逍遥王，退居二线。

"大枣栗"当上禁烟局长后，在办公室外挂了块"闲人免进"的虎头牌，坐上从上海买来的东洋车，由俩护兵跟随，整天吃喝打牌。一年下来，没听说他有什么重大禁烟行动，却为自己置下了1头大青骡子、1头驴和8亩好地。年底，"黑老宝"向他要钱过年，"大枣栗"一推六二五，拨弄着那能把死人说活了的三寸不烂之舌，怂恿黑老宝再去找张督办告帮。

张宗昌问明来龙去脉，思忖一刹，也没说别的，便让人将黄县禁烟局长这个肥缺卖了3万块钱，开了张条子让"黑老宝"每年到县财政领1万过日子，不必再做那劳什子官了。这也算各得其所，彼此省心。

当时不只王万金的七大姑八大姨跟着沾光，连马格庄的人出村办事也压人三分点，说起话来气壮如牛。马格庄的人夜里进出县城，吆喝一声"我是马格庄的"，便会立即开门放行。

星移斗转，日月如梭，一晃间几年过去了。古人说："富贵无三辈，清官不到头。"这是说，荣华富贵，尤其骤得的荣华富贵难以久长。

1928年，张宗昌被逐出山东。树倒猢狲散。王万金家也随之江河日下。经"胶东王"刘珍年部几次洗劫，王万金家大车、牲口化为乌有，大枣栗那个在褚玉璞部下当官的弟弟也解甲归田。一个"钟鸣鼎食"的"簪缨之族"仅剩下个空架子，只好正式分家。

应当说家族中只有"大枣栗"还有点敛财的本事。丢了禁烟局长的肥缺后，他回村仍干村长。"堤内损失堤外补"，他借重修龙王庙和每年过春节请台子大戏的名目，向在外埠经商发财的村人募化来几千块大洋，放进了自己腰包。后来这些人中有回家探亲的，一看村中庙貌依旧，也没戏台，便在背后猜疑嘀咕起来。好事不出门，坏事传千里。很快村里与埠外的马格庄人都知道了。有人把龙王案上的100支竹签都写上了"许愿不还，莫来胡缠"几个字，影射大枣栗募捐化缘不兑现、中饱私囊的秽行。"大枣栗"自觉得这样下去不好交代，便在年底从羊沟营村请来一场"提葫芦头"的（木偶戏）替代大戏，借此掩人耳目、敷衍过去。事后，人们编了首歌谣讽嘲说：马格庄，真透气，拿着葫芦头充大戏……

至于县内其他与张宗昌有点挂连的，也正像人们把刘德耀的名字倒过来念成"要得溜"一样，作鸟兽散。这年春节，有人给张殿伟写了副春联。他不识字，也不理解写了些什么内容，上下联颠倒着贴到大门上。

上联：荣华富贵三四载

下联：钱似流水千数天

横批：一场美梦

那座彰显着张宗昌把兄弟王万金荣华富贵的"忠义牌坊"，也于1945年11月被拆掉，石料修了桥涵、铺了路。随着岁月流逝，人事嬗变，这些人物的经历也鲜为人知。

（《纵横》1991年4月第2期）

# 三千万之谜

## ——梁作友义谏蒋介石

1931年"九一八"事变后，日本侵略者长驱直入，亿万生灵惨遭涂炭，中华民族的优秀儿女前仆后继，掀起抗日救亡运动。

在这国难当头之际，胶东黄县出了个闻名中外的救国义士，他虎口将须，上书南京当局，要求晋见蒋委员长面陈收复失地、雪耻救国良策，并志愿"捐资3000万元以纾国难"。这一壮举轰动朝野，激发了亿万民众的救国热情。一时间，《民国日报》《大公报》《新民报》，甚至英国的《泰晤士报》，均在醒目位置刊载了这一新闻。陶行知先生也为这位义士闯辕进谏、为民请命的浩然正气拊掌击节，连连称奇，曾多方收集资料写成一篇传记，翔实地记述了这位义士的行状，拟交商务印书馆刊印行世。可惜手稿在邮递途中被国民党有关部门查扣，致使这一奇闻尘封，至今很少有人详知端的。

1932年9月14日上午，黄县县长郎咸德召集了一个机密的政务会议。与会者有支应局局长杜乐仙、财政局局长王石生、教育局局长徐叔明等，会议气氛相当严肃。郎县长素以处事稳练果断著称，而会上那一向持重的国字脸上却明显露出几分焦灼不安。他尽量克制自己，做出一副处变不惊的从容样子，缓缓地道出一件奇事："龙口附近梁家村有个叫梁作友的村民，最近分别上书烟台刘师长、省府韩主席和南京中央政府蒋委员长，声称要捐资3000万元以纾国难。此事已引起有关方面，特别是蒋委员长关注。各方面都在密查暗访，乡下亦流言风起，众说纷纭，作为地方官员，我们不知内情，实在有负牧民守土之责。万一处理不当，不用说我郎某担当不起，诸位也难辞其咎。因此，务请各位费神斟酌一下，此事如何介入为好。"

郎咸德讲完，会议室一时寂然。官员们面面相觑，都感到事出猝不及防。

支应局局长杜乐仙打破沉默，谈了自己的看法。他认为，全县"荣户"已经由支应局调查登记在册。开始时，这些有钱人家因得了"荣户"称号深感荣幸，以为名标皇榜，定有恩遇。后来这些人得悉实为便于收捐征税设立的名目，即叫苦连天、懊悔不迭……时至今日，一般人躲避唯恐不及，哪还有愿再出这个风头的？何况拥有3000万元巨资的富户黄县从没有过……

有人提出不同见解：一朝毁府，一夕发家的事并不鲜见。龙口俗称金沙滩，卧虎藏龙。1929年张宗昌第三次入鲁，与刘珍年混战一场，由龙口经海路败逃，沿途丢下不少辎重。据说有一张存在日本大丰银行的军费支票这时丢失，可能被人拾去。梁作友自知以个人名义去外国银行提出这笔巨款根本无望，便想出以捐献名义借助国家通过外交途径解决的办法。这样，他既可得到捐资美誉，又可以捞点好处，名利双收……众人议论纷纷，莫衷一是。

散会后，郎咸德留下教育局局长徐叔明共进午餐。徐叔明系辛亥革命烈士、同盟会山东主盟人徐镜心的后代，国民党黄县整理委员会委员，有一定实力。郎咸德则是被称为"胶东王"的刘珍年同学，任过刘暂编二十一师参谋长，后经刘推荐为黄县县长。

午餐时，郎咸德对徐叔明说，他接到师长刘珍年的指示后，已责成八区区长张建邦进行过调查。梁家现有三口人：梁作友、梁母、梁妹。其妹虽已出嫁，但常住娘家侍奉老母，帮助料理家务。梁作友还有一胞弟梁作禄在关东谋生。梁作友1898年出生，少时因发烧抽风致残。他早年曾订过婚，后女方因嫌梁家贫困、梁作友容貌丑陋而解除婚约。梁作友现年32岁，耕种着一亩薄地，农闲时在龙口"万福源"织袜厂记账、销货，借微薄工薪维持生活。据此，张区长报告：梁作友捐资一事不可信。

谈到这里，郎咸德从抽屉里拈出一份电报递给徐叔明。电文大意如下：

十万火急！黄县县长郎咸德：着即派干员将你县梁家村梁作友先生护送至济南胶济路饭店，会同中委蒋伯诚赴京……

这时徐叔明才知道，烟台刘珍年接到梁作友上书后，即令郎咸德就地详查，郎咸德已将调查结果上报。及接到南京政府来电，郎咸德心中又有些忐忑不安，怕万一调查失实，刘师长处不好交代。另外，果真让这么个"活财神"在从本县一毛不拔地走了，他实在于心不甘。至于省府，韩复榘早已委派鲁东民团第五路军总指挥黄自强侦察过，以"梁作友精神不正常"报告在案。至此，刘珍年、韩复榘隔岸观火，坐视南京当局动作：捐款属实，不失一份荣耀；一旦有诈，系愿者上钩。唯有郎咸德在大伤脑筋。得悉南京派人来接，他认识到事态的严重，权衡再三，也只好送个顺水人情，隆重欢送。真也好，假也罢，只要把情况随时报告刘师长，使他能控制事态发展，也算尽到责任了。

午饭后，传达员来报告：八区区长张建邦与一农民求见。郎咸德振作精神，对徐叔明道："梁某来了，无须回避，一同会见，以观究竟。"回头吩咐："有请！"

片刻，张区长带一头戴红顶瓜皮小帽，身穿青色长袍，外罩蓝缎子马褂，脚蹬软底布鞋的农民来到办公室。张区长一作引介，举座皆惊：没想到连中央都极其重视的满腹经纶、为国分忧的梁作友竟然前挺胸，后罗锅，面黄肌瘦，满额皱纹，身高只有 1.5 米，其貌不扬。

几句寒暄，官场老手徐叔明便察觉：果然人不可貌相！梁某虽系一介农夫，却谈吐不俗，落落大方，不卑不亢。郎咸德与其见过礼后，说："中央非常重视梁先生捐资义举，特派蒋伯诚委员在济南迎接，希望马到成功，以荣桑梓！"

梁作友十分谦逊，答曰："国难当头，谁忍独安？位卑未敢忘忧国。顾炎武先生说得好：国家兴亡，匹夫有责！此乃中华儿女义不容辞的职责，也是县长爱国至诚熏陶濡染的结果。郎县长文武兼备，牧民有道，守土有方，在下虑算不周处还望多多关照！"

"先生隐居偏隅，蛰伏不露，真乃名士风范。郎某知黄两年未能移樽就教，实在汗颜。"郎咸德道，"先生此举可嘉可敬，堪为国人楷模。只是此去南京非同一般，委员长面前容不得丝毫马虎。再不明智的人也不敢以国事为儿戏，望先生慎思。"

梁作友闻此脸色陡变："县长这是什么意思？梁某爱国至诚，响应蒋委员长号召以尽绵薄，心甘情愿。值此火燃眉睫之际，岂有马虎从事的道理？难道我不知道中央的枪能打死人？委员长的刀能砍下脑壳来？按县长的说法我是大可不必去的了！"说着，双手一拱，"那就拜托县长回话南京，就说梁某不敢贸然行事。若委员长还信得过，劳他屈尊驾临寒舍也好。作友就此告退！"

徐叔明一看两人要闹僵，赶忙打圆场说："梁先生莫误会！县长是以防虑算不周，忙中出错，没有别的意思。"这才将气氛缓和下来。

随即，郎咸德也顺水推舟，说了些表示关心的话。尔后话题转到进京的行程安排上。郎咸德指示八区区长派区丁在梁家村周围警戒，以防不测。

次日正是中秋佳节。上午 8 时，梁作友随区长张建邦乘骡子轿车来到县府，郎咸德、徐叔明等人陪送至北圩子外汽车站。梁作友乘上预先向烟潍公路汽车管理局包租的小轿车。他向送行者一一致谢，随后又问郎咸德："县长还有什么吩咐？"

郎咸德略一沉思，道："先生开风气之先，为国家尽了力，为家乡争了光。希望先生也能为地方公益分分心。县里准备修建一较大规模体育场和一座大礼堂，只是官囊羞涩，力不从心。谨请先生与地方名流能施恩布泽，解囊相助。"

梁作友慨然应允："好说！好说！待我进京归来，再与县长从长计议如何？"

郎咸德立即还了个举手礼："我代表地方父老多谢梁先生！"

轿车启动了。梁作友由县府总务科科长周浩和一名秘书陪同直抵潍县，然后转乘胶济路火车赴济南。徐叔明征得郎咸德同意，于次日赶去，以观行止。

梁作友于第二天清晨 7 点 40 分到达济南铁路总站。《济南日报》《民国日报》的记者们随同蒋伯诚已在月台迎接。韩复榘与省府以不闻不问的态度保持缄默。

梁作友精神抖擞地下车后，只见人声鼎沸，观者如堵，个个面带惊慕之色。一群翘首而望的记者蜂拥而上，忙着摄影采访，都想凭仗那如簧巧舌抠问出耸人听闻的消息来。但梁作文概以"无可奉告"作答。随后便随蒋伯诚去胶济路饭店休息，不再与外界接触。当夜乘津浦路客车特备专席直赴南京。

徐叔明赶到济南时，梁作友已离去。徐叔明只与几个报社记者交谈了各自掌握的情况便返回黄县，向郎咸德作了汇报。

这时，梁作友捐资救国的消息在黄县城乡不胫而走，成了人们街头巷尾茶余饭后的谈资。有人说，梁作友这人不痴便傻，多半是穷极生疯；还有的说他读了些异端邪说的书，尽搞些旁门左道、江湖巫术骗人。不过当听到南京政府派人接走梁作友的消息，另一种说法出现了：梁作友去东北回家途中，船经老铁山时触礁遇险。临危之际，有一富商眼看梁作友爬上救生船，急将一只皮箱硬塞给了梁作友，因为梁作友是个畸形矬子又驼背，将来易辨认。结果最后梁作友侥幸脱险，富商葬身大海，留下的那只皮箱里尽是金银财宝……

梁作友进京后各地写信寄相片求婚者络绎不绝。不几天，家中的求婚信便收了一火油桶。

这天午夜11时许，徐叔明正在县城寓所熟睡，忽听有人笃笃地敲门，便急忙穿衣下床。只见门缝里塞进一张名片和一封信。名片上印的是：钟竟成，国民党中央执行委员会特别调查科科长，籍贯河北省。再看信笺，内容大意是：特派钟竟成同志前往黄县调查梁作友捐资详情，务请协助云云。徐叔明打开门，将来人让进客厅。

来人钟竟成说，这次到黄县来执行公务，对外绝对保密。山东情况特殊复杂，派系龃龉，钩心斗角，为免横生枝节，他只能与党内同志单线联系，以防招致预想不到的麻烦。接着，他便详述了梁作友进京的经过：

对于梁作友捐资一事，中央相当重视，原担心韩复榘从中作梗，乱加阻挠；后又投鼠忌器，生怕落个敲锣找孩子——丢人砸家伙。梁作友到达南京时，孔祥熙、陈立夫、谷正伦、张静江、张嘉璈都到下关接待，还安排一个宪兵连警戒，一直护送到大行宫中央饭店下榻。梁作友拒绝一切来访，对一般人士和记者不屑一顾。与高级官员会晤，他也只是些场面应酬话，绝不涉及实质。他表示，事关国计，必须与委员长面谈。10月3日晚，宋子文请梁作友到城东鸡笼山北极阁官邸用饭，随后财政部部长李周生与梁作友合影，但他们都没摸到底细。素负盛名的国府委员张静江赠送了一支拐杖给他以示关怀，也没套出口风。不过，张静江老于世故，处事圆滑。当他走出饭店，记者们众星拱月般拥上前去交口询问时，他虽心怀疑虑却毫无窘迫之态，仿佛捐资底细他已一清二楚。他显出极神秘的样子，闪烁其词地感叹："有幸，有幸！有幸识荆——有幸聆教于梁先生！燕赵多慷慨悲歌之士，齐鲁乃圣贤辈出之邦。奇人奇才！奇人奇才！"

有的记者对张静江这句云山雾罩的话奉若至宝，算作捞到一个在舆论界捷足先登的题目；有的则望文生义，误将"奇才"认定为"奇财"，竞相在报纸显赫位置、甚至头版头条用大号字刊出题为《山东义士梁作友慷慨捐资三千万以纾国难》之文。平津几家报纸竟至将梁作友称为"梁财神"。连英国的《泰晤士报》也不甘寂寞，登载了"中国农村一奇人"的消息。一时间"号外""增刊"炒得铺天盖地。唯独《大公报》等几家报社审慎冷静，只提到"神秘的梁作友"，轻轻一笔带过，未加臧否。至此，梁作友身价倍增，捐资救国事迹的宣传达到高潮。

南京当局几经切磋拟定了两项措施：一是安排人员陪同梁作友游览观光，待其兴奋时吐露信息；二是由励志社出面举行欢迎会，请其去发表演说，以便从中探测实情。

梁作友凛然回绝了各界名流相邀出游的盛情，悻悻地道："梁某为救国而来，无游山玩水的闲情逸致。"他只勉强出席了两次欢迎会。他在金陵大学礼堂举行的欢迎大会上讲话时，有人听出了破绽。会后中国银行总裁张嘉璈说："梁作友要求与委员长面议开支项目，议成之后保证 7 天内从中国某银行将巨款如数提出来的说法太玄虚了！要说中国银行，7 天内是决支不出 3000 万现金来的。"

军政部长何应钦道："那只要委员长采纳了良策，保证 108 天即可全部收复东北失地的预计也有点离谱，不切实际。还没听说有能测算出多少时日可收复这么大片失地的军事家。"

最后，几个党政大员一致认为梁作友的话不可信。同时他们也从另一方面进行了分析，他之所以这样做的目的何在？结果拾到张宗昌军费支票的揣测占了上风，但苦无凭据……

钟竟成与徐叔明谈论到大半夜。第二天俩人乘脚踏车直奔县城西北 15 千米处的梁家村。梁作友家的三间瓦房已经破旧。老母 60 余岁，一个 30 岁左右已出嫁的妹妹住在家中。梁妹将徐、钟让进其兄卧室，客气地说："我们这穷家陋室，难得两位屈尊光顾。"

室内陈设确实简陋，但各种器物放置得井井有条：迎门摆着张三屉桌，桌旁是两只盛粮食的小瓷缸。桌上方墙壁上悬挂着幅篆联"苟利国家生死以，岂因祸福趋避之"。靠北墙垒了个土台子，上面放着《纲鉴易知录》和全套《中山全书》，以及《建国方略》《建国大纲》的单行本，还有《聊斋志异》《水浒传》等古典名著及天津出版的《大公报》《益世报》，并没有什么异端邪说之类书刊。令人叹服的是，书报上凡是他认为有价值之处，都圈点标记，写了心得见解。钟竟成看到桌上有封刚刚由南京中央饭店寄来的信，便征求梁妹同意，抽出信笺浏览了一遍。上面写道：

母亲大人膝下：

敬禀者，男已平安抵达南京，现住中央饭店，饮食起居均好。只是值此国难当头之际，许多官员只求苟安，不做远虑，人浮于事，醉生梦死，皆将国事置之度外。会见者多系取巧猎奇之辈，装腔作势，忸怩作态，令人作呕。蒋委员长避而不见，致使我的计划难以实施，着实令人愤慨。待儿与委员长详谈过后，当即回乡。望母亲珍重……

钟竟成刚刚阅罢，梁母由东间屋走过来关切地问："你们是南京来的长官？见到俺家作友了吧？"

徐叔明答道："梁先生一切都好，您老放心吧！"

梁母又说："作友从小身体不好，我就怕他闹病。你们有事与闺女说好了。我耳聋眼花，不中用了。"她边说边走了出去。

钟竟成穷追不舍地询问梁妹，梁作友离家时都带了些什么东西。梁妹道，他带有一只黄色旧皮箱，一床棉毯，箱内只有几件换洗衣物。另外，他特地买了一尺白粗布，把一个本子包起来，让她用针线牢牢缝好。

谈到这里，钟竟成向徐叔明递了个眼色。待梁妹出去烧茶的空当，钟竟成喜形于色地道："甭问了。这叫'踏破铁鞋无觅处，得来全不费功夫'，某些人的猜测有道理，所缝的那个本子肯定是张宗昌丢失的军用支票无疑！"

临别，钟竟成从兜里掏出"柯达"照相机，将梁家母女拉到院里对好焦距，自己站在她俩中间，让徐叔明按快门拍照留念。随后他俩前往龙口，搭车返回南京。

不久，这幅照片在上海《良友画刊》发表。钟竟成沾了光。

梁作友捐资救国的消息在报端不断披露，什么"义士""财神"，连续闹腾了两个月，后来遽然沉寂。直到10月下旬，徐叔明在县城突然接到梁作友一早从龙口打来的电话："徐局长吗？您同钟先生驾临寒舍正值在下在京，失迎！失迎！"他还想继续讲下去，徐叔明觉得诸多不便，约定翌日在龙口振龙银号相会面谈。

第二天见面后，梁作友向徐叔明详述了去南京后的经过。

南京党政要员与梁作友周旋了一阵子，什么底细也没摸出来。梁作友听说蒋介石去了汉口，遂要前往。这时不知谁又别出心裁地出了个试探虚实的馊主意，让中央饭店开出膳宿费清单，请梁作友付款结账。梁作友一听拍案大骂，对来结账的人说："我和你们饭店素不相识，各不相扰，谁请我来的你找谁算去！"当天夜里，他写了张字条贴在墙壁上：

梁作友报国有心，投效无门。庙堂有党排宗泽，帷幄无人用岳飞——石头城鬼多人少！梁作友从此不再过问国事了，回家种地去了！

第二天，他直奔汉口，在汉口行辕仍没见到蒋介石。蒋介石的外甥、警察局长俞济时接见了他。俞济时年轻气盛，张口便说代表蒋委员长让他把3000万元交出来。梁作友一听，气得浑身乱抖，大喊："像你这样傲慢无理的人我还闻所未闻哩！"

俞济时两眼发红，倏地掏出手枪，想镇唬住这个桀骜不驯的矬罗锅。梁作友一看，毫不示弱，将衣扣一拽，亮出瘦骨嶙峋的胸膛："来吧！我什么场面没见过？你打死我是图财害命；不打死我你是孬种！"

俞济时气蒙了，见硬的不行，只好将手枪收了起来，悻悻地道："我这有价值的子弹，不打你这无价值的贱骨头！"说罢，他气冲冲地甩身走了。

第二天，俞济时派人至旅馆来请梁作友。梁作友满以为这次可能见到蒋介石了，岂不知仍是俞济时一人在座。一见面，俞济时一返昨天杀气腾腾的样子，谦和地判若两人，解释说："昨天多喝了几杯，失礼之处请多包涵。委员长因有急事回京了，行前交代我与你洽谈捐资之事。"

至此，梁作友始认定蒋介石是不会接见他的了。他对云诡雨谲、言而无信的当局已失去信心，便不情愿地说："你我不足计较，还应以国事为重。委员长既不肯见我，我只好将胸怀已久的救国良策对你讲了。希望你能如实转达。"随即，他将那白粗布包裹的笔记本郑重地交给俞济时，请其转呈"委座御览"。

俞济时如获至宝，连忙表示照办不误，一边毕恭毕敬地侧耳细听，一边翻抖着笔记本，只怕遗漏了夹在里面的重要物件。只见那本子上密密麻麻开列着一些全国各地著名的或不甚稔熟的人名、住址。在这些达官显贵前面，压阵的一个人名赫然在目：蒋介石，浙江奉化，现住南京中央政府，捐资 3000 万元……俞济时并没见到什么存款单据，如堕五里雾中，仍继续诘问"救国大计"。

这时，便听梁作友摊开底牌，开始朗声陈述救国良策："汉代班定远有话：'天下安且治者，非至愚无知，固谀者耳'（实为贾谊所说）'千人之喏喏，不及一士之谔谔'（实为赵良所说），古有明训。而今唯有人不分南北、地不分东西，有钱出钱、有力出力，方能救民族倒悬于万一。只是国贫民困，十室九空。若仍一味索财于民，暴以使民民忘其死，结怨激变，官逼民反，鹬蚌相争，反给外寇以可乘之机，实不足取。最好是掀起一个有钱人志愿捐资运动，这只要有人嚆首矢倡并身体力行，稍有爱国心肠的人必然群起响应。至于率先履行者，我意莫过委员长。他最爱国，最孚人望，也最有钱。他想带头却担心百姓会说他做了多年大官发了财，官声有碍。所以我拟亲自和他见见面，打消其顾虑。由他出钱，由我这个普通百姓顶名，以此带动全国的有钱人踊跃捐资以济国用。这样就不只是 3000 万，而是 4 万万。4 万万民心可用，再加上文官不爱钱，武将不怕死，励精图治，吊民伐罪，举国上下勠力同心，小小日本能奈我何？忠言逆耳，听不听悉由尊便！"听罢梁作友这一通高论，俞济时气得白眼直翻，面孔发紫。将笔记本"嘭"地往地上一丢，破口大骂："你这个骗子，太可恶了！"

梁作友冷冷一笑，反唇相讥："真正的骗子是你们！我个平民百姓尚有报国之心，哪像你们，忝列职守，沐猴而冠，'金玉其外，败絮其中'，占着茅坑不屙屎。我算领教了！"

不知为什么，俞济时这次尽管气得七窍生烟，暴跳如雷，但没再掏枪。只是带着哭腔号丧似的喊了声："来人呐！把这个骗子赶出去！"

梁作友被推上街头，因无路费回家，去上海找到在明星电影公司当演员的同乡王献斋，借钱买了船票返回龙口。

从此，这个一度蜚声全国的"梁财神"不问世事，蛰伏林下，以"毛驴在前他在后、面向黄土背朝天"的庄稼汉终了一生。

1934年春，徐叔明随山东教育参观团经上海时，与陶行知、陈鹤琴等在商务印书馆举行的招待会上相识。陶行知特向徐叔明询问了梁作友"捐资救国"始末。陶行知幽默地说："山东是出圣人的地方。梁作友比当年孔圣人高明。他劈鳞折角，虎口捋须，犯颜直谏，有胆有识。那凛然正气远远超过3000万元的价值。奇人奇事，可钦可敬！"陶行知表示要写篇文章加以褒扬、传世。他对徐叔明说："文稿必寄你处。请费心校正，尔后刊出。"

当年10月，徐叔明接到陶行知寄来的《梁作友其人》一稿，遵嘱进行了认真核对，复寄上海商务印书馆转陶先生收。几天后，国民党山东省党部总干事秦启荣为此事奉命向徐叔明提出警告。当时徐叔明并未介意，只是一直未见文章刊出。直至1942年徐、陶俩人在重庆于学忠处不期而遇，才知道稿件在邮寄途中被查扣了。

梁作友回村后教过书，当过村长，于1946年6月因病去世。他怀才不遇，抱恨终天，享年48岁。

（《纵横》1996年6月第3期）

# 一代功名托至公

## ——丁佛言生平事略

丁佛言，原名世峄，字佛言，号迈钝，别号松游庵主、还仓室主，山东省龙口市人，清末民初著名书法家、古文字学家和社会活动家。他历任山东咨议局议员、山东各界联合会秘书长、国民参议会议员等公职及《神州日报》《亚细亚报》《国民日报》《中华杂志》等报刊编辑和山东法政学堂教员、民国大学文字学教授。1916年，出任过为期半年的黎元洪总统府秘书长。丁佛言一生，不论为官还是致仕，从不向邪恶势力低头，不出卖灵魂，不与贪官污吏同流合污；他爱国爱乡，体恤民情；他重义轻利，甘于清苦，以俭养廉，视钱财如粪土。在那个军阀林立，刀兵纷争，"要钱不要命"的年代，他的"清正廉明"确实难能可贵。他毕生反对专制，倡导以法治国，坚持联邦制。但他终因志不得行，心情抑郁，享年不永，赍恨而殁，令人惋惜。

《鲁之灵光》，中国文史出版社，2010年10月版

## （一）

丁佛言诞生于清光绪四年农历十一月二十八（1878年12月21日）。他受家庭影响，幼年即聪颖好学，酷爱书艺。19岁为县庠生员，旋补廪生，以后无意科举，专修经史。他目睹清政腐败，民生凋敝，心情

十分焦虑，常将对清廷割地赔款、订立丧权辱国条约的愤慨倾注诗文中。当听到"戊戌变法"失败，康、梁流亡海外，他扼腕唏嘘，不胜惋惜。及在书摊上购到《中国魂》《中国脑》诸书归家，阅后连连拍案叫好："中国事尚可为也！"

自此，丁佛言思想趋向革新，自己剪了辫子，动员妻子放足。这些言行为思想保守的父亲难以接受，被看成大逆不道，受到严厉斥责，他负气出走，到济南师范学堂就读，扬言"非临终不相见"。

光绪三十一年（1905年），他以官费去日本东京和法法律学校法政大学（今法政大学）学习。留日期间，他与杨度、蒋观云等以才学出众、擅长社会活动闻名于时，并经常与周健龙、王揆若等在一起切磋学问，纵谈政治。他们一致认为，中国非推行联邦制不能统一。

光绪三十三年（1907年），丁佛言学成归国，于山东省城官立法政学堂执教。宣统二年（1910年），他当选为山东咨议局议员，开始步入政治舞台。其实，他对这个议员并没有多大兴趣，仍在苦苦探索兴邦救国道路。正如他在一首七绝中所剖露的：

莫将宦海问长年，平地风波万顷烟。

若使胸中无把舵，终生一叶恁簸颠。

当时山东咨议局中分两大派。人们将把持实权的62人称为"六二党"，其他人被称为"清流党"。丁佛言为清流党的核心人物。

1911年10月，武昌起义爆发，各省纷纷响应。丁佛言早已厌恶清廷立宪欺世，萌发了覆清之志。适值同盟会徐镜心、丁惟汾等谋促山东独立，前来联系，便共同拟订了《独立大纲》，积极活动起来。他还亲到抚院找山东巡抚孙宝琦辩论，规劝他顺应潮流与民意。

1911年11月5日，各界人士在咨议局聚会。因新旧潮流意见相左，发生冲突，会场哗然。丁佛言挺身而出，慷慨陈词，

中华民国宪法起草委员会成立会摄影纪念

予同盟会员以声援。他本来就擅长演讲，开口之后会场顿时鸦雀无声，听众无不动容。演讲完毕，掌声如雷，新旧两派均暗暗折服。同盟会员乘机将八项要求公之于众，公推丁佛言等为代表向孙宝琦请愿，敦促他代奏清廷。

为使山东独立顺利实现，同盟会员徐镜心、丁惟汾又与丁佛言及士坤夏莲居等协商，成立了山东各界联合会。会上，夏莲居被推为会长，丁佛言被推为秘书长。联合会迫使孙宝琦在 11 月 13 日宣布了山东独立。

山东易帜仅 20 天，孙宝琦便提出辞职，撤销独立。接任的袁世凯爪牙张广建等大肆捕杀革命党人，镇压革命。为稳定山东局势，丁佛言与夏莲居亲去北京，想面见袁世凯，劝他收回成命，但未能行通。

丁佛言书联

1912 年 1 月 1 日，中华民国成立。从这年起，丁佛言开始摹写古籍。章太炎为改组共和党进京与他洽谈。二人一见如故，十分投机，遂结为文字交。6 月，以丁佛言与王揆若为首组成了共和党山东支部。这一年，他还兼任《国民日报》《民吁报》的编辑。

1913 年，丁佛言被推选为第一届国会参议院议员，先任该院审查委员会委员，后继任委员长。他还被推选为宪法起草委员会委员长。共和党改组，他担任了进步党党务部部长。参议院议长张溥泉辞职，党中一致议推丁佛言出任。他因得悉袁世凯已属意他人，坚辞不就。

1913 年，他受党内委派去武昌拜访黎元洪。黎早已心仪其人，见面后对他的胆识和才干更加欣赏。

薛大可在北京创办《亚细亚报》，请丁佛言任主笔。他们后来虽因政见不一割席分道，但当时还是志同道合的。丁佛言在报纸上发表过不少政论文章，综论世界形势与救国方略，高瞻远瞩，振奋人心。

司法总长梁启超等曾邀丁佛言入阁参政，被谢绝了。其后，丁佛言

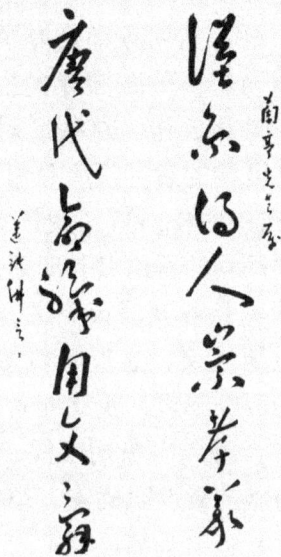

只对财政、铁路主权谈过两项建议，但未被采纳。

进步党党务部创办了一份《中华杂志》，丁佛言为总编，撰发的文章内容多关系国计民生和国家前途，其中的《世界势》《国是论》等为其代表作。这些反对专制、抨击恶军阀如蛇蝎的开明见解，恰为心怀叵测的袁世凯所忌恨。

1912年3月，袁世凯就任临时大总统后，多有违反共和政体的言行，对国民党的压迫尤其明显。看到这些情景，丁佛言深悬唇亡齿寒之忧："国民党若被消灭，进步党岂能独存？"为此，他特约议长王家襄向袁世凯进谏。袁世凯执意孤行，拒不采纳。丁佛言气愤地说："国民党的四个都督，执掌四省兵权，势力雄厚，不可小看。"

当时，广东胡汉民、湖南谭延闿、江西李烈钧、安徽柏文蔚对倒行逆施的袁世凯确实有很大威胁。

袁世凯听后，道："他们想兴兵打仗吗？打就打吧！"

丁佛言说："兵衅一开，老百姓岂不又要蒙受涂炭之苦？"

"那也没办法。"袁世凯蛮横地说，"谁叫他是老百姓哩！"

丁佛言见袁世凯跋扈到这般地步，忧愤至极，出门仰天长叹道："国事不可为也！"

不久，"二次革命"爆发，政局被他不幸言中。面对遍地狼烟、满目疮痍的动荡局势，他捶胸顿足，只恨回天无力。

# （二）

1914年1月，袁世凯解散国会，5月废除临时约法，积极筹备复辟称帝。与丁佛言交谊极深，又系同乡的参议会国民党籍议员徐镜心（字子鉴）被军法处逮捕。丁佛言闻讯，与众议院议员周健龙往见财政总长周自齐，请他帮助设法营救。

周自齐极力推诿："此为总统之意，实难为力，徒劳无益。"

丁佛言一听很不满意，质问说："子鉴前几天见过你，你曾讲只要不出京可保证他的安全。有这句话吧？"

周自齐默然。

丁佛言又道："今子鉴未出京，为什么逮捕他？你又不肯营救，是何用心？莫非当初就有意诬骗他不成！"

周自齐闪烁其词，支支吾吾……

此后，丁佛言多方奔走，甚至计划筹款赎徐出狱，终未能成。不久，徐镜心遇害。

徐镜心被捕之前，国民党籍议员多已出京避难。虽有一两个留在京城，亦没敢公开出面营救。及徐镜心遇难，丁佛言连夜找到周健龙，偕同徐镜心生前至交、日本人仓谷箕藏着手收殓、料理后事。在异运灵柩回籍前后，丁佛言竭尽了全力。

事后，丁佛言在按院胡同寓所深居简出，闭门读书。一天，同乡仲广文造访，见门外有几个行踪鬼祟的人

民革中央名誉主席、全国政协副主席
屈武题词

逡巡左右，便对丁佛言说："你察觉到了吗？门外几个人不怀好意。"

丁佛言漫不经心地道："觉察到了。他们不但守在这里不走，待我外出时还紧随身后，实为便衣侦探。"

次日，仲广文将此事告知王幼山。王幼山便约王揖唐面见袁世凯，询问此系何意。

袁世凯顾我而言他，答非所问："丁佛言既不是想杀我的国民党人，又非想敲我几个钱用的公民党人，我对他并无戒心。"

王幼山说："大总统既然不知，或许为吴总监所为。请通知吴总监将侦探撤走可好？"

袁世凯道："这不难。不过我有句话问你们，来京居住者大都想做官。请他做官，他不做，又恋栈不去。丁某是何用心？"

"士各有志嘛！"王揖唐答，"不好勉强。"

袁世凯沉吟道："是了，是了，人各有志……"他面呈不悦之色。稍停，他又说："我有件事烦你们转达丁某。现在日本人由龙口登陆，舰泊胶东。敢劳他胶东一行，将日方情况调查一下。若加任命嘛，那他又成了官啦。我不加任命，也不给薪俸，他考察归来补发路费。"

王揖唐与王幼山退归，转告丁佛言。

丁佛言道："此曹孟德杀祢正平之计也！他知我素有抵御外侮之名。我去，日人必加害于我。可是，我又不好不去。"

王揖唐与王幼山颔首称是。

于是，丁佛言立即打点出京，直赴胶东，遍走各县，做了调查，然后呈文上报。至于袁许诺的路费，却如泥牛入海，杳无音讯。

第2年，袁世凯又委派他去山东曹州查办土匪，仍不发薪水，没有名义。丁佛言说："他原是要借日本人的刀杀我，未成；又要借土匪的刀杀我。可我明知是俎上肉，还是要去的。"

随后，丁佛言再赴山东。调查完毕，他便缮就呈文托人转去，不久即潜至天津通电反袁。

丁佛言由天津去济南，寄住在靳云鹏府里。袁世凯得悉，向靳云鹏要人。靳云鹏复电说："此人在我处终日读书写字，绝无越轨行为。在这里看管，胜似解都。"这使丁佛言避过风险。

当时，丁佛言的处境极其险恶，北不能去，南不能去；张勋在徐州，西行亦不利。可是当推举他与丁惟汾等代表山东参加南京会议时，他却履险如夷，慨然应诺。

会期，丁佛言仗义执言，明确提出袁世凯必须退位。安徽督军倪嗣冲主张维持袁的总统地位。丁佛言拍案而起，坚决反对。倪嗣冲气势汹汹地质问他："你不是代表山东来的吗？靳将军是拥护中央的，你为什么私通南方？"湖南代表陈裕时代为反驳："君子爱人以德。主张退位是为袁总统着想，正是拥护中央。"

在五次会议上，丁佛言带头提议要电邀南方独立的五省代表参加这次会议，解决总统去留问题。此提议得以通过。为此倪嗣冲派兵到会场示威。丁佛言莞尔一笑，毫不介意。他那威武不屈、大义凛然的正气博得与会者的赞叹。

会议未能实现袁世凯及其党羽的预期目的，不欢而散。消息在报上披露后，轰动一时。袁世凯气火攻心，病情加剧，6月6日惊忧而死。

1916年6月7日，黎元洪就任大总统。8月1日，国会复会，丁佛言怀着极其矛盾的心情再次进京就任议员。

当时，总统府秘书长饶汉祥见国务院秘书长徐树铮傲纵越权，难与共事，便向黎元洪推荐丁佛言接任自己的职务。饶汉祥拜访丁佛言，转达了黎元洪的依重情义。丁佛言力辞。恰逢孙伯兰、汤斐予来访，经三人一齐敦促，丁佛言始无可奈何地应承下来。他说："你们这是情急乱烧香，寻替死鬼呀！我这是临危受命。"就任前，他仍坚持保留自己的议员席位，以备退步。

内务总长孙伯兰、侍从武官哈汉章等认为，府院不和的原因主要是段祺瑞从中作梗掣肘，只要将他逐下台去便可风平浪静。丁佛言认为这事难以行通，要消除隔阂，还是应当把权限分清。为此，他明确提出府院办事程序，划清职权范围，以免相互扯皮，并建议总统应出席内阁会议、发表意见，但不参加表决；总统对国务得以自由行使职权，任用非人可拒绝盖印。谁知徐树铮不同意，专横地驳斥说："中国现行的是内阁制，有什么权限之分！"协议终未达成。

段祺瑞让人转达心意给丁佛言："以你的才干应当出任国务卿。中国的事全在北洋一派手中。北洋派的领袖是段祺瑞，他很想与你面谈一次。"丁佛言拒绝说："我所以急于谋划段、黎合作，是为国家前途着想，非为个人私利。"

不悉内情的人，误以为府院龃龉系丁佛言从中拨弄，丁佛言难辞其咎。其实他一直想竭尽全力调处但未能奏效。瞻前顾后，丁佛言面对积重难返的时局心灰意冷，愈感到自己的政治抱负难以实现。几经权衡之后，他下定了去职决心。

他在辞职书上写道："国务会议以前无议事日程，会议以后无报告，发一令总统不知其用意，任一官总统不知其来历……大总统无见无闻，日以坐待用印为尽职。"他将自己的愤懑不平和盘托出。

国务秘书长徐树铮去职后，段祺瑞认为总统府秘书长丁佛言也应卸任才算公允。黎元洪大为恼火，正要拒绝其无理要挟，突接张勋斥责丁佛言的电报，勇气又消了。

1917年2月25日，丁佛言离职，在任历时6月余。任职期间，他仍不废治学，每天按预定课程练字、做文章，从未懈怠。即使半夜回家，他也要坚持学习，临摹大字两张。生活上，他律己甚严，上下班仅雇一黄包车，有时则徒步行走。有人问他："为什么不乘汽车？"他说："上台须防下台时。今日可以乘汽车，将来下台怎么办？"

85

他的寓所仍在按院胡同。那是一处仅20元租金的小屋。夫人贤惠勤俭，亲自下厨、洗衣、买菜。有一次汤斐予不期而至，并想一见嫂夫人。丁佛言道："你在门口没逢到？"

"唯有一半老仆妇尔。"汤斐予心不在焉地说。

丁佛言哑然失笑："非也！此即我内人也！"

1917年7月，张勋拥宣统复辟。黎元洪逃往东交民巷日本使馆，外界风传辫子兵必杀丁佛言。丁佛言将家眷安排回原籍，只身赴天津，转道上海。临行，他沉痛地说："中国政治坏于北洋派。只知贪赃卖国，毫无治国章程。而进步党则只会依草附木，趋炎奉承，猎得一个总长或省长即如愿以偿。仰承鼻息，拾人牙慧，将来必败无疑。"他有两首七绝，是记叙当时战乱情景和忧虑心情的：

丁佛言家书

> 解铃不是系铃人，花样翻新又一新。
> 天道好还人事近，却看入瓮是诸君。
>
> 去年群犬争投骨，今日惊忧若丧家。
> 剩有阊城台上客，长搓泪眼望新华。

丁佛言在上海环龙路拜访过孙中山先生后，便去南方游说，力促恢复国会，继续制宪，以法治国。他始终认为民国以来的政争不息、变乱频仍皆由国家无法所致，若早定宪法，则军阀、政客难以肆虐。数月后他辗转返回原籍，潜心书艺篆刻，并与康有为飞鸿往来，笔谈书道，十分相得。后因地方局势不稳，丁佛言携眷至京，仍在按院胡同赁房居住，杜门谢客，开始第一部著述《说文古籀补补》的撰写，取号"迈钝"。这期间，全家的生计也就赖于他鬻书治印了。

1918年9月，徐世昌当选大总统，征聘他出任善后委员会委员；

直鲁豫副巡阅使吴佩孚原是坚持联邦制宪的，后来也请他到洛阳起草宪法。他均没应允。

丁佛言给吴佩孚回信时，希望他能主持公道，挽颓局于万一，而吴复电说，民国政治之不上轨道，皆议员所致。

丁佛言对这一论断十分气愤，复电反驳说："政治之坏，皆坏于军阀拥兵称霸。议员不应负其咎也！"

旧国会恢复后，丁佛言再次赴会。行前他致书黎元洪："余此次专为列席宪法会议，不问其他。"

不久，直系军人和拥曹（曹锟政）客蠢蠢欲动，蓄谋废除黎元洪的两院联合会，解除黎元洪的职务。丁佛言目睹社鼠横行、政争不息的现实，又陷入极度苦闷之中。这时，曹锟邀他写宪法碑，被他凛然回绝了。气焰熏天的曹锟没料到会受这一难堪，十分恼怒，但一时也无可奈何。

"豺狼当道，安问狐狸？！"丁佛言看到推行宪法将成泡影，决定辞去议员职务。他到寓居北京的汤斐予处辞行，见汤正在草拟辞职书，尚未脱稿，便立即表示愿意联名发表。他说："国事蜩螗，城狐社鼠。我明天即束装出京，此后不列议席了！愿诸公好自为之。我辈能存廉耻于千百，国家或许还有希望。"

他为报纸写了揭露曹锟秽行的文章，将家具处理一光，大有破釜沉舟、义无反顾之势。他对前来送行的亲友说："这些人能不让我施展政治抱负，却无法阻拦我著书立说。"

从此，丁佛言彻底摆脱了那风云变幻的政治舞台，隐退故里，潜心古文字的研究及书法和篆刻修炼。

丁佛言篆书

# （三）

四十岁已无闻，到此日况将半百；

五千元真可惜，从今后不值一文。

这是丁佛言回到原籍后，于1923年春节戏写在客厅上的对联，意在嘲讽曹锟贿选。丁佛言当时已辞去议员职务，但曹锟深知其在国会中仍有一定影响和势力，不敢轻慢，照送贿金5000元，请其"鼎助玉成"，没想到又吃了闭门羹。

丁佛言对国会中朋比为奸、党同伐异的腐败现象伤透了心，对曹锟贿选厌恶冷齿。离京前，他曾在报上发表文章痛斥这一丑行，使热得发昏的曹锟挨了当头一棒，陷入狼狈困窘之中。

第二年初秋，因与别人合办的米店有事，丁佛言进京。8月21日衔恨已久的曹锟将其逮捕入鹞义胡同侦缉队监狱，再次胁迫他书写伪制天坛宪法。山东籍议员闻讯，联名向曹锟提出抗议。

曹锟颐指气使，着秘书长王兰亭出面说："直奉战起，人们争相出京。丁某此时入京，其中似有嫌疑。丁某的性命可保无虞，但不能即行开释。"

众议员无奈，又找吴佩孚解救。吴佩孚因昔日谏诤之嫌，不肯出力。

曹锟碍于时局不稳、社会舆论压力及丁佛言的声望而一时不敢加害于他。其实，丁佛言早将生死置之度外。自谓：人生自古谁无死？怎样死还不是寿终正寝！

狱中他写了一首七律：

霜露清凉通九秋，风吹坏壁鬼生愁。

廿年夙有读书愿，入狱原来我自求。

务名莫悔抽身早，杀士难遮窃国羞。

今日死生成赌斗，试拭双眼看吴钩！

狱中长日永夜，丁佛言正好得闲读书，一本许慎的《说文解字》给他解除了不少寂寞。

丁佛言身困缧绁，不废学术研究。他利用这段时间将所著《说文古籀补补》一书进行认真校核，誊清后写了序跋。不久，此书由商务印书馆付印，公开出售。

1924年10月23日，直系将领冯玉祥倒戈，发动"北京政变"，直系政权垮台，曹锟被囚，丁佛言获释。当时报刊竟相发布两大新闻：一为"驱逐溥仪出官"，一即"释丁世峄出狱"。可见其清望之高。

出狱后，他坚辞多方征聘，诸事不顾，匆匆返回原籍。翌年，张宗昌督鲁，为借地方贤达名流巩固统治地位，特邀丁佛言"辅弼襄助"。丁佛言托故谢绝。张宗昌无奈，便在督军府给他挂了个虚衔，按月寄送200元薪俸。丁佛言收到后，悉数转给县里做了教育经费，并随即去学堂执教，以示无意政治，韬晦自全。这段时间，他将全部精力投注于著书立说，继《说文古籀补补》之后，又写成了《续字说》《说文抉微》《还仓室述林》等，余暇则鉴赏古玩，磨炼书艺。

1929年张宗昌由龙口登陆东征刘珍年，拟顺路拜访丁佛言。丁佛言闻讯携全家避往大连，转抵北平，做长住打算。

# （四）

丁佛言一生崇尚节俭，厌恶奢华，生前身后别无长物。因苦于辗转搬迁，夫人曾劝他买处房子，也算给孩子置了点产业。他却很不以为然："积财千万，不及薄技在身；留产业不及教他学点技艺，做个自食其力的人。"

他身居要津，室如悬磬，早为时人所共睹。早在1918年任参议员时，有人提议设机制酒税。他对此议很反感，认为当时国内机制酒厂仅北京双合盛啤酒厂及烟台张裕公司数家而已，势单力薄，尚待巩固发展。设此税不利于民族工业振兴，也将影响抵制外酒，很可能把国内为数可怜的几家机制酒厂扼杀在摇篮中。

这时，双合盛啤酒厂也想谋求减税支撑，恳托丁佛言代缮呈文，并面见总统徐世昌及烟酒督办张小松、财政总长周自齐。丁力争数次，屡陈利弊，始得允准，使国内几家机制酒厂摆脱了重轭和倒闭威胁。

双合盛总经理郝跻卿因感激丁佛言的仗义执言，嘱托黄县籍经理王禹川以5万元酬金相赠。丁佛言坚辞不受，正色道："我是为民族工业着想，并非出于私谊。"

王禹川见难以勉强，年底要送两打黑啤酒。丁佛言坚持说："不得超过此数，多即退还。"他将啤酒收下，又以所书扇面、楹联回酬。

1928年，丁佛言为避张宗昌裹胁由原籍抵京，寄居在杨梅竹斜街鸿升客店里。王禹川拜访时说："我在西城新购一处住宅，还算宽敞，并附有一小花园。家属未来前请三爷代为看管、暂住。"

盛情难却。碍于同乡情谊，丁佛言只好暂借其厅室栖身。及丁佛言去世，王禹川在灵前将交通银行存折及那处住宅契约拿出来泣告丁夫人说："双合盛感激三爷情义，因赠款不受，窃以他的名义代存银行。三爷前住之屋，实用存款中所购并转赠三爷的。今三爷作古，余款及房产请夫人接收。三爷在世，禹川绝不敢提及此事！"

丁夫人执意拒收。她说："俭可以养廉。这是先夫家训，绝不敢违先夫初衷，玷污他的名节！"

事后，双合盛总经理郝跻卿感慨

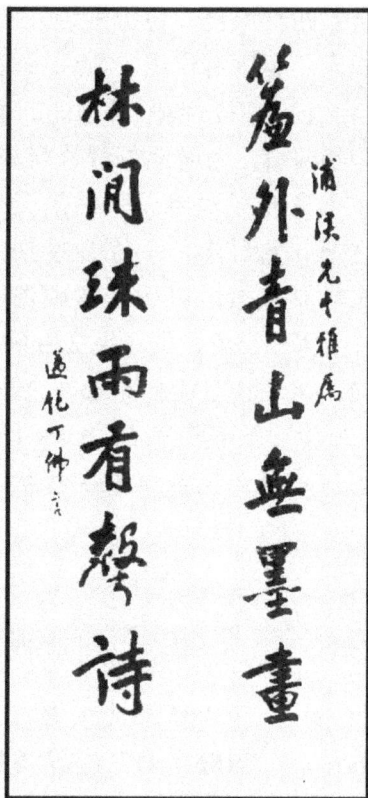

丁佛言书联

地说："谁说处尊居显未必贤？丁佛言之清廉非浪得虚名，实可风世！还有丁夫人的气节、禹川的信义，也是值得称道的。他们那超常拔俗的品格，足以振颓风而励后人！"

丁佛言晚年虽称不谈革命，不介入政事，实际无时不在为国家前途和民族兴亡而焦虑苦思，充斥于字里行间的忧时悯乱之心犹炽烈如火，从未平息。长时间的悲愤悒郁，严重损害了他的健康。

1930年，丁佛言任民国大学文字学教授，住鲍家街。他早年就有胃病，时轻时重，二、三月间又染上流感，经数月方痊愈。至秋，他胃病复发，医治无效，又受风寒。延至农历腊月初一，丁佛言溘然长逝，终年53岁。弥留之际，他对亲友说："天若假我十年，即可完成著述计划，虽死无憾矣！"可惜斯人不寿，赍恨而终。

几天后，《大公报》发表社评，主笔张季鸾撰文《悼丁佛言先生》，对其人品、气节、学问大加褒扬，推为"一代之范"，誉之"鲁之灵光"。

噩耗传开，海内外贤达名流敬赠仪幛、挽联800余件。公推民初教育部长雷道亨主祭。

沈钧儒等送来的挽联各有特色：

大笔何淋漓，金石刻画为余事；
才人感摇落，风流儒雅怅千秋。

所居在谦让之间，鲁多君子；
作字溯商周以上，前无古人。

平生具王佐奇才出世曾为天下事；
晚岁成著述大业退闲聊作云水身。

# （五）

丁佛言的书艺、治印精严渊雅，师承前人，法古而不泥于古，集众家所长而出新，笔法精绝，四体皆工，尤其大篆，公推一代所宗，名重南北。他长期从事古文字的形、声、义研究，由许慎的《说文部首》入手，参考古籀，为纠正使用和解释篆籀字混乱所著的《说文古籀补补》等著述，起到矫枉归宗的积极作用。他一生著述不下20部，近百万言，可惜大部分未能整理出版。

在书艺上，由于博取诸家，任何法帖提笔便能神似。据说他生前春节回家，门上春联只要贴出，不过一夜便被人揭去，可见其书艺为人爱重之深——即使弹丸小县也不乏慧眼识才者，知其为传世之作。于学忠任河北省主席时，丁佛言的楹联一副标价200元。他的甲骨、钟鼎不唯誉满

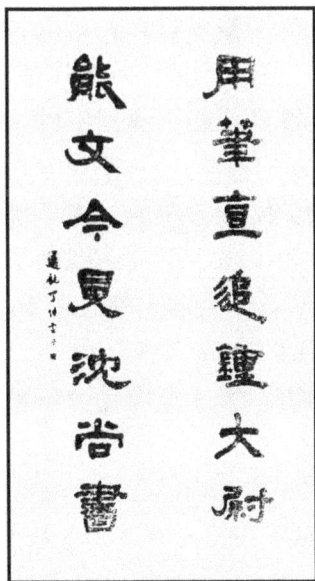

丁佛言书联

神州，亦为东邻日本所推崇。日人素重书道，视丁佛言遗墨为神物，每以重金搜求，珍重收藏。

丁佛言书艺日臻成熟，夫人曾流露出要收藏他一部分作品的意图。他慨然道："存什么！等有时间给你写两天就是了！"

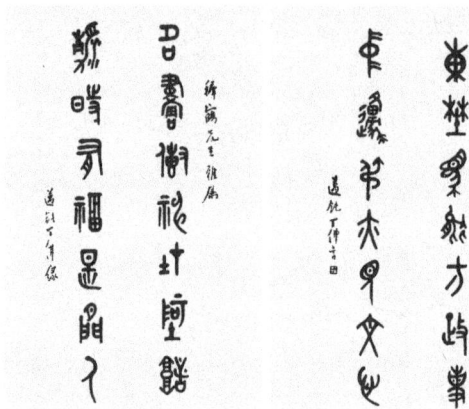

丁佛言篆联

后来，他果真写了一份毛公鼎（周鼎）铭文（十大页，497字）。写罢，他将笔一掷："我平生只写了这一份，以后没饭吃可卖2000元！"

丁佛言青年时代所作诗词不少，七言绝句尤多，存留下来的却寥寥。其诗韵，既有愤世嫉俗之激情，也有伤时感怀之消沉，奔放抑郁兼有。

丁佛言去世后，北平师范大学教授柯燕舲、商务印书馆北平分馆经理孙伯恒深知其遗墨著述均有传世价值，拟分别整理付梓，后因种种原因未能如愿，遂延宕搁置下来。北伐初定，抗战又起，内忧外患，国无宁日。历史文物在劫难逃，多罹兵燹。丁佛言这些不啻国宝的遗墨亦散失不少。

1950年，美国驻华大使司徒雷登归国前，拟出20万美金收藏丁佛言的遗墨和著述手稿，恳托丁佛言生前好友代为说项。丁夫人就商于黄炎培、章士钊、沈钧儒。众人认为："此系国粹，一旦落于外人之手，中国即难复得，虽重金不能卖。"丁夫人便回绝了。

在友人的支持下，丁夫人毅然将这部分遗物，包括那份毛公鼎铭文在内的珍贵字画及印谱如数捐给了山东博物馆。

（《纵横》1988年6月第3期；《新华文摘》1998年第8期选载）

# 两个六合螳螂拳师

## （一）丁 子 成

丁子成（1879—1954），名尔忠（族谱名惊），字子成，黄县西北隅村人，六合螳螂拳宗师，国术教育家。

清光绪五年闰三月初三（1879 年 4 月 23 日），丁子成出生，系黄城望族丁氏第 17 世孙，太学生。他聪颖好学，温文尔雅，儒、医皆精。早年他拜沧州崔禹为师，学罗汉拳、长拳和十八般兵器。1903 年他随招远林世春学练六合螳螂拳及软硬功，兼收并蓄，融会贯通，成为六合螳螂拳第 5 代传人，闻名胶东。他原想通过科举以进仕途。科举取消后，他致力于国术教育。

林世春早年随魏德琳学六合螳螂拳，后拜嵩山少林寺罗汉门普净大师为师，练拳 3 年之久，深得罗汉功真谛。丁子成

丁子成（1879—1954）

也曾学习过罗汉拳。他在以阴柔见长的六合螳螂拳注入罗汉功的沉稳刚猛，终生潜心拳经的系统研究，总结出眼到、手到、身到，心意相通、心手相应、如影随形、随手而出、随手而入、以身进步、以身催手、贴身近打是与人交手过招的不二法门，从而形成了守中有中，寻隙而击和入里透内的贴身近打体系。这种化繁为简的高度概括，实际上是一种看似平凡实则精奥的提升。其表面看是一招一式的展示，实质是整个六合功力的综合发挥；表面看是人体局部力量的瞬间转移，实质

是全心身的协调发力。这种功法、劲法、招法实现了从"术"到"艺"的升华，将六合武功练至化境和极致。

丁子成是林世春在菜园泊王龙溪家设馆授徒时学的拳。丁家与王家有亲戚关系。丁子成在王家学艺时目睹过林世春一掌砍断院里一块元宝石。林世春有一手"饿虎扑食"的绝技，拒不外传。丁子成发觉每天一大早林世春必到村外柳林中去。出于好奇，他便暗随其后，以窥究竟。柳林中，只见林世春趴下身子，双手按地，纵身前扑，倏然跃出十几米。事后，丁子成流露出要学的意图。林世春嗔怒道："这功你们是不能学的，不要再问。"

丁子成早年曾为西悦来当铺护院。有一年春节，当地有一恶少提着一条破裤子来当铺寻衅闹事。丁子成再三劝告无济于事，最后只好将其哄走。恶少不服，纠合一伙亡命之徒手持器械来当铺报复。丁子成步出柜台厉声道："眼下来到年关，该接济的我们已尽力了。请各位自爱，不要轻举妄动伤了和气。"恶少置若罔闻，与众恶徒蠢蠢欲动。丁子成忍无可忍，上前一把夺过一歹徒手中的桑木扁担，咔嚓一声折为两截，大喝一声："哪个再敢胡闹，让他的腿也如此这般！"众恶徒面面相觑，拽枪弋棒，嗒丧而归。至于他在菜园泊王吉臣家一臂砸下十多厘米的石桌角、一腚坐倒西悦来的大门楼，全身倒立两个食指像钉子一样钉在地上的"二指禅"功，更是令人称道叫绝。

1926年，丁子成在县城创办黄县国术研究社。1931年，黄县国术研究社并入黄县民众教育馆健康部。其从弟子有赵乾一、袁君直、陈云涛、单香陵等。1936年，由袁君直经办，黄县国术馆在黄城文圣街圣人殿创办，丁子成开门授徒，又培养了张祥三、刘云樵、刘忠信等高徒。这期间，在县立中学校长赵竹容等地方人士的倡导支持下，黄城周边的县立中学、崇实中学、经正小学、国新小学、圣泉小学等学校纷纷开设国术课，由丁子成或其弟子传授武功。1938年，日寇入侵，国术馆停办。1944年，丁子成于圣人殿复办国术馆。中华人民共和国成立前，他接收本村文化基础较好的于敬之为关门弟子，对其精心培养，望其为继承人……延至1996年5月，于敬之的弟子成守海秉承师门宗旨创办龙口市子成武校，传艺育人，重振雄风，六合武术得以继续传播发扬。

丁子成授徒时，先让学徒练骑马登山势和"劈斩""寒鸡三步锤"。

他传授长拳，自"小开门"起势，闪、躲、腾、挪进攻防御步步紧凑，直至"三起子""挂西脚""扫蹚腿"，轻盈稳健，式式到位。

他充分肯定轮臂、下劈、出拳3个动作的"劈斩"拳价值，认为真功夫要做到软如绵、硬似钢、一软一硬，一进一缩，起到破敌制胜效果。

六合刀、六合枪及六合棍招数简朴中蕴复杂。其复杂在于砍、捋、劈、刺都包含攻防奥妙。他常说，别轻看了一杆齐眉棍，练好了能破十八般武器。他练铁鞭但不传授，说铁鞭华而不实，但他的铁鞭功夫相当好。九节鞭出手时如钢棍一条，收拢时柔如面筋。他说，任何功夫步法、手法都不能乱。"单刀看手，双刀看走""镖打甩头鞭走顺"。所以铁鞭既要看手，也要看走，手脚一乱，鞭也乱了套。

除了拳脚，他还练硬功。他年轻时练"铁砂掌"，将手掌抹上药水，伸直五指运气用力，向铁砂桶中猛地一插，能一下插到底。他玩二三十斤的铅球玩得轻松自如，如玩乒乓球，拐肘一弹，铅球弹得高过屋檐。

他卧室墙上挂着弓箭，炕沿上摆着短刀与双锏。短刀削铁如泥，一根铁筷子让那刀轻轻一削，便断了。双锏共20斤重，他挥动起来如舞折扇，毫不费力。

丁子成传授"八段锦"不照搬传统套路。他将"两手托天理三焦""五劳七伤往后瞧"融入拳法；将"背后七颠百病消"改为"马上七颠百病消"，增强了健身效果。

丁子成崇尚武德，交友广泛。他与招远罗汉拳师傅通、海宁州八卦掌名家宫宝田、沧州八极门神枪李书文、莱阳通背高手吕孟超以及螳螂拳家姜化龙、曹作厚等过从甚密，经常切磋拳艺。他终其一生乐善好施，急公好义，武医双修，所研制的"跌打摔伤膏药"与"柳条膏"齐名，对治疗伤筋挫骨、骨质增生具有特效。但他廉价出售，从未奇货可居，将其视为敛财手段。

丁子成在世之年，正值民族多难之秋。他以修武练功为乐，以授徒传艺为荣，安于淡泊清贫，恪守民族气节，无论生活多么拮据，从没依附军阀、巴结官府、觍事日伪，仅靠授徒束脩、正骨拿环和销售自制膏药以及老伴扎鸡毛掸子卖的微薄收入维生。其所授门徒亦皆以武德为重，艺成之后有的走上抗日救国道路，有的洁身自好设馆谋生，固穷守志，绝不为非作歹。丁子成晚年生活愈加困顿，依靠女儿赡养。

1954年6月15日，一代宗师丁子成溘然长逝，终年76岁。

# （二）赵乾一

赵乾一（1894—1949），祖籍山东招远，幼时随祖父母迁居黄县城关北巷村。1910年，16岁的赵乾一拜六合螳螂拳传人丁子成为师，习练六合螳螂拳20余载，后又代师授徒近20年，成为六合螳螂门一代传人。

螳螂拳自明代王朗创立以来，经过长期发展演化，派生出梅花螳螂拳、七星螳螂拳等多种流派，其中的六合螳螂拳是汲取螳螂拳法之精髓，以六合门路为根基，以"内三合""外三合"为定义，经过长期实践，择其克敌制胜之佳手而创立的一门独特套路。其最显著的特点是以招代打，打中有招，变化莫测，防不胜防。清末传人魏三（魏德琳，因其小指与中指间有蹼相连，人称"鸭子巴掌"）由南方来山东只收了一名徒弟，即招远县的林世春。

赵乾一（1894—1949）

林世春一生收徒也仅丁子成、赵同书和王吉臣。赵乾一系丁子成大弟子。

赵乾一天资聪慧，为人忠厚，正直豪爽，勤奋好学，酷爱武术，深受其师丁子成之厚爱，遂得六合螳螂倾门之技。经过20多年的勤学苦练，他的六合螳螂拳已达到炉火纯青、出神入化的境界。丁子成见他在对拳理的悟解、击技本领以及硬功等方面均已超过自己，便有意隐退，放手让他发扬光大六合螳螂门。

1932年春，丁子成邀来海宁州八卦名家宫宝田和沧州神枪李书文，创立了黄县国术馆。馆址起初设在黄县城南沙沟海神庙内，后迁至圣人殿，日伪时期又迁到西阁里鸭子湾。自武馆成立后，丁子成便打破秘密传授的门规，公开传授六合螳螂拳，先收李书文来黄时所带弟子刘云樵为徒，后相继又收袁君直、赵树林为徒。袁、赵二人之拳路是丁子成亲授，手法使用则由赵乾一示教。一时间丁子成的"五大弟子"名震一方。

1933年，丁子成先后两次带赵乾一到外地密授六合螳螂门的绝密套路——"镜里藏花"。至此，丁子成见他已深得六合螳螂之真谛，便于当年初夏正式确立他为六合螳螂门掌门大弟子，凡以武会友诸事皆由他出面，后来所收下的徒弟也全由他代为教练。当时他除在武馆代师传艺外，还经常到大慈庙、经正小学等地传授武功。其时，黄县大兴武术之风，习武之人甚众。先后拜丁子成为师的有傅嘉宾、高守章、王乐之、王景宋、范心然、曲洪鸣、袁积庆、陈云涛等数十人。其中王乐之原是七星螳螂拳名家曹作厚的大弟子，对七星螳螂拳造诣很深，且练有硬功。也许是由于门户之见，他意欲同六合螳螂门一决高低。经曹、丁二师同意，王乐之便与赵乾一比武较量。王以必胜之信念，扬七星螳螂拳之威风，进招迅猛，快手相连；但击手不进，反受其制，仅过10余招，便自知不敌，停手认输。事后曹作厚对其说："乾一已手下留情，不然3招之内你必败无疑。此人武功不在为师之下，你当以师事之。"

单香陵原练长拳，后随遇行舟学练"十面埋伏棍"，继而欲拜丁子成为师。时丁子成已不授徒，便以单香陵已是"有师之徒"为由，婉言辞绝。单无奈又找赵乾一。赵对其师丁子成说："单某求艺心切，若一味推辞面子上过不去，不如用咱的几套小拳与他的棍术做一下交流，了却此事。"经丁子成默许，赵乾一以"截手圈"等四套路与单的"十面埋伏棍"（其实是九面）做了交换。后来单香陵到北京谋生时，还特意路过青岛向其四师弟袁君直学过六合螳螂拳中的"照面灯"套路。1949年赵乾一在北平时，单香陵又找到他重学当年交换学去的"截手圈"等套路，同时他又传与单香陵六合螳螂拳"双封"套路以及剑术"纯阳剑"。

赵乾一身怀绝技，但却虚怀若谷，善于博采众长。在近40年习武过程中，他先后同七星螳螂拳名家姜化龙之门徒纪春延、八极门传人黄世海的弟子李书文，形意名家李存义的弟子单香陵，以及其他门派的名师高手交流过武功，切磋过技艺。因此除深得六合螳螂之真传外，他还精通太极门中的吴氏太极、陈氏太极、王氏太极、奇形太极，八卦门中的伏羲八卦，罗汉门中的铁门靠壁、白虎洗脸，长拳门中的小河燕、双锦、弹腿，七星螳螂门中的摘要一二路、梅花路、乱截、八肘。兵器方面，他擅使黑风雁翎刀、六合刀、六合棍、六合枪、太极刀、太祖剑、小金枪、梨花枪、纯阳剑、春秋大刀、十面埋伏棍、虎头单双钩、单鞭、峨眉双刺、秦氏双铜铁鞭、双手带、拐子、甩镖等。他集多种绝技于一身，更使其六合螳螂登峰造极，成为丁子成研究六合螳螂拳击技的演练对手。

六合螳螂散手既无确切的命名也无科学排列，只是作为一个个单独的击技经验，被历代传人零散地用于日常教学之中。他深感这些散手非比寻常，确是击技中之绝招，便欲系统地加以整理。丁子成也有此意。于是，师徒二人一边演练研究，一边充实、整理，经10余年的切磋，终于写出《六合螳螂击技九十二手》（后"九十二手"演变为"九十三手"），并首次用文字记载了《六合螳螂拳拳谱》。《六合螳螂击技九十三手》是六合螳螂散手的高度总结和发展。最初此秘籍只有两本，他和其师各藏一本。后此秘籍又传予张祥三和袁君直。但"九十三手"只有赵乾一、张祥三和丁子成能够对练，并运用自如。《六合螳螂击技九十三手》和《六合螳螂拳拳谱》的问世，彻底改变了此拳仅靠口传身教的旧方式，为六合螳螂的广泛传播创造了至关重要的条件。

赵乾一平日寡言少语，为人谦和，深得武林同道及家乡父老的敬重。他与众师弟们（其实除4位师弟外，其余都是他代师教授的徒弟），关系融洽，亲如手足。众师弟见师兄技艺超人，但平日从不轻易出手，便"密谋"借酒诱其施展本领。这天，大家轮番敬酒，从晨时喝至午后。他不知是计，开怀畅饮，不觉已露醉意。高守章一使眼色，便与其他6人蜂拥而上；赵乾一随即跳起来，指东打西，迎左开右，攻前打后，霎时将众师弟打散。因他在打斗中手下留情，众师弟均败未伤。第二天师弟们同来"谢罪"明意，对他虽已醉酒，但仍然出手如电，招式利落逼人的技艺佩服得五体投地。

众人皆闻他有单掌开石之功力，但亲见者极少。有一次他应邀到县城东南侧岭高家村教拳。一个名叫高连重的说："人说赵武师铁砂掌厉害，今天让大家开开眼界吧！"众人也随声附和。众情难却，也是一时兴起，他随手扶起一废弃的碌碡子（农家打麦用的花岗岩凿成的圆台体，高约70厘米，中截面直径约25厘米），使其小头侧着落地，大头斜躺在左手。右手一掌下去，但见碌碡小头陷地近半尺深；待第二掌下去，石碌碡竟拦腰断为两截，惊得在场者个个瞠目结舌。

一日赶集，一乡下壮汉没留神，将几滴清酱洒到他鞋上。壮汉正要寻物去擦，他已弯腰用草棍刮掉，起身而去。时有人问壮汉："你知此人是谁？"答曰："不知。"那人说："他就是赵乾一。"壮汉立时目瞪口呆，连说"耳听为虚，眼见为实，赵武师德艺双馨，名不虚传。"

曾在龙口教场的张子扬，到黄城财神庙开场教授十二路弹腿。有人说："你在赵乾一鼻子底下逞能，就不怕他来'踢盘'？"赵乾一闻知有人借己之名恫吓武林同道，甚为不悦，便赶到财神庙对张子扬说："先生勿听传言，赵某从无称霸一方之心。一枝独秀不是春，先生在此传艺，使本地又多一拳种，实乃武林之幸事。"二人交谈投机，大有相见恨晚之意。赵乾一遂让长子赵明从张子扬习练十二路弹腿。

韩复榘主政山东时，曾举办全省武林技击大赛。赵乾一同其四师弟袁君直代表黄县赴济参赛。比赛开始后，他所向无敌，连胜数场，最后冠军之争在他和一军人之间展开。决赛的头天晚上，这位军人到他下榻处拜访，委婉而恳切地请求他在决赛中手下留情。他久闻此人虽是韩复榘的手下，却出淤泥而不染，素为武林人士敬重，又见其言谈谦和，便已有成全之意。翌日开赛，他故意让手，甘居第二。赛后返黄时，那军人专程到车站送行，向他敬礼谢别。

1936年春，两匪兵在县城一掰手铺强拿烧饼。小伙计李文才上前阻拦。两匪兵恼羞成怒，用皮带死命抽打年方十四五岁的李文才。恰巧赵乾一路过店前，见此情景不由怒喝一声："住手！"匪兵一愣，回头见一中年大汉威风凛凛立于门外。一匪兵恶狠狠地说："你是什么人，敢管老子！""我是赵乾一！"说着他便闪进店内。两匪兵一听"赵乾一"三个字，立时吓出一身冷汗，连说："久仰，久仰！得罪，得罪！"他们连忙如数交钱，鼠窜而去。

又一日，赵乾一在县城鱼市街买鱼，见一个人高马大的鱼贩子欺行霸市，以短斤少两讹人，还蛮不讲理地打骂一买鱼人，围观民众敢怒不敢言。他见状挺身而出，抬手架住鱼贩子打人之手，厉声说："光天化日之下，短人斤两还要动手，真是欺人太甚！"那鱼贩子一听此言暴跳如雷，仗着一身蛮力，挥拳向他打来。赵乾一佯装连连招架，围观之人中不识赵乾一者暗暗为之叫苦。这时，忽见那鱼贩子倒在地下，杀猪般嚎叫起来，人们遂愤愤地说："这鱼贩子真可恶，明明打了人，还躺在地上放刁！"认识赵乾一的人心里明白，准是他在招架之中教训了那家伙一下子。

还有一次赵乾一路经柴草市，忽听人群中一片惊呼，只见一头受惊的健骡向一带小孩的老妇冲去。危急之际他飞身上前，一掌将健骡打得跌倒在地，四蹄打战，周身冒汗，站不起来。众人齐声喝彩，那老妇也带着小孩上前叩谢。但那骡子的主人却又哭又闹，让他赔骡子。他正色道："骡子好赔，孩子你赔得起嘛！"说话间，他用掌在骡子身上一拍，那骡子居然一跃而立，健康如初。

赵乾一豪爽耿直，对人不设城府，但处理大事却也颇功心计。1934年，胶东"剿匪"总指挥张骧伍率部驻黄。此人自幼习武，从其师"铁胳膊李"练得出色武功，但心术不正，常仗枪炮逞其武功，人称"张剥皮"。一日他率侍卫到武馆"切磋"技艺。赵乾一对此人早有所闻，心想："比输了，长了恶人威风，坏了六合螳螂拳的名声；比赢了，他绝不肯罢休，定会动枪动炮祸及武馆众人……"于是，赵乾一再三推辞。怎奈张骧伍执意要比，赵乾一只好奉陪上场。双方刚一交手，张骧伍便拳脚似风，连用杀招；赵乾一左挡右搪，将其凌厉攻势逐一化解，苦战多时难分高下，终成平局。不料张骧伍因未能以胜露脸，竟说："人说六合螳螂拳厉害，其实不过如此！"在场的二师弟张祥三见师兄只守不攻，早已心中不快，一听此话勃然大怒，大声说道："我来会会你！"赵乾一见难以制止，只好悄声叮咛："定要打成平手！"谁知二人刚过一招，张祥三便用勾搂锤将对方打翻在地，使之欲起不能。张祥三说："本想打你三锤，没想到你连半锤也经不得！"张骧伍气得破口大骂，恶狠狠地说："明天再比！"

赵乾一深知情况不妙，当晚正在设法应付时，张骧伍的侍卫徐汉清匆匆跑来对赵乾一说："明日比武总指挥让卫士开枪，打死勿论，请当心！"赵乾一闻听此言，当机立断，连夜打发张祥三远走他乡。张祥三辗转去了南京武馆，后与三师弟刘云樵在台湾任国术馆教练。如今，张祥三弟子众多，誉满港台、日本和美国。

自赵乾一成名之后，登门拜师学艺者络绎不绝。对此他始终本着交流技艺、共同提高的宗旨，一一认真接待。在各种场合的比试中，他总是点到为止，从未出手伤人。1948年，他已54岁。为发扬光大六合螳螂拳，毅然奔赴北平，准备遍访京城武林高手磨砺技艺。他在北平的雍和宫、太庙、国子监与各家各派先后较技十数场，皆获全胜。在场武林人士曾撰写《递手志》记述较技实况，有几例大意如下：

在雍和宫内，同天津形意拳名师李存义之徒赵拳师交手比试。第一局他用连环缠丝手，继用顺手直刺取胜。第二局对方以仰贯锤直取腹部，他以右手下压彼右手，左手迎面刺，彼倒退数步认输。第三局彼以右手击面，继以左锤击腋下，他用右手缠封手，遂变带进锤，把彼右手缠封而下，又将彼右手以肘臂带出，进而击中对方。有人评论："赵乾一出手奇快、奇硬，劲力特别，令人难以招架，功夫深奥！"

在国子监，同山东德州传授八卦、八极的张老师比试。开手彼仰掌刺面，翻手打腋下横掌，他先竖手外裹，借斜下缠封，将彼左掌封下，彼身向前一倾欲倒，已失还手之力。第二局彼进右步右仰掌虚刺面，紧倒左步左掌封喉，他先以左手向右裹彼右手，同时右手暗从自己左腋下向彼右肩际猛力向右斜缠封，连彼左掌一同封出，彼左倾败退。第三局彼速出左步左手金龙探爪，遂即进右步右进击心掌，他以左手采彼左手，右手抓住彼左肘以上宽皮处，往下一拉往外一送，彼势已败。张说："你比我高得多！"

在太庙与太极拳高手武城人张老师比试。他先以左手点问，彼方用棒理，他左手勾拉回以右锤锯锉而击，左右连环直进中门，彼势已乱，无从还手。第二局彼忽变山通背，先以右手虚刺，顺势而下直取撩阴，继以左手进击中门，他左手顺势外下封，同时以右手横扫其面，彼只顾下手，而不知同时上手将其眉上扫了一下（此手本应是扫目），彼惊骇后退，连说："好，能吞能吐，见手不招手，而招即是打，真是妙手！"

又一日，在雍和宫，有一位通背拳老师要与他比试，让他进招。他以左手先探招，彼即用通背拳之劈山，他不等彼右手劈来，即将左手向外一翻，斜步打一点腰圈，彼右臂落空，一收势继用右手刺面，他出藏花手，彼用左手招，他即起右手先扫其面带开其手，彼已略伤。他连说："失手，失手！"彼拱手说道："赵老师已手下留情，不然我目已毁矣！"遂上前握手，相互致意。

一时间，他在北平名声大振。武林人士交口称誉："想不到方桌大的小黄县，竟出如此高手！"

1949年9月6日（农历闰七月十四）晚，赵乾一自酌自饮至深夜。翌日晨起他感到头疼难忍。长子赵明为其针灸治疗，疼痛稍轻。不料如厕时他突然跌倒，头触砖墙角，冒血如注，及医生赶到时已气绝身亡。终年55岁。

# 拳　魂

## ——单香陵生平事略

　　1985年天津市承办的全国传统武术观摩交流大赛上，山东省黄县选手张道锦登台献艺，一趟六合螳螂拳赢得行家交口称赞。第2年5月，由徐州市承办的全国传统武术观摩交流（三献技艺）大赛上，他的表演又博得满堂喝彩。这个刚刚二十几岁的年轻人一举荣获了两枚流光溢彩的金牌，跻身国家一级武术裁判行列。人们在啧啧赞叹之余，不禁窃窃私语：此人出手不凡，师出何门？

　　在北京的一家练功房内，新西兰留学生约翰·克里斯特夫·朗斯代夫结识了螳螂拳师许世田。郎斯代夫曾在电影《武林志》中扮演过沙俄打手，练的是跆拳道，根底不浅。经人介绍与许世田见面后，他彬彬有礼地谦让了一番，便爽快地练了几手。许世田一看，果然力量充沛，名不虚传，只是速度尚不够凌厉。许世田自己便练了趟六合螳螂拳，请朗斯代夫指教，旨在以拳会友。朗斯代夫看了说："中国拳术手法多，但手法不及腿法快……"意嫌美中不足。朗斯代夫边评骘边与许世田比试起来。许世田讲明要用手法破他的腿法。结果朗斯代夫出腿后，不是踢不着许世田，就是被许世田轻巧地化掉了。许世田说，六合螳螂拳也有腿，并事先告诉朗斯代夫要用哪条腿踢他。朗斯代夫竟防不胜防，总躲闪不过，连中了好几下。在一旁观看的人对朗斯代夫说，许世田有内

青年单香陵在北京

单香凌（1904—1984）

功，不妨试试看。于是，朗斯代夫击了几下许世田让出的软肋和腹部，没见分晓；又全力打了几掌许世田还不在乎。最后朗斯代夫运足气力狠狠一脚踹向许世田的右肋，许世田竟纹丝未动，自己反被撞了个仰面朝天。郎斯代夫佩服得五体投地，表示要向许世田学艺。许世田很爽快，当场教了两手。朗斯代夫入乡随俗，拜了许世田为师父。

几天后，郎斯代夫随口询问："敢问许师父，您的师父——我的师爷是谁？"

许世田肃然离座起身，面向东南紧抱双拳，一字一顿地朗声应道："……傅作义将军曾聘任他为教练，梅兰芳大师向他学过艺，许世友将军为他叫过好——山东龙口单香陵！"

山东龙口历来崇文尚武，人才荟萃，久负"胶东少林"之誉，仅清代 260 年间即出了武进士、武举人 68 个。清末民初以来，武林界尤以六合螳螂拳风行。这期间涌现出在县城开国术馆的六合螳螂拳第五代传人丁子成，一拳击趴惊骡子的六合螳螂拳第六代传人赵乾一。嗣后，自张祥三、刘云樵离开大陆去了台湾，他来了——他一路拳脚，一路枪棍，一路行侠仗义，一路正骨行医，一路传艺授徒，一路廉洁清贫，一路浩然正气……

他清癯瘦削的高身材，冷峻严正的神态，凝重稳练，不苟言笑，初见乍识即使人感到有股灼灼逼人的凌厉气势。行家一看他那鹰隼似的炯炯目光，掣雷挟电的健捷步履，后项下隆起的肌腱和举手投足间神化了的螳螂形态，即知此人功底不浅，绝非等闲。

他就是那个早年随黄县赵景清学长拳、李存义学形意拳、遇行舟学十面埋伏棍，莱阳吕孟超学通背沾粘拳和枪棍术，最终拜黄县六合螳螂拳第五代传人丁子成为师并成为主要传人的、集多种绝技于一身的单香陵（1906—1984）。

# （一）

山东省为武术荟萃之地，曾流传过多种优秀传统武术，涌现过许多武林高手。1979 年国家体委挖掘整理并认可的山东四大拳种查拳、文圣拳、孙膑拳和螳螂拳已列入我国稀有拳种。

查拳流传于济南、德州和回民聚集地区，文圣拳流传于鲁西南，孙膑拳与螳螂拳流传于胶东。螳螂拳的传人在这一带传艺最广，影响最深，至今犹有嫡传习练者。

单香陵原名单丕勋，1906年出生在龙口市城关镇邹家村，系国家体委委员、北京市武术协会会员，山东省政协委员，著名六合螳螂拳家。他年轻时游历全国各地，以拳会友，德艺双馨；晚年乡居，安贫乐道，砥砺艺德，热心传授拳术。如今，他的高足遍布全国，有的蜚声海外，有的在港澳称雄，终成一代宗师。

螳螂拳流传较广的有三大流派：梅花螳螂拳（亦称太极梅花螳螂或太极螳螂）、七星螳螂拳、六合螳螂拳。梅花螳螂拳、七星螳螂拳在烟台青岛一带流传，六合螳螂拳在龙口、招远、栖霞等地流传（因选徒甚严，流传不广）。

单香陵幼年调皮好动，不畏强暴，见义勇为，常惹事端。按"穷文富武"一说类推，当时他的家道应属"小康"。8岁那年，其父苦于时局不靖，兵连祸结，与几家乡亲合资从莱阳请来擅长六合枪棍术的吕孟超调教子弟，意在强身健体，以应兵匪之乱。

吕孟超号称"山东第一棍"。他为人保镖，路遇响马劫道。他用铁棍就地划一圆圈，说："只要能把我打出圈去，财物恁取。"

十余名响马一哄而上，枪刀并举，竟不能取胜，最后反被一一击伤，只好跪拜求饶。

吕孟超来龙口任教时已年逾花甲。他看到几个富家子弟学艺都不甚刻苦，唯有单香陵年岁虽小却伶俐好学，便格外垂青喜爱。8年后，单香陵把六合枪棍术学得娴熟精透，别的孩子则瞠乎其后，仅学了些花架子。

1923年，单香陵16岁。吕孟超因年事已高，决定辞馆回家。单香陵依依不舍，送了一程又一程。最后吕孟超连《六合枪棍谱》也全部传给了他。

单香陵最终的老师丁子成，是他的姑父，住在县城北关，是六合螳螂拳第五代正宗传人。1926年，地方资助他在圣人殿创办黄县国术馆，免费传艺授徒。丁子成十分赏识单香陵。

六合螳螂拳是慢中求快、快中求稳、内外合一、凌厉快捷、拳法多变、击技性强的象形拳术，相传为明末清初山东即墨王郎所创，现在胶东一带流传的尚有 11 套。王郎学拳于嵩山少林寺，艺成出游遇到通背高手单通，二人较量了三天三夜难分上下。王郎歇于树下苦思破敌之技，偶见一螳螂缘树而下，两臂如斧似锯，气势凶猛。王郎从螳螂变幻有度的灵活动作中悟出了以短克长之法，揣摩出勾、搂、刁、采、蹦、砸、挂、劈、粘、贴、靠、闪、赚、腾、挪等技变，劲力、动作和韵致的统一。与单通再战，王郎获胜。

王郎之妻系胶东人。王郎晚年定居于妻子原籍莱阳县，致使螳螂拳法在当地传播开来，故胶东成为螳螂拳法发祥地。

嗣后，精研此技艺者渐多，高手辈出。在继承发展中，众人同以螳螂拳法为主体，但其心法、功法、打法、练法多有差异，形成风格不同、各有独到之处的派流，遂有七星螳螂拳、梅花螳螂拳与六合螳螂拳之分。

六合螳螂拳首创人为金叶。

清代雍乾年间（1722—1795）是中国传统武术发展的鼎盛时期。湖北人金叶系王郎再传弟子，年轻时游历大江南北，以武会友、广征博取，集众家所长，技艺大进，并曾几度进京与宫中侍卫高手切磋技艺，豪爽仗义，胜而不骄。据说他与怡亲王友善，过从甚密。他老年开始研习《易经》，得悟大道。金叶来胶东祭扫师坟时，见当地山水宜人，风气淳厚，遂隐居黄县城南芦山观旁，怡情山水，与世隔绝，不为人知。

隐居期间，金叶不断精研螳螂拳法，将大半生心得体会和见识到的内外家拳法优点特长糅合一起，参以《易经》中的太极之道、阴阳之变，以易理将宇宙六合与本门拳法精髓融为一体，可谓夺天地之造化、发先天之本能。一种积众家所长的拳法脱颖而出，遂定名"六合螳螂拳法"。六合螳螂拳讲究"六合归一"。六合分内三合，外三合。内三合即意与气、气与力、力与意合；外三合是指手与足、肩与胯、肘与膝合。金叶亦被后人推为"六合螳螂拳法"开山鼻祖。

金叶的唯一再传弟子为湖北魏德琳。

魏德琳生具异秉，五指间有肉膜相连如蹼，又善用拳法中展拍一招，人皆以"鸭巴掌"相称。少年出道，行侠仗义，师威徒德，名声远扬。在其师隐居芦山观后，虽关山迢递，魏德琳每年必来胶东探视，承教于师前，尽得真传。

嘉庆年间（1796—1720），魏德琳进京，夜入大内与侍卫较技，不慎误伤人命，仓皇出逃，直奔胶东。他途经登州，案发被捕入狱，后侥幸越狱潜往招远，因淋雨患病，他躲卧在川林家村一庄园草垛下。次日庄主儿子林世春发现，暗中侍奉汤药。魏德琳旬日始愈。临别，他遂将技艺传授于林世春。林世春即为六合螳螂拳法第4代衣钵传人。艺成之后，林世春来黄县首富"丁百万"家任武师，与菜园泊王龙溪设馆授徒，传艺与王吉臣、丁子成、赵同书，是为五代传人。

王吉臣、赵同书恪守门规，皆未授徒。丁子成出道时，正值国难当头、外寇入侵之际，便以"强种、强国、强我中华"为重，一改本门不轻于传人之规，于1926年春邀来海宁州八卦名师宫宝田、沧州神枪李书文，在地方资助下创立黄县国术馆，公开免费招生传艺。馆址设于黄城西沟海神庙内，后迁于圣人殿，日伪时期又迁至西阁里鸭子湾。丁子成接收了赵乾一、张祥三、刘云樵、袁君直、于敬之和陈云涛等为徒。名重京都的赵乾一于1949年早逝。陈云涛投身革命，曾出任国家建工部副部长。国民党爱国将领刘云樵、教育家张祥三去台湾后，成为台湾武坛奠基人，出任武馆教练，创办《武坛》杂志，大力弘扬拳法，桃李满园，誉满港、台、东南亚及日本，在美国、檀香山亦办有武馆……

丁子成开办黄县国术馆期间见单香陵学有一身长拳、形意拳，并掌握"十面埋伏棍"等好枪棍术，便动了向他讨教的意念。这天，他将单香陵邀到家里，郑重地提出用拳艺换取枪棍术的想法。

## （二）

姑夫丁子成将换艺的想法转弯抹角地提出来。单香陵人小心事大，考虑到丁子成系自己长亲，便变通为自己传枪棍术给丁子成的徒弟陈云涛、丁介眉等，让丁子成随便学；而自己则拜丁子成为师，学练六合螳螂拳。丁子成有时也让赵乾一代为教练。

这一学又是5年，多门绝技集于一身。乡亲都赞叹说，他生性疾恶如仇，敢做敢当，命中该吃武林饭，身上天生带艺魂，年纪不大便学了一身好武功。

1927年，单香陵21岁。丁子成指点他外出寻师访友，以臻长进。

这期间他漫游大江南北，结识了不少武林高手，拳技更是兼收并蓄，广集所长，融会贯通，出手不俗。在"六朝金粉之地，历代帝王之都"的南京石头城以拳会友时，他借"金陵"之重取号"香陵"。

他客居大连时，住在西岗区一个开绸缎庄的亲戚家中。有一天，几个喝得醉醺醺的日本兵到店里来强取货物，殴打店员。单香陵怒不可遏，一步闯上前去将几个日本兵打得东倒西歪，夺回了货物。几个鼻青脸肿的日本兵回兵营招来 20 多人与单香陵在街心摆开了阵势。日本兵中也有会柔道、劈刺的，但都不是单香陵的对手，一个个被打得鬼哭狼嚎，人仰马翻。正打得难分难解，人丛中走出个身穿和服的年轻人来。这位年轻人用日语喝退日本兵，又用中国话询问了单香陵的姓名与住址，并致以歉意。

第二天，单香陵接到一张日本驻大连海军最高指挥官儿子发来的请柬。亲友一看都傻了眼，说准是"鸿门宴"。单香陵却从容不迫，大模大样地应邀前往。

原来，这位日本小衙内看中了单香陵的一身好武术，要向他讨教，并表示要结"秦晋之好"，以胞妹相许。单香陵一看是这种来头，更坦然了，心想："你们这些'小鼻子'把中国人祸害得不轻了，还想再把中国的武术学到手去欺负中国同胞？我家自有糟糠之妻，不当鬼子女婿！"

酒宴上，单香陵不露声色，敷衍地传授了几招无关紧要的皮毛。第二天，他便写了张回帖，搭上南下列车进了关。

## （三）

从 1932 年开始，单香陵在北平一住 10 年。他先在前门大栅栏源源永粮店做账房先生，后在广和楼、广德楼两家戏园子任武术教师，经常到雍和宫、太庙、国子监等处与各门派高手切磋拳技。他那"两广总督"和"闲都管"的雅号就是这时传开的。

源源永粮店前广和楼戏园里的人是粮店老主顾。当时，前门外地痞流氓很多，常到戏园子闹事起哄。股东王玉堂深知单香陵有一手好武功，在粮店濒临倒闭时，请他到戏园兼职，名义当票房先生，实际是震慑地头蛇。

这天，有个戏班子与广和楼闹了龃龉，想撕毁合同罢演。戏园子与戏班子早有过节，积怨极深，要武力相拼，以决雌雄。友人劝单香陵说："能躲就躲躲吧！怕要出事……"

单香陵听了，莞尔一笑："躲？正想会一会哩！你去叫人给我搬十几块方砖来！"

广和楼的伙计们不知单先生有什么大用，抱来10块方砖，整整齐齐码摆在舞台当央。尔后，又遵照他的吩咐把两边管事的人叫了来。逢巧，梅兰芳、尚小云闻讯前来劝架，也到前台看动态。

只见单香陵冲着两方管事的点了点头，指着那摆方砖道："要打架？有本事先把这几块砖一掌打碎！"

两方管事的被镇唬住了，面面相觑，一声没吭。

单香陵道："不行？那就得看我的喽！"

这时，梅兰芳与尚小云在一旁低声打起赌来。梅兰芳说："听说这位单先生有点来头。但我看他至多就能打碎三四块。"

尚小云道："你门缝看人，小瞧了他。10块也不经他打！"

两人嘀咕了一阵子，赌下了全聚德一桌满汉全席。

这时，单香陵披了披袍襟，绾上袖子走到砖前，喊了声："请各位看仔细了！"一掌落下，"哗啦"一声10块砖一碎到底！加上梅兰芳、尚小云从中斡旋调停，最后戏班子管事的冲着单香陵作了一揖："瞧你的面子，按合同办，在广和楼唱到年。"

经梅兰芳、尚小云荐举，富连成科班也前来聘请单香陵做武功教师。单香陵慨然应允，但表示绝不收取酬劳："做个朋友捧捧场——我不是卖艺的！"

单香陵进了富连成，"盛"字、"世"字科的不少演员如叶盛兰、叶盛章、肖盛萱、李世芳还有梅兰芳和他的琴师徐兰源等都向单香陵学过武术。梅兰芳还送过亲笔题字的扇子，并与单香陵留影存念。著名演员叶盛章说："单先生对武术无不精道，几个棒小伙子拿刀械斗他总沾不上边。向他讨教，学什么教什么，从不打哏。若谁提到收费和钱字，他反倒不教了。"

单香陵的名望在北京武林界不胫而走，越传越响。广德楼也来请他为师。他一身兼着广和楼、广德楼两处戏园武师之职，被梨园界戏称为"两广总督"。

1933年，单香陵27岁。北方国术擂台散手比赛在中国大学举行，各路武林高手云集京华，都想一展英姿，撷取桂冠。单香陵被人硬拽着拥进赛场参加了比赛。他上场后所向披靡，攫取头奖稳操胜券。

最后的决赛对手是国术名人之后、保定形意拳巨擘刘二虎的弟子刘书琴。这位国手虽然拳脚厉害，终因年届半百，体力抵不上血气方刚的单香陵了。几个回合过去。他便显力不从心，让单香陵占了上风。这时，单香陵想起了临上场时主持人胡老道、裁判尚云祥的叮咛："你才二十几岁，来日方长。他已经48岁了，别让他的一世英名栽在今日。请你手下留情……"

想到这里，单香陵虚晃一拳，点到为止，收步退场，甘居第二。赛后，他被聘为火神庙国术馆教师。

单香陵在北京武林界出了名。地痞、流氓和恶棍见了他望风而遁。武林界朋友遇到困难也愿意请他鼎助分忧。只要占理，他必定是当仁不让，奋不顾身。

# （四）

1937年"七七"事变时，武林中有个靦颜事敌的败类意欲独霸一方，四处踢场子，乘机发国难财。有一次单香陵逢见了，便把主人往身后一拽，挺身而出："你别枣木橛子专拣软处订，有本事咱们比量几下！"

那人已觉察到单香陵不是等闲之辈，但与单香陵素未谋面，便变换了一下口吻道："你是什么人？这里没你的事！"

单香陵硬琅琅地应道："我是堂堂正正的中国人！不是那为虎作伥、认贼作父的两姓家奴。既然遇上了，也是缘分。这里的事就是我的事，有话冲我说吧！"说罢，他上前交起手来，只一招"螳螂点睛"，便将那人打昏在地。

当时武林界有股歪风，年轻拳手专想找有名望的老拳师较量，借以提高身价，沽名钓誉。

老拳师杨禹廷经常在中山公园练功传艺。有个恶少瞅上机会凑上前去，一边练一边挑衅地说着风凉话："练了些啥？跟师娘学的？"恶少蓄意找碴儿惹事。杨禹廷为人忠厚，置之不理。恶少竟不识好歹，步步进逼。

单香陵听到这事后，勃然大怒，来到中山公园，在杨禹廷教练场边一坐，一声不吭。不一会儿，那恶少带着几个狐朋狗友来了。他一看单香陵在场，暗自打了个寒战。退又不是，进又胆怯，恶少最后只好硬着头皮上前施礼问安，讪讪地打了个招呼。

单香陵两眼一瞪："听说你骂杨先生是跟师娘学的，是吗？你专在他场子边上转悠是什么意思？告诉你，北平藏龙卧虎，人上有人，逞能别栽了跟头！从今日哪里清静哪里练去！兔子还不能吃窝边草哩！"

恶少见"闲都管"发了火，赶忙俯首帖耳地连声赔礼道歉："是，是！从今日不在这儿练了。"说着，他灰溜溜地领着徒弟走了。

王芗斋的弟子姚宁勋仗势欺人，蛮不讲理地将第一国术社长、河北省深县人武丕卿打了。单香陵与姚宁勋狭路相逢，直斥其恶。姚怙恶不悛，张牙舞爪地扑上前来。他见单香陵推出右手，便出右手往后引带；单香陵立即进身弯肘，顺势捣其心窝。他赶忙缩身以左手向右猛地一推，单便一个趔趄向身后歪去……正在他得意之际，胯下挨了一脚，痛得蹲下地去半天没站起身来。及姚宁勋的帮凶唤来警察，单香陵一路拳脚突出重围，见城门关闭，一步跃上陴城，越墙而下……

"梁园虽好，不是久恋之乡。"单香陵由北京去东北待了几年。苦于战乱频仍，取"大乱离城"的古训，他于1948年由哈尔滨返归故里务农。其间回京，他被傅作义将军闻名聘为武术教练，傅将军的三个儿子都曾向他拜师学艺。1952年，在莱阳举办的山东省第一届民族武术运动会上，他的一趟短拳与双封表演赢得少林高徒许世友将军"正宗正派"的喝彩。从那以后，许将军与他以师兄弟相称，情深谊笃，过从甚密。别后，二人书信频繁，切磋拳技武术，极为相得。

1958年，单香陵52岁。哈尔滨市体委聘他任专职教练。到任后因一言不合，他置朋友与女儿的劝留于不顾，负气便走。从那以后，他彻底打消了出外任职的念头，甘心终老林下。

# （五）

在莱阳举办的山东省第一届民族武术运动会上，有个运动员髋关节脱臼，又痛又急。单香陵看到了，安慰他说："没事！没事！误不了你上场……"单香陵上前三两下便给他对好了。从那以后，人们才知道他还会正骨拿环，遂风传他身上有医魂，受过高人指点，骨头断了也能接，越传越神。

开始时他是义务行医，为人正骨治病分文不取。后来因应接不暇，"业余"忙不过来，他只好于1960年与刻印卖字的山之南、坐堂行医的范恕之在县城南大街立了个门头，正式挂牌行医，干上了正骨"郎中"。

悬壶伊始，门庭若市。有个林枫副县长腰椎间盘突出，瘫卧在床，生活不能自理，去过很多大城市大医院治疗，效果很不理想。有人在单香陵面前说了。单香陵道："你让他回黄县来吧！我保治。"

这人将信将疑，待林县长从青岛回来后，将单香陵介绍了去。前后仅推拿了3次，林县长可以下床活动了……

济南有个京剧团来黄城演出，打出《武松打虎》的海报。不巧，扮演武松的演员不慎扭伤了腰，晚上还靠他上场。管事的望着他那龇牙咧嘴、一动一身汗的痛苦样子十分焦虑。有人提到单香陵，管事的便赶忙派人去请他来治治，但也没抱太大希望。

单香陵治腰先整腿。整几下，喝着茶，让演员蹲一蹲，站一站；再整几下……前后只整了两次，演员便腰腿舒展自如，好了！真是妙手回春。

单香陵挂牌开业后的收入相当可观。只因他仗义疏财，当日挣的当日光，几年下来。囊空如洗。

建筑材料工业部副部长陈云涛是城关镇宫家疃人，在崇实学校上学时与单香陵同是丁子成的门生，多年来一直保持友好往来。20世纪60年代初，陈云涛曾在北京替单香陵招收过徒弟，并多次鼓励他整理拳艺专著，让六合螳螂拳流传后世。1963年，单香陵加入北京市武术协会。

1964年，单香陵离开挂牌行医三四年的县城，回村参加集体劳动。每年两季看场护庄稼的工作全包给了他。有些不三不四的人想乘夜间到场上捞摸，一听是他在值班，先自闻风丧胆，退避三舍。因为生产队用了他看护庄稼，周围几个村子也减少了失盗现象。

晚年的单香陵仍坚持练功运动，只是深居简出；虽急公好义，却郁郁寡欢。他恪守"不轻示于人，不轻教于人"的信条，不串门子，不站街头，除了推辞不了的应邀外出参加比赛、传艺和为病人出诊，进城赶集也是遮颜过市，来去匆匆。大庭广众处他很少评价议论武林中其他门派短长，从不臧否别人，一贯不苟言笑，凛然正气。其实他是外猛内慈，心中炽热如火，仍保持着年轻时同情弱者、抱打不平的秉性。十里八村的人都知道他精通武术，精通到什么程度，却因为他藏而不露，谁也摸不清底细。

这期间，他基本上是半年乡居，半年外出。上海、大连、天津和北京等地也不时有武林界朋友千里迢迢赶来登门造访、求教。

实至名归。1964年，单香陵受聘为国家体委委员。

# （六）

"有好皆能累此生。"由于执着地坚持修身练功，单香陵忽略了、也顾及不到生计安排，日子过得比一般人难。这期间，他生活上虽有在外地工作的女儿接济，但杯水车薪，无济于事。何况女儿与其相距太远，鞭长莫及。特别是老伴瘫痪卧床后，更是雪上加霜。但他安之若素，生活上的要求极其简单。平日除了喝点茶，烟酒不沾。偶尔有人带瓶酒来，他也都用在给人正骨拿环上了。"功夫莫道我胜于人，胜于我者尚多；境遇莫谓我不如人，不如我者不少"是他的口头禅。被安排为政协委员后，他从未向组织吐露一个难字。幸赖侄子单世基及身边徒弟们跑前跑后帮他料理家务，分粮分草安排起居，他才没潦倒到托钵告贷、挨饿受冻的地步。后来，他是卖掉祖业房产，孑然一身去了包头市儿子处的。这一切，他从没向许世友将军透露一点。

无论生活境遇多么艰难，单香陵始终是风雨不误，闻鸡起舞，数十年如一日，"拳不离手"。为练功，他把自己房间墙壁打通了当练功房，第一批接收了林基友、林述利、林基玺、姜克晏、林述宽、刘炳太、李福禄等30多个徒弟。后来，他相继接收了单爱萍、冯读俭、张道锦、冯蕴敏、刘兆仁、柳凤亭、邢济意、赵国忠、迟曙光等50多个徒弟。这些徒弟夏天利用午休时练功，冬天利用晚上学习。练功时不准嬉闹，缺课必补。武林中历来门派意识很强，他不准徒弟随便议论别家拳路短长。生活上他律己甚严。老伴卧床四五年，屋里院外收拾得干净利落。

他招收徒弟分文不取，但有一条，要品质好："我教武术是为健身壮骨，不使民族武术断传。不能教出品行不好的人去扰乱社会安定。"

徒弟们练功用的刀枪棍棒都是他亲手制作的。其中，大棍是将托人买来的腊木杆刮光整直、用油浸泡出来的。由于手头拮据，他处处精打细算，节省开支。

不久，"文化大革命"爆发了。单香陵虽已年逾花甲，仍然在劫难逃。

有人对他聚众练功妄加评骘，一时间飞短流长，说什么的都有。他们竟别有用心地探问他的徒弟："单香陵教你们画符念咒不？"

因徒弟中有"黑五类"子女，单香陵被派出所传了去："你把武术传给这种人，打算干啥？！"

没办法，单香陵只好化整为零，分散教练，注意影响。他说："咱为强身壮骨练，不是搞歪门邪道、野狐禅。只要你们学。我在炕旮旯里也教下去——卧牛之地照样出功夫！"

这期间，他料理家务，照顾老伴，闭门谢客。在教练武术的空当，他抓紧给外地求教的人写拳谱，唯恐形势大变，致使拳种断传。他这些拳谱都是用毛笔写的，一笔一画，一丝不苟。他极少参加社会活动。但看报、听广播，关心时局发展，无时不在为国家前途思索和忧虑着。

# （七）

出于"国家兴亡，匹夫有责"的社会责任感和忧患意识，年届六十的单香陵仗义出山。他还真个身先士卒，肩扛大旗高喊着"要文斗不要武斗"的口号，串街走巷示威游行，很有几分力挽倒悬、匡扶天下的豪迈气概。几经东征西讨，他自己便有些迷茫，一连几天神志恍惚。一番权衡深思之后，他看破"红尘"，称病隐退。

谁也没想到，他禀性难移，在这样的年月里又管起"闲"事来。

单香陵去哈尔滨探亲，在大连站台候车时，有俩旅客要去厕所，请他照看一下行李。这时，窜过来几个戴红袖章的，不由分说，要将行李提走。单香陵的倔劲上来了："我受人之托，忠人之事。要提，等主人来了再说！"

俩旅客回来后，与戴红袖章的争吵起来。戴红袖章的盛气凌人。喊了声"走资派与黑老保要翻天"，挥拳便打。单香陵看不下去了。大喝一声，闯上前去："无法无天了！要打，来打我老头子吧！"喝罢，他马猿步一摆，将戴红袖章的隔离开来，示意俩旅客提上行李快走。

戴红袖章的有个人自恃人多势众，自己有几分功底，挺身扑了上来。开始时他步步进逼，均被单香陵一一闪化掉。这人心中一急，猛冲右拳，单香陵便出了招"搅江手"，直奔他锁口要穴，但被他机灵地解脱了。他待乘势反击，单香陵一个"螳螂点睛"将其击中。顿时他两眼淌泪，一头栽倒！其余几个也猝不及防，被懵头懵脑地揍了几下子后醒过神来，知道是耗子啃玻璃——碰上硬茬子，"五敢"精神也丢到爪哇国去了。他们纷纷从地上爬起来，两步一回头，屁滚尿流地逃之夭夭。

1979年10月，山东省在招远县举行武术表演赛，特邀单香陵出席。亲友们劝他说，年岁大了，不必参加了。他坚持要去，并荣获了头奖。载誉归来，他对亲友们说："年纪是大了，岁月不饶人。可是，现在传统武术青黄不接，给后生晚辈传艺、示范的机会不多了，怎好不去？"

为抢时间传授"小金枪"枪术，他简直是争分夺秒。当时正逢上他大病初愈，身体虚弱得连说话走路都困难，大枪、大棍抢不动，就用棵高粱秆代替。他说："此枪小而精。知此枪的人有，会练者罕见。现在只有北京一个'大枪刘'了……"

1982年，香港武术家、武术理论家马有清进京，单香陵应邀前去会面交流。翌年，他再次应邀进京将亲手圈点的《六合螳螂手法秘诀》赠给了这位诚挚的武林朋友，并在天坛公园口述拳技，现身说法，让马有清录了像、录了音。

20世纪60年代初期，单香陵进京时曾前往探望患病卧床的武林名师骆兴武。骆先生弥留之际对单香陵嘱托说："我有个徒弟叫许世田，没学到多少功夫就当兵去了。回来后你收下他吧！拜托了！"

单香陵慨然应诺："你的徒弟就是我的徒弟，放心好了！"

# （八）

许世田服役期满，立即带着骆老临终留下的书信及自己与骆老的合影来黄县投奔单香陵。单香陵不食前言，收许世田为关门弟子，一教数年。这几年，单香陵悉心传授，有多少传授多少，从六合螳螂拳的来历讲起，讲到六合螳螂拳与梅花螳螂拳、七星螳螂拳等的区别；从踢腿下腰基本功练起，反复示范六合螳螂拳明刚、明柔，暗刚、暗柔的劲力，七个拳术套路不漏掉一个，突出强调六合螳螂拳大舒大展、实劈硬砸、内外合一与动作迅速、变幻巧妙的击技特色。最后，他连铁砂掌、鹰爪功、阳刚掌、阴柔掌这些独家绝招也和盘托出。讲解击技手法时，他必让许世田和师兄弟们散招对拆、亲身体验。

尽管如此辛劳，单香陵对徒弟从没有什么要求。许世田三赴黄城，三赴包头追随他，单香陵连家务都不让帮助干一点。

润物细无声，像许世田、马汉清、北京市东城区武术馆长李秉慈、全国两届八卦掌金牌获得者刘敬儒以及于海等那样得过单香陵无私传授的何止几个？单香陵的艺德堪为楷模。

单香陵的晚年并不如意。尤为遗憾的是他没能看到武术界今天的大好形势。他与著名书法家山之南同庚，在龙口人望素著，文武齐名。早年他们的际遇都坎坷多磨。不同的是，山之南年届八秩欣逢盛世，交上了好运；单香陵却斯人不寿，早去了一步。

单香陵终生强调武术与艺德不可偏废，把艺德放在授徒的首位："要钱莫学艺，学艺莫想钱——做人要有骨气。"他要求徒弟不仅要发扬光大传统武术、艺德，还应与时俱进，赋予武术时代精神。

1984年春，他因胃炎在包头市住进医院。大去之前，谆谆告诫后人："我国武术广无际涯，高深博大。各家拳路变幻无穷。继承和发扬这一传统遗产是每个华夏儿女义不容辞的责任，武林界同仁一定要做好这方面工作，为国家的昌盛振兴和安定团结多做贡献；一定要让六合螳螂拳冲出国门走上世界，在国际武坛上展姿逞彩。遗憾的是陈云涛早已把序、跋写成了，我的笔录拳术专著却未能杀青……"

延至3月5日凌晨，一代拳师单香陵溘然长逝，终年79岁。

噩耗传开，海内外关心祖国传统武术事业的人士扼腕唏嘘之余不禁翘首叩问："云山苍苍，江水泱泱，先生之风，山高水长——其身后总该留下点什么吧？"

名师出高徒。这一年，单香陵的关门弟子许世田收留了那个曾在电影《武林志》中扮演沙俄打手的新西兰留学生约翰·克里斯特夫·郎斯代夫为徒弟，一时传为美谈。

另一高足张道锦初学洪拳及刀枪剑棍术，手、眼、身、法、步都练得一丝不苟，无懈可击。他将六合杆子、六合枪棍、六合刀剑及附属的太极、八卦、形意拳集于一身。他荣获全国

单香凌与爱徒合影

及国际级比赛数枚金牌，也算为师父在天之灵献上了一瓣心香。

1949 年以来，县内外随单香陵学艺的近百，延至今日像张道锦这样坚持下来、学有所长的寥寥无几。若单纯强调社会原因是有失偏颇的。"师父引进门，修行在个人。"基础条件再好，浅尝辄止，未必能有成就；自身条件一般，只要锲而不舍，持之以恒。终会学有所成。单香陵呕心沥血传授的近百名门徒中是不乏有发展前途的。20 世纪 60 年代初经济困难时中辍了一批；十年冰冻，萎蔫了一茬。仅张家一门习武的弟兄六个，最后坚持下来的唯张道锦一人。张道锦是在"穷光荣"年代迈进武林门槛的。不讲三九寒冬站桩，盛暑酷伏抢棍，仅勒紧腰带饿着肚子练功即非常人能够消受得了！

张道锦崭露头角，誉满武林。2007 年，山东省有关部门认定他为"非物质文化遗产"六合螳螂拳传承人。这位后起之秀不仅在武功上为单香陵争了光，在艺德上也为单香陵争了气。在唯"赵公元帅"马首是瞻的当今，做人的标准和艺德也正经受着冲击和检验。他获奖后，名声大振，高薪聘他传艺的与日俱增。他说："如今，香港出版的《中国武术辞典》已将师父列入名流。当年师父教我学艺，没教我赚钱。喝酒、拜把子我学不来。练功是为健身壮骨，不是为教场子，我不能为金钱

所累。师父教我 10 年，穷了 10 载，固穷守志，分文不取，这在今天有些人看来简直不可思议。我若为卖艺练功，不止有悖自己艺德良心，师父地下有知也当为这样的不肖弟子汗颜抱愧。何况论功底，初学三年世无敌手，再学三年寸步难行——我比师父差远了！"

有人说他又是一个活生生的单香陵，正统的武功，正统的观念，固执得近乎迂拙，太不开化灵通……

武林久仰螳螂单，拳魂不泯代代香。单香陵走了，身后没留下什么万元家私，轿车高楼。他留下了一路彪炳史册的赞誉，一路英姿勃勃的后起之秀，一路精湛绝伦的传统武功，一路无法估价的拳技秘诀，一路万古流芳的民族正气和拳魂。

（《纵横》1989 年 4 月第 2 期）

# 两个从事民国版省志编纂的黄县人

## （一）民国《山东通志》总校——王锡蕃

王锡蕃（1850—1922），字思旬，号稚兰、季樵，龙口市东莱街道东北隅村人。清光绪二十四年礼部左侍郎，山东参与戊戌变法重要人物之一，民国《山东通志》总校人。

王锡蕃，清道光三十年（1850年）9月30日出生。光绪元年（1875年）中举，翌年中进士。此后他在翰林院供职多年，由庶吉士擢编修。光绪十九年（1893年），他外放福建学政。在福建乡试中，以"文章议识明通"遴选侯官秀才林旭为举人。光绪二十二年（1896年）他回京任詹事府少詹事。

光绪二十四年（1898年）6月，光绪皇帝接受变法主张，令朝臣举荐通达时务的人才，实行新政，史称"戊戌变法"。8月下旬，王锡蕃将福建任上发现的周莲、沈诩靖、严复、林旭等人荐举于朝，4人均被任用。林旭被授予四品卿衔，任军机章京，与谭嗣同、杨锐、刘光第同参新政，时称"军机四卿"。同时，王锡蕃自己也直接向朝廷奏陈新政，建议仿效西方在设商部之外"复于各处城镇口岸设立商会"，"于上海设立总会"，以讲求进出口货物之利弊，保全华商之权利……9月5日，王锡蕃擢升礼部左侍郎，时年48岁。

9月21日，慈禧太后发动政变，囚禁光绪，捕杀谭嗣同、康广仁、杨深秀、林旭、杨锐、刘光第等6人，取消新政。参与变法的王锡蕃在劫难逃，幸赖大学士李鸿章电请宽恕得免于难，仅以"永不叙用"论处。罢官后，王锡蕃应聘河南信陵书院主讲。

光绪二十七年（1901年），慈禧太后宣布实行新政，内容多为戊戌变法主张。光绪三十年（1904年）秋，山东巡抚周馥为振兴山东渔业，迭饬省农工商局督率官商设立渔业公司，并拨官股银1万两以提倡。王锡蕃应聘后在黄县劝集商股银3万两，于次年4月在烟台创办山东渔业公司，自任总办（经理）。光绪三十二年（1906年）春，公司租赁东海关"靖海"轮，在龙口、虎头崖、庙岛等地巡逻护渔。当年，在烟台创办附设水产小学堂，聘任山东大学堂毕业生孙丹林等为教习。翌年2月，水产小学堂开始招收沿海渔民子弟入学，初为20人，后为40人，学制5年，课程有伦理、修身、水产学、渔业法规等。

光绪三十四年（1908年），光绪、慈禧相继去世。翌年改元宣统，王锡蕃复官，补翰林院侍读学士。其时，山东渔业公司因扩资难筹已陷入停业状态，附设水产小学堂亦被迫停办。

1912年清朝灭亡，民国成立。王锡蕃因参与戊戌变法，被一些山东官绅以"先觉者"相待并聘请担任多种职务。5月，山东都督周自齐聘他为议绅，向他咨询施政意见。12月，周自齐呈准大总统袁世凯，就原有山东通志局酌量改组，聘请王锡蕃等4人为总校，对孙葆田总纂的《山东通志》稿详加校正。历时3年，《山东通志》于1915年（民国四年）刊行于世。他还主持纂修了《黄县太原王氏族谱》。

1912年8月，王锡蕃曾运作当局谋取藩司之职，因遭人反对未能如愿。

1913年，山东当局聘他为曲阜学校监督。其间，他积极组织孔道会，并致书康有为，请其出任会长。康有为回信对其组织孔道会的工作大为赞赏，但婉拒任职。

1915年8月，袁世凯授意内史夏寿田，就商于杨度与孙毓筠、严复、刘师培、李燮和、胡瑛组成"筹安会"。10月，"筹安会"发表《筹安会宣言》，公开进行复辟称帝活动。"筹安会"通电各省派代表进京讨论"废民主专制，而行君主立宪"。王锡蕃代表山东参加讨论，并加入劝进袁世凯称帝的所谓"全国请愿联合会"。11月10日，袁世凯召集所谓"国民代表大会"，进行国体投票，王锡蕃领衔"山东国民代表"107人，"一致赞成君主立宪"。12月12日袁世凯宣布"接受民意"承受帝位。15日，王锡蕃代表山东孔道会上书拥护。1916年6月袁世凯去世后，王锡蕃积极参与"安福系"活动。1918年，他参加新国会议院竞选，当选为参议院议员。

王锡蕃晚年正值日本帝国主义乘欧战爆发，出兵山东，在家乡龙口登陆。他对日本的入侵义愤填膺，写下"上国偏逢蛇豕害，强邻先逞虎狼心"的诗句。1919 年春，中国在巴黎和会上要求收回青岛和胶济路主权失败，爆发了"五四"反帝爱国运动。王锡蕃在群众运动推动下，与其他新国会鲁籍议员联名呼吁"恢复完全领土，保存独立国之资格"。

1922 年，王锡蕃因"痰疾"去世，终年 72 岁。

## （二）民国《黑龙江志稿》编纂——魏毓兰

魏毓兰（1878—1949），字馨若、馨钥，号琴猗、木兰山人，黄县上庄乡魏家村人，清末廪生。他留学日本时就读于东京弘文学院，与陈独秀、鲁迅等为校友。孙中山在日本活动期间，与他过从甚密，"交谈甚欢"。受其影响，魏毓兰倍加关注彼邦新政，亦萌生革命思想。孙中山正领导兴中会，有意让他加入。魏毓兰考虑会中同志多为江湖人士，青年学生甚少，遂"仅表示愿效驰驱"，不想加入。对此，孙中山深以为憾，"但仍以同志视之"。

光绪二十九年（1903 年）4 月 29 日，留日学生在东京锦辉馆举行集会，抗议沙俄不仅不履行将侵占东北的军队分三期撤走的承诺，反提出七项要挟条件的违约行为。留日学生在会议上纷纷发表演讲，要求组织拒俄义勇队北伐。由于清政府的压制、阻挠，"拒俄运动"难以开展。魏毓兰辍学回国，入山东省立师范学堂继续读书。光绪三十年（1904 年），他以最优等成绩毕业，回原籍黄县从事教育，任县立官学坐办，兼国学讲席；后回村创办私立黄滨公学，自任校长。

宣统元年（1909 年），友人蒋大同为进行反抗日、俄帝国主义侵略的宣传，在长春创办《长春日报》，电邀魏毓兰主持笔政。魏毓兰奔赴东北，从此投身报业，先后出任《长春公报》《国民新报》《长春时报》等报社总编，宣传民主革命，在报界和读者中声名日隆，被誉为"东省言论界先进巨子"。他于 1912 年赴黑龙江省省会齐齐哈尔办报并定居。

魏毓兰不止在报界著名，还是一个方志学家，在东北文史界亦产生过一定影响。在民国《黑龙江志稿》的编纂中，他负责《职官志》《武备志》，与通志局的人员协力同心，圆满完成了任务。当时他在志稿中署名"徐乡魏毓兰馨若氏"，其心怀故乡之情可见一斑。

魏毓兰著有《黄川集》等诗集和"龙塞丛编"（又名"木叶山房丛书"），包括 20 余部著作，涉及政治、经济、文化、哲学、文学、军事及外交诸方面，可惜除《龙城旧闻》和《黑水诗存》外今已多不见传。魏毓兰所著方志笔记《龙城旧闻》多次再版，至今犹广为引用。他的《黑水诗存》出版后，在黑龙江省流传甚广。

1949 年，魏毓兰于齐齐哈尔病逝，终年 72 岁。

# 辛亥两义士

## （一）朱全璨

朱全璨（1876—1946），字君璞，黄县莱山前朱家村人，同盟会员，辛亥革命黄县举义的重要参与者。他为人急公好义，勇于任事，40岁须髯过腹，时人称其"朱大胡子"。他平素烟酒不沾，生活简朴，勤奋好学，手不释卷，"四书""五经""纲鉴"及俚语唱本无不博览，过目不忘，精彩处均能背诵；并能见义勇为，扶弱济困，常为邻里排忧解难。其妻曲桂馨受其影响，亦乐善好施，春荒时节，常以瓜豆粮米济贫。乡人皆以"大先生"相称，十分尊崇。

朱全璨（1878—1946）

光绪二十九年（1903年）清政府于废除科举制度之前颁布"癸卯学制"，倡办新学。在同盟会山东主盟徐镜心的影响下，黄县许多村庄纷纷废除私塾，创办新学堂。朱全璨为创办莱山小学捐出自家土地，筹建了两层校舍楼，使王家、朱家、邹家、郭家、杨家、西林家、李家沟7村儿童得以入学读书。为号召女放足、男剪发，他徒步串遍全县700个村庄，逐村宣传、演讲。演讲之前他先舞练一会儿大刀，借以招徕听众。县城乡镇每逢庙会、集日，他便携带一小黑板，画上图画，到人稠处摆放、宣讲。他身躯魁梧，声音洪亮，很有感召力，效果特好。他还编创了弃旧俗、兴新风的歌谣多首，教乡里儿童传唱。《放足歌》唱道：

天足好，天足好，石头瓦块绊不倒，
上山下田到得早，担柴挑水做得了……

《剪发歌》词是：

剪发好，剪发好，从今不挨虱子咬，

省的时间知多少，攒的银钱花不了……

他体恤民众疾苦，敢于为民请命。地方印制“公立票”，引起通胀，面粉每袋由1.5元遽增至5元。他拒绝主办人给予的1000元股份，提出抗议。年底，地方乱征赋税，他亲去县城东河肉市规劝征税人不要太酷苛：“庄稼人辛苦一年，不容易养口猪，哪来的那么多税！”为此，他在当地享有极高的威信。

黄县举义，他分管后勤与情报等军务。清兵反扑，两次去莱山前朱家村搜抄其家，奇怪的是每到村前半里的岔道口上，战马觳觫掉头，长嘶打旋不前。清兵心生疑惑，认为“朱家有神灵保佑，不可轻犯”，诚惶诚恐，拨马而回。

黄县光复，他协同当地同盟会员安葬了举义中牺牲的烈士，与曲子久等监修九里店西与北马镇东的革命军烈士墓，竭尽了全力。嗣后，毅然辞去县议员、十区保卫团总等公职，漫游华北五省。所到之处他大讲团结一致、共御外辱、强兵富国之道。他曾赴“模范省”山西面见阎锡山，晓以励精图治、安邦兴国之理；复往宁夏拜访冯玉祥。冯玉祥拟请他参加工作，他谢辞而归。

1916年，接任民国大总统的黎元洪与黄兴颁赠朱全璣“急公好义”“苦口婆心”“乐善为怀”等匾额以示褒彰。他在1921年乡居期间，为莱山小学堂写了首《童子军歌》：

吹笳齐队整军装，男儿志昂扬。

五色国旗在飘荡，铜鼓咚咚响。

童子军队何其壮，枪刀耀日光。

如能人人都登场，中国自然强。

届时辟地与开疆，五洲归我掌。

1926—1927年，朱全璣出任直隶省大明道尹公署教育顾问及烟台省立第八中学学监兼军事与史地教员。张宗昌督鲁，搜刮民财，荼毒百姓，他在济南车站演讲痛斥其祸国殃民行径。及张部闻讯派人追捕，他已乘车直抵天津。1929—1934年，他任黄县讲演所所长兼剪发放足委员会委员长、县农会会长等职。刘珍年踞胶东，在烟台举行军警体育运动会，他以黄县代表身份参赛，一场舞刀武术表演博得全场赞誉。

1931 年"九一八"事变后，他积极从事抗日救亡宣传，与庄梦松等带头号召民众，以八月十五杀鞑子的精神驱逐日寇。他到处宣讲："靠现在的政府抗日，是没指望了。咱们一家打造一把大刀，鬼子进家，一刀一个，看他能有多少！"其因耿介不阿，不畏权势，仗义执言，数忤权要，深为县政人员所忌，终被借故撤免公职。

日寇临境，县长郎咸德携带四支冲锋枪及几箱银圆潜逃桑岛，拟赴天津。他大义凛然，只身登岛，将郎咸德带回县城书院，痛斥其贪赃枉法，临危脱逃之罪："你身为一县父母官，怎能不辞而去？带走这么多钱，能用得了吗？"时有民谣："先是狼（郎）吃猪（朱），后是猪（朱）吃狼（郎）。"

1939 年，日寇侵占黄县。朱全瓅虽年事已高，仍四处奔波演讲，宣传抗日救国，呼唤民众共赴国难。抗日民主政府多次邀请他参加开明士绅会议，垂询救亡图存良策。

朱全瓅淡泊名利，热衷公益；务农之余，读书习武。他曾将所著《五省游行略记》《历史三字经》等自费印刷，分赠亲友及全国各地图书馆。朱全瓅于 1946 年 8 月 12 日病逝，终年 80 岁。

## （二）王叔鹤

1911 年 10 月 10 日武昌起义，距今 100 年了。人们记忆中的很多故事已被岁月的风雨冲淡涤尽，保留下来的也多半支离模糊。

辛亥革命烈士王叔鹤，是 1912 年 1 月 1 日中华民国成立后黄县民选的第一任副民政长（副县长）。他为推翻封建清王朝、创建民主共和舍生取义。他于 1912 年 2 月 12 日宣统皇帝退位的前一天英勇献身——他是誓与封建王朝同归于尽的。

王叔鹤，原名治芗（1863—1912），黄县菜园泊村人，清光绪丁亥年（1897 年）廪贡生。在北京国子监读书时，他深受祭酒王懿荣赏识。他苏体楷书写得相当好，在黄县书法界颇有名气，与丁佛言等被誉为"八大家"。甲午战争中，他参与地方筹办反抗日本侵略者的团练武装。为富国强兵，他创立阜林社，倡议振兴林业。光绪三十二年（1906 年）

王叔鹤（1863—1912）

他加入同盟会后，为培植民主革命志士，在本村创办开诚小学、凤山师范学堂，还出任过黄县教育会长。宣统元年（1909年）他当选山东省咨议局议员，与丁佛言、王景尧同属"清流党"，主持正义，不畏邪恶，时人誉为"三杰"。在保矿运动中，他奔走于上海、青岛各大商埠募捐，计划筹款赎出租借给德国的五矿区主权。辛亥革命中他临危受命，出任黄县副民政长，为革命军筹集经费，维护地方秩序，做了大量工作。清兵反扑，他坚守县城，城陷死难。

在徐镜心的影响下，黄县自光绪三十三年（1906年）以来有60多人参加了同盟会。这些同盟会员遵照徐镜心的指示，在本地借维持治安招募壮丁，组成了80多人的冬防队，请来武举王龙溪当教习，加紧操练，暗中为反清举义做准备。当时的知县刘式镛虽察觉到他们的用心，但因任期将满，且鉴于大势所趋，并未点破。

王叔鹤是个"有功名"的人，又是省议员，在地方上有一定威信。宣统三年（1911年）春，他发现有人私贩铜圆，出面劝阻，与商会会长发生矛盾，引起诉讼，直达官府。王叔鹤3次上书省抚院要求开庭对质，没有结果，后来反被高等审判厅传去羁押了好几个月，直到山东独立才由人保释出狱。他回乡变卖了土地，在济南芙蓉街开办了个"东兴源"皮货店，表面看是做买卖，实际是借经商筹集革命经费，设置革命联络机关。山东独立取消后，白色恐怖笼罩济南，清兵大肆搜捕革命党人。他返回家乡，准备去武昌投奔革命军。县内同盟会员认为他处事公正，有一定群众基础，劝他留下来在家乡开展革命活动。

1912年1月1日，孙中山在南京就任临时大总统，宣布中华民国成立。但清廷仍在垂死挣扎，袁世凯拥兵自重，企图乘机窃取革命成果。1月15日，徐镜心从大连带领革命军光复了登州（今山东蓬莱）。消息传到黄县，王叔鹤与同盟会员欢欣鼓舞，精神振奋，加紧制造举义旗帜，书写安民布告，研究组建光复后的地方政权。同时，他率领冬防队员袭击西阁外关帝庙内的清兵，将20多名防营驻军生擒，缴获了10多支快枪。

随后，各界人士与同盟会员在县衙集会，推选王叔鹤任民政长，王叔鹤一再推让。最后决定由原知县刘式镛任民政长，王叔鹤为副民政长，王叔鹤只好接受下来。接着，黄县组建民政署，通电各地响应革命，发布安民告示和民政长就职令，悬挂五色新国旗，迎接徐镜心由登州派遣来的西征革命军，宣布黄县光复……1月18日上午，黄县召开光复大会。同盟会员、冬防队员、劝学所、教育会、商会、农会职员及登州革命军都参加了大会。王叔鹤发表了讲话，部署商会代付一笔急需的军费，补充西征革命军给养。

第2天，徐镜心等指挥民军兵分两路，向龙马镇进攻。驻守的清兵因不辨虚实，望风溃逃，直逃至莱州大本营。革命军沿途截获了一部分辎重银饷。

革命军光复北马、龙口没有几天，退守莱州的清兵卷土重来，组织力量发起反扑。经过几次较量，革命军因械劣兵少，寡不敌众，退守县城。王叔鹤一边动员城内居民配合革命军守城，一边筹集军饷、购买军粮供应革命军给养，同时向南京发电告急，派人去登州、烟台求援。

孙中山十分重视以烟台为中心的北方武装起义。这既可迫使袁世凯不敢倾全力镇压南方革命力量，又可使苟延残喘的清廷面临渤海门户已失、津沽危急、大势已去的绝

王叔鹤狱中书稿

境，对促成清帝退位及南北议和有极其重要的战略意义。为此，他令陆军总长黄兴于1月上旬、中旬两次发兵北伐。3000多人的北伐队乘船由上海抵达烟台后，马不停蹄，日夜兼程，于1月26日赶到黄县，与清兵在北马展开了激战。

当时革命军数千人马云集黄县，军饷、给养都要由地方操办，伤病员需要安置；城内秩序要维持，民心还要安抚。事无巨细，王叔鹤都要顾及，忙得他焦头烂额，不得稍闲。

北马一战，清兵锐气大伤。50多名巡防营官兵做了封建王朝最后一批殉葬品。革命军初战告捷，本应一鼓作气，乘胜西进直取莱州，挥戈济南。只因登州民军与南来的北伐队不能很好配合，最后仅留下徐镜心与200多名革命军苦撑。2月8日，近3000名清兵再次围困了黄县城。而登州、烟台的两方面革命军负责人因意见分歧，迟迟没能派兵增援，贻误了战机。

这时，黄县守城民军因数量太少，再加上天寒地冻，连续作战，昼夜坚守在圩墙上不得休息，已疲惫不堪。坚持到2月10日晚，城西圩子门上的一门土炮炸裂，炸死4名革命军，炸毁了城楼。困坐愁城的革命军士气愈加不振。第二天凌晨——这天正是举国欢庆清廷寿终正寝、宣布宣统皇帝退位的2月12日前一天——清兵乘天气奇冷、民军大意，由城西北角的圩墙下偷架云梯登上城头，县城失陷。混战中，徐镜心率革命军冲出东门，撤往登州。

清兵攻进县城后，狂吹号角，乱放鞭炮，制造恐怖气氛，以便趁火打劫。一时间，城内烟火冲天，哭声震耳，一片混乱。

决心竭尽守土之责，与县城共存亡的王叔鹤坚持到最后被友人挟出县署办公室，潜身西悦来丁家花园，不巧被丁家的一个小仆人发现。

丁家怕受牵连，引来清兵将王叔鹤捕获。

在清军标统李森面前，王叔鹤昂首挺胸，大义凛然，朗声高喊："我就是副民政长王叔鹤。要杀便杀，少说废话！"他边说边望着城内大火连连跺脚。

李森训斥怒喝。王叔鹤宁死不屈，回骂道："我有八字：保境安民，维持秩序。你也有八字：杀人放火，奸淫掳掠！王叔鹤宁做千秋雄鬼，不做二姓满奴！"

李森气得全身发抖，暴跳如雷，令人将王叔鹤捆在城西圩门外一棵松树上，嗥叫着："都说你王叔鹤胆大包天，让我看看你的胆子到底有多大！"王叔鹤被剖心挖胆，残酷杀害，时年47岁。

清帝退位，南北议和。黄县军民在文庙为王叔鹤等死难烈士举行了追悼大会。同盟会员责令丁家交出一笔给王叔鹤家属的抚恤金和一块安葬土地。王叔鹤家属拒收这笔钱。地方上用这笔钱为菜园泊学堂盖了一座小楼。群众不忘王叔鹤为民兴学的劳绩和为推翻封建专制捐躯的凛然气节，在学堂东院另建了纪念祠，供奉王叔鹤的遗像。

王叔鹤是龙口市近代史上的一位英烈。他那爱国爱乡、反抗封建专制的精神，危难时刻挺身而出、为革命慷慨赴义的气节，是永远值得后人敬仰的。

（《联合报》2011年11月19日，获"辛亥革命100周年征文"奖。）

# 义 炳 千 秋
## ——徐镜心生平事略

義炳千秋
——徐镜心与山东同盟会

● 张久深 著

中国人民 山东省龙口市委员会 编
政治协商会议

《义炳千秋》，中国文史出版社，
2011年10月版

徐镜心（1874—1914），辛亥革命时期被孙中山委为中国革命同盟会北方支部负责人和山东主盟人。民国前，他追随孙中山以同盟会北方支部所在地烟台为中心，闯关东，走沪上，发动蓬、黄举义，领导多次反清武装斗争，与南方革命军桴鼓相应，促成南北议和，功勋卓著。世人将其与黄兴并誉为"南黄北徐"。民国后，他担任国民党山东支部长，倡导实业，改善民生，反对袁世凯专制独裁，被捕遇害。世人又将其与宋教仁并誉为"南宋北徐"。他毕生战斗在封建统治森严的北方，是辛亥革命时期同盟会在东北和山东战场上的主要领导人。

## （一）

徐镜心，字子鉴，同治十三年十一月初二日（1874年12月10日）生于黄县馆前后徐家村。

徐镜心少年时代学业优异，胆识超群。14岁那年，他与伙伴游历罗山班仙洞。顶峰险峻，无人敢登。他神色自若地攀了上去，吟罢李清照"生当作人杰，死亦为鬼雄，至今思项羽，不肯过江东"的名句，振臂大呼："打倒贪官污吏！"直吓得同游者面色苍白，连喊"小心"。

光绪二十年（1894年），恰逢大比。26岁的长兄徐镜清赴考怯场。在家长的威逼下，20岁的徐镜心虽对清廷文恬武嬉、弄权贵事的腐败现象深恶痛绝，却不得不陪同前去登州（蓬莱）考秀才。行前，望子成龙的徐老太爷再三叮咛，一定要考好，莫使阖家失望。

徐镜心自信地说："别的莫絮叨了，尽管备下接风酒就是啦！"

入场后，他早早交了卷子。揭榜时，徐镜心果然中了第3名。徐镜清也名列榜首。考官对这兄弟双双得中暗暗称奇，特赠了块"迺兄乃弟"的匾额以示奖掖鼓励。

随着年龄的增长，徐镜心开始关注国家的命运和时局的发展，并进一步看清了清政府朝纲紊乱和腐败无能。他对同郡秀才、蓬莱人孙丹林说："读书贵在实用。建功立业的刘邦项羽都不是寻章摘句的书虫子！我们要关心国事……"

金榜题名后，他没有像父兄家人那样高兴，也没有为参加三年一次的秋闱——乡试继续攻读。面对现实，他的心情反而郁悒沉重起来。

当年7月25日爆发的中日甲午战争对他震动很大，距黄县较近的刘公岛那边隐隐传来的炮声使他心如油煎，寝食不安。邓世昌战死，他隔海遥拜；丁汝昌自杀，北洋海军覆灭，他痛不欲生；李鸿章与日本签订《马关条约》，他嗤之以鼻；孙中山先生领导的广州起义失败，他扼腕唏嘘。台湾割让给日本，青岛租予德国，威海借给英国……国事日非，危机四伏。当权者横征暴敛，贪赃枉法；黎民百姓怨声载道，叫苦连天……及读过康有为、梁启超创办的《时务报》《中国魂》等报刊以及《法兰西革命史》《美利坚独立史》，他逐渐萌生了反对封建专制、趋向政治改革的思想。

# （二）

光绪二十七年（1901年），徐镜心入烟台毓材学堂读书，结识了日本籍记者仓谷箕藏。仓谷箕藏在国内倾向明治维新，是明治贤相伊藤博文的信徒。他看不惯清廷官可钱买、政以贿成的腐败现象，同情中国革命。俩人志同道合，结为生死之交。

光绪二十九年（1903 年）春，徐镜心由济南山东高等大学堂远赴日本留学，先去弘文书院补习日语，后入早稻田大学政治科学法律。

当时国内反清民主革命浪潮一天比一天高。兴中会、华兴会、光复会纷纷创立，农民起义、会党暴动风起云涌。留日学生宣传革命的书报《訄书》《警世钟》《猛回头》如雨后春笋，大量出版发行。山东留学生丁惟汾（1874—1954）在明治大学学法律，创办的周刊《钟声》，宣传革命，抨击时弊，对徐镜心影响很大。

随着形势发展，徐镜心的思想认识出现了飞跃。他开始觉悟到，中国的前途不是走康、梁所倡导的维新改良道路，而是要用革命手段把清王朝推翻才能挽救民族。

光绪三十一年（1905 年），孙中山结束为期一年的欧美宣传活动抵达东京，与黄兴在凤乐园会面时，建议把反清组织联合建成"同盟会"，共同致力于革命。8 月 13 日，孙中山与黄兴邀集宋教仁、张继、陈天华、宫崎寅藏、末永节、内田良平及徐镜心和全国留日学生代表、旅日华侨、革命志士 70 余人召开了筹备会。孙中山宣讲了国内外革命形势，提议以"驱除鞑虏，恢复中华，创立民国，平均地权"作为同盟会章程，并正式提出了"三民主义"等救国方略。

8 月 20 日，同盟会成立后，公推孙中山为总理，黄兴为执行部庶务。徐镜心被委为北方支部负责人、山东主盟，有权接收同志入会。很快，山东籍留学生 50 多人加入了同盟会。

光绪三十二年（1906 年）春，徐镜心归国。他先在济南山左公学任教，不久便回烟台。在仓谷箕藏的协助下，他与胡瑛、谢鸿焘等筹资在西郊通绅冈创办了东牟公学、端本女校，招揽革命人才，开展革命活动。同时，他还授意分布在全省各地的同盟会员利用清廷提倡私人办学的机会创办学堂，借学堂做革命活动地点。

仅两三年，黄县就办起 10 多处学堂。徐镜心利用自家油坊创办了明新学堂和坤元女校，请弟媳刁蕴兰任女校校长。他创作了一首《打倒封建帝制》的歌曲，在开学典礼上教唱：

头角兮山崩，撞破自由钟；嘴角兮海裂，饮尽匈奴血。

翻身登上大舞台，雷火天地开；转脚踏渡昆仑顶，风雨欧美并！

明新学堂挂起自制的红、黄、蓝、白、黑五色旗，象征汉、满、蒙、回、藏五族共和。当时各地都挂三角黄龙旗，唯后徐家村学堂独树一帜。

徐镜心留日前即剪掉了辫子，回国后动员学堂的学生剪。他把子侄们召唤到一起，撒些糖果让他们抢着吃，乘其欢闹时取出剪刀把他们的辫子剪下来。子侄们猝不及防，哭叫着跑去报告父母，引起一场轩然大波。亲友们群起而攻，骂他无君无父，犯上作乱。

光绪三十二年（1906年）5月，有人到济南告密：烟台东牟公学是同盟会机关。徐镜心闻讯后来到济南，借住谦泰洋行，与师范学堂的同志联合登州同乡公开演讲，随后直奔山东抚院提学使公寓，向新上任的连甲大讲新政于国于民的裨益，并陈述了拟订的教育革新方案，直讲得这位大员连连点头。第二天，徐镜心在八旗会馆召集全省学界代表开会，欢迎提学使连甲。与会2000余人，秩序井然，终仪而散。连甲暗暗佩服徐镜心的组织能力，对他倍加敬重。事后两人谈得愈加投机，徐镜心竟直截了当地劝导连甲加入同盟会。

连甲与徐镜心接触只是为标榜自己开明，笼络人心。一听要他加入革命，连甲顿时大惊失色，吁了口气："我真服了你！也感谢你对我的信任。但我系朝廷命臣，清廷虽多有失政，我却不可忘恩负义。我们还是各保其主，好自为之吧！"说罢，他端茶送客。

7月，为广泛发动民众，扩大革命队伍，徐镜心赶到莱州沙河镇珍珠村拜访同盟会员邱丕振。邱丕振在东京振武士官学校攻读时与徐镜心相识。他家中经营草帽辫的出口巴拿马，在海内外打开了销路致富。徐镜心先拜见邱丕振的父亲，希望得到老先生的支持。邱老先生被他打动了，慨然应允："我有10个儿子，两个务农，4个经商；其余4个就交付你调遣吧！"他还签填了一张2万元银票，捐赠同盟会做经费。邱丕振刚从日本购来10几台织网机，办起天和织网厂，生意相当兴隆。然而，他当即关闭停产，倾其所有，交付同盟会。从此，邱丕振带病与3个弟弟跟随徐镜心走上革命生涯，人称"邱氏四杰"。

徐镜心离开泉城不久，巡警道即奉谕悬赏通缉他。连甲闻讯吓得魂飞魄散，暗自思忖："此人卓尔不群，学贯中西，终非百里之才，招揽重用才是上策……"

# （三）

光绪三十三年（1907年）夏，徐锡麟、秋瑾等革命志士被害，白色恐怖笼罩全国。因北方支部组织没能形成，徐镜心将省内工作委交刘冠三等主持，自去东北进行活动。他先在奉天实业学堂任教，后担任日本人创办的《盛京时报》主笔。当时的《吉长日报》《长春日报》《奉天日报》《微言报》主笔多为同盟会会员，他们利用这些舆论阵地揭露清廷腐败，倡建民主共和。

光绪三十三年（1907年）春，宋教仁奉孙中山之命由日本来吉林，借创办木植公司与在木税局任职的徐镜心，新军中的吴禄贞、蓝天蔚、张绍曾和在奉天提督府任参赞的张榕等组成同盟会辽东分会。这其间，徐镜心与张继、商震、陈干偕同日本友人末永节、古川清等结伴赴东三省宣传革命，招揽人才。徐有时扮成商人收购山货，有时扮成书贩兜售书报，有时扮成民间艺人下乡串屯演唱"胶东大鼓"……他秘密结识了杨国栋等一批富有正义感的绿林头目，为推翻关外总督府、建立东北根据地、支援北方各省反清运动做了大量准备工作。

光绪三十四年（1908年），徐镜心与左雨农一起介绍宁武、刘雍等加入了同盟会。正当他计划进一步开展活动时，行踪被官府侦悉，多人被捕。宋教仁、徐镜心幸赖吉林警察署长连承基庇护得免于难。连

孙中山手书"三民主义"

承基是奉天人，光绪二十九年（1903 年）毕业于日本警官学校，倾向革命，蓄意反清，对宋教仁、徐镜心十分钦佩。从此，连承基弃官不做，与徐镜心结为生死之交。徐镜心脱险后，潜赴延吉，由吴禄贞保护下来，挂了个"垦务委员"头衔，坚持革命活动。

两三年后，东北已发展同盟会员 3000 余名，武装力量也相当可观：辽东联庄会，辽东、辽西绿林队伍，新军中吴禄贞、蓝天蔚、张绍曾所辖人马……阵容整齐，战斗力很强。徐镜心还与陈干等在长春组织山东同乡会，团结山东籍军人。新军六镇中山东籍官兵特别多，这部分人在后来的滦州起义中成为骨干。

宣统三年（1911 年）春，徐镜心因母病回乡。在原籍逗留期间，他与邹耀庭、张殿邦等创立了黄县农会，在农民中进行推翻帝制、创建共和的革命教育。

4 月 27 日，黄兴等在广州举义。秋末，徐镜心赶回奉天，与革命党人在西关外南满铁路旁的辽东分会机关组成关外四路民军，计划发动奉天独立，夺取关外控制权。不料清廷传旨调新军入关，原计划被打乱，吴禄贞于动身前在皇姑屯车站大和旅馆与徐镜心、蓝天蔚等决定入关后相机直捣北京，公推蓝天蔚接任关外革命讨虏大都督、张榕为奉天都督兼司令，密谋驱逐东三省总督赵尔巽。不慎谋泄。赵尔巽闻报立即请来谘议局副议长、立宪派头子袁金铠等密谋对策。袁金铠保举防营统领张作霖对付革命力量，策划成立了"奉天国民保安会"，将张作霖所辖 2000 余人陆续调驻省城。随即，由聂汝清取代了蓝天蔚的混成协协统，蓝天蔚被迫逃亡，形势对革命愈加不利。保安会使革命党人丢掉了"和平改革"的幻想，张榕等联合东北革命党人在奉天成立"联合急进会"，分赴各地发动起义。

革命党人顾人宜在庄河、复州打响了第一枪，接着徐镜心、商震、祁耿寰等先后在辽阳、凤城、辽中等地举义。赵尔巽急令张作霖坐镇奉天，组织军队和地方武装残酷镇压，东北举义终因组织欠周、伤亡惨重而失败。不久，吴禄贞、张榕为袁世凯、张作霖杀害，急进会员被迫疏散，潜赴各地待机再举。审时度势，徐镜心与刘艺舟、宁武、丘特亭等 20 余人由海路转抵烟台，为在胶东起事做准备。

10 月 10 日，武昌起义爆发，10 余省响应。齐鲁大地遍传清廷拟将山东以3000万元抵押德国以充军需,各阶层群众愈加愤慨,同盟会加紧活动。徐镜心由烟台匆匆赶到济南,与丁惟汾、刘冠三等密谋促进山东独立。大家议定,分头联络同盟会员,深入发动各界人士,并将意图渗透给倾向革命的谘议局议员丁佛言及江苏候补知府、开明士绅夏莲居。同时,争取新军五镇协统贾宾卿参加独立。

山东巡抚孙宝琦是袁世凯及清廷庆亲王的儿女亲家,是个忠实的保皇派。当丁佛言等登门争取他支持独立活动时,他虽惶恐不安,却不愿顺应民意:"我乃封疆大吏,世食君禄,在山东有守土之责。土不能守,唯有身殉!纵令不死,也不能带头宣布独立!"针对他这一死硬态度和整个时局,徐镜心等决定在谘议局议会厅召开全省各界代表大会,借社会力量压迫孙宝琦就范。

徐镜心等筹备集会力图推动山东独立的消息传开后,守旧士绅和立宪派便以他"处事峻急"为由,群起而攻。徐镜心不想因自己影响形势发展,激化保守势力与革命派的矛盾而牵动大局,主动提出不担任会议主持人,推举对新阵容扩大和对旧势力抗衡均有一定实力的夏莲居出任山东省各界联合会会长。同时,他没因保守势力对自己中伤攻击而释肩缩手、耿耿于怀,在协议独立过程中始终坦诚相见,畅所欲言,博得各界人士的由衷赞佩。

1911年11月5日,济南同盟会员、各界代表和五镇部分官兵出席了山东省各界联合会,明确提出了推翻君主立宪、建立共和政体、宣布山东独立的《独立大纲》。会议开始后,新旧两派冲突,会场秩序混乱。立宪派中的"清流党"代表丁佛言拍案而起,慷慨演讲,主持正义,力压群声,终使《独立大纲》通过。

迫于各界压力,孙宝琦勉强参加了于11月13日举行的山东独立大会。会议开到晚上9点,他仍冥顽不灵地坚持"城存与存,城亡与亡"。丁惟汾、徐镜心等将大门上锁,禁止出入。孙宝琦无奈,将顶戴花翎取下往案上一放,带着哭腔说:"既然你们认为独立对山东有利,我也不坚持己见了!"

丁佛言立即将事前写好的独立宣言张贴出来,提议推举孙宝琦为山东都督,全场一致通过山东独立。

11月16日,孙宝琦托病请假,预谋撤销独立;按察使、布政使等官员亦纷纷辞职，表示不愿合作。鉴于反动士绅、立宪派的顽抗迫害，妥协势力的忌恨和自身对山东前途的忧虑，徐镜心决定去广州请孙中山指示今后的行动方向。

徐镜心由上海转广州。孙中山接见他时关切地说："子鉴，斗争这样激烈，你何必到这里来呢？山东的事情你相机决断就是了嘛！"孙中山还指出，山东独立不可靠，孙宝琦犹抱琵琶半遮面，隐退后面有杀声。孙中山安排徐镜心与上海军政府都督陈其美商定山东战略方案：一旦有变，先据烟台，后取登、莱，再图济南；责成上海军政府要给予实力援助；授权徐镜心，继续领导山东革命。

这时，袁世凯已进京组阁。孙宝琦在宣布撤销山东独立后，将山东军政大权按袁世凯的旨意移交张广建、吴炳湘，疯狂镇压革命党人。一时间，黑云压城，腥风扑面。

12月4日，徐镜心由上海抵青岛，于刘冠三处得悉济南形势日趋恶化，烟台的王传炯随风转舵，依附北京政府……他便疾奔车站，连夜乘车向烟台赶去。

# （四）

1911年12月6日，徐镜心一行7人抵达烟台。第二天他即会见同盟会山东分部同志，策划肃清反动势力，扎牢西征根基。

同盟会员栾星壑、谢鸿焘等在徐镜心离开烟台期间，以东牟公学为依托，做了大量瓦解清军、争取独立的工作。11月13日，也就是山东独立的当天夜里，时称"十八豪杰"的革命党人兵分三路，发起武装行动。水产学堂的学生到西圩外一家店铺中抬出两桶煤油，洒在茅屋草棚上，又将油桶装上鞭炮点燃。一时间烟火冲天，啪啪乱响。烟台道台衙门及驻军官兵猝不及防，兵备道徐世光乘乱逃往青岛。革命党人宫树德、杨德盛接管了海防营，另一路人马占领了巡警局、电话局及银行等部门，贴出安民告示。第二天，烟台街头锣鼓喧天，全市军民齐集道尹署开会，庆贺烟台独立。东山海军练营管带王传炯原奉北京政府之命由天津乘舞凤舰赶来镇压革命，登陆后见有机可乘，转而发表了"推翻君主专制，促成民主共和"的演说，博得军民欢迎，后在组建军政府时被推为总司令。

王传炯是个骑墙派。他暗中排挤革命党人，与孙宝琦遥相呼应，一听到形势吃紧就挂出青龙旗。因孙宝琦撤销了独立，他便与混进军政府的虞克昌及董保泰等串通一气，预谋卷土重来，仍为清廷效力。针对这种局面，徐镜心先在烟台组成了"北方共和急进会"（以下简称"急促会"）。王传炯担心失去民心，主动结识急进会员，要求加入"急进会"，但以兵力单薄为遁词，拒绝发兵西征。徐镜心风闻登州知府孙熙泽来烟台活动，王传炯在他的煽动蛊惑下准备兵变，便决定先发制人，佯举王传炯为都督，由革命党人接任总司令，褫夺其兵权。

17 日下午，"急进会"在毓材学堂集会，请王传炯到场，交出总司令印信，推举他为都督。王传炯察觉有诈，再三推辞。徐镜心把脸一沉，威逼道："从则为友，不从则仇！"王传炯无奈，只好接受。软禁了王传炯后，徐镜心提议制订军政府章程、组建山东议会，改日召集各界代表公布执行。不料，董保泰等在东山海军练营见王传炯深夜不归，情知有变，急率所部 200 余人包围"急进会"，声言解救王司令。

"急进会"被围，会员奋起还击。徐镜心连抛出 4 枚炸弹后，自料敌众我寡，乃决定只身前去日本人的芝罘日报社请记者仓谷箕藏及同情中国革命的经理桑名贞治郎前来调停。但他几次出门均被阻回。最后军警要绑架他，他怒斥道："我是'急进会'会长。你敢绑会长，不怕军法制裁？！"

军警不听。有人呼叫要枪毙他。徐镜心急了，高喊："枪毙了我，要由王传炯偿命！"王传炯隔墙听到，急忙喝令放行。

徐镜心请来仓谷箕藏和桑名贞治郎。桑名贞治郎以保护报社财产为由会见王传炯，正告他："你若是个识时务的人，在眼前这种局势下不参加革命罢了，哪能螳臂当车，阻挡革命！"王传炯一面漫应着走出门外喝令军警闪开，将"急进会"会员送到芝罘日报社；一面率兵回营，宣布全城戒严，搜捕革命党人。他又三番五次与日本领事交涉，诬蔑徐镜心为土匪，指令交人或到报社捉人，但遭仓谷箕藏与桑名贞治郎极力抵制。12 月 23 日，"急进会"会员集聚芝罘日报社，准备继续与王传炯决战。后经地方士绅出面调说，王传炯耍了个花招，释放了在押的"急进会"会员，并送来 700 块银圆，说是路费，实为下达通牒逐革命党人出境。徐镜心识破伎俩，严正抗议："'急进会'会员的去留，王传炯无权妄加干涉！"

这时，徐镜心得悉数百名参加关东举义的散兵在大连集结，遂决定于1912年1月5日由海路北上，去大连搬兵。行前，他亲去登州勘察城防地形，并在北门涵碧楼与同盟会员孙丹林见面，发展华提士药房经理柳仲乘等为同盟会员，为光复登州、发兵西进做准备。

徐镜心到大连建立了"急进会"总部。因仓谷箕藏在《芝罘日报》发表文章支持徐镜心，清廷与日方交涉勒令其回国。仓谷箕藏遂决定去大连参加中国革命，并介绍旅居大连的日本友人栗田、乔木、石井投奔"急进会"总部。暌违多日的连承基也带着一部分散兵到总部报到，招募的散兵已近300名。日本友人购来武器，邱丕振捐资添置弹药。徐镜心向登州知府孙熙泽发出警告信，虚张声势迫使他逃亡济南，使其所辖牟平、福山等10县的清兵不敢轻举妄动，减轻了攻取登州的压力。

1月10日，徐镜心电催孙丹林到大连。孙丹林动身前向登州"急进会"会员部署了内应任务，并约定电报暗语。他在大连日本人经营的旅馆速浪町与徐镜心交换了意见后向登州发出行动密电。14日午后，先遣队孙丹林、邱丕振等乘上仓谷箕藏用3000块大洋贿买了船长的日轮"龙平丸"先行。徐镜心、连承基等装扮成商人，声言去烟台，率领扮成旅客的大队人马乘上租包的"永田丸"后随。船到中途，民军取出藏在行李中的武器，威逼船长改航。

拂晓，天降小雪。"龙平丸"上的先遣队遥见蓬莱阁旁的岸标灯闪闪发光，炮台山上有白旗隐隐晃动，已知内应得手。5时30分，佩戴白袖章的内应人员摇来舢板引渡，孙丹林等冲进海滩清兵帐篷，将酣睡的清兵缴了械。徐镜心率大队登陆。一队由孙丹林率领直取炮台，与内应人员会合，居高扼险，控制了全城；一队直扑水师营，生擒了统领王步青。9时，民军与内应人员接管了府衙、县衙及电报局和自治会，贴出安民告示，登州光复。

王传炯在烟台获悉民军占领登州、关东革命讨虏大都督蓝天蔚将由上海乘舰抵达北方的消息，惶惶如丧家之犬，连夜逃往天津。临逃他电告莱州总兵叶长盛，敦请征讨登州民军。

当晚，徐镜心等进入登州府衙集会，推举连承基为山东军政府都督兼总司令，邱丕振为登州军政分府司令，孙丹林为总秘书长兼军事参谋，仓谷箕藏为炮兵司令……会上表彰了参战有功人员。孙丹林等原拟推举徐镜心统率民军。他对徐镜心说："论德定次，量能授官。你戎马倥偬，劳苦功高，深孚众望，执掌全权实至名归，无可厚非。都督首席大家意属于你。"徐镜心谦虚地说："连承基、邱丕振都有一定的民众基础。我们不要忘记中山先生要做大事、不要做大官的教诲。"最后，屈尊纡贵，只答应担任参谋长。军政府经过一番整顿，17日开始向黄县进发。

# （五）

因受徐镜心的影响，自1905年以来有邹耀庭、王叔鹤、张殿邦等60多人加入了同盟会。这些人早在山东独立前后即遵照徐镜心的意旨，以维持地方治安为名组成了冬防队，掌握了地方武装力量。王叔鹤在县内较有威信，登州光复的消息传来后被举为黄县副民政长，主持组建民政署和迎接民军事宜。

1月17日清晨，登州民军先头部队抵达后，召开了黄县光复大会，次日即分头向龙马镇进攻。清兵闻风而逃，退守新城。民军截获了其部分辎重银饷。1月18日文登、1月29日荣成宣布独立。

山东巡抚张广建听说孙中山拟委胡瑛前来督鲁，愈感不安，急令莱州总兵叶长盛发兵反扑进剿民军。民军与清兵在北马镇西接火，因实力悬殊，退守县城。这时，蓝天蔚奉陆军总长黄兴之命，由上海率德国造巡洋舰"海琛"号、"海容"号、"海筹"号，满载1200名北伐军来北方支援滦州革命，中途得悉滦州革命失败，转抵烟台停泊。接到黄县告急电报后，蓝天蔚即令"海琛"号驰援。"海琛"号抵达龙口海面后，因其索要的犒军款未付足，停泊六七天不肯靠岸。徐镜心等不到登州援兵，又见"海琛"号不肯傍岸，十分焦虑，亲赴码头雇船出海，拟面见舰长进行劝导。无奈连日风急浪大，小船难以靠拢舰舷，只好怅然而归。待风平浪静，"海琛"号早已驶去，民军只好固守待援……

孙中山十分重视以烟台为中心的武装起义。此举既可迫使袁世凯不敢倾全力镇压南方革命力量，又可使苟延残喘的清廷面临渤海门户已失、大势已去的绝境，对促成清帝退位、南北议和有重要战略意义。因此，孙中山于1月上、下旬两次发兵北伐，并应旅沪山东同乡会之请，委胡瑛为山东都督，随北伐队由海路直抵烟台。1月6日，刘基炎率北伐队由烟台赶到黄县。经过几场鏖战，清兵被击溃，逃往新城。

北马一战，清兵锐气大减。民军本应一鼓作气乘胜西进，直取莱州，挥戈济南。但因军费欠绌，主客龃龉，沪军借故退出黄县，开回烟台，以至清兵乘机反扑。徐镜心、连承基只好再次退守县城。2月7日，3000名清兵合围黄县县城。徐镜心一边向登州、烟台及南京、上海发电告急，一边与连承基部署民军死守。此刻，守城民军兵少械劣，饮食不济，已显疲惫不支。龙马镇民政长王梅臣不顾年迈体弱，让人用长绳系一条筐将自己放到城外，连夜奔赴烟台求援。由于连日苦战不得休息，再加饥寒交迫，王梅臣几次昏厥，半昏迷中仍坚持在雪地上匍匐爬行。王梅臣赶到烟台，已心力交瘁，仍声泪俱下地恳请胡瑛急速发兵。

胡瑛按兵不动。当时处于南北议和期间，他担心贸然发兵有碍和谈，故瞻前顾后，狐疑不决。另外，他抵烟台后，听人说登州军政府邱丕振曾反对他督鲁，恼怒之下竟将登州派来的3个购械人员投进大牢。邱丕振去电质问，胡瑛提出交涉条件：撤销登州军政府，送好枪500支给烟台……邱丕振不服。结果烟台、登州电报往复相持不下。登州援兵未发，烟台也坐视不动，只急得王梅臣口吐鲜血，几次哭昏公堂，不久赍恨去世。

延至1912年2月10日晚，黄县城西圩子门上民军1门土炮炸裂，炸毁城楼，炸死4名民军，士气愈加不振。11日凌晨，清兵乘天气奇冷，由圩墙西北角偷架云梯登上城头，县城失陷。混战中，徐镜心等冲出东门，撤往登州。

清兵攻进县城后，狂吹号角制造恐怖，趁火打劫。一时间，城内烟火冲天，哭声

孙中山手迹

世界潮流浩浩荡荡顺之则昌逆之则亡

孙文题

震耳，一片混乱。混成协协统玉振率兵扑进县公署，搜掠过后纵火焚烧，全署尽成废墟。日本友人乔本在巷战中壮烈牺牲。决心竭尽守土之责、与县城共存亡的王叔鹤在清兵面前宁死不屈，被捆在树上剖心剐胆，残酷杀害。县内凡参加革命活动的人家均遭重点搜掠，遇难志士数十人。2月14日，刘基炎随徐镜心率援军赶到后，清兵已连夜遁逃。16日，南京临时中央政府传来宣统退位、南北停战的通告。刘基炎部驻守黄县，徐镜心、连承基等返回烟台待命。不久袁世凯下令解散烟台军政府，任命胡瑛为西北经略使、周自齐为山东都督。徐镜心随省议会迁济南，任副议长。

袁世凯拥兵自重，又受到国内外反动势力的支持，革命党人被迫妥协。1912年2月13日，孙中山"功成身退"，辞去大总统职务。8月，同盟会改组为国民党，徐镜心当选为山东理事长。他与邱丕振在济南发起组织大同会，致力解决民生问题，兴办实业。周自齐为笼络徐镜心，报请袁世凯委任他为济南道，徐镜心坚辞不就。袁世凯改委他为日本留学监督，他仍谢绝。

9月，孙中山应邀赴京与袁世凯商讨国事南归，经过济南时，全市各界人士齐集车站欢迎。秘书崔唯吾等力劝徐镜心出迎，徐镜心却静坐不动，说："我们革命党人不搞那迎驾接诏的俗套！"孙中山得知后亲切地说："子鉴还是那个样子……"

当时，青岛教育界和商民切盼孙中山去青岛，但占据青岛的德国人不同意。孙中山对此十分气愤："我本来不准备去。这样，非去不可！"于是，在徐镜心、刘冠三等的陪同下，孙中山乘上胶济路火车。车到终点，有两个德国人上车求见。出于礼仪刘冠三起身迎接，被孙中山扯了一下衣

1988年7月，屈武主席为《义炳千秋》一书题词与复信

襟制止。德国人告退时，刘冠三要起身送行，又被徐镜心拦住。德国人下车后，孙中山对随行人员说："帝国主义者多缺乏理性。你对他越恭敬，他越看不起你……"

年底，徐镜心、丁佛言等当选为国会议员；丁惟汾、刘冠三等当选为参议院议员。翌年春徐镜心赴京就职，偕刘冠三走访袁世凯。袁世凯一副礼贤下士的热情样子："民国由先生缔造，由先生振兴。前程似锦，端在人为……"徐镜心直言谏诤道："总统，应是公仆，国民才是主人……水可载舟，亦可覆舟。"心怀叵测的袁世凯听后逼视着徐镜心沉默良久，阴鸷地盼顾左右而言他："昔闻子鉴，今见子鉴矣！"而后他又授意亲信以甘肃都督一职为饵，诱徐镜心就范。徐镜心不为所动。

3 月 20 日宋教仁被害，徐镜心在《泰东日报》发表文章痛斥袁世凯倒行逆施，力逼查办凶手以谢国人。袁世凯梦想复辟称帝，舆论造得充塞朝野。国民党人对袁世凯的横行义愤填膺，群起抵制。7 月，爆发了"二次革命"。8 月，邹耀庭、连承基等在津军中策反事泄被捕。不久，一行 7 人遇难。

面对血腥镇压，徐镜心毫不畏怯，在《顺天时报》发表撰文，指责袁世凯复辟独裁。亲友们看到袁世凯的《乱党自首条例》《惩办国贼条例》，深知袁世凯意在剪除异己，劝他出京暂避。他不以为意，表示要在北京继续进行倒袁计划，并做好了牺牲的准备。

1914 年 1 月 10 日袁世凯正式下令解散国会。3 月 15 日，袁世凯指示军法处长陆建章密造伪证逮捕徐镜心，对其严刑拷打 10 余次，终不可夺其志。4 月 14 日凌晨，徐镜心英勇就义，时年 41 岁。时隔不久，邱丕振等亦遇难。至此，参加登、黄举义的 10 多位革命志士相继被害！

1935 年 7 月 10 日，国民党中央五届二次会议通过了十四次常会 6 月 10 日做出的《关于旌褒山东辛亥革命烈士的决议》，追赠徐镜心为陆军上将，进行国葬。1936 年 5 月 6 日，徐镜心、邱丕振、邹耀庭等 10 多名烈士遗骸由原籍迁葬济南千佛山辛亥革命山东烈士墓。国民中央政府和山东当局在烈士陵园举行了隆重的迁葬仪式。

（《纵横》1989 年第 6 期）

# 墨梅飘香

## ——山之南生平事略

山之南先生走了。

他于 1998 年 3 月 29 日晚 8 时，默默走完了 92 年人生旅程。

艺术是条寂寞之道，是条极窄山径，容不得太多浮躁和美誉。全国知名的书法家山之南，为人拘谨，讷于言辞，谦和宽厚，与世无争。"性格即是命运"，这制约了他淡泊的一生。他的毕生行状极像他的从艺轨迹：心不旁骛，一丝不苟，一步步进取，一步步攀登；极像他用篆书恭录下的王冕《题墨梅图》中诗句：

不要人夸颜色好，只留清气满乾坤。

## （一）

山之南（1906—1998），原名昌庭，号陈堪、师伊、郑亭，山东龙口人，中国书法家协会会员、山东省文史研究馆馆员，以篆书、隶书名重于世。其篆书作品多次在日本展出，受到日本书道界高度赞赏。他四体皆工，许多资深书法家难以望其项背。从未谋面的启功先生曾多次评说："……山之南的金文写得极好！"

先生于清光绪三十二年四

山之南（1906—1998）

月初一（1906年4月24日）出生在黄县辛店村的名门望族。其曾祖山麟祥，字石堂，号西桥；咸丰元年（1851年）乡举孝廉方正，召试一等；同治四年（1865年）任直隶顺天府大兴县县丞。其祖父山民，字导江，号小桥，光绪十一年（1885年）贡生，选授广东封川县知县。"一吏轨民，奸宄绝迹。以忧归。光绪甲午（1894年）倭逆扰东牟，奉檄治团练，冒寒出入，冰柱结须髯，有大造于桑梓。"父亲山承前，字佑先，号沱江，"少卓荦有大志，好读书，未尝释手"，清授奉直大夫候选知县。山氏系书香门第。先世的共同特点如下：擅书画，嗜收藏，不论从政还是治家，都能弘礼阐文，力主风雅。府中厅堂及园林中均有名人条幅、楹联和匾额。严格的家教，谦和正直的为人，正统的礼仪规范，使山家名闻乡里，清望颇高。山之南继承了家庭的优良传统。

当人们走进山之南先生的客厅时，即可望见迎面墙上悬挂着前文化部副部长王济夫和前山东省副省长高启云等领导人赠送的"书艺之师""东莱古籀"等条幅和匾额。特别是先生题写的那幅闪烁着圆润光泽、明心言志的《自勉》诗，更会使人眼前豁然一亮：

日亲楮墨六十年，一方破砚作良田。

终身奉行七个字：不使造孽一分钱。

书案上堆放的是立轴、条幅、手卷和楹联。那方古香古色的端砚旁有条不紊地摆放着几支涮得干干净净的羊毫笔。就是这些普通平常的笔下，出过擘窠大字、蝇头小楷；出过飞舞狂草、清秀瘦金；出过厚重魏碑、古朴篆隶。这些笔下，一起一伏皆有格致，一顿一挫出神入化。凡三代金石之文、两京碑版之迹，无不精谙尽纳，拟近百年名家之作，形神皆备，惟妙惟肖。尤其受业于民初以篆书名重南北、推为一代宗师的丁佛言的大篆，翰墨生花，妙造自然，恰似横逸斜出、槎丫遒劲的梅花枝干和朵朵劲峭秀逸的墨梅，给人以苍劲典雅之感，弥久长新，风韵绝伦。

山之南晚年的书艺作品愈显端庄洗练，翰逸神飞，经赏耐看，其妙造是与他数十年如一日临池取诸家、落笔求新意，会通精化，刻苦磨砺分不开的。他大笔写小字，大刀刻小印，孜孜不倦，潜心钻研。他食古能化，学古不泥，悟古出新，创新求变，各体皆能别具一面。人们对他"落笔不俗，走刀成章，劲妍相济，法韵两胜"的评骘并非过溢之誉。

字如其人。道德、文章古来并重，艺术上的攀登也是人格的较量。书法是一种直接反映精神面貌的艺术。一个人的书艺格调与他的文化素养、气质品德、识见阅历并行不悖。山之南终生淡于功名利禄，以"布衣"老。其作品透露着一种清寂旷博的空灵大气，超然恬静的内涵充满字里行间。他的金石书艺质朴自然，不饰雕琢，高雅练达。这与他淡于名利、不求闻达的性格是相通的。他常说："作书要具匠心而不可有匠气；做人要有傲骨而不可有傲气。"山之南的书艺虽高，前大半生的命运却并不顺畅。他那清贫的走笔泼墨生涯，像清潭中倒映着的他那清癯身影一样飘逸恬淡。以学问为立身之根本的家教给了他深刻影响；笔勤语迟与世寡合的气质注定了他大半生困顿落拓。文章憎命达，无曲不文星。旧社会，山之南是个典型穷文人。

1915 年，山之南 9 岁，入私塾读书。在家庭和教师的影响下，他自幼爱好书艺。最初是描红，后来每天写三次仿影，得到启蒙老师王允恭的勉励："山之南写字笔势很好，将来定有造就。"一年后他即临碑帖。正楷临《多宝塔》《颜家庙碑》，隶书临《张迁碑》《夏承碑》《灵台碑》。12 岁他便学篆书，释读家藏铜器铭文拓片，临《峄山碑》和邓石如《弟子职》及商周铜器铭文，篆隶治印崭露头角，在当地已小有名气。

1922 年，山之南 16 岁。当年 4 月与 18 岁的王琴珍女士结为伉俪。两人情投意合，举案齐眉，相敬如宾。讵料，恩爱夫妻不到头，翌年王女士因病医治无效去世。山之南与结发妻子感情极深，曾以"悼琴室"为书斋名寄托哀思和怀念。

1924 年，山之南 18 岁，入县立中学读书。在校期间，他品学兼优，英文和书艺尤为突出。英语教师陈效先水平很高，对山之南相当器重。山之南对这位老师也十分崇敬，在全班 40 名学生中，他的英语成绩遥遥领先，总居第一，有时还代老师上课。一年后，山之南与 18 岁的徐纫秋女士结婚（"纫秋"见屈原《离骚》"纫秋兰以为佩"，取高洁忠贞之意）。1925 年"五卅惨案"爆发，山之南参加了同学自发组织的游行示威，高呼"打倒日本帝国主义"口号，还编演话剧声援上海工人罢工。山之南在剧中扮演了主要角色。他们去龙口等地演出，受到群众欢迎，激发了群众反帝反封建斗志。

山之南的书艺与日俱增。他19岁写的篆联"天下苍生待霖雨,此间风物数诗人"参加县中举办的书画展受到好评。教师王芝青说:"山之南的书法将来定有造就。胶东一带还没见过这样的高手——少年有为,前途无量!"

# (二)

1926年,山之南21岁。中学毕业后,他参加了县长李汝谦创办的课仕馆学习,诗书双优,独占鳌头。几次作文比赛中,他的文章均评为优等,《汉卜式输财助边论》荣获了头等奖。评选人丁毓瑾的评语是:"反复辩论,层出不穷;胸中有竹,笔下生花。"李汝谦见山之南聪颖过人,特别偏爱,曾亲自为他授课。不久,山之南去乡城曲谭学校任教一年,这期间他的书法经叔外祖丁佛言指导大见长进。国学家王道新赞叹说:"山之南可与老丁(佛言)并驾,驾乎前贤!"

1929年,山之南24岁。正当他才华初展、扬帆疾驶之际,厄运降临了。盘踞胶东的军阀刘珍年、张宗昌部先后两次洗劫山家,使山家这个殷实望族家徒四壁。山之南的父亲因不堪沉重打击一病不起,家境的遽然败落使他不久去世。这真是祸不单行。

严酷的现实使山之南心灵上受到极大创伤,一贫如洗的生活使他还显幼稚的肩头背上了重轭。他奋笔写下"潜心治学,老实做人,勤俭持家,誓不为官"的处世箴言以明心志,决心放弃"仕途经济",走自己的路。为养家糊口,他于当年9月18日(农历八月十六)毅然离家赴上海投亲谋生学艺,被上海山东会馆聘为齐鲁公学教师。

在上海他一边谋求生存,一边频繁参加书艺交流活动,以文会友,广交名家,书艺日臻成熟。他在与荣宝斋、西泠印社的来往中,认识了王个簃、王西神、王福庵等,见识过王个簃书写甲骨联。有一次,在西泠印社与王个簃相聚,山之南提出拜师学艺的要求。王个簃连连摆手:"山公书承商周,印法秦汉,博采前贤精华出自我机杼,超乎俗而胜于余,不敢妄自称师——交个书友还是可以的。"自此,二人过从甚密,直至王个簃去世前一年,二人仍书信不断。

上海的几年游历,使山之南饱览了许多名碑、名帖和名家墨迹。

他眼观手摹，融会贯通，艺术个性日渐形成，所书卜辞、钟鼎文被誉为可与"黄葆戊、马公愚相伯仲"。王福庵见到山之南的字和印章后连连称绝："陈堪书法可与上海名流抗衡，惜其少年无名。"他遂与王个簃各题写了"山之南鬻书治印"几个字以示垂青器重。

山之南篆书

由于广交书友和名家，山之南开阔了视野，书艺出现了飞跃，水平达到了新的高度，在上海滩争得立足之地，可以公开卖字为生，时年仅24岁。

1931年2月，湖北水灾急赈会驻沪筹赈办事处主办"救难古物书画展"。当时《新闻报》载：

（本报特讯）本会救难会鉴于最近数日来天气严寒，一般露宿街头之难胞冻毙者达数千人之众，特筹开历代古物书画展览会，将所得之款提成救济……会场陈列大批名贵字画，如现代大书法家陈柱导、黄葆戊、马公愚、邹梦禅、山之南、杨草仙、厉国香等均有作品加入……

山之南参展的作品是四体条屏，当时便捐献给驻沪筹赈办事处。

1937年，上海大新公司举办"中国语文展览会"，山之南参展的甲骨文联引起轰动，不少前往参观的外国人竞相拍照。当时的《新闻报》称：

语文展览会自开始展览以来，连日往观之中外人士拥挤非凡……山之南之甲骨文联等亦属珍品。

该报又有一则"市讯"报道：

山之南君工书法篆刻，凡甲骨文、魏碑、隶、草靡一不精。甲骨文尤为擅长，笔力苍劲，非同凡响。按甲骨书法，自丁公佛言而后，以习之匪易，能者极少。君系丁公之甥，得其亲炙，乃有今之成就。月前大新公司举办语文展览会，君有甲骨文联参加，深获时彦赞许，自是求书刻者益伙。

自此，山之南这个二十几岁的青年，跻身于人才济济的上海书坛，以"现代大书家"的誉称名噪沪上。

山之南在上海齐鲁公学任国文书法教师两年，因病辞职，只好一边治病，一边靠鬻书治印维生，贫病迫蹙，苦不堪言。1938 年，山之南 33 岁。国难当头，生活无计，他决定离别客居 8 年的上海滩回原籍以耕读为生。

1942 年，《青岛大新民报》主办书法展览会，山之南有行书条幅参展。该报载：

昨日一日间到场来宾达三千余人，并对各展品极为赞许，而订购者亦颇不乏人。顷将"入赏"姓名发表于左：孙立初、丁君武、于越石、山之南、张叔愚、李丹甫。

这次书展，山之南的作品被评为一等奖，荣获镌有"直追秦汉"四字的银盾一枚。

同年，为谋求生路，山之南去烟台投奔朋友陈宾斋，在他的古玩店"古荫山房"坐堂鬻书治印，并举办了个人书法篆刻展。当时烟台的《鲁东日报》以《山之南书刻展作品琳琅满目》为题报道：

黄县名书刻家丁佛言先生高足山之南君，日前来烟游历，并携带个人杰作多件假广东街中兴楼举行展览。连日来各界名流、研究书艺专家前往参观购定者络绎不绝。闻山君艺术造诣早已驰誉南北，故来烟未久即获佳评……

梁园虽好，难以久居。由于时局不靖，家累沉重，山之南于年底离开烟台回到原籍。从此他困居家乡，躬耕自给，未再远行。

# （三）

1942 年腊月，山之南回到家乡，耕种着 2 亩土地，住在 3 间漏雨的旧房子里，生活极其窘迫清贫。艰难困苦，不坠青云之志。耕种之余他始终手不辍笔，坚持临写碑帖，法乎名家，拙中求活，临中求新，勤学苦练。

业，精于勤、精于专。在攀登书艺殿堂这条崎岖小路上，那种意志薄弱、把学业当成追名逐利阶梯的人是耐不得几十年清贫、几十年寂寞的。从颠沛流离到困居故里的几十年中，山之南一直博采多问，广读碑帖，手不释笔，每晚上床入睡前，一定以指代笔演练书艺。

机遇和命运本来对他似乎还并不那么苛酷。回乡后曾有两个日伪县长把他列为贤达名流，为笼络人心，极表"恭候襄助，尽瘁乡梓"之诚。当时，尽管他那年仅 20 岁的长子广琦身染伤寒因无钱医治而夭殇，家产典当殆尽寅吃卯食，却仍"不为五斗米折腰"。几个亲友见他潦倒到这种地步，相劝道："你已年届不惑，这样下去终不是办法，能在仕途上谋个出路也好。"可是他宁肯赋闲受穷，以"嗜书成癖，不会做官"为托词，一一回绝了。"父母官"求贤吃了闭门羹，露出屠夫本色，把公案"嘟"地一拍："不干？不干把他押起来！"幸赖几个亲友从中斡旋调停，他才免于一场缧绁之灾。事后，痛定思痛，他自刻图章"性不宜官"以明心迹，永志不忘。

历史是公正的。假若当时山之南在旧政府中做了文牍书吏，他大有比后来阔绰得多的希望，但他的名字如今恐怕只能出现在卷帙浩繁的地方缙绅志里，绝不能、也绝不会在今日寥若晨星的书法家行列中闪光迸彩，争妍流芳。

为了维持一家生活，山之南节衣缩食，四处奔波，典卖掉家具、土地、房屋，仅靠做儿童玩具卖，聊补家用。就在这朝不保夕、走投无路之际，黄县解放了。土改时他分到二亩一分地，4 间瓦房，生活有了保障。他手胼足胝，辛勤耕种收割，提水浇灌，肩挑运载，筚路蓝缕，度过十几年半耕半艺的田园生活：

几十年来泼墨忙，古碑法帖好收藏。

兴发挥毫通一夜，可爱明月到书堂。

20 世纪 50 年代初，黄县人民政府组织人力整理文物古籍，他参加了文物管理委员会，从事过一段鉴定文物古籍工作。1951 年 4 月，归城出土了一批古代铜器。经他考释全部铭文鉴定，这批铜器为周代鼑器，上交国家故宫博物院和山东省博物馆收藏，引起王献唐等有关专家的重视。

　　厄运与事业是孪生子，艰难与挫折是磨砺人才的硎石。20世纪60年代初的经济困难时期，山之南在县城南大街街面上与别人合伙租房开业，鬻书治印。由于多种原因，生意萧条冷落，生活仍较贫困。当时地方百废待举，还没有太多的精力顾及山之南这样的人。在一次政协会上，统战部部长与山之南促膝谈心、嘘寒问暖时有意无意地按了一下他的膝盖，尔后歉然地笑了笑："摸摸你的棉裤薄不薄……"良言一句三冬暖。可惜这位体贴知识分子、尊重人才的好领导不久调离了。事过多年山之南仍不时打听他的去向。

　　破船偏遇顶头风。这期间，他那相濡以沫的老伴徐夫人不幸染上了类风湿，卧床瘫痪了。他筹款求医买药、料理家务、服侍病人……从此直达20年之久。

　　中华人民共和国成立前，徐夫人为资助他学艺，变卖了陪嫁妆奁和首饰。住房典卖掉后，她随他多次搬迁，寄人篱下，历尽艰辛，从无怨言。如今，这个得力的贤内助要靠他来扶持了。自己年逾半百，今后的日子怎么过？书艺如何坚持下去？在做饭洗衣、筹划柴米油盐的喘息空暇，山之南枯坐八仙桌前，面对纸墨笔砚怔怔出神。老伴担心他郁悒伤身，劝他上街走走，他没动；让他去药房取药，他答应了。

　　他迈着迟缓的步履，越过剧院，避开闹市，闷头在偏街小巷蹒跚穿行。只见他走出书店，进了图书馆，出了图书馆又向废品收购站的旧书摊走去——买药的事早已忘到九霄云外。多年来，他成了这几个地方的常客，闭着眼也能迈进门槛去。这天，有人说他"福至心灵"，他在废品收购站的烂铜碎铁堆里无意中发现了镌有金文的归城出土铜壶。他揩去泥锈沙斑，辨别出这是珍贵的周朝文物，而且不是一件，是一批！有人讥笑他穷极无聊，"误将马蹄铁当成狗头金"。谁知拓片报省不久便有了批文，肯定了他的金石研究成就，称赞他慧眼识宝，为国家保住了这批价值连城的文物。讥笑他的人这才认识到他的厉害，承认是自己有眼无珠。

　　每当有人流露出徐夫人卧床20年，对他钻研书艺不无影响的惋惜意思时，他正色道："不！她年轻时一直支持我学艺，一辈子跟着我没得安逸。没有她的支持，早年那段艰难岁月会更难过的。患难之交不能忘，糟糠之妻不下堂呀！"言为心声。这句话道出了他为什么那样拳拳怀念老领导、任劳任怨服侍老伴20年的根源。

根据山之南金石研究和书艺的高深造诣以及对国家的重大贡献，1965年8月山东省人民政府特聘他为山东省文史研究馆馆员。

正值他老当益壮，准备进一步向艺术高峰攀登的时候，一场史无前例的"斯文劫"降临神州大地。在劫难逃。这个一直没被人正视过的老实人也被"发动"起来，干起抄录大字报的行当。一天晚上，他抄完几篇"扫四旧"大批判文章，拖着疲惫的身子摸回家，窸窸窣窣关上大门，从老伴那里得悉转寄上海亲友家中的资料、古籍被抄，付出大半生心血收藏的书画、文物全部丢失的噩耗。一阵昏眩过后，他再也抑制不住郁结在心头的愤懑，抱头恸哭起来。

他哭一阵，自语一阵，吓得瘫痪在炕头的老伴扳着他的肩头狠劲摇晃了他几下，擂了他几拳。他冷静下来了，哆哆嗦嗦地把案上的笔砚收拾起来，包扎成捆紧紧抱在怀中，呆呆地一直坐到东方既白。

从那以后，他似乎懂得了许多，也困惑了许多，性格变得更加拘谨。在很长一段时间里他声称手臂麻木，封笔了。至亲好友找上门来，他实在推诿不过，要题词，就写"五洲震荡风雷激"；要送喜幛，就写"将革命进行到底"；一撇一捺板正不苟，竭力收敛笔下风韵。临送出门，他四下瞅瞅，再三叮咛："不要说是我写的呵。"

看来，那种逆境造就人才的说法还是有失偏颇的。殊不知，坎坷多磨还具有毁灭人才的可能。就是坚强如笑傲冰霜的蜡梅，也是经不得滚水烫根的！

# （四）

"花开款款宁为晚，日出迟迟却是晴。"在艺术生涯中，有人少年得志，有人中年成名；山之南却是皓首穷书，中年立业，晚年出世，像那迟开的蜡梅，于年尾岁末始姗姗绽蕾飘香。

进入20世纪80年代，山之南转运了。经过一级一级有关部门选拔推荐，他的作品参加全国书展七八次，出国展出五六次。各级报刊竞相发表他的作品，介绍他的书艺成就，许多作品被故宫博物院及一些省市博物馆收藏。篆书多次去日本展出，受到日本书道界人士高度称誉。"群贤毕至，少长咸集"（大篆）、"不俗即仙骨，多情乃佛心"（大草）等数十件作品被选送美国等国家，各级政府不时将他的作品作为珍贵礼物赠送给国际友人。南方有些同道的弟子见到他的作品和消息不胜惊讶："此人还在呀？"就这样，蛰伏了多年的山之南和他的作品再次引起轰动，蜚声书坛，香飘四海，得到社会承认，并对促进中外文化交流，增进与各国及侨胞的友好往来做出了积极贡献。

山之南的金石书艺以"理、力、雅、韵、朴"的独特风格自成一家。多年来，他法乎名家，拙中求活，强调书写不可信笔，要注意布局，上下呼应，左右兼顾，一气贯穿字里行间：有功无性神采不生；有性无功华而不实，要先入帖后出帖，先求似而后求异。他认为，只有在广泛临摹名碑名帖、博采众长的基础上，学古则不泥于古，具其形而备其神，源于古而出新意，方可称上乘。为此，他在长达70年的书艺生涯中，一直手不释笔，孜孜不倦地从名碑名帖和名人墨迹中汲取营养。经过长期磨砺，他的书艺达到手动气兴，力透纸背，入木三分，又超然脱俗的境界。在资深艺强的众多老一辈书法家中，能像他这样高水平全面掌握各种书体和篆刻的人确是为数不多的。

他的甲骨文和金文取法殷墟甲骨和商周原器，博采众长，溶冶百家，用笔质朴，圆润端庄，骨力中透出灵气，古朴中见妩媚，妙造自然，凝练典雅，有天成之趣。他能在直接临摹殷商原器、原拓的基础上，借笔墨将那种刀刻、模铸自然天成的痕迹巧妙地表现出来，可谓刀笔互见，相得益彰，给人以古朴浑厚之感和富有内蕴的"金石气"。他写小篆运用秦诏版笔法，刚健挺拔，端庄老辣，独树一帜，在笔墨章法上，能老练见活脱，恬淡寓险峻，开合错落中求空灵。

《山之南书法艺术》，山东画报出版社，1996年10月版

他的隶书广采汉碑之长，深究《灵台碑》《张迁碑》之神，兼熔伊秉绶

宽博大度之势；用笔大拙雄沉，气势磅礴；结体开张稳健，萧疏有度；字形豪放跌宕，既具内擫外拓、横出有力的特色，更有方圆中藏奇拙、古朴中见风韵的神力和"金石味"。

他的行书初习《祭侄稿》《争座位稿》，后掺以魏碑笔法，质朴自然，刚柔互济，虽恣情任性却不逾矩矱，给人以天真纯朴、婀娜活泼之感。

他的草书崇尚流畅自然，气韵贯通，初学怀素、丁佛言诸家，洒脱灵动，力饱气足，凝重处不滞涩，飘逸处不浮滑，点画似高山坠石，运笔如行云流水，走势若腾龙奔马。

《山之南书法艺术·山之南传略》

他的楷书深得颜真卿《颜家庙碑》《麻姑仙坛记》之精髓，力避常人习颜笔丰墨饱、笔画笨钝的写法，用篆隶枯笔作楷书，老辣苍劲，结体宽绰雄伟，气度宏大，显示出他超然达观、刚毅直率的气质和性情。

他的篆刻颇有独具匠心的造诣，法乎迈钝，直追先秦小玺，在以甲骨、钟鼎文字入印方面进行了大胆探索和创新。他的印作文雅，意境深邃，于方寸之内寓高远，令人叹为观止，1993 年被辑入西泠印社出版的《中国印学年鉴》。

山之南的书艺在青年时代已倬有名气，为什么后来长期无声无息了呢？

中华人民共和国成立以来，他的生活虽没再陷入像当年上海滩卖字那种困境，可书艺才华终还是没得到公正评价和重视的。也是啊，当人们物质生活水平还低得那样可怜的时候，对精神生活还会有多么高的要求？在一个偏僻的弹丸小县，能逢到几个真正懂书法的知音、晓书艺的伯乐？那些圈圈点点像梅花骨朵似的篆籀能顶粮油指标，能充棉花产量？谁没看见山老夫子写一年穷十二个月，穷了大半辈子？

新的历史时期的文艺政策把人们从愚昧中解放出来，挽救了怀才不遇、濒临绝境的书法家。社会在重新评估艺术价值。

《书法》1980年第2期刊发了他的篆书作品，《山东画报》10月号专题介绍他的书艺。1981年1月7日《大众日报》刊发介绍其书艺文章，作品在北京参加全国第一届书法艺术展览。1982年湖南美术出版社出版的《当代楹联墨迹选》刊发草书作品，烟台文化局举办了他的作品展。1983年《山东画报》3月号专题介绍他的书艺成就。1984年，他的作品参加安阳殷墟笔会书法展。

1984年6月30日，卧病多年的夫人徐纫秋去世，终年77岁。

山之南躬逢盛世，壮志不已。他年届耄耋，精神矍铄，临池不辍。1983年5月，他不顾路远体弱，以80高龄坚持参加了省书法家协会组织的"云峰诸山南北朝刻石学术讨论会"，观看过潍坊十笏园，谒拜了板桥遗迹，又去掖县文峰山和平度的天柱山，亲自登山观摩了北魏永平四年（511年）光州刺史郑道昭为其父刻泐的石碑。因山径狭窄，随行人员没法搀扶他，他便坐在石阶上一级一级往山上�━，直�━到碑石前观摩了真迹方才罢休。这种学到老、干到老的不断探索精神，感动了全体与会人员。

他那81岁的《岁首感怀》，即是这种心迹的真实写照：

万事都无就，一年又到头。

明朝八十二，仔细数更筹。

1985年河南美术出版社《中国古今书法选》刊发了他的篆书作品。作品参加山东省在日本神户举办的书展。1986年，他的作品参加北京全国老年人书展、中央文史馆建馆35周年书画展、烟台举办的全国书法讨论会书画展。1987年，日本《中国现代美术书画展》刊发他的作品。1989年，他的作品参加中国文史研究馆书画联展。1992年，《书法》三月号专题介绍其书艺成就，刊发其作品。其名字及词条收入《中国当代书法家辞典》。1993年，其名字及词条被辑入《中国印学年鉴》。1995年，《文化艺术报》的《书法艺术》专刊总44期刊发介绍其作品。

书法艺术是我国文化宝库中的一枚瑰宝，但也面临着后继乏人的问题。山之南像80岁中状元的梁灏，成名后仍为奖掖后进不遗余力。

先生计划在有生之年"竭尽绵薄",多培养几个品学兼优的后起之秀。对上门求教的青年他倾其所知,诲之不倦,循循善诱,认真圈点他们的习作;因势利导,苦口婆心,鼓励他们发挥个性,提高传统功力,注意个人面目。他胸襟开阔,淡泊达观,平易近人,从不矜夸自诩,只讲别人所长,不道别人之短,处处长者风范。青年书艺爱好者恭事师前如临春风,有个青年想学隶书,他用5种风格写了500字、40页隶帖供他观摩演练。威海市俩青年于大年三十来黄县向他求教,他大年初一便将两个年轻人邀到家中亲自示范下笔、运笔要领。

在人物传记《丁佛言》(张久深编著)一书的编写和丁佛言纪念堂的筹建过程中,山之南积极参与,做了大量工作,捐献出珍藏了多年的有关文物资料。

为保存、传播他的精湛书艺,山东省书法家协会特将他的篆书书写技法录制下来,以供后人学习观摩。

1996年,恰值先生九十大耋,在几个得意门生的积极努力下,由沈鹏题签的《山之南书法艺术》一书终于由山东画报出版社于10月付梓面世。此书大16开,10个印张,150个页码,由杨悦浦作序、张久深撰写传略,装帧典雅,印制精美,收录了先生从艺70年弥足珍贵的代表作,了却了先生毕生心愿。

清明的政治和完善的社会制度是科学艺术发展的温床,这个道理的准确性在山之南身上得到充分验证。

……清癯的身躯,疏朗的眉目;中式粗布便服一尘不染,麻底布鞋板板铮铮——山之南那仙风道骨般的飘逸身形多么像槎丫凌挺的干枝梅!

他那的书艺生涯粗看平淡无奇,没有什么惊心动魄的经历,没有什么震撼人心的跌宕,只有磨穿砚底的不

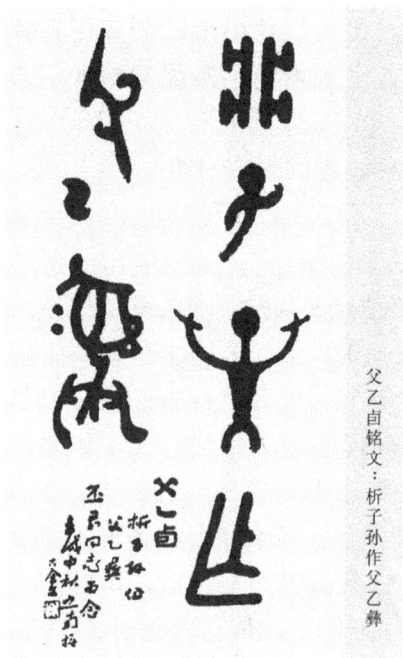

父乙卣铭文:析子孙作父乙彝

山之南书钟鼎文

懈拼搏，只有不求闻达的淡泊寂寞。但细细一想，这正是他的不凡处：没有"层冰积雪时"的冷遇，哪来的60年后的"高标逸韵"？"凌寒飘香"是他安于清贫的本色，"俏不争春"是他姗姗成名的写照。长达60年默默无闻——60年严酷地检验了一个书法家穷不移志、难不灰心，对艺术执着忠贞的高尚情怀。人道字画美，字画美从磨砺出。都说梅花香，梅花香自苦寒来。梅花可贵，贵在安于贫寒寂寞，安于在贫寒寂寞中默默孕育馨香。山之南深谙梅花习性，终成"梅花篆"高手。

江山代有人才出，流风余韵飚绵绵。清末民初以来，丁佛言在家乡开崇尚书艺之先，影响了一代代后起之秀。如丁毓瑾、丁葆筠、丁君武以及后来精于篆隶、四体皆工的山之南，长于小楷微雕的王衍怀，专于石鼓文研究的赵经都等都因受其熏陶在书艺与古文字研究方面有所建树。他们在为人处世与书艺研究方面，传承了他的许多优点和美德。

山之南先生走了。先生德艺双馨，书艺上多有建树而嘉惠后人，书坛上自有他一席之地。他给后人留下的绝不仅仅是书画瑰宝……

山之南先生，走好！

（选自《农村文艺》，山东人民出版社，1983年4月版。结尾部分为后续。）

# 乡野"陋儒"与石鼓文

## ——赵经都简介

凝聚着大半生心血的古文字研究专著《石鼓文新解》终于出版面世了。蛰居于胶东农村的古文字学者赵经都（1925—2019），手捧历经几十年苦心孤诣的研究成果，百感交集，难以名状。

1996年盛夏的一天，一个衣着土气的老农肩背一部沉甸甸的《石鼓文新解》书稿，冒着倾盆大雨来到北京东城一座四合院前，怀着忐忑不安和急切求助的心情敲开了当今著名文物鉴定专家、中国历史博物馆研究员史树青先生的大门。

这位造访者便是赵经都。他是经人介绍由胶东龙口市农村风尘仆仆负稿进京来拜师求教的。

"庾信文章老更成，暮年诗赋动江关。"赵经都，别号绮园老人，1925年2月出生于黄县东江乡蔺家村的一个中医世家，家学渊博，自幼爱好书画艺术和古文字研究。1945年他去北平京华美专与启功等师从吴镜汀学山水画，听华钟彦、容庚讲授国文课。1949年，他参加中国人民解放军，从事部队文化宣传工作，后参加抗美援朝，1956年于广州军区复员回乡务农。

几十年来，他难不灰心，穷不移志，安贫乐道，孜孜

古文字研究者赵经都（1925—2019）

以求，埋头古文字研究和书画创作，学有所成。在物欲横流的商品社会中，与"著书都为稻粱谋"的许多人相比，他这种不求闻达、潜心治学的精神愈显难能可贵。

史先生对赵经都在极其艰苦的条件下为研究民族传统文化做出的努力表示首肯和赞赏，但以赵经都身处乡野，仅据几本工具书从事研究，资料陈旧，且未读过郭沫若、唐兰、马衡诸家有关著述而感不足，流露出些许惋惜和遗憾。

为此，赵经都向史先生作了补充说明："我虽然没披阅过几位大家的专著，但从《吴昌硕石鼓文墨迹》的末页上发现，'刻石时代有秦文公、穆公、襄公、献公等数说；文字系记叙国君狩猎之事'的记载，便觉得值得商榷。据我考证，前人对石鼓文的研究忽略了一个关键性问题。先是将石鼓文记叙的内容解释为'国君狩猎'就欠妥。石鼓文记叙的不是'国君'之事，而是秦惠文公大儿子赵荡在做太子时的活动。其实10鼓中只有4鼓记叙'狩猎'，余6鼓则不是。再是刻石的时间。石鼓文记叙的是'嗣王始'。'嗣'是指册封太子；'王始'是指称王的开始。因此当是指秦惠文公开始称王的时候。据《史记·十二诸侯年表》，秦惠文公十四年（前331年）开始称王。因此，将石鼓制作年代定为'襄、文、穆、献公'皆为舛误……"

史先生听罢赵经都这番侃侃而谈不由连连点头："有道理！有道理！"他手抚书稿沉思片刻，立即应下撰写序言的要求，"你写的书稿比郭沫若、唐兰、马衡他们写得全面……你不看他们的书也可以，我在序言中说明一下这是你的独立见解就是了。"

事后，史先生在给友人的信中写道：

山东赵经都先生的《石鼓文新解》很有创见。他未见过马衡、唐兰、郭沫若诸先生的书，而有些见解超过了他们。故其书稿可以考虑出版。可能有人认为他是"陋儒"。农村能出此"陋儒"亦是国之祥端……

史树青先生慧眼识才，奖掖后进，几经周折奔波终使《石鼓文新解》于2002年6月面世。这不仅是乡野"陋儒"赵经都之幸，亦可视为"国将兴，必重师而贵傅"之祥端吧！

赵经都的《石鼓文新解》由顾廷龙题签，史树青作序，紫禁城出版社2002年6月出版。全书主要内容分四部分：石鼓制作年代、作者、书者以及埋藏时间的考证，石鼓文补全（附有拟联十二幅），注释、句解及引注、解字、辨误，略论《东坡本》的真伪和价值。

赵经都长期坚持钻研书法绘画艺术，深爱石鼓文之端雅圆浑。他临写石鼓文时，常以其文字残缺、难读难解、不能通读通写、制作年代迄今尚无定论为憾。在为生计奔波之余，开始查阅有关资料，进行探究揣摩，经年之后竟将10鼓全文补全，并加以注释，确定了其制作年代及作者。

他前后披阅的资料有广陵古籍刻印社出版的周鼎藏本《石鼓文》，上海书画出版社出版的《吴昌硕石鼓文墨迹》，武汉古籍书店影印、徐文镜汇辑的《古籀汇编》，三秦出版社出版的李铁华著的《石鼓新响》，许慎的《说文解字》以及《史记》《诗经》《康熙字典》等。

在研究中他发现，鼓文所写乃秦惠文公之子赵荡（秦武王）在做太子时镇守故都雍城扶风地区的一系列军事、行政和狩猎习武活动。同时，鉴于当代石鼓文研究仍徘徊在"国君"误区。自马衡发表"石鼓文为秦刻石"之后周宣王之说乃息，但郭沫若、唐兰及近年李铁华等仍从"秦公"中寻求答案……为使石鼓文研究早日纳入正轨，他意识到自己的研究是具有一定学术价值的，遂决定克服困难，写成《石鼓文新解》一书。

在书中，他主要发表了3项研究成果：解决了千百年来百家争论不休的石鼓文制作年代问题，将10鼓全文补全，明确地注释了10鼓全文。

关于石鼓的制作年代及鼓文作者，从唐代韩愈至清末吴昌硕，多以为石鼓是周宣王时史籀所书。至今则有秦文公、穆公、襄公、献公等说。然而皆无确凿证据，各执一词，莫衷一是。

石鼓文制作年代、作者、书者及其埋藏时间的考证结论，他是根据《安国宋拓石鼓文》与补全、注释后的鼓文内容及参考史料记载，反复论证取得的。

他写到，自唐迄今，诸家关于石鼓制作年代的定论存在不少问题。民国以前各家多主周宣王之说，当代有襄、文、穆、献公等数说，但事实上它的制作年代是在秦国称王之后。鼓文中"秦嗣王始"句应是确证。"王始"是称王开始的意思。秦国称王开始是在惠文公十四年（前

311 年），所以周宣、秦公诸说皆值得质疑商榷。

以前诸家另一研究失误是，以为鼓文所记乃国君之事，事实是惠文王长子赵荡，即悼武王或称武烈王之事。《史记·秦本纪》谓："王即位，韩、魏、齐、楚、越皆宾从。"鼓文所记，即赵荡在旧都雍城期间，由傅师辅佐学文习武之事。"来嗣王始"的本意应是："我从雍京到咸都来接受太子嗣封，是在天子称王开始的时候。"此句即为明证。

他的以上两点论述，论据确凿，论断中肯，不容置辩地否定了以往各家关于石鼓文制作年代的推断，确定了石鼓制作年代及所记之事。

赵经都断定，石鼓的制作时间当是悼武王赵荡即位的公元前 310—307 年 4 年间。石鼓 10 篇诗稿，是赵荡即位后，为记载自己在雍城 10 余年间的功绩亲自拟稿，由其师辅导写成。石鼓文书法端雅圆浑，为籀文中极成熟佳作，当系赵荡傅师所书，由石工高手镌刻于 10 面石鼓上，置于雍城宗庙中欲传后世。由于赵荡在位仅 4 年便去世了，身后无子且无直系亲人，石鼓随时都有被破坏的可能。赵荡傅师在动乱中将其埋藏于雍城附近五時原上，希望保存下去。时当赵荡去世后二三年内（公元前 306~304 年）。

这一研究成果较以往各家包括马衡、郭沫若、唐兰所著，有较大突破，见解甚新，后来居上。

《石鼓文新解》既是一部学习篆籀书法的参考资料，又是一部研究石鼓文卓有成就的考古专著。读者可以凭"鼓文补全"部分字角的楷书释文、音韵和标点通顺地阅读石鼓全文，也可以凭借对文字的详细注释和对句子深入浅出的解读通解石鼓全文。补全部分的 10 鼓籀文，使用剪贴方法，最大程度上采用了宋拓原字，余下小部分不能剪取者，由作者模拟补全。借此，读者也可以根据它流畅地通写 10 鼓全文。所以，此书不仅可以作为初学石鼓文者的良师，也可以作为书法爱好者的研究范本。

补全、注释完 10 鼓文后，赵经都还按事件时间先后和内容主次理顺了 10 鼓文的先后次序，并提出了石鼓文的历史价值和文学价值。

在历史方面，此书可以补《史记》之阙疑，证史论之不足。《史记》中较详尽地记载了秦惠文王东向争雄，南北扩张的战绩，但忽略了太子赵荡在巩固后方、发展经济这方面的功劳。在《石鼓文新解》

中,赵经都提出了秦惠文王所以能在东、北、南三方面屡屡顺利得手,其重要原因是有一个由太子赵荡直接控制的稳固安定、物产丰富、兵源充足的后方。在这至关紧要的一点上,他认为石鼓文所记,可以补史书记载之阙。

通解中,赵经都着重提示出了秦国崛起和统一天下的主要历史原因:一是孝公以至嬴政的历代执政君主有一个共同的顽强的"复古"意志,这是其领导意识中的主观能动力量。二是秦国统治家族中,有一套卓有成效的政治、经济、军事全面结合的、从实践中学习的教育方法,使其后继人既有坚强的图霸意识,又有全面的政治、经济、军事才能。这使秦国形成了一个持续数百年的强有力的统一领导核心力量。三是开发高原经济,开辟农垦地区。这是秦国充分利用其得天独厚的可开发的高原荒地,借以充实军需、保证国民生活的方略,也是繁衍人口、扩大兵源的成功国策。这些政策为秦国提供了雄厚的物质基础。以上3点,是秦献公崛起,以至嬴政统一六国的主要原因。

但是司马迁在《史记·六国年表》篇首写到,秦国卒有天下,以"德义""兵力""险固""形势"各方面都不能说明,因而他只好用"殆为天助"和"发祥"西北方位的唯心论五行学说来解释。就此而论,《石鼓文新解》可以在辩证唯物论的历史发展观点方面补史论之不足。

此书除历史价值外,文学价值也很高。

在文学方面,它的功绩在于发掘出10首完整的先秦纪事诗,并且进行了精心整理,既使其朗朗上口,又通解了全文,在石鼓文文学艺术探索方面做出了有益的尝试。

《石鼓文新解》在政治、经济、军事和教育方面,都具有一定参考研究价值。同时,赵经都还从鼓文中发现了生动地描述大熊猫憨态可掬形象的内容。生物学家可以在这残缺难懂的刻石文字中找到古代最早的有关大熊猫及其栖息地的记载。

在考古研究中,"复原"是件饶有趣味的事。把残缺不全的石鼓文"复原"成完整的本来面目,也是历来众多石鼓文爱好者梦寐以求的。传世的苏东坡摹本《石鼓文》,是石鼓"复原"工作的滥觞和尝试。近年李铁华在该摹本的基础上进行了进一步探索。但石鼓文的"复原"工作艰巨复杂,既需要相应的古籍、古文和古代史知识,又必须具有谨慎、周密的科学态度和勤奋认真的工作作风。"复原"必须依赖于确切的译文，而正确的译文又依靠确凿的注释，还不能浮躁和急于求成，一字之差含义全非。

为考定《霝雨》篇中"霝雨奔流"上面的一个残字，他进行了周密细致的考证研究。他首先举证了世传《东坡本》中唐兰、郭沫若和李铁华定为"东""癸""命"的失误；然后根据宋拓原字残迹将此字定为"埮"，并根据"埮"字音义验证，与下句"流"字的谐韵，证实"埮"与巡察要塞的本篇内容相符。

历来缺字较多的《天虹》篇，由赵经都补全了十几个残缺不全、互不联系、莫名其妙的鼓文，复原成为一篇描述草原射猎的绝妙好词，不可思议。赵经都是把它看作一道寻常的填充题，得心应手地填充起来的。他先将宋拓《安国本》和世传《东坡本》中残存的字拼合起来，然后将"合文"进行了分段、断句译文和释义处理，明确了全篇的内容和段落大意、句意，然后应用自己广博的知识逐字逐句推敲揣摩，进行填充，终于再现了一篇十分精练的纪事诗。

他的补全是根据《石鼓新响》所载《安国宋拓原本》，参考周鼎《东坡本》译文和历来名家考释加以取舍，反复推敲进行的。补前存字502个，补字164个，补全后共计627字（不计重文）。

他采取的补缀方式主要是：用鼓文中现存的籀文复印剪补，从书风相近的全文中觅补，部分凑摹。鼓文中无偏旁所据者，则参考古籀小篆构成字体，模仿鼓文风格予以补缀，力求所补籀文能够与原鼓文风格一致，如出一人之手。

赵经都对鼓文做了注释和"句解"。

"注释"将鼓文中的生僻字、废置古字、古籀字和假借字等注明字音，解释字义。"注音"采用同音字和汉语拼音相结合的方式。"释义"采用现代语言，简明扼要。

"句解"就是将古诗句用恰切的词语译成现代语言，译成散句，不受音韵限制，使其更为通畅明了。"句解"中适当增加必要词语，予以补充说明，使其更为真切、生动。

另外，注释鼓文各篇都加标题概括大意，使读者一目了然。同时，在各篇标题下，重点概括本篇主要内容，供读者参考。

前人用鼓文集联者不少。赵经都拟了十一联，又从《中国书法通鉴》上寻摘了郭沫若一联附在鼓文补全之后。

近世学术界对世传"东坡本"的真伪、价值颇有争议。有人断为伪作。李铁华力主其真并肯定其价值。赵经都对此也进行了简单评说。

他认为，肯定不是据原拓勾勒，不能确定是否曾经苏东坡补缀，肯定曾经多人增删；"东坡本"所据拓本肯定早于"安国本"，且在凿臼之前，但拓本较"安国本"粗糙。所以"东坡本"中有些字句如"惟我师氏""宪宪文武"等为"安国本"所无。因为拓工欠精，所以"安国本"中有些字如"天""虹"等在"东坡本"中失落。

对《东坡本》的价值他肯定了两点："东坡本"中有不少字为"安国本"所无，这是极可贵的，对石鼓文的研究很有价值，尽管还需要下一番去伪存真的功夫。在"东坡本"的基础上历经多人增删、注释，残缺不全的石鼓内容、内涵才逐渐明朗清晰，所以"东坡本"的价值是毋庸置疑的。

打开《石鼓文新解》，映入眼帘的是秀雅工整的楷书字迹，形神兼备的鼓文摹写，简练确切的文字表述，清晰精辟的论据论断，令人不忍释手。

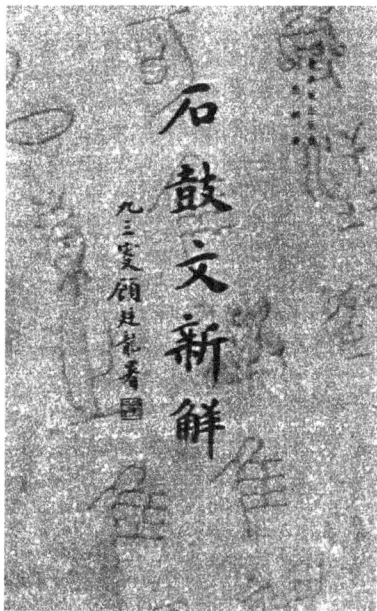

《石鼓文新解》，紫禁城出版社，
2002 年 6 月版

赵经都通过对石鼓文的注释、句解及译文、解字和辨误，将前人在石鼓文研究和"复原"中出现的误解、误释做出了大胆、科学的探索和校正，承前启后，做出了新的贡献。除了古文字研究，赵经都的书、画亦有相当高的造诣。为写生，他年届 70 骑自行车游历大江南北，行程万里，直抵苏杭，为时 3 个多月……史树青先生对他的字、画也十分欣赏。

赵经都在家乡劳动、生活了几十年，当过记工员、会计、生产队长，对农村和劳动人民感情很深。他无儿无女，晚年与亦失去劳动能力的老伴相濡以沫，每月以200多元的补助维生。在这种常人难以置信的困顿生活中，是一种什么精神支撑他清心寡欲、潜心蛰伏完成这部书稿的？书稿压了6年，原答应出版此书的老学者、老编辑死的死、病的病……苍天有眼，不丧斯文。万幸的是重言诺、讲信义、尊重知识的史树青先生在九死一生、沉疴初愈之后即旧事重提："不要灰心泄气，若出版社实在有困难，我出钱印！"一言九鼎。何等胸怀，何等气魄！

"不鸣则已，一鸣惊人。"赵经都是个农民，却取得了许多专家未能研究出来的成果，这全凭他渊博的文史知识、严谨的治学态度和锲而不舍、坚韧不拔的毅力。《石鼓文新解》是他年交70的"处女作"。他蛰伏乡野，不迷信名家，敢于推翻名家定论，独树一帜。赞叹之余，人们也更加推重81岁高龄的史学界"伯乐"史树青先生的人品与荐贤之功。

（《春秋》2003年8月第4期）

# 丹青难写是精神

## ——"万有书库"王衍槐

王衍槐（1923—2000）

蛰居于龙口市徐乡故城东南 1500 米处新嘉疃的王衍槐（1923—2000），字白忙，正、草、隶、篆皆工，集鉴赏、收藏于一身，学识渊博，古文根基扎实，为人解惑释疑有问必答，人称"万有书库"。他对金石、古籍及名人字画具有相当高的鉴赏水平，自刻闲章"阆阆书史""王氏家法"（古文"法"与"废"通），别号"乾山老农"。其微雕技艺堪称一绝，仅凭手感即可在偏指见方的印章边款上从容刻下数行肉眼难以看清的飘逸潇洒行书，铁划金钩，点捺不乱，小米粒见方的字体，发丝细的笔画，流畅清晰，可谓鬼斧神工，令人叹为观止。

王衍槐 1923 年 8 月 17 日（农历七月初六）出生于乡村书香门第。受家庭影响，他 8 岁前即在祖父指导下练习字帖。其祖父出示家藏丁佛言墨宝与《张黑女墓志》训诫他说："我县书法首推丁佛言，你要用心学习他的笔法。《张黑女墓志》为《魏志》第一，你要用心钻研。此间王爵生先生为书坛巨擘，每以此志传授后学。"

王爵生，名塎，字爵生，为正楷书法名家。当时京都盛称"无腔不拿谭（鑫培），有楷皆书塎（爵生）"。因书艺界魏碑风行，所以其祖父指导他以《张黑女墓志》为范本，刻苦演练。只是他摹写了一段时间苦不入门。在本村学堂执教的张皋如擅写魏碑，他曾指导王衍

166

槐练字，鼓励他不要气馁，不要急于求成："你的字取法至上，将来一定有所成就。"

1934年，王衍槐12岁，去县城美国人办的教会学校崇实中学求学。学校设有书法、图画二科。教导主任、莱州人赵经衣擅柳体，以传授颜、柳体为主课。王衍槐在他指导下经过一段学习即可形似，甚为振奋，始觉唐代书法学习较顺手。时在崇实中学上学、兼任小学图画课教师的栾惠之对王衍槐的图画作业十分赞赏。王衍槐的图画成绩在班上一直名列榜首。同村的董樵石先生擅画墨兰，系"白龙山人"王震（吴昌硕弟子）的弟子，客居上海、烟台，回乡探亲时携回"白龙山人"画稿。得知王衍槐好书画，董樵石先生特赠送一册给他演练参考。王衍槐视若珍宝，爱不释手，废寝忘食地观摩练习了很长时间。

在崇实中学读了两年，王衍槐转入德国人在青岛创办的教会学校礼贤高中读书。毕业后，他回村在小学校教了半年书，充当了"牧童八九团团坐，天地玄黄喊一年"的村塾先生。

王衍槐从年轻时即好学不倦，善于钻研，学什么都要学到娴熟精通。他学字画，从执笔练字直到配图装裱、学治印，从印面、印边到印纽无一不精。他的篆刻不求怪诞，但金石味足，工整落笔，大胆走刀。如"江山多娇"，朱文疏密规矩，形软内劲，姣态妖媚；而"祖国荣昌"则布局别致，刀法浑厚。尤可贵的是字如其人，他从不将这一古老艺术神化，而是竭力追求雅俗共赏的效果。那些雕有"獬"（传说唐尧时维护公正、专咬丧失良心的人的神物）、狮子、佛手形象印纽及肉眼难以看清的微型边款，令人爱不释手，惊叹不绝。

1939年，王衍槐17岁，只身去青岛杂货栈当店员学生意。适逢安丘王讷（墨仙）由济南抵青岛。王讷曾任民国民政部主事、山东师范学堂监督、滕县县知事等职，与丁佛言交厚，行草隶篆皆工。王衍槐闻名造访，行、草书艺得到他指导，获益匪浅。

由青岛回乡探亲时，王衍槐结识了县立中学校长、老同盟会员赵竹容。赵竹容擅魏隶。论及书道，他说："草书唯孙过庭《书谱序》最佳。"随即他将所藏墨本相赠。王衍槐携回家后，专心致志地攻读了一段时间。后来他又见到《白云居米（米芾）帖》，尤感兴趣，遂入"董米窠臼"，酷爱入迷。当时他年方弱冠，书艺日臻成熟，条幅、对联写了不少，深受书界老一辈嘉许。

1942 年，王衍槐 20 岁。他去上海复旦大学旁听，与著名书法家马公愚教授共住一院。马教授四体皆工，见王衍槐年轻好学，书艺精熟，十分垂青，遂授以执笔运腕之术。只是马公愚浙音浓重，语言难以细辨。但王衍槐每有迷误经他一点立即释然，心摹手追，进步很快。

在复旦大学旁听了一段时间，王衍槐即去一家杂货店当店员，有机会见到很多名家墨迹，并购置了一些珂罗版印拓与名帖，攻读了《艺林名著丛书》，于书艺理论方面有了较大收获。在这之前，他"徒见名家成功之美，不悟所致之由"；从那以后，他茅塞顿开，渐悟出以往所学多半是"盲人摸象"，没有规范，徒费功夫。

1949 年，王衍槐重返青岛，结识了莱州人杜宗佛。杜宗佛系莱州望族，其母为黄县名门"丁百万"家族后代。杜宗佛曾任青岛市市长赵琪的秘书长，擅长书画，尤工微雕。杜宗佛以书理与微雕技艺相传。由此开始，王衍槐致力于小楷，潜心弄刀，在微雕基础上与杜宗佛几经切磋，篆刻大见长进。但他始终谦逊地说："我虽掌握了篆理，但乡贤丁佛言先生的功夫仍可望不可即。"

1952 年 2 月，他担任华东运输公司青岛分公司文书兼财政委员。有一次他在市场上偶然发现宋版五大臣合著的《文选》一册。这册《文选》弥足珍贵，后为北京大学图书馆获悉，登门征集了去——北京大学图书馆珍藏唯一的《文选》就缺这一册。

1953 年，路经潍坊，他在市场上发现了"扬州八怪"金农的一幅金佛画，十分惊喜珍爱，便买了下来，后捐献给烟台博物馆，成为该馆"镇馆之宝"，时价不下 30 万元。

1954 年 9 月，为庆祝中华人民

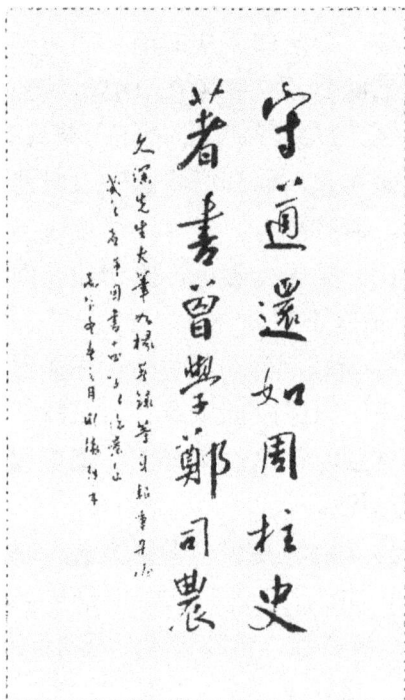

王衍槐书联

共和国成立 5 周年，他书写的小楷《中国人民政治协商会议共同纲领》参加国家举办的书画展，受到政务院的表彰……

1962 年，正当困难时期他回乡务农。时当年届不惑，农村生活相当困难，但他对书艺的追求毫不动摇，对古籍、字画情有独钟。出于痴迷，王衍槐仍坚持在田间地头以树枝、石块当笔练字。他曾自嘲说"20年学艺在田间地头"，故取别号"乾山老农"。在人们将字画、古籍当废纸践踏的年代里，他勒紧腰带"瓜菜代"，抽时间到市场上转悠，一旦发现自己喜爱的作品便想方设法购买珍藏下来。应当说当时他绝没有什么"远见卓识"，没奢望这些东西以后还会值什么钱、有多昂贵的价值，完全是出于痴迷。

就这样，他靠节衣缩食和一片热忱，人弃我取，收集到许多常人难以预计其价值的名人墨宝和珍贵古籍，并集成丁佛言楹联百幅，拟刊《松游楹联大观》，惜未遂愿。他徒步十余里，利用进城赶集的机会，到书法家山之南住处切磋书艺，交流心得，在参加集体劳动空暇编写了《山之南书语》《金文笔顺》几部专著。令人痛心的是，这些书稿与许多珍贵字画和古籍在"文化大革命"中损毁殆尽。

这期间，听说界沟徐家书家徐聘章（礼达）由青岛回乡探亲，不惜步行百余里径登其室聆教。时值斯文遭劫，人人自危，遑论书艺？唯有他仍"执迷不悟""冥顽不化"到这种程度。

徐聘章行、草皆工，其字画曾参加过日本等四国大展，也是个爱书画如命的人，尤擅长《张黑女墓志》与孙过庭《书谱》。经其指点，王衍槐眼界大开。王衍槐感慨地说："自己摸索了近 40 年，如今方如夜见灯……"

王衍槐一生重学问，轻名利。他经常说："名缠利索，昙花一现，从古至今，帝王将相也不过是过眼烟云，有几个能够名垂青史？唯有李杜文章历久常新，长传不衰。"

可惜他生不逢时，终生困顿。难得的是他穷不移志，难不灰心，安贫乐道，对衣食住行从无过高要求，唯对书艺追求孜孜不倦，锲而不舍。即使在 20 世纪 60 年代食不果腹的困难年月和 70 年代"文化大革命"时期，田间劳动之余他仍没放弃坚持练字。人们对他这种痴迷行径很不理解，他解释说："做什么事都不要半途而废，一定要做好，书法这一古老艺术迟早会被重视。"

进入 20 世纪 70 年代末，王衍槐声名鹊起。1979 年，他被黄县文化馆"鑫墨斋"聘为员工，被黄县博物馆聘为顾问，被有关部门推选为黄县政协委员……其书画与篆刻作品在省、地大展中联袂获奖。1980 年，他被美术广告公司聘为员工，专司装裱字画与书艺。1983 年，他由山之南介绍加入山东省书法家协会，并当选烟台市书法家协会理事，有关报刊陆续发表了介绍其书艺成就的文章。至此，他的渊博学识逐渐得到社会认可，市县普查文物时常要请他到场担任顾问。他几乎走遍了全市每一个村落，靠渊博的学识为当地的文物保护提供了可靠论证依据。

至此，他仍孜孜不倦，不废钻研学习，常自谦地说："我眼无灵，我臂有鬼，眼高手低，所写所刻不过尔尔，唯灾纸祸墨罢了！"

人们向他求教，他总是有求必应，不厌其烦，循循善诱。接触过他的人称道他既有满腹学问，又平易近人，是个"庄户先生"。听到这些，他粲然一笑："惭愧呀，我是读书种地两荒芜。"

"市井有谁知国士？江湖客汝作诗人。"在龙口市，多数人可能只知道王衍槐的字画与微雕技艺精绝，地方掌故、名人轶事烂熟于心，以及对鉴别金石、文物、古籍有专长，并不一定了解他的过目成诵、博闻强记、文史学识造诣之深。原黄县县委宣传部一位管业务的老副部长（散文作家、民俗学者）多次说："衍槐先生是龙口一宝。"著名书法家山之南先生风趣地戏称他为"万有书库"。

实至名归。有关部门曾推荐、申报他为省文史研究馆馆员，因种种原因未能如愿。烟台文物部门独具慧眼，认为他是个难得的七行俱下"通才"，拟聘他任职，他终因年事已高诸多不便未能成行……"有材而不用如无材同；用之而不使尽其才如不用同。"人生遗憾莫过于自己的学识没有施展机会，卞和抱璞，怀才不遇，人奈之何！

至今，人们每遇到文史专业中的难题一筹莫展时，万般无奈中即会慨叹一声："衍槐先生若在就好了！"

2000 年 9 月 24 日（农历八月二十三），王衍槐撒手人寰，溘然长逝，享年 77 岁。随着时间推移，人们将会更为公正地权衡出他的分量，进一步认识到他的存在价值——雪泥鸿爪，笔墨寿人。

（《徐福研究》2013 年 2 月）

# 批校《王云五小辞典》的杜明甫

20 世纪 30 年代，黄县杜明甫（1901—1970）大胆批校商务印书馆总经理王云五编纂的《王云五小辞典》的佳话风靡一时，脍炙人口。

王云五（1888—1979），广东香山（今广东中山）人，由胡适力荐，于 1921 年 9 月 16 日跨入商务印书馆大门，直至 1946 年辞去总经理一职，主持商务印书馆工作长达 20 多年之久，是"万有书库"的主编。"万有书库"系列丛书 4000 余册，几乎涵盖了当时所有学科知识领域。在 20 世纪 20 年代到 40 年代，凡是读书识字的人，几乎都读过商务印书馆（创办于 1897 年）出版的读物，几乎都知道王云五其人。王云五只受过不足 5 年的学校教育，20 出头即受聘于中国公学任教，当过胡适的英文老师。在他进入商务印

杜明甫批校的
《王云五小辞典》

书馆的年代，国外知识大量涌入，工具书的编纂成为当务之急。然而，传统的部首检字法烦琐不便。他苦思半年，决定从号码检字方面寻找出路，把笔划分为横和挑、直和直钩、撇、点和捺、曲折，分别用数码表示进行编排，是为"四角号码检字法"：

横一垂二三点捺，叉四插五方块六，

七角八八九是小，点下带横变零头。

他遂以此法编写了《王云五大字典》《王云五小字典》等多部工具书。

抗战爆发，王云五提出了"为国难牺牲，为文化奋斗"的口号，宣布"日出新书一种"，被《纽约时报》称为"为苦难的中国提供书本，

而不是子弹"。他勤奋、博学、务实、进取与开拓创新的精神品格，影响了一代文化人，对中国 20 世纪的文教事业做出了重大贡献，成为中国出版史上"无法回避的巨人"。1949 年他去台湾。晚年他立遗嘱将全部存款、藏书捐出，建立了王云五图书馆，并主持台北故宫博物院工作。1979 年 8 月 14 日王云五因心脏病去世，终年 91 岁。

而蛰居黄县的杜明甫，当时仅是教育局一个年轻的普通职员，一个"小字辈"竟不迷信名家，敢于与名家抗衡，向权威挑战。继 1934 年 6 月 23 日在《大公报》发表《评朱起凤〈辞通〉》、翌年 11 月又在该报发表《再评〈辞通〉》之后，于 1935 年 1 月，推出了轰动文化界的《评〈王云五小辞典〉》一文，一鸣惊人。全文批校 400 余条，撰写 300 多条目，令王云五佩服得五体投地，欣然采纳，立即进行修订。

杜明甫是黄县东江乡黄格庄人，出身于比较殷实的书香门第。1915 年就读于县立商业学校，1917 年转县立中学。1920 年中学毕业后任教于西江格庄崇正学校。1927 年相继在黄县商会、直东轮船公司供职。1929 年在县教育局任职。受家庭影响，他自 1926 年开始典籍勘校并致力于纂述，做了许多辑录、校读和补正工作，先后完成了《辞海辨误》

杜明甫（1901—1970）

《陆放翁的国难文学》《补宋书艺文志校补》《隋书经籍志校补》《补南齐书艺文志校补》《南北史帝王世系表校补》《东汉诸王世系表校补》《三国志三公宰辅年表校补》《补晋宗室王侯表校补》《补宋书宗室世系表校补》《吕氏春秋集释校补》等，编成《二十五史补编校补丛刊》，校读、补正古籍达上百种。1946 年 3 月，任胶东图书馆编纂委员，继去北海区文物管理委员会工作。1951 年，到莱阳专区文物管理委员会北海书库任职。1953 年 8 月，调山东文物管理委员会，负责登记整理古籍、书画、甲骨、古钱、陶

瓷、金石、玉器等文物。1954年8月，调
山东省博物馆筹备处历史研究组，分管陈
列设计。

杜明甫为人谦和，恬静淡泊，治学严
谨，早在1920年即开始研究文博学。他
在《大公报》等报刊发表的几篇专门批校
辞典的文章引起文化界的重视，其渊博学
识深得顾颉刚、谭其骧等专家学者赏识，
先嘱其撰文刊《禹贡》（半月刊），继于
1936年合力推荐他加入了禹贡学会。

杜明甫居家期间，博览群书，精心研
究，潜心治学。除校读补正古籍，还参与
了民国《黄县县志》的校对工作，并代县
长李钟豫撰写序文。他曾搜集了数十家商铺账簿，研究物价规律；搜
集铜圆近百种。

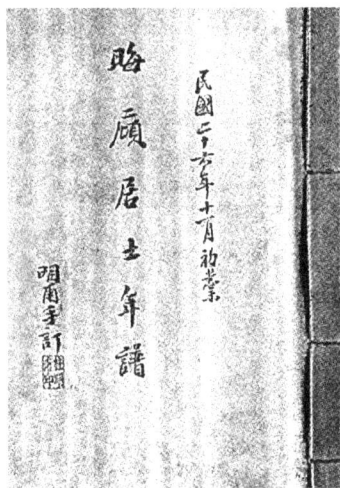

杜明甫手稿

到省博物馆后，他参加了"山东地志陈列·古代史陈列"内容设计，
对陈列精益求精，进行过多次修订补充。他还主持举办过"山东滕邹地
区汉画像石图片""山东革命史料""义和团起义六十周年""辛亥革
命五十周年"等专题展览。自1958年起，经他亲手登记、送缴文物库
房的历史文物达22000余种。1962年8月，他为《辞海》试行本提出
了修订意见。他代表省博为已故考古学家王献唐所著《中国货币通考》
进行校订，历时4个月，写出校读后记百余条，并为书稿校正货币图录
和断句标点，做了大量出版前系
统周密的编务工作，还并起草了前言。
1964年，他协助人民美术出版社编
辑《山东汉画像石集》，并撰写了
前言。

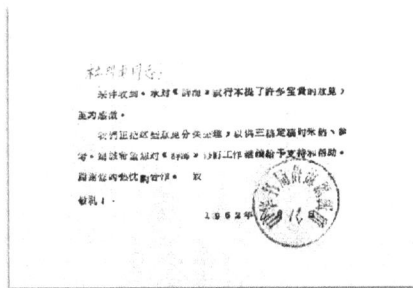

1962年中华书局《辞海》编辑所的函

在短短的四五年中，于繁忙的
馆务工作之余，他还亲拟信稿近千
封，函答了各方面咨询的有关文物
保护和鉴定问题。由于工作突出，

杜明甫校书

1963年他被推选出席了山东省文化系统召开的先进工作者表彰大会和济南群英会。

在"文化大革命"中，他虽受冲击，仍忠于职守，坚持文物保护原则，提出许多积极建议，顶着压力冒险进行抢救保护工作。1967年，省文化系统组织到曲阜"全国红卫兵讨孔联络站"资料组处理文管处所藏书画文物，将其中200余件珍贵书画作品进行清点，将作者、字画质地、内容及完成时间摘要登记造册入库，使大量善本古籍及数百件珍贵书画免遭劫难。

杜明甫甘于寂寞，不求闻达，研究学问博大精深，几十年如一日，矢志不渝，成就卓著，尤其对文博事业做出了突出贡献，功不可没。他是山东省博物馆民革支部负责人、陈列馆主持人之一。1970年7月，他因癌症去世，终年70岁。

（《联合报》2004年1月31日）

# 哈尔滨的"姚半街"

20世纪三四十年代闯关东的胶东人都知道哈尔滨有三多：孙汝元的钱多，"吴大舌头"（铁城）的老婆多，"姚半街"的房地产多。黄县人"姚半街"本名姚锡九，在哈尔滨的房地产多得难以统计，人送诨号"姚半街"。

## （一）包工发了不义财

姚锡九（1881—1946），名香龄，字锡九，黄县北沙姚家村人。父亲姚志毅有三子，长子姚九龄，次子姚昌龄，三子姚香龄（锡九）。姚家贫苦，以手工打制鞋钉——"补补丁"为业，兼靠到海上挑鱼串乡贩卖赚钱，供姚锡九读了三年私塾。长子姚九龄早年闯关东，在哈尔滨、符拉迪沃斯托克（海参崴）做小本摊贩生意。光绪十九年（1893年），姚锡九13岁，下学后随26岁的大哥经大连北上"闯崴（海参崴）子"谋生。符拉迪沃斯托克（海参崴）地处

姚锡九（1881—1946）

绥芬河入海口。开始哥俩挎篮子串街卖香烟、瓜子和零食，借住教堂寺庙。因姚锡九认识几个字，擅言词，好结交，聪明伶俐，并能与俄国人进行简单对话，很快在当地站稳脚跟。一天，俩人见绥芬河口渔民一筐筐往岸上搬运大麻哈鱼卖给鱼贩子，那鱼成山堆岭，摆满了街头。大麻哈鱼的习性是江里生，海里长，每年秋天聚群洄游到绥芬河产卵。姚家兄弟福至心灵：咱何不做做大麻哈鱼生意！原来，姚九龄在家乡时曾在龙口酱园学过几年徒，专事腌渍咸鱼，

练就一手绝活。于是，哥俩在江边租赁了几间草房，买来几口大缸，干起腌渍大麻哈鱼的生意。因为配方独特，咸淡适口，产品很受当地的"老毛子"主顾青睐，供不应求，利润是贩鲜鱼的几倍。哥俩几次扩大经营规模，几年下来，白花花的大洋赚了个缸盈钵满。光绪二十四年（1898年），哥俩穿着绽露着花絮的"撅腚"小棉袄回了老家，破棉袄里夹带着赚来的上千元大洋。腊月，父母为17岁的姚锡九操办了婚事。女方是中村的孙氏。姚家尽管有了钱，但不事张扬，一切从简。

嗣后，哥俩又穿着那绽露棉絮的"撅腚"小棉袄渡海北上到哈尔滨重谋发展，先开了一家小杂货铺，时称"酒柜"。姚锡九一边站柜台，协助大哥照料生意，一边到外国人办的专科学校学俄语。由于他好学上进，脑子灵活，很快就把俄语说得相当流利。这时，他已长成1.8米高的浓眉大眼、身躯魁梧的壮小伙子。随后，他们在松花江码头与俄国人做了段布匹和白糖生意。为谋发展，他们加入了以开赌场为业的李九鹏帮会，有了靠山。

当时北满一带处在沙俄势力范围，一些俄侨在哈尔滨南岗道里大兴土木，创办工厂，经营商店，如老巴夺烟草公司（今哈尔滨卷烟厂）、秋林商场就是那个时期的产物。特别南岗一带由于地势优越，林木茂盛，一些俄侨富佬纷纷在那里建造别墅。姚锡九见建筑业兴旺赚钱，便拉起一个建筑队。因为精通俄语，沟通方便，善于交际，办事机灵，业务发展顺利。

沙俄为大肆侵略我国东北地区，于光绪二十三年（1897年）开始修筑中东铁路。姚锡九趁机包揽了修建松花江大桥工程。江底清基工程量大，有利可图。他公开招募关里来的贫民，许诺了优厚待遇。当时山东、河北因战乱天灾，流亡东北谋生的贫民特多。这些贫民为养家糊口，廉价出卖劳动力。江底清基没有机械设施，全靠人力，安全系数很低，不时出现伤亡事故。因为每当出现事故，承包人可以申领抚恤金和医疗费，姚锡九便以夸大事故、多报少发或民工死后无人追查便隐匿不发的办法侵吞中饱。以至在即将竣工时，他竟伤天害理，丧尽人性地把闭水管抽出，将水下作业的民工全部淹死，以便从每个死亡工人身上剥夺600元抚恤金为己有。

在包修老巴夺烟草公司梯子路时，他竟丧心病狂地活埋了7名拉土工人:工人代表到他那里领取工资,刚出大门就被他事先安排的爪牙杀死,将钱劫回去。先后有 20 名工人不堪其虐待而死亡。这样,靠草菅人命、敲骨吸髓,除了承包利润,还有那为数不菲的民工伤亡抚恤金,他摇身一变成为暴发户。

有钱之后,他不但结交了一些俄侨上层人物,与张作霖的地方权要也有了接触。在这些人的帮扶下,他以钱铺路,踏上仕途。他先当警署巡官,又捞了个道外大水晶街三分区区长的官衔,后出资买通宪兵队参加了防谍委员会。他为日伪政权侵害中国人民为虎作伥,尽极献媚取宠之能事,曾主动向日伪政权捐献近百万元资金,在道外增设拘留所,向监狱提供 100 付 15~18 斤重的脚镣、2 辆囚车镇压残害中国人民,沦为令人发指的民族败类。时当张作霖鼎盛时期,他还不到 30 岁。

## (二)"就油炸"的房地产

清末民初,在东北,哈尔滨的规模还不能与奉天(今辽宁沈阳)、吉林比肩。及中东铁路和北满铁路修成后,哈尔滨很快发展起来,初步形成道里区、道外区和南岗区的格局。在道里区原来俄侨建设的商业街(外国街)以东,中国人又辟出一条新城大街。由松花江岸往南所有的东西大街用数字排列,从头道街至南岗下为 16 道街。为繁荣市面,自南岗铺设起有轨电车路,经过新城大街直达江岸。因为道外工商业发展也很快,所有在姚锡九任警署巡官时,电车公司由南岗向道外修了条有轨电车路;公路修到道外头道街,后增修到道外 16 道街。

路线划好后,姚锡九便沿路查看。他发现辖区内电车路、公路两旁空闲地很多,但大半低洼,常年积水。经过一番考虑,他悟出了发大财的门道。他下令将辖区内无业流民统统驱押到警署大院,每人发给一把铁锹和一担土筐,每天由警署管饭,到南岗挑土填路旁的水泡子地。人多势众,不到几个月就垫平了大片土地。随后,姚锡九带人将垫平的地面钉上牌子,牌子上写的是他的姓名字号。与跑马圈地似的,这片土地便莫名其妙地属于他了。据他本人讲,不但这片地皮是白捡的,包括后来的建筑物也是没用他掏钱建起来的。用他的话说:"这叫'就油炸',不费本,羊毛出在羊身上。当时是钱财找着了我,推也推不出去!"

那片地垫平后就有人来摆小摊，做起生意来。开始姚锡九像没看见似的，置若罔闻，听之任之。等到摊贩越聚越多，并按行业形成市面布局兴旺起来，他便带着人逐摊申明：这地皮是姚某人的，既往不咎。但若想继续摆下去，从本月起按摊位占地大小收缴地租。起初地租也不多，摊贩们觉得也承受得了。同时，也慑于他的权势，摊贩们大都将租金承担下来。姚锡九任用了个姓高的管账房，按行业分片划组，每组每片有专门负责人逐摊收缴，然后由账房汇总。

地面租金他没做别用，积累起来后便买来杉杆、苇席给摊贩们搭起席棚遮风避雨。摊贩们高兴了不几天，租子便见涨起来……姚锡九徐徐渐进，步步为营，由苇席棚到木板房，由木板房而砖瓦房，由砖瓦房改建为楼房，滚雪球似的越滚越大。到了20世纪30年代初，他在哈尔滨道外区从公路到12道街，每条街上都有他的房地产。他还在城郊接合部（今道外区1道街）买进100亩地，建起青砖到顶的大瓦房，除了做货栈、仓库，其余全部出租。这些瓦房以大四合院形式组成，由于距离市中心与江边较近，占有地利，商贾们纷纷麇集，开起米店、脚行、大车店、当铺、钱庄、妓院、赌场、药铺、绸缎庄、皮货店和杂货铺。经过几年滚动发展，这一带很快发展成哈尔滨繁华街区之一。

姚锡九在哈尔滨道外区究竟有多少房地产，除了他本人就是那个姓高的总管还有数，这连他的本家亲属也难以说清楚。道外区的太原街、桃花巷、7道街、10道街，13、14、15道街都有他的房产。他的房产占了道外区的五分之二，房屋达3万间。其中供他与众妻妾居住的道外10道街姚公馆，豪华居室300余间，占地近万平方米，解放初期曾是哈尔滨市人民政府所在地，现为道外区教委办公处。另外，南岗大直街、马家沟、巴陵街也有他的房地产，连远在大连的夏家河子，也有他给四姨太王淑芳准备下的安度晚年别墅。据说曹禺的话剧《雷雨》中的繁漪就有她的影子。"姚半街"的诨号可能就是这时叫响的。其实，他的房地产岂止哈尔滨道外半条街！

## （三）财大气粗

姚锡九巧取豪夺发了大财后，家乡的亲属也相继阔气起来。大哥姚九龄在黄县西海边（今龙口港一带）大柳树旁买了30亩地，建起70多间房屋开当铺、杂货店，几年后这地方便开发成了后来的"通顺街"。

姚锡九有钱经营房地产却不经商。唯"裕成德"属于例外。因为"裕成德"的经理薛范五是他侄子姚殿斋的亲戚，有时有事他不得不介入。尽管如此，对"裕成德"除了提供铺面、仓库，他也只投资2000元。不过，"裕成德"则可以顶着姚锡九是东家的名义在银行透支，也可以赊销、代销一些商行、工厂的产品。

姚锡九为什么不经商？他说，经商风险大，弄不好会连本赔进去……干什么也不及搞房地产，房子一年半载租不出去照样存在，也不用操太多的心。

其实，这话他只说对了一半。若没有警署巡官和三分区区长的虎皮披着，房地产也同样不容易搞。清廷腐败，与列强签订了很多不平等条约，中国人就是在自己领土上见了外国人也矮半截。辛亥革命后虽然成立了中华民国，但军阀混战、政局不稳、国势益弱。当时在哈尔滨中国人不只受日、俄侨民的欺负，还要受朝鲜人的气。所以那时哈尔滨的房产业主都不愿租房给外国人，包括朝鲜人，担心收不上房租来。而姚锡九却没有这方面顾虑，只要价钱合适，谁租都可以。"张飞卖箭猪"，人硬货扎手，不怕不交租。

凡是租他房子的，也有好处：不管设赌局、卖白面，还是绑票、销赃、窝胡子，谁也不敢过问。可谓各得其所。这期间，他伙同李九鹏一伙民族败类合办了一个官会局（大赌场），发了一大笔横财，坑害、逼死了许多人。他还在马家船口开设烟馆、妓院、赌局，诱惑人们上圈套，使许多人倾家荡产、挨饿受冻，走上绝路。据统计，他与李九鹏合伙谋杀的人命案有据可查的即有68件。

天外有天，恶人也有恶人治。姚锡九神通再大，也曾吃官司蹲过奉天大狱。有人说他色胆包天，染指一权要眷属；有人说是因为得罪了张学良的一个亲信……蹲监狱时，他只是不得随便外出，生活上相当优待：带着自己的厨师开小灶，并把四姨太也带进去伺候他。狱官张口"三爷"，闭口"三爷"地称呼着，神气十足，派头特大。用他的话说："我自有办法！"他有什么办法？从未明讲。

姚锡九除了发妻，发迹后又娶了 6 个姨太太，堪称妻妾成群。但只有原配孙氏生有一女，其余都没生育。他曾收养一子，后来下落不明。其女姚坤秀嫁龙口梁家村孙某为妻。外甥女孙玉荣在家乡参加了中国共产党，解放前夕在龙口特区妇联当干部。1947 年 9 月 27 日，国民党第八军占领龙口时，孙玉荣因坏人告密被捕，在蒋军威胁利诱、严刑拷打下始终坚贞不屈，11 月 15 日被残酷杀害。在押赴刑场路上，她大义凛然，边走边演讲："再过 18 年，我又 18 岁，还要加入共产党！"临刑前她高呼："打倒国民党反动派！共产党万岁！"悲壮情景至今令人动容。

姚锡九出身贫苦，暴发后在老乡面前很少摆富翁架子，对闯关东的家乡人有时也以小恩小惠加以笼络，收买人心。他曾在哈尔滨郊外买了 200 亩地，盖了几排简陋房屋，不收费用，供闯关东的老乡居住，使不少人免于流落街头。本村的姚孟龄、姚百龄、姚奎龄等十几人就曾在这里落过脚。后来这里逐渐形成群居村落，定名"顾香屯"，取"故乡"谐音，即现在的顾乡屯大街。

## （四）隔代出了败家子

姚锡九的二哥姚昌龄，1914 年 38 岁时在老家让胡匪绑票后开枪打死。大哥姚九龄 81 岁时在龙口被日本鬼子飞机扔炸弹炸伤，惊吓而死……俗话说，富贵无三辈。姚家隔代出了败家子。

阴险狡诈的姚锡九也有他的另一面，既讲江湖义气，也重手足之情，特别是对大哥姚九龄终生耿耿在念。他常对人说："没有我大哥，哪有今天我姚锡九！"所以，他对大哥的儿子姚殿斋、孙子姚芸经特别眷顾关爱。姚芸经自幼丧父，被姚锡九带到哈尔滨娇生惯养，放荡成性，不到 30 岁吃喝嫖赌无所不沾，花钱不惧大，可以随便去账房支。

有一次赌钱输得太多，账房高先生因支的数目过大，让他去找三爷爷开个条子来。姚锡九听说要支那么多钱，问他干吗用？他照实说是赌输了，还账。姚锡九一听，不但没给他开条子，还把他训斥了一顿。

第二天一早，姚芸经又来到道外南 10 道街姚锡九的住处。姓唐的保镖问他怎么来得这样早？三爷爷还没起床呢！他说有急事。保镖因他是姚锡九最宠爱的孙子不好再阻拦，便开了门。姚芸经径直闯进姚锡九的卧室，掏出一支3号"撸子"，用冰冷的枪口顶着醉睡中的"三爷爷"热脑门。姚锡九睁眼一看，顿时冒出一身冷汗，喝道："你这兔崽子，想干什么？！"

姚芸经哭丧着脸道："三爷爷，我活不下去了！今天还不上赌账，人家要整死我。我死了你也会难过，不如咱爷俩一起死吧！"

姚锡九一听，忙说："你快把枪收了，别走了火。你这兔崽子，你的命就这么不值钱？"随即他写了张条子，让高先生开了支票。

姚芸经拿到支票回来对姚锡九说："三爷爷，刚才我是吓唬你的。这枪里根本没装子弹！"说完他便跑了，但多日不敢来见姚锡九。后来他央求高先生在四姨太面前说了许多好话，姚锡九看在四姨太的情面上才消了气。但从那以后姚锡九有了戒心，交代保镖：没有他的话不准放芸经进屋。他痛心地对人说："芸经小时候是个好孩子，让我给惯坏了……我对不起死去的大哥和大侄子！"

姚锡九在伪满时期认敌作父，助纣为虐，残害人命，贩卖毒品，开设妓院，设赌抽头，不择手段地聚敛各种不义之财，犯下许多罪恶，民愤极大。仅被其霸占的妇女就不计其数。他看中一个很有姿色的女艺人，便雇打手暗杀了其丈夫京剧演员圆圆红。京剧演员元元玉、18岁的评书艺人邹兰芬也没逃过他的魔爪。洪世金的姐姐在姚家当使女，被姚霸占。后来，洪世金的老婆也被其强占。洪世金到伪警署控告不成，一气之下杀了老婆并自杀……

1946年7月10日，恶贯满盈的姚锡九以"大工头、大恶霸、大汉奸、大流氓"的罪名在道外8区运动场受到哈尔滨市民审判。11日，他被押赴道外20道街公园处决，时年66岁。侄孙姚芸经也因劣迹昭彰被判处死刑。几个姨太太各奔东西，去向不明。唯有三姨太因受其虐待，曾公开出面揭发诉苦，人民政府将姚锡九的一处楼房判归其所有，作为生活和养老费用。

（根据于新先生及哈尔滨道外区政协供稿整理。1988年初稿、2006年元月定稿）

（《春秋》2006年8月第4期）

# "布衣将军"胶东行

## ——追记冯玉祥将军

1933 年 3 月，日本侵略军侵占热河后向察哈尔、河北进犯。国民党政府继续执行其不抵抗政策，一味退让。5 月，冯玉祥（1882—1984）以西北军旧部为基础与共产党人吉鸿昌、方振武等在张家口成立"察哈尔民众抗日同盟军"，发起举国振奋的绥、哈抗战，积极筹划收复东北失地，得到全国人民的热烈支持，部队由几千人很快发展到十余万人，战事节节获胜。

冯玉祥（1882—1948）

冯玉祥这一壮举为媚日的当道者所忌恨，遭到外敌、内奸的压迫。8 月，在蒋介石的威胁、迫害和镇压下，冯玉祥被迫离开张家口前线。余部与吉鸿昌、方振武等率军苦撑，力敌日、伪和国民党军队的夹攻，终因势单力孤，不幸于 10 月中旬失败……

冯玉祥忧忿交加，抱恨举家隐退东岳泰山，布衣粗食，砥砺志节，抗日的态度更为鲜明，誓不与国民党统治集团同流合污。他特聘张雪门、陶行知、陶希圣等讲学，借鉴历史经验，访察民情民俗，揣摩时势政局，深入思考和探索救国之路。

第二年春天，他终于按捺不住救国激情，由泰山五贤祠偕李烈钧出游。车抵青州，游览范公亭时，他手书一联：

兵甲富胸中，纵叫他虏骑横飞，也怕那范小老子；

忧乐关天下，愿今人砥砺振奋，都崇这秀才先生。

5月17日，冯玉祥一行乘胶济路火车抵达潍县，转乘一部蓝色旧轿车沿烟潍公路北上，直奔黄县。途经招远、黄县界河，他们特至镇河寺对面辛亥革命烈士碑下祭拜了徐镜心等革命烈士。下午3时许，车抵黄县城。其时，雨后初晴，微风轻拂，十分宜人。身躯魁梧的冯玉祥头戴白布包起来的六角草帽，身着蓝色土布对衿衫，下身着白裤腰叠裆裤，腰间扎一白土布带子，脚穿三叉大白底青布鞋，一副农民装束。李烈钧则头戴灰色细毡礼帽，着蓝色长袍，外罩马褂，脚穿棕色皮鞋，一身士绅打扮。

时任黄县县长的范慕庐特将二人迎入车站南百余步的黄县望族丁家花园熙和园下榻。冯玉祥在与其旧部周绍南等几个文职人员见面时，这几个人仍称他"总司令"。冯玉祥既揶揄又风趣地说："不要这样称呼了！人家都做大官去了，不跟随我走了，我还给谁当司令呢？你们就叫我冯先生，叫我老冯也行！"

丁家花园整洁幽静，二位将军十分高兴满意。当范县长要以酒宴招待时，却被婉言谢绝了："我们是历来不赴酒席的，老百姓的血汗不堪入口！你做父母官的要尽东道之谊，请改为大饼、白菜粉条炖肉就好！"

5月18日上午8时，辛亥革命烈士徐镜心的侄子、黄县教育局局长徐叔明应邀前往拜谒二位将军。冯玉祥详细地垂询了徐镜心追随孙中山先生由日本回国参加辛亥革命和反袁称帝被害经过，以及遗属及家庭现状，勉励徐叔明继承先烈遗志，关心国家大事和人民疾苦。他随手题写了一魏体横幅"承前启后，继往开来"相赠留念。随后，作诗一首：

…………

前方正抗战，蒋汪竟投降！
平素空谈话，离奇又狂妄：
"岳飞是军阀，秦桧是忠良。"
有人对我说，此话出于汪。
此乃其哲学，有奶便是娘，

…………

又作诗题为《推车》：
终日推小车，大汗如雨落。
勤劳不住手，牛马过生活。

政府的委员，一月洋八百。

革命为谁革？为了委员阔！

李烈钧将军则题写一"善教得人"条幅馈赠。

徐叔明接受了墨宝，提出请冯玉祥翌日莅临县立中学生运动会训话、激发学生抗日救国热情的要求。冯玉祥慨然应允。参加运动会的中学生听到这个消息后，极为振奋。

运动会开幕了。冯玉祥随同县立中学校长、同盟会员赵竹容和徐叔明来到学校。过了一会儿，才有一卡车卫队约30人跟上来，均便装，一律配匣子枪。车停在校门外，无人下车，也没有人吸烟、谈话，非常肃静。冯玉祥来到会场，健步登上主席台，行罢军礼，大声讲道："我就是那个倒戈的冯玉祥！为什么倒戈呢？因为军阀割据，称霸称王，百姓不得安宁，国家不得统一。听说你们开运动会，特借这个机会同大家见见面。你们青年人是国家未来的栋梁，国家兴亡仰赖在你们身上。所以在求学期间不但要读好书，还要把身体锻炼好。如今帝国主义把中国看成块大肥肉，争着下筷子。东北被日本人夺去了，英国在西藏大肆侵略，近又占我班洪，法国侵占峨哈……日本鬼子步步进逼，冀东伪化，天津告急，华北告急！所以有知识青年当知所负责任之大。"冯玉祥慷慨激昂，声音洪亮。当时没有麦克风扩音设备，但在场人员听得清清楚楚。接着他又说："国家民族濒临危亡，救亡扶困端赖青年。愿诸君以此为运动会之最高意义。"说着，他由随员手中接过一纸包，当场打开，只见里面是只博山蓝花土瓷盘子。他将土瓷盘子托在手中

1934年5月18日，冯玉祥来黄县崇实学校发表抗日演讲

向全场一亮："这是我对大会的献礼。价值虽小，意义重大，优胜者可获此奖——希望你们将来把国家治理得如磐石之安！"

顿时，全场掌声雷动。冯玉祥在掌声中健步下台，昂首走到足球场上，一脚将球踢出，开了球，即拱手告退。他临别与师生合影留念。照片上印有"冯焕章先生参加黄县第三届运动会摄影，廿三年五月"。他还留赠了几本《绥察冀抗战实录》小册子。离开县立中学，冯玉祥又以基督教徒身份乘车到林家庄子大埠沟北美国教会办的崇实小学堂参观访问，在学校礼堂做了演讲："中国人不抗日，连猪不如，连狗不如！"中午在学校就餐后他题了一副对联相赠："还我河山，一片忠心唯报国；驱逐异族，百年奇耻不共天。"在黄期间，冯玉祥饮食均自备，以"米面为主，将军之常食也"，且只用当地井水做饭。他回请县长，主食为窝窝头。

一周后，徐叔明与几个热血青年前往丁家花园造访，方知二将军已不辞而别。多日后传来消息，说是已抵蓬莱县。

原来，5月19日，冯玉祥与李烈钧一行悄然抵达蓬莱阁，下榻避风亭。下午即瞻仰了明代抗倭英雄戚继光祠。冯玉祥手书一联，嘱人刻置堂上：

先哲捍宗邦，民族光荣垂万世；

后生驱劲旅，愚忱惨淡继前贤。

在小驻蓬莱阁的日子里，冯玉祥登临天后宫戏楼，面对数百名青年师生慷慨演讲：战则存，不战则亡！他于5月20日公开发表讲话反对蒋介石推行围剿江西中央苏区的政策，斥责独夫民贼"前方剿共，后方造共；愈剿愈多，愈难解决，辗转督剿永无已时"，"坐在南面称王、寡人万岁的时候，中国四万万人早已在自己宝座下变成了亡国奴"！他当即在《抗日周年纪念》"丘八"诗中写道：

日本帝国主义，无端侵占土地。

不知耻的人们，大唱不抵抗主义。

我们的四万万五千万人，

被日本欺压的不如狗也不如鸡。

三千五百万同胞做了他们的奴隶，

国土失去了三百五十万平方里。

这样的军事，这样的政治，

是如何的不争气？！

每当夜阑人静，万籁俱寂，唯有浪击丹崖訇然不息之时，他踱上备倭城头，远眺茫茫大海，手抚堞墙上的古炮遐思冥想，低吟长啸，兴会所至，写下针砭时弊、痛斥当道者悖天悖理的《剿共》诗：

去剿共，去剿匪，

投降日本先对内。

不抵抗，不准备，

不怕人骂卖国贼？！

日为主，民为敌，

早日抱定大主义：

国家可给敌，

不可给奴隶！

冯玉祥在避风亭接见几个军界袍泽和德国人司培曼时，李烈钧亦作陪。谈论指斥间，李烈钧深受感染激动起来，忍不住说："人们都在热切盼望你出山。你该拿出个起死回生的办法，挽救民族危亡啦！"说着，唤来纸墨，写下一联：

攻错若石，同具丹心扶社稷；

江山如画，全凭赤手挽乾坤。

李烈钧写罢，请冯玉祥补额。

冯玉祥接笔在手，凝思片刻，信手写下"碧海丹心"4个严整遒劲、气势夺人的魏体擘窠大字。

5月22日上午，冯玉祥一行抵达烟台。烟台于1934年1月脱离福山县，建置成为特别行政区，设专员公署。首任专员为冯玉祥旧部。冯玉祥到公署后由专员安排下榻金沟寨原海军学堂。冯玉祥不顾旅途劳顿，在短短4天中，先后考察了张裕酿酒公司、进德会苹果园、博物馆、永康造钟厂以及绣花、发网花边等工厂，参观了芝罘岛、毓璜顶，访问了金沟寨农民，接见了美国驻烟领事魏伯和日本驻烟领事，接见了基督教会代表，举行了"民众抗日同盟御寇周年大会"，利用一切机会接见烟台各界代表，宣传抗日救国主张。翌日上午，冯玉祥在张奎文陪同下登临东山炮台，手按古炮，极目大海，感慨沉吟。当看到几艘外国兵舰在海面上扬威耀武来往游弋时，他情不自禁地脱口喊出了："不平的世界，不平的地天！"愤懑抑郁之情溢于言表。下午冯玉祥游览小蓬莱、烟台山和芝罘岛，写下《游烟台》诗一首，狠狠地鞭挞了投降派：

烟台，烟台，

明末设过烽火台；

芝罘岛，芝罘岛，

光绪二年订过不平等条约。

风景秀丽的小蓬莱哟，

可惜被迷信风气弥漫了。

东炮台上炮全毁，

西山炮位早坏了。

先人的心血已成历史的史料，

而今而后徒供后人凭吊！

大好要塞不设备，

敌人来时只有跑。

试看政府枢要还不是不抵抗当道！

在烟台期间，他仍是一切从简。宴请各界人士时，照旧以豆腐、豆芽、萝卜为主，应邀者大受感动。当他来到永康钟表厂参观时，看到先进的民族工业产品十分振奋。厂家要送他座钟，被谢绝了。尔后他掏钱买下4座，并随手题写了一首《赞永康钟表》诗：

…………

无论钟，无论表，

大家都说外国物件好，

永康钟表总得换入超——

装置既辉煌，机件又灵巧，

谁说国货没有洋货好？！

在参观花边工艺品展时，他的忧患意识油然而生，触景生情，遂题一首《花边》诗：

女工哟，女工哟，

你够多勤劳！

辛辛苦苦花边挑，

欧美各国能遍销，

每年换回几百万入超。

近年来风气不好，

中国妇女赶时髦，

旗袍系上也用花边包。

人家都是重工业，

能在中国实行倾销，

把我们的血眼看吸尽了，

我们如何比得了？

奉劝麾登小姐早盘算，

国民经济眼看总破产，

我们可不是杞人忧天，

我们可不是杞人忧天！

5月25日，冯玉祥应烟台青年会邀请，在志孚中学（今烟台一中）露天大会场向数千名学生和各界人士发表演说。他仍是那身简朴装束，仪态威严，豪爽直快，出口不俗："去年的今天，是兄弟在察哈尔举义抗战的一天。看起来日本人不是那么可怕的，我们的抗战只要坚持下去，一定是很有希望的……"接着，他慷慨悲愤地陈述了吉鸿昌部可歌可泣的战绩，抨击汉奸、卖国贼和一切不抵抗主义，号召青年学生读书不要忘记救国。他讲得声情并茂，深入浅出，动人心弦。广大听众热血沸腾，深受鼓舞。会后，他挥笔题字：

粉身碎骨都不怕，留得清白在人间。

当天，冯玉祥一行离开烟台，直赴威海卫。5月26日，他在威海卫港口察看地形时，正值刘公岛英国海军举行演习。英舰依海战序列出击，飞机按攻击部署行动。一时间刘公岛海面炮声隆隆，硝烟弥漫，俨然进入战争状态。帝国主义依仗舰坚炮利在我国领海、领空肆无忌惮地随便演习，仗势横行，大张犁庭扫穴气焰，这深深刺痛了冯玉祥的心。他义愤填膺地说："自己的领海，人家的海军随便演习，这叫什么国家？整个海权握在人家手里，真难乎我们中国人！"他当即提笔赋诗《英国海军打靶》，抒发御侵反帝之情：

渤海湾的一角，
浮起滔天浪潮。
我浑身的血液，
火一般燃烧。
听呵，炮声在响，飞机在叫；
看呵，大不列颠的海狗哟，
正在射击我海岛！……

5月30日，冯玉祥登临位于威海卫西北角高达10余米的环翠楼，远眺甲午中日战争海域，尔后祭拜楼内供奉的丁汝昌、邓世昌及阵亡海军将士灵位，在楼后细读了铭记将士们悲壮殉国情状的石碑。抚今追昔，睹物思人，他心情久久不能平静，当即为丁、邓灵位两侧写下一副楹联：

劲节励冰霜，对万顷碧涛凭此丹心垂世教；
登临余感慨，望中原戎马擎将热血拜乡贤。

他又赋诗《登环翠楼怀先烈》：

甲午年，中日战，
陆军既失败，海军也灭完！
丁提督羞愤无面把人见，
决心自杀不肯活人间！

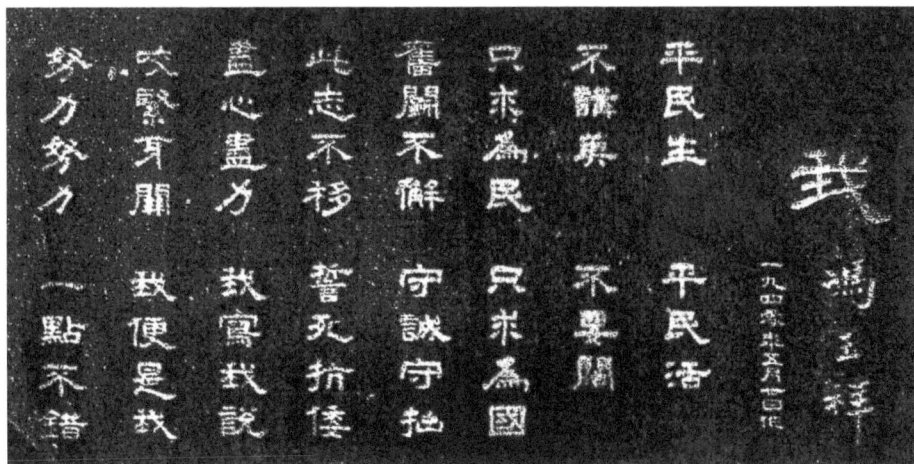

冯玉祥手书《我冯玉祥》

189

环翠楼上尊像悬，
也不愧为后人好模范！
中日战，海军败，
孤军撑持邓管带。
怀有侠烈的心肠，
抱有不可一世的气概！
炮已坏，不能放，
仍然开足马力向前闯，
不能杀贼也死在海洋！
轰轰烈烈干一场。
给后人留下个好榜样！

冯玉祥题罢联，赋了诗，意犹未尽。面对楼上楼下来去匆匆的游人过客，他轻吟着"救国安有息肩日，革命方为绝顶人"的诗句，长时间盘桓沉思，流连忘返，然后又向顶楼走去，一步步走去……

前无愧于古人，后无愧于来者。"布衣将军"冯玉祥胶东之行播下了抗日救国火种，留下了一行行光照日月、震古烁今的文字，唤醒了千百万民众的觉醒。60余年后的今天，人们在缅怀他的同时，周恩来对他的那几句肯綮评骘也会油然涌上心头："将军一向习于勤俭朴素""最喜接近大兵与老百姓""果能人人如此，官场何至于今日之奢靡不振！"

（《联合报》1986年6月5日）

# 出污不染仲将军

在 20 世纪二三十年代的旧军队中，有位黄县籍出污不染、作风正派的正直军人——空军将领仲跻翰（1885—1974）。

仲跻翰，字墨园，光绪十一年（1885 年）出生于山东省黄县海岱乡河口成家村一渔民家庭。当地人俗称"打鱼摸虾，饿死全家"，家境十分贫困。他幼年丧父，在外祖母家长大，少年时随亲友赴黑龙江当学徒。他先在粮店当伙计，向账房先生初学文字，后在私塾当杂役时乘机旁听学习文化，又于朝鲜、沙俄边境经商。稍有些文化知识后，进入官办的哈尔滨黑龙江省陆军小学堂。毕业后考取北京清河第一陆军预备学校。1916 年秋，经驻京北洋陆军见习后，考入保定陆军军官学校

仲跻翰（1885—1974）

第五期步兵科。在校期间，曾与要好同学张荫梧（河北博野人）、楚溪春（河北蠡县人）结成金兰之交。因他从小未接受过正规的文化教育，基础较差，延至步科第七期才毕业离校，时年已35岁，同学们都称他"仲二哥"。其间著名同学有陈长捷、黄维纲、董粹生、刘茂松等。1919年秋，他毕业后被分至原段祺瑞参战军第一师（师长曲同丰）任见习排长。实习期满，调至哈尔滨中东铁路稽查处任处长。

## （一）

1923 年，经友人介绍，他从黑龙江入关来到山西，先在晋军中任督察，后在师参谋部任参谋。1924 年调任晋军步兵第 46 团上校团长。

此间，因其精通俄语，会同俄国人舍利哈夫于太原国民师范学校内创办了俄文专修科。他自任俄文教员兼师范学校军事教官。

1926 年，阎锡山仿效蒋介石及其他军阀的做法，于山西太原成立了航空兵团，以 1925 年购买的第一架飞机为基础，开始了山西的航空事业。为给山西军队培养空军飞行员，阎又下令于航空兵团内附设了航空预备学校，以陆军少校杨玉山为校长、北京南苑航校学生刘杰为航空兵团团长。时年已 42 岁的仲跻翰经阎锡山亲自特许，带薪带职进入航空预备学校学习飞行。这在当时的中国成为唯一。他因努力用功，学习勤奋，又有军校及外语的底子，毕业考试成绩优良，遂被阎锡山任命为航空大队少将大队长，进入空军行列。

其间，因坏人挑拨，阎锡山将他调离职务 3 个月；后发现顶替他的人根本不能胜任，工作能力远不如他，又将他官复原职。阎锡山见山西航空事业很有起色，能为晋军壮大声势，于是下令成立山西民航局，调仲跻翰兼任民航局局长。1928 年秋，阎锡山在山西民航局下成立了航空学校，任命仲跻翰为山西航空学校首任校长。因有保定军校与航空预备学校的航空知识和军事知识作为基础，仲跻翰上任后亲自作航校预算，购买欧洲国家航空器材，广泛罗致北京南苑航校诸届毕业生前来任职执教。在航校教学工作中，他身体力行，亲自指导教学工作；亲自纠正飞行员的飞行动作，使其飞行水平达到标准。由于他工作能力卓著，深得阎锡山赏识，1929 年被授陆军中将校长。

由于仲跻翰知人善任，与航校各部门负责人工作协调，任职 7 年多，为山西培养了一批优秀的空军飞行员，在 1930 年的蒋、阎、冯中原大战中发挥了一定作用。蒋介石曾气得说："阎百川的飞机竟敢来轰炸中央军？!" 1934 年，仲跻翰奉命赴日本考察军事与航空教育。归国后他将在日所见所闻写成了《日本考察记》一书。1936 年，山西晋绥军官教导团扩大招生，他写信告诉外地友人，动员广大知识青年前来报考，用以抵御日本侵略。1937 年初，国民政府下令，山西航空学校并入国家空军系列。根据南京国民政府军委会的命令，仲跻翰由山西调入南京防空学校从事科研工作。1937 年 6 月 29 日，杨虎城因西安事变被蒋介石逼迫出国考察。国民政府军委会外事局指定仲跻翰为杨虎城随员。他陪杨虎城先后考察了日本、美国、英国、法国、德国，以及西亚、东南亚等国家和地区，历时半年多。归国后他为军委会编写了18万字的《东西洋考察记》一书，提供有关部门参考。该书现收藏于台北市南海路历史博物馆。

抗战期间，苏联政府派空军来华助战。他奉国民政府军委会空军司令部派遣，赴新疆伊犁边区任军事研究所中将主任。在当地驻军配合下，他代表国民政府接受苏联援华空军部队飞机、飞行员及航空物资等，使到达的飞机与飞行员迅速分配至华中、华南、西南等抗日战场。苏军飞行员驾机勇猛顽强抗击日本飞机，并以重磅炸弹袭击日军机场、码头、港口、军舰船只和军事防地，有力配合了我军防御作战和保护重点城市安全。

1945年抗战胜利，他退役回到太原北郊务农。1948年他去上海治病，后携夫人由津门赴台，定居高雄市屏东崁顶村。1974年3月12日病故，终年89岁。

# （二）

仲跻翰少年时于仁川、符拉迪沃斯托克（海参崴），和哈巴罗夫斯克（伯力）等地随大人经商有年。自己发奋图强，自学日语、韩语、俄语等。因与俄人交往较多，他的俄语水平不断提高，能达到当老师及当翻译的水平。除精通俄语外，他还学过英语，到国外考察可不用翻译而单独活动，回国后根据记录进行整理。他编写的《东西洋考察记》于1939年被世界书局出版发行，仅照片就达168幅。书中对各国国防、军事工业、军事教育、空军、交通、文化、民情、风俗等均有论述。书中有阎锡山、徐永昌等人的题词。

仲跻翰是由晋军步兵团长改行学空军的。刘石农参谋长曾赋打油诗一首赞颂仲跻翰："壮哉此老汉，心胸比汉班。汉班仅西域，此老能上天。"晋军航校有飞机20余架。阎锡山为省钱，飞机多购于英、法、德二手货，或经本国洋行购置主机及零部件自行组装，其飞机质量可想而知。因而飞行事故较多，仅机毁人亡事故就达3次。仲将军本人生性刚毅，勇于探索，身体力行。他身为校长，有一套工作准则。一次空中阴云密布，气候异常恶劣。人们都说不能起飞。他想考察一下恶劣天气下的飞行情况，执意起飞上天。因当时机舱不密封，没无线电通信。他的飞机降落后，人几乎被冻僵，大病一场。

一般飞机均逆风起飞。他想试试顺风而起。当时机场只有一条跑道；无通讯联络，起飞与降落全凭肉眼观察。他在一次起飞时，发现一架飞机要降落。因躲闪不及两机机翼相撞。降落的飞机无大事，而他的飞机正在加速，冲起很高，结果摔落在机场附近。他本人昏迷两天多。经医务人员检查，肋骨骨折，胸部受伤，后经北京协和医院救治方幸免于难。在新疆工作时，他因车祸再次负伤，但始终坚持工作毫不退缩。

仲跻翰多次赴苏，受苏联集体农庄影响，也想在中国试办。太原机场西侧靠近河边有大片荒地。他本人购置土地并动员同僚大量购置，经规划后建起百余间排房，起名曰"新村"，供河北、山东、河南灾民安家租种。这些灾民多由太原市的山东会馆做介绍，按人口分给住房、口粮、土地等。仲跻翰出资购买农具供村民使用。工余时间，他和村民一起修渠引汾河水，打自流井，植树造林。他鼓励村民辛勤耕作，种植水稻、莲藕，使这一带成了灾民的聚居地。

他和同事们筹资建起"新民小学"，为学校添置桌椅、书本、文具，同时招聘散师，免费供机场职工及灾民子女上学。此外，他们还在新村内集资开办了一所"新民医院"，聘请航空队军医义务为灾民医病；无论本村或外村人均可免费治疗。冬闲时节，仲跻翰还组织农民修理农具，编织水斗以及组织村民上夜校学习文化，同时教他们简易算术。他曾表示，要在新村扫除文盲。

## （三）

仲跻翰出身贫寒，其发妻为家庭妇女。他们生活简单，终日粗茶淡饭，与一般农家无异，这在同僚中是出了名的。在保定陆军军官学校上学时，每逢假期同学们或骑马或乘车回家。他不舍得花钱，背行李徒步往返，受到教官与同学们称赞。一次军界好友张荫梧、楚溪春带卫士马弁来访。仲跻翰即命家人蒸窝头，大锅熬白菜豆腐接待。客人不好拒绝，只好硬着头皮吃饭。饭后驾车到兰村看泉水游泳，有人喊饿。有人精明，事先准备了面包点心，叫卫士分给大家吃。返回时仲跻翰有些过意不去。他说："我知道你们没吃饱。走，咱们进城下馆子，我请客。"说完大家跟他来到城内柳巷内一个叫一分利的饭馆。老板一看来的都是大官，认为财神到了。岂知，点的菜竟是包子和鸡蛋汤。大家十分尴尬。以后"仲二哥请客——包子鸡蛋汤"，几乎成了歇后语，传遍太原大街小巷。

太原城离航校有数十里路。仲跻翰作为中将校长有专车乘坐。但无论公事或是私事，他都以自行车代步，极少坐自己的小汽车。有一次省政府卫兵换防，他推一辆破旧自行车要进省府办事。卫兵见他那样子，说什么也不让进。直到后来出来位省政府的处长说了话才得以放行。他担任航校校长期间，对生活散漫和工作松懈的飞行员严加管教，目的是培养空军人员的战斗作风。他严禁飞行员酗酒与吸烟。酗酒影响大脑思维，吸烟影响人体肺活量。他自己以身作则：不吸烟，不饮酒。

太原解放初期，解放军空军部队曾派人（不知是否是仲跻翰的航校学生）来太原拜访他，结果碰到了他的女儿。他们说请仲将军到解放军空军部队当翻译。那时苏联的援华项目较多，但懂航空又懂外语的人极少，而仲跻翰当年在新疆工作时与苏联人长时间打交道。听说他去了台湾，人们非常惋惜。

仲跻翰一生忠厚耿直，生活简朴，忠于职守。他要求自己的子女各立门户，不依靠父母，凭本事谋生。他本人一生的积蓄不分给子女，多捐于慈善与公益事业。这就是仲跻翰——一位正直的中国军人。

（根据吕万隆等供稿整理。）

# 愈知晚途念桑梓

## ——王汝钧生平事略

在渤海湾离大陆 3.5 千米处有一面积仅 2.5 平方千米的小岛，隔岸遥望，极像颠动在浪尖上的一枚桑叶，故名桑岛。这里便是为故乡兴办学校和公益事业慷慨捐资近百万元的旅日华侨王汝钧（1903—1994）先生的胞衣之地。

王汝钧（1903—1994）

旧社会，这个只有几百户人家的小岛是个穷山恶水不养人的苦地方。"能上南山去当驴，不到北海去打鱼。"山区农民生活苦，桑岛渔民更艰难。海产品不值钱，岛上缺粮、缺水，出海打鱼风险大。为生计所迫，人们唯有背井离乡，浪迹天涯。王汝钧的父亲王作赢就是为了改变这贫困状况铤而出走的。

他先到营口当厨师，后去大连住饭店。有个旅日华侨见他烹调技术好，便将他带到日本大阪市。在大阪初期，王作赢在餐馆当厨师，借住北方公所。几年之后，在朋友的帮助下王作赢与他人在大阪东区瓦町创办了泰赢楼、东赢园（租用）两处餐馆。他因为处事公正，经营有方，深孚众望，很快被股东们推选为两处餐馆的监理。这期间，不少桑岛青年追随他东渡日本侨居谋生。

## （一）发　轫

由于当时家中生活比较困难，1903年6月18日出生的王汝钧在断断续续读过四五年书之后，于13岁便被父亲带到大阪市泰赢楼学生意。身居异国，与家人天各一方，生活不习惯，工作又劳累，年纪小，想家，王汝钧只能躲在厕所哭。

1918年，王汝钧23岁的大哥王汝昆在大阪经营海杂货亏损，吞鸦片烟自杀。二哥王汝强在大阪住了两年回国。

1924年，王汝钧23岁。他回国与20岁的吕丽华完婚。婚后他去大连经营一家瓷器店，因无盈利，两年后又被父亲召去大阪市。不久，王汝钧委为泰赢楼经理。当时东赢园的经理是蓬莱人，姓门。

1930年，为避战乱，57岁的父亲返归故国，因病未能如期返回大阪，由王汝钧守摊。翌年春，正逢"胶东王"刘珍年治下的黄县县长郎咸德势败，携带大宗公款及部分枪支夺船潜逃桑岛欲转赴天津。县城军警来桑岛搜捕，诬陷王作赢为窝主，对其进行捆绑拷问，勒索去一块怀表。王作赢因惊吓病重，卧床不起。王汝钧在大阪被股东们推选为两处餐馆的监理，正式接替了父亲的职务。

1933年，王汝钧32岁。10月，其父王作赢去世，终年59岁。1934年2月10日（农历腊月二十七）长子王遵业在桑岛出生。王汝钧回国料理完父亲后事返回大阪市。这期间，正是王汝钧艰苦创业的奠基阶段。

## （二）创业时期

不久，日本友人田中广助将王汝钧介绍给大阪高岛屋百货店的大股东渡水。渡水又将王汝钧推荐给高岛屋饭田直次郎社长，王汝均被委为掌管中华料理五色园事务。因日本大企业一般不吸收外国人，特别是中国人参加管理工作，几经周折，直到1935年王汝钧归国为其父举行过三周年祭，重返大阪后才正式到任。

饭田直次郎曾游历中国青岛等地，会说中国话，爱吃中国菜，常来五色园用餐，因而与王汝钧加深了了解，增进了友谊。在饭田直次郎和食堂部长池田直治的大力提携下，王汝钧很快受到信任和重用，得以享受高级职员待遇。

王汝钧别妻离子一去5年。这5年他如鱼得水，事业进展顺利。1940年他回国探亲，返归大阪后正逢日本友人堤胜彦和荒木合资购买了江苏省一个姓杨的中华料理店黄鹤楼。堤胜彦出面约请王汝钧与他们合作，并代为经营管理。黄鹤楼餐馆店面宽大，生意兴隆。但好景不长。不久，荒木排斥堤胜彦，不让他进店，并怀疑王汝钧与他有串联，对其也戒备起来，使王汝钧处于左右为难的困境。

当时日本政策规定，只限中国人在日本本土经营一处企业，多经营者重罚。不知谁将王汝钧经营高岛屋五色园、黄鹤楼和梅田店3处餐馆的情况告发到了大阪府警察本部。时值第二次世界大战爆发前的非常时期，凡被传去的人，不是强制回国便是被杀害。王汝钧接到传票后非常恐惧。有人建议他去求高岛屋饭田直次郎社长出面斡旋。王汝钧去恳求饭田直次郎，饭田直次郎指派保安课课长加户辰三郎同去警部。加户辰三郎在警察本部一再解释说，高岛屋离不开王汝钧，他愿担保一切。出了警察本部，王汝钧以为黄鹤楼不能去了，高岛屋五色园亦不宜再去。饭田直次郎与加户辰三郎认为大可不必，便再去警察本部说项力争："王氏诚实可靠，我社五色园所以能办得这样有声色，全仗他善于经营维持。他若不在，营业将受影响……"最后，警部终于破例允准王汝钧兼营高岛屋五色园与梅田店两处企业。

1942年，王汝钧回国探亲。返回大阪后因大战爆发，自此与家人中断了联系，8年没通音信。妻子整日以泪洗面，苦候回音。

1945年，王汝钧44岁。大战期间高岛屋五色园及梅田店均罹兵燹。王汝钧贫病交加，身患肋膜炎住院长达6个月，亲友不见面，人们像避瘟似的回避着"王大个子"。王汝钧饱尝了世态炎凉与困苦艰辛。这期间，他与日籍妇女王松年结为伉俪，俩人相濡以沫，患难与共。在最艰难的那段时间里，王汝钧大病初愈，有时仅靠供给的两盒烟换回一点土豆，躲进山洞里生食充饥。停战后，王汝钧身体尚未完全恢复，幸赖夫人王松年多方苦撑，善为调理，才得平安无恙。这年10月，友人堤胜彦借来3000日元，支持王汝钧重新经营饭店。王汝钧重振精神在心斋桥创办了一处万乐天餐馆。餐馆落成后，他前去拜访高岛屋饭田直次郎社长，报告喜讯。1946年3月3日，地底室若松吃茶店开张。这个店面押金2000日元，月租3000日元，每日可卖3000日元，星期天、节假日可卖5000日元。这天，饭田直次郎于上午10时只身来到店中，为吃茶店命名为"若松"。他对王汝钧说："这个吃茶店好好办，可保证一家四五口的安定生活。"他还对王汝钧进行了一番勉励指导。若松吃茶店在高岛屋各卖店中卖项最多。从此，王汝钧败而复起，事业有了新的发展和飞跃。

1950年，王汝钧59岁。9月，桑岛家中接到大阪市寄来的一封信。其妻子虽不识字，时隔8年仍能认出不是王汝钧手迹。见到这封王汝钧让别人代写的信，只以为凶多吉少，支撑不住晕倒在地上，恁乡亲怎样劝慰，总不相信是封喜信。

王汝钧始与家中接上了中断8年的联系。

王汝钧与饭田直次郎的关系日益密切。

1952年新年前一天晚上，王汝钧请他吃酒。酒席上他郑重地说："我年纪已大，百年之后烦你代我照应家属，拜托了！"王汝钧感到突然。便对他说："我不是你的亲属，又是中国人。多蒙厚爱托妻寄子，责任非轻，只怕有负重托……"饭田直次郎生气了，喊道："你太薄情了！"气恼过后，他不容分说即席将委托事项说明，笔录下来交付王汝钧，王汝钧却之不恭，只好接受下来。嗣后，饭田直次郎将王汝钧邀到家中，让王汝钧与其儿子握手立誓，终生以兄弟相处。

1月21日，《新闻朝刊》载有高岛屋饭田直次郎在东京孔雀庄逝世的讣告。王汝钧一看，很是震惊。当即赴东京吊唁。晚10时后，遗体旁只他一人守候。翌日上午，人们陆续来到太平间见到这情景大为惊讶，都被饭田直次郎生前结交的这个义气深重的异国知己所感动。至今王汝钧仍收藏着饭田直次郎馈赠的墨宝及中元节扫墓的留影存念。他一直没间断拨款资助饭田遗孀，并在事业上竭力扶持饭田直次郎后裔，兢兢业业，不负故交所托。

大阪市的难波新地，大战时为防火灾将所有木屋尽行拆去，腾出800余坪（1坪≈3.3057平方米）空地。停战后这里变成暗市场，由20个台湾人分占了，在那里建起了临时房屋出售。这块地面被占据后，地主们曾向政府提出索回要求。因停战后日本为战败国，政府处于无力状态，不得解决。日本地主们无奈，便找到高岛屋食堂部长池田直治，转托王汝钧代为出面收回地权。池田直治对王汝钧讲了，王汝钧也感到棘手。最后日本地主们议定将地面分别写成契据，假设将地面卖给了王汝钧，再由王汝钧出面与台湾人交涉、收租。占地的台湾人想租用，必须找保人。最后20个台湾人请王汝钧为他们作保，保证按契据规定缴租。这场争地纠纷事件总算平息下去。从那以后，王汝钧在大阪市的声誉日高，深受日本人敬重。

## （三）南华公会与山东同乡会

1946年初，大阪府警察本部对华侨说，华侨在大阪府须有固定团体组织，这样才便于联系、管辖。于是，华侨们便开始筹备大阪市南区南华会馆。发起时没有活动经费，高岛屋捐了2000日元，租用了一个陈姓华侨家屋为会所，定名南华公会。会内台湾人多，多是做大买卖的，由刘道明和一个姓邱的为代表；大陆人少，多是做小生意的，由王汝钧一人为代表，3人驻会合办公务。两个月后，姓邱的被台湾梅田人用手枪打死。会内只剩下王汝钧和刘道明两人，由刘道明任会长。梅田人对刘道明也不信任，不服气，扬言说如果刘某敢当会长，即日将他处死。刘道明害怕，不敢当会长了。王汝钧在难波为占地事替台湾人作保出过力，台湾人对他极其尊崇，因而一致推举他当了会长。王汝钧提议，今后会长就由大陆人担任，台湾人任副职。这一条作为会约定了下来。

1946年6月，《每日新闻》上载了一篇文章，攻击王汝钧说其做事偏袒中国人；他不过是高岛屋一个厨子，现在竟大张声势，欺侮南区地主。王汝钧见到报纸后，偕同南华公会会员到《每日新闻》社申明：他是由高岛屋介绍出面管事的，余事从没过问，更没有欺侮的动机。在事实面前，负责这项新闻的记者总算认错道了歉，第二天做了更正。从那以后，南华公会不再过问或处理华侨琐事，转向专理侨商税务。王汝钧不任会长后，继任的会长们在更迭去留时都向他做礼节性的工作请示、汇报和交代。新旧交替，历久不衰，南华公会对他极其依重信赖。

海外华侨为保障工作生活安定，大半组织了同乡会。王汝钧在大阪见到山东籍侨胞，尽管有的系乡邻，但是因为没有团体组织，他们形同路人，有事不能照应。王汝均深感遗憾不安。为发扬中华民族团结友爱的传统美德，他经过多年奔走呼吁，终于在1982年组成了大阪市山东同乡会。当日，入会登记的有120多人。中国驻大阪领事杨苏，大阪侨务总会会长张富源、副会长金犟，大阪市中华北帮公所理事长李义安等知名人士出席了大会。12月20日，同乡会在若松本店召开了预备会，选举王汝钧为会长。会址暂借若松本店二楼。从此，旅居大阪市的山东华侨有了自己的组织，加深了了解，增强了团结。

## （四）大阪中华学校

1945年，在大阪市本田町中华北帮公所内设立的振华学校被战火焚毁。第二年3月，侨胞刘德云租了本田国民学校一部分校舍，与沈容校长合作，成立了关西中华国文学校。学校以小学教育为主，兼设华语、英语两个专修科，于4月20日开学。6月，刘德云因事归国，与学校脱离关系。沈校长独自经营3个月，侨童增至260余名，完成了6年小学编制，改校名为"大阪中华学校"。

1953年3月下旬，王汝钧觉得华侨学校租用校舍终非长久之计。为教育华侨子弟不忘故土和传统文化，在中国银行大阪分行行长梁永恩、神户大学教授张无为等的支持下，他发起筹建学校倡议。广大华侨群起响应，组成建校委员会，王汝钧被拥戴为委员长。他们原计划利用北帮公所旧址建筑校舍。不料，8月份这块地面大半被划入大阪市扩宽路面案内，建校计划只好暂停。

数年前，高岛屋百货店附近有一仓库，是高岛屋由南海电铁租来的，后来高岛屋又转借给王汝钧用。1953年7月，南海电铁需用这个仓库，前来索取。王汝钧因没立借用契约，不便拒绝，只好将仓库退还了。

正当王汝钧东奔西跑寻找校址不得线索，心情相当浮躁时，南海电铁不动产系长鱼桥来若松店吃牛肉扒。鱼桥边吃边搭讪着对王汝钧说："你们的小刀钝，切不开肉。"王汝钧心情不好，沮丧地回答道："若是刀快，不切了你的手？"鱼桥没介意。接着说："我社收回你的小仓库，还给你一块大地面怎么样？"王汝钧半信半疑地随鱼桥到敷津町现场一看，喜出望外，肩上的重负顿时释脱下来，立即询问价钱。鱼桥说，一切条件须向社长商议后回答。于是，王汝钧拜托鱼桥和高岛屋食堂部部长池田直治往见南海小原社长，说明情况。小原说："王汝钧为人讲信用，重然诺，素行高洁。饭田社长在世时经常称赞。眼下我社本想利用这块地面做车库，因当地商民反对，所以想转卖。他买，价钱不必计较。"

鱼桥、池田直治两人将经过对王汝钧一说，王汝钧十分高兴。第二天便亲去拜访小原社长。小原社长说："你因我社要用无条件将仓库退还了，足以证明你为人光明磊落。饭田社长对你的称赞确实不过分。这块空地就决定卖给你本人，但不得转卖。价钱从优，聊表敬意。"卖价确实低得惊人：每坪仅1600日元，只有市价的1/3。当时王汝钧手头无钱，急找建校委员会委员王寿光借到2000万日元，当日送到南海电铁，算是订金。10月初，委员会邀来80余位侨胞在若松本店聚会，报告买地经过。出席者非常高兴，议定即日募捐，从速构筑。当时捐簿上即达4000万日元。1955年7月18日举行校址地镇祭，破土动工。建筑施工期间，恰逢日本经济紧缩时期，收捐滞涩。王汝钧只好将若松店押与中国银行借债，充当建筑费。后来幸亏在江浙委员中较有威信的陈德湖委员及与学生家长较熟悉的果浩东校长协助王汝钧奔走收捐计3年之久，共收进3500多万日元。这3年中，王汝钧精神极度紧张。到官厅交涉买校地、申请学校法人等项事宜全仗善于外交辞令的董事长陈毅。而到捐主门上收捐，只好自己出面。进门后，捐主有时仅倒一杯茶，陈德湖、果浩东无茶，他不好独饮。中午无时间吃饭，只好买面包在车上啃。有一次果校长去吃了碗面条，因多耗了时间即被王汝钧申斥了一顿——因为收捐要抢在主人在家吃饭的空间，错过了便要空跑。这样一直跑了3年，总算跑出了成果。不然，王汝钧押出去的若松本店有被银行没收了的危险。

1955年12月23日，校舍竣工。这是座水泥钢筋3层楼，合计433坪。1956年1月10日启用授课。1月18日大阪市政府发给中华学校设立认可证明书，学生达270多人。

学校建成后，围绕着人事权的从属一直没中断斗争。7月18日午前，有几个不三不四的人蜂拥入校，把守电话，张贴罢免校长的布告，监视学生行动，威逼校长交出公章，企图侵占学校。后经学生及家长盘诘、抗议，暴徒狼狈逃窜。暴乱前日，暴徒已向侨界各团体、日本各有关学校、大阪市教育机关发出侮侨辱国的通知，闹得满城风雨，招致不明真相的人的非议，校誉深受损失。事后，公推孙永和先生接任董事长，将所有扰乱校政、参与滋事的教师查明后解聘、辞退。前董事长吕孝之来校申述说，不幸事件全系大阪特务制造，他当时被挟持出头担当恶名，实属受骗上当。他意在推卸自己的责任。

1957年4月中旬，建校委员会有人发起组织赴台观光团活动，主要目的是想实现早在3年前经大阪华侨总会陈廷岳会长允准的运进台湾香蕉，以其售出盈余资助建校的想法。王汝钧偕同董事长孙永和、会计主任童仁明、监察陈德湖及王寿光、顾问陈毅组成大阪市文教观光团，于4月中旬赴台湾观光。

晋谒蒋介石时，蒋介石允准购运3万篓香蕉，并面嘱"侨务委员长"照办。王汝钧一行于5月初返回日本后立即抓紧筹办准予输入和减税手续，当时预计可得5000万日元盈余，学校经费可保无虞了。

1961年1月，由中国银行大阪分行交来香蕉售出金580余万日元。本来申请运售香蕉是以资办学，历经3年，结果很不理想，仅耗费即100万日元。得不偿失，令人感慨。

经5年呈批，1960年7月，大阪府教育课始批准了学校合法存在，获得了与日本私立学校同等地位。这在华侨学校中算开了先例。翌年1月，董事会改称理事会。

这年12月，王汝钧几经周折，树起了建校纪念碑。他请孔德成先生（末代衍圣公）题了碑文，将92个为建校捐资的人名镌刻在碑面上。

学校在3年半的时间内四易校长，可见校内人事斗争之激烈。1966年7月，杨作洲任校长。1969年12月，与学校素无关系的王炳华出任理事长。来年1月，公正廉洁、忠诚可靠的杨校长被迫辞职。令人遗憾的是，在他三年半任期，校内三次失火。据消防队调查，此纯系蓄谋嫁祸校长而纵。王汝钧对此深表歉意。1970年，理事会任命肖文青为校长。自此以后，学校声誉每况愈下。大阪市华侨子弟多入日本学校或远赴神户侨校就读。到1982年，学校学生仍不足100名。

桑岛一角

10多年来，学校一直悬挂着旧国旗，虚张声势，倒行逆施，推行愚民教育，令人难以接受。1973年7月15日，王汝钧带头发起侨校停止挂旧国旗运动，签名赞同者达300余人。8月，王汝钧又招集与建校有关的30多人在若松店协议复兴学校办法，推举代表拜会理事长。但所提建议均无下文。对于校长和教师任用非人、学校公产被有政治背景的人强行把持的现状，当日参与建校活动的人均扼腕唏嘘，徒唤奈何。只恨侨团姑息养奸，软弱无力；而祖国又鞭长莫及，无法协助排除困扰。对学校的去向，对华侨子弟的前途，人们无时不在密切关注和担忧。

## （五）拳拳赤子心

王汝钧治家甚严。长女王英富与王信春结婚，次女王英成与吕耀明结婚。他为两个女儿的择婿条件是女婿为中国籍。对国内孙女的婚事，他也有一定的标准，男方必须本分、诚实、正直。

他在大阪见日本人一般都会写能算，十分羡慕。为给故乡的后代创造一个良好的学习环境，振兴故乡的教育事业，他戒烟戒酒，克勤克俭，有余即蓄，立下一个为桑梓办学寥尽绵薄的宏愿。

早在20世纪60年代末，王汝钧便将存款寄来故乡，向地方政府申请建筑学校。由于种种原因，此愿望延搁多年没能实现。不得已，他于1971年以70高龄远渡重洋回到阔别31年的故国家乡，向地方政府陈述原委，殷切恳请，始得允准。随即，他于1972年又一次回国筹划校地，购置建材，在乡亲们的大力协助下，终于在1973年春建成一座六配套的乡村中学。为建校，王汝钧捐资13万元。

桑岛地灵，物阜民丰，唯饮水匮乏。30余年来人们先后凿井20余眼，井水非咸即苦，难以下咽。王汝钧无时不以家乡缺水为虞。1983年7月，王汝钧回国探亲。返日之前，对副省长说："桑岛乡亲一天吃不上甜水，我的心病一天不祛！请政府支持我打井，费用多少一概由我承担。"
副省长被他的赤诚打动了，立即答应先派技术人员进行勘测，了解水
文等情况后即行开钻。经勘探，结果尚可，只是钻出来的水仍是咸的。
1984年4月，日本大阪市山东同乡会组织回国观光，王汝钧任顾问。
他无心去领略曲阜名胜古迹和泰山风光，一心惦记着故乡第二眼水井
的开掘，把观光事宜安排就绪后，长途驱车风尘仆仆地赶回桑岛。半
个月的时间，他几乎天天待在钻机旁静候出水消息。终于出水了，水
是甜的，但水量太少，难尽人意，结果功败垂成。两起两落，折之弥
坚；数年奔波，愈挫愈奋。王汝钧返回日本后不易初衷，并不气馁。
他立即写信给副省长："两次打井，功亏一篑。耗心劳力，实在抱愧。
请让我再打一次——三次为满。"1986年4月15日再次开钻，终于成
功了！王汝钧双手捧起还没澄清的地下水尝了一口——呵，水是甜的！
几十年来盼水、等水，望眼欲穿，如今成了现实，一生夙愿化着两行
热泪滚落下来。

桑岛钻出甜水井了！举岛上下欢声雷动。440多户男女老少眼望着
喷涌如注、清冽甘甜的井水奔走相告：吃咸水、苦水和不清洁地表水的
历史结束了！人们饮水思源，竞夸王汝钧功德无量，纷纷提议为王汝钧
树碑存照，垂范后世，表彰他爱国爱乡、慷慨捐资、造福桑梓的义举。

"狐死首丘，骅骝向北；代马依风，怀恋故土。"王汝钧侨居扶桑，
心怀故乡，无时不为祖国的富强、故乡的昌盛牵心。青年时期他白手
起家，历尽坎坷，只恨力不从心。经过数十年埋头拼搏和筚路蓝缕的
苦心经营，他已在大阪市创办了南区难波若松本店和高岛屋、地底室、
淀桥屋几处餐馆和心斋桥皮包店，在东京和米子也创办了2处若松餐
馆，共有160名员工。但家家都有难念的经，一家不知一家难。实论
起来他在华侨中算不上怎么殷实富有，何况身处资本主义竞争漩涡，
随时都有倾覆之虞，难保长期稳定……近年来，他竭尽中华儿女天职，
不断解囊创办公益事业，捐资、捐物总额不下100万元。

桑岛—东瀛，一衣带水，连理同根，骨肉情重。20世纪60年代初期，
故乡遭受自然灾害，他坐卧不宁，心如油煎，辗转于大阪与香港之间，
运回桑岛200袋面粉，雪中送炭，以济燃眉之急，尽了心意。为繁荣故
乡的文化事业，改善乡亲们的文化生活，他捐资修建县立图书馆，给

村民购置彩电、太阳能钟等。为把乡亲们从繁重的体力劳动中解脱出来，他早在 20 世纪 70 年代初为故乡购置了 3 台拖拉机并捐赠给当地政府 3 辆日产轿车。而他自己在日本却不置车，也轻易不乘车。尽管自己在故乡的儿孙生活还不宽裕，院老宅旧，没有高档家用电器和时新家具，他却不惜重金从海外购进 200 只水貂，帮助乡亲们兴办副业，增加收入。在大阪市，他为祖国新建领事馆捐过钱，为烟台市建筑华侨宾馆捐过资、捐过车。他对在国内办企业投资赚钱不感兴趣；凡属开发智力、兴办福利，为国分忧的义举他争先恐后，当仁不让。

王汝钧是个重情义的人，讲道德，讲良心。他的事业成功和他的爱国爱乡行动是与日本友人的鼎助和深明大义的日籍妻子王松年的真诚支持分不开的。对此，他镂骨铭心，念念不忘。

"梦中每迷还乡路，愈知晚途念桑梓。"王汝钧于 1994 年 8 月 1 日在大阪病逝，终年 91 岁。弥留之际他仍把故乡的一山一水，一草一木悬挂心上，殷殷嘱示后代：树高千尺不忘根，一定要为祖国多做贡献！

(《纵横》1995 年第 6 期)

# 青 山 不 老

## ——王永幸与下丁家

胶东半岛，凤凰山，
下丁家就在山下边，
艰苦奋斗创大业，
穷山沟变成米粮川……

—— 引自民歌《下丁家赞》

在胶东半岛层峦叠障的西北部山区，有一个全国闻名的"愚公移山，改造中国"，坚持社会主义方向，走集体共同富裕道路的农业先进单位下丁家。这面红旗的擎旗人就是那个被外国人誉为农民"国会议员"的全国农业劳动模范、全国人大常委会委员、村党总支书记王永幸（1925—2000）。

在近半个世纪的漫长岁月里，下丁家人在王永幸及其党总支一班人的带领下，团结拼搏，锐意进取，撼天斗地，艰苦创业，把一个"山是和尚头，光溜溜，地是一层皮，乱石窝"，年景是"十年总有九年旱，庄稼见种不见收"的

《青山不老》，中国文史出版社，
2015 年 2 月版

穷山村建设成欣欣向荣的社会主义新农村。下丁家的创业史是共和国数十年风雨征程的真实缩影,下丁家人铸造出的曾激励过无数人忘我奋斗的"下丁家精神"至今犹熠熠生辉,光彩照人!

抚今追昔,温故知新。重温"一心走社会主义道路的铁柱子"王永幸的业绩和下丁家人的创业史,领略他们的精神风采,这对我们今天所从事的改革开放事业会大有裨益。

下丁家村(含8个自然村)坐落在龙口市南部山区。平均地势海

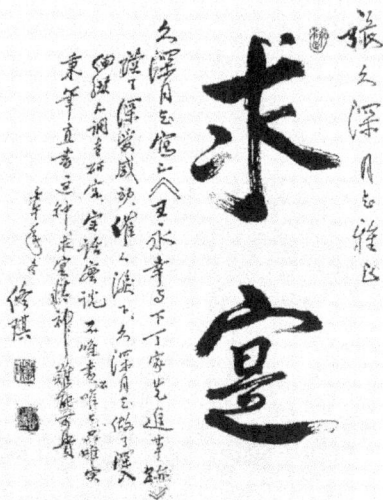

2002年11月,山东省社科院院长修琪题字

拔100米,面积10平方千米,泳汶河纵贯南北,境内耸立着大小山头36座,数十条沟涧纵横交错。解放前,这里是一个地地道道的穷山沟、苦山沟,群众生活极度贫困。"天地自带三分灾,地主逼租又逼债,辛辛苦苦一年整,生活常靠拾柴卖;扛长活、打短工,流落异乡当乞丐。"这首歌谣就是当时下丁家人苦难的真实写照。据史料记载,1944年全村450户,地主、富农13户,占有土地92.1%;贫下中农382户,仅占有土地7.9%。贫苦农民主要靠扛长活、打短工维持生活,沿街乞讨的占10%。1939—1945年日伪统治的7年间,这里就有92户人家被逼得妻离子散,流落外乡;80多人被逼得上吊投井死去。

# (一)

王永幸1925年8月4日出生在下丁家圈子村。下学后他去龙口盐店打工。1945年6月,他参军抗日;1948年,在兖州战役中负伤。1949年4月,他以二等甲级伤残军人身份复员回原籍,任黄县芦凤区公所民政助理。1950年4月,他带着伤残,怀着建设山区的理想辞去公职回乡务农。

1952年春，在《中共中央关于农业生产互助合作的决议（草案）》精神鼓舞下，王永幸带领圈子村9户农民成立了下丁家乡第一个互助组。9户人家一条心，春耕没有牲畜，缺少农具，他们白天黑夜轮着干，硬是用镢头一镢一镢地把地刨遍；春播种子不够，他们就发扬互助合作精神，你拿一碗高粱，我凑一瓢玉米把庄稼种上。春旱打井遇上大石头，大伙凑钱，王永幸把自己的复员费拿出一大半买来了炸药，炸掉石头，打出水井，战胜旱灾。互助组还办起了小粉坊加工粉丝增加经济收入，同时解决了肥料短缺的困难。

这一年，王永幸互助组获得了亩产213.5千克的好收成，比单干时增加了将近50千克。他们添置了小农具，积攒了200多元现金。秋后，这个互助组扩大到28户。

1954年春天，王永幸带领21户农民办起了红光初级农业生产合作社（简称红光社），王永幸被选为社长。

红光社建立后，他立即着手制定一套规章制度。红光社在劳动管理上试行包工定额制，社员不分男女老幼，同工同酬；经营管理上实行土地入股分红政策，社员投工按工分多少参加分配。社员劳动有了积极性，出工上山挑着粪，收工下山捎着玉米棒子。农活进度快又干得好。

红光社比互助组显示了更大的优越性：抽调部分劳力进长岛搞

下丁家"一大地"

劳务收入；利用当地资源扩大粉丝加工；在泳汶河边打井10多眼。1955年，红光社战胜了旱灾，100亩小麦喜获丰收，亩产达80千克，创历史最高水平。而社外农户几乎因干旱全部减产。最使社外群众眼热的是社里有一块梨树行，单干时大梨年产仅在2000千克左右，红光社接手后，实行科学管理，及时施肥浇水、喷洒农药防治病虫害，当年产梨4000多千克。这年冬季扩社时，红光社一下子发展到46户。就连当初一心想和红光社比个高低的单干户王老头，也拉着牲口扛着犁入了社。

在红光社的带动下，下丁家其他6个自然村也办起了初级农业生产合作社。至此，下丁家共创办了7处初级农业生产合作社，入社户数230户，占全乡总户数的50%。

1955年，全国出现农业合作化运动高潮。这年12月，下丁家7个初级农业生产合作社联合创建了阳光高级农业生产合作社（简称阳光社）。入社453户、2201人，土地2500亩，分别占全乡总户数的97.8%、总人口的99.1%，总耕地的98%。

阳光社建立，王永幸任党支部书记兼社长。管委会根据实际情况宣布取消土地分红，土地归合作社所有，牲畜、农具折价归公，实行按劳分配。社以下按自然村设7个生产队、42个生产作业组，其中包括34个农业组和8个果树组。

阳光社建立第一年，出现了生产队之间的同等劳动力全年工分相差悬殊的问题。一时间，社队干部产生了抵触情绪，社员思想也浮躁不稳。管委会反复研究，采取了多割少补、适当平衡的办法进行了妥善解决，随即制定落实了"四固定""定额管理""土地包工"等措施和奖惩制度，并重订了年度计划，完善了各项财务管理。从此，社员干部有章可循，各项工作有条不紊，调动了社员的生产积极性，巩固了高级社。

1955年冬，阳光社发挥高级社的优越性，揭开了治山治水的序幕。社员们奋战一冬春，投工2.5万个，在青石板上打出了17眼大井，扩大水浇地100亩。1957年春旱，许多井底朝了天。社员干部凑在一起，分析当地水源的特点，决定以蓄水为主修水库。为了确保水库在麦收前竣工，全社精干劳力齐上阵，党总支书记王永幸亲自挂帅。经过40

个昼夜的苦战，下丁家山区第一座水库在大吕家村后胜利竣工。当年秋天，阳光社又投工12万个在口子村修建了第二座水库。冬天，阳光社投工2.5万个，完成了12项水利工程，水浇地面积扩大到900亩。

阳光社在治水同时，还大搞治山造地。高级社期间，全社共付出3.5万个工日，垒建梯田石堰1.6万平方米，搬动土石方8万多个，整造稳产高产田和高标准梯田500多亩。1957年在大旱的情况下，粮食亩产仍达280千克，总产63.7万千克。人均分配口粮221千克。从此，下丁家结束了吃返销粮的历史，第一次向国家交售爱国粮11.5万千克。

与此同时，全社还大搞植树造林，使成林面积扩大到1800余亩，半成林面积扩大到2600余亩，果园达400余亩。1957年，果品收入占全社总收入41%；经济收入由1956年的13.8万元增加到22.8万元；人均分配由71.3元增加到83.5元；公共积累由8422元增加到2.3万元。当年，社长王永幸出席了山东省第三届社会主义农业建设积极分子代表大会。他在会上代表10个山区农业社发出"以愚公移山精神改变山区自然面貌"的倡议，对全省以至全国山区农业合作化运动的发展起到了推动作用。

1958年8月，在人民公社化高潮中，阳光社与周围10个高级社合并升级为大山人民公社。阳光社改称下丁家生产大队。

大山人民公社成立后，正是"五风"盛行时。公社大搞"一平二调"，无偿地占有生产大队以及社员的财产。1958年秋，正值大忙时节，下丁家大队300多名整壮劳力被调去参加全县大会战。队里只剩下老弱残兵，眼看着到口的粮食丢在山上，烂在地里。年底分配，公社一次就从下丁家调走7万元。至1961年，下丁家生产大队被调用7万多劳动工日参加各种大会战；调用牲畜、农具及其他物资共折款达2.4万多元……

在"五风"盛行时，以王永幸为首的下丁家生产大队干部头脑没有发热，而是千方百计进行抵制。为了应付上边的检查，他们也种了几亩"卫星田"；为了让社员能吃饱，他们不昧良心说假话，如实上报产量，坚持不卖过头粮。1958年他们迫于形势办了公共食堂，但很快地拆了"大灶"改"小灶"，杜绝粮食浪费。为了补足社员口粮，他们鼓励社员种好自留地，发动群众在地边沟坡开荒种杂粮。就这样，三年困难时期，下丁家成了"世外桃源"。外村不少人3年饿着肚皮，下丁家人却都能吃饱肚子坚持3年大干，每年都向国家交售余粮50万斤，还拿出节余的瓜干、瓜叶支援兄弟村队度荒。事后有人讲："正是三年困难时期，下丁家显露了英雄本色。"

1960年，党中央开始了纠正"五风"。下丁家生产大队首先恢复和建立各种劳动管理制度，实行"四包一奖"承包制和"四小管理"制度，极大地调动了生产队、作业组和社员的生产积极性，从根本上肃清了"五风"的影响，促进了山区水利建设和农、林、副各业的发展。从1959年到1961年，大队修建蓄水13万方水库1座、塘坝7座，打水井153眼；添置柴油机4台、汽油机1台、抽水泵5台，水浇地面积扩大到1072亩。其中400亩粮田实现灌溉机械化或自流化。下丁家生产大队还整地1000多亩，薄地压土600亩，沙地压土700多亩。大队粮食单产连年"过长江"。1961年大队粮食单产达到431.5千克，比1956年增产100千克，年人均口粮200千克以上。1961年，下丁家生产大队的农业总收入达35万元，比1957年增长了70%；公共积累达15.1万元，是1957年的5倍。当年社员开支总额11万多元，人均103元。大队80%以上的社员成了存款户。

1964年，"四清"工作队来到下丁家生产大队，发动群众揭所谓"阶级斗争盖子"，还以"清经济"为名，强行扣减干部工分，下丁家社员拒绝这样做。他们十分清楚：在王永幸的带领下，干部廉洁奉公，恪守"请客不到，送礼不要，带头参加集体生产劳动"规定。王永幸本身是伤残军人，重活脏活干在前。三年困难时期，他患了严重的肝病，仍然积极参加劳动。每逢春节时，他总是跑到饲养场去帮工，让饲养员回家过年……群众说："像这样的好干部反要扣减他们的工分，真是岂有此理！"

在"四清"工作队扣减干部工分之时，王永幸进行了有力的抵制。他据理力争，同工作队交换意见。在大量事实面前工作队改变了错误观点，撤离了下丁家大队。

1965年春，在全国农业学大寨运动高潮中，王永幸受群众的委托到大寨参观学习。回来后，他从下丁家生产大队的实际出发，重新制订创社会主义山区大业的宏伟规划。从1963年到1965年底，下丁家大队抓了 3 项骨干工程。

1. 高山水库。下丁家大队先后建成四座高山水库，初步建成了以蓄水自流为主的高山水利网。其中圈子村的高山水库于 1964 年冬动工。他们先后投工 2.5 万个，投资 3.5 万元，坚持大干 6 个冬春终于建成，使 80 亩高山梯田变成了水浇地。

2. "三层楼"水库。此水库 1957 年修建于大吕家村西的岔河沟里，因地势而分上、中、下三层，至 1966 年建成，使 330 亩梯田全部实现了水利化。

3. "啃硬骨头"整地工程。所整土地地皮下面全是凹凸不平的石头，须镐劈炮轰，既费工又费力。从 1963 年冬到 1964 年春，王永幸带领第三生产队全体社员，连续整治了圈子村西冈和台儿冈 20 亩地。

1965 年，下丁家生产大队荣获"全国农业战线红旗单位"称号。

1965 年 10 月 28 日，《大众日报》发表通讯《下丁家大队是改造自然的光辉榜样》及社论《自力更生，无往不胜》。

1966 年 8 月，"文化大革命"波及下丁家山区。大队党总支召集干部学习《十六条》，主动到群众中征求意见。社员们高兴地说："我们的干部主动接受批评意见，就像好钢又淬了遍火。"

1966 年 10 月，王永幸作为全国农业劳动模范光荣地参加国庆观礼，受到了毛主席和周总理的接见。

不久，下丁家生产大队也有几个人参与了社会上打砸抢活动。面对当时的形势，下丁家生产大队 90% 以上的干部和社员思想没乱，心没散。大队党总支决定："无论别处怎么乱，我们的生产不能停。"他们还制订措施，限制不守本分的人。

就这样，下丁家党总支在

1965 年 12 月 2 日，
王永幸与陈永贵在下丁家

213

"文化大革命"中，战斗力没有削弱，反而增强了。他们一边机智灵活地利用生产间隙"抓革命"，开展些空对空的"革命大批判"；一边真心实意地"促生产"。广大群众在河滩上造成了16亩和22亩两块"小平原"，又在乱石成堆的龙王湾造出了27亩"大平原"。在水利建设方面，他们拦蓄地表水和采挖地下水相结合，争取做到旱涝保收。在劳动管理上，他们坚持"小组作业，小段计划，小段包工，小段评比"的"四小"制度，坚持不搞分配上的"大锅饭"，保护了干部、社员的生产积极性。1969年12月31日，《人民日报》发表鲁瑛等撰写的长篇人物特写《一心走社会主义道路的铁柱子》。

1966—1973年，下丁家粮食产量逐年增加，人均收入逐年提高。1973年，粮食单产达到721.5千克。

1976年，下丁家生产大队由生产队核算过渡到大队核算。根据群众多年的愿望，党总支决定修筑一条环山公路，把压在扁担底下的劳力解放出来。

正在这时，社会上刮起一股"搞形式、讲排场、摆阔气"的歪风。当时来下丁家检查工作的某些领导也直言不讳地批评党总支"不跟形势"，并指示他们大队8个自然村搬到一起修建新村，脱掉山区"土气"，让国内外前来参观者看了"像个样子"。下丁家党总支成员凑在一起一连核计了几个晚上。大家觉得建高标准新村的条件还不具备，眼前急着要干的是修环山公路。下丁家山高坡陡，自古无路。山上山下，多少年来全靠一根扁担两个肩。每个成年社员一年少说也要担几万斤。党总支成员怎能无视这一现象？他们又考虑到，大队虽有汽车、拖拉机，无路同样进不了山。从实际出发，他们一致认为修环山公路为当务之急。

1976年11月秋收刚结束，下丁家生产大队便隆重地召开了修路誓师大会。会一散，500人组成的筑路大军就浩浩荡荡地上了山。他们迎风冒雪，在海拔300多米的山顶上搭起窝棚，垒起炉灶，劈悬崖，凿峭壁，山上山下一派热火朝天的景象。为了加快工程进度，大队又成立了一支突击队，总支书记王永幸亲自带领上阵。按原计划测算，全工程需26万个工日，要大干3个冬春。结果只用了8万个工日，到1977年秋收前，长达16000米的环山公路全部竣工。他们前后共搬运土石16.7万多方，架桥涵69座，用石3000多万方……汗水和愿望凝聚成了惊

下丁家环山路

人的回天之力。

16000 米环山公路建成了。交通便利，劳力解放，劳动强度减轻，生产条件也随之大为改善。这时，"文化大革命"结束。下丁家大队干部、群众进一步激发了大力建设社会主义的热情，在 1976 年粮食单产 964 千克，创历史最高水平的基础上，又战胜了 1977 年、1978 年连续两年干旱，粮食亩产量稳定在 950 千克左右。

# （二）

党的十一届三中全会以来，下丁家党总支继续实行大队统一核算（1984 年取消大队建制，改建行政村），进一步完善了生产责任制，根据实际情况，实行了"专业分工、联产计酬到队（厂）、定额管理到劳"的管理制度。制订出农林果业生产责任制和工副业生产责任制以调动各业的积极性，完成各业生产指标。下丁家党总支还规定了严格的干部岗位责任制和财务管理制度，确保各项生产指标的完成。

同时，下丁家党总支又调整了产业结构，制订了稳定粮食生产、提高油料作物产量、大力发展林果业和工副业生产的长远规划，主要抓了 4 个环节。

1. 稳定发展粮食生产。把 1700 亩耕地作为粮田，约占总耕地的 68%。根据普查数据、水浇条件和作物品种，确定氮、磷、钾肥的施用量，并规定每亩施用土杂肥不少于 8500 千克。各自然村的农业技术员负责测报和新技术推广工作。1983 年，玉米丰产方亩产达 700 千克以上。根据技术部门鉴定，高产地块亩产已达 944 千克，创我国北方夏玉米单产最高水平，获烟台市科技成果二等奖。1984 年，全村粮食单产达到 1090 千克，提前一年实现了亩产超吨粮的计划。

2. 调整种植业结构。在保证粮田面积的前提下，通过改革耕作制度，实行粮油并举、多种大豆和五谷杂粮，利用山坡梯田大面积改种花生增加收入并满足国家和社员生活需要。

3. 大力发展林果业。下丁家有山岚 7000 多亩，发展林果业具有自然优势。近年来，广大群众大量栽植了杏、桃、山楂、葫芦梨、葡萄和器材树等。至 1986 年，全村共有器材树 190 多万棵，果树 10 万多棵，林果面积达 1200 多亩。人均器材树 600 多棵，果树 30 多棵。全村林业收入 1977 年为 38 万多元，1986 年增加到 166 万多元。

4. 兴办工企业。下丁家兴办工企业的特点是大集体一马当先。1979 年以来，下丁家投资 200 万元办起工副业 31 项，其中年产值 10 万元以上的工企业 10 个。从业人员 500 多人，占全村劳力总数的 40%。1986 年总产值 531 万多元，工副业收入占全村总收入的 65%。小集体不甘落后，在发展工企业生产中，各自然村也相继建起了粉坊及条编、豆腐坊、木材加工、石子加工等投资少、见效快的工副业项目，有效地提高了群众的收入。个体户八仙过海，各显神通。村中个体农户有的搞缝纫加工，有的搞日用百货代销，有的搞养殖业，有的搞家用电器维修等等。最普遍的是各户庭院栽种葡萄，收入相当可观。1986 年，个体户经济占全村总户数的 40%，人均收入达 150 多元。

1978 年以来，下丁家生产大队坚持年年冬春组织一定规模的水利工程会战。1983 年春，为了从根本上改善水利条件，他们决定在凤凰山上修建一座蓄水 30 万方的高山水库。广大干部与社员一起爬行在 100 多米高的陡峭山路上，硬是靠两个肩膀把 6 万多吨石块、物料扛到山上。他们大干两个冬春，1985 年春水库建成，使凤凰山周围山坡、山腰间的 800 多亩粮田、果园实现了自流灌溉。8 年来，大队用于农田基本建设投资总额达 250 多万元，投工 55 万个，搬动土石 35 万方。库塘总蓄水量由 1978 年的 70 万立方增加到 140 万立方。全村粮田、果园灌溉率达 100%。1986 年山区大旱，下丁家山腰层层粮田、果园，不用油不耗电，高山水库放水闸一开，可全部自流灌溉。

党的十二大以后，党总支在带领群众建设山区物质文明的同时，狠抓了精神文明建设。党组织狠抓了思想、作风建设。坚持正常的"三会一课"制度，党员的组织观念不断增强，在各项工作中积极发挥先锋模范作用；同时坚持对党员进行艰苦奋斗的教育。战争年代，下丁家有 100 多人光荣参军，20 多人流血牺牲，50 多人负伤致残。合作化时期，广大农民群众苦干实干，治山治水，改变了下丁家村的贫穷落后面貌。全面经济振兴时期下丁家发展多种经营，呈现一派欣欣向荣的新气象。近几年，党总支每接收一批新党员，都同新党员回顾下丁家艰苦奋斗创业史，使艰苦奋斗精神代代相传。1978 年，王永幸当选第五届全国人大常委会委员。1980 年夏，王永幸随全国人大代表团访问了加拿大、墨西哥、委内瑞拉、瑞士等国。参观回来，他根据本村的条件绘制出的"山顶林，山腰果，山根梯田种粮食"的宏伟蓝图今天已成为现实。那几年，王永幸虽已鬓生华发，积劳成疾，但他精神不减当年，终日为发展商品生产，壮大集体经济而奔波操劳。随着经济的发展，党总支在"文化大革命"一结束，就投资 20 多万元建立了一所五年制学校。这几年党总支又拿出 6 万多元建起 300 平方米的校舍。8 个自然村都有小学和幼儿园。全村幼儿入园率达 90%，儿童入学率达 100%，基本普及了初中教育。党的十一届三中全会以来，下丁家先后有数十名学生考入大中专学校，破了下丁家的"天荒"。老有所养，少有所教。村里对残疾人更加照顾，对鳏寡孤独者更加体贴，让他们亲身感受到社会主义制度的优越，分享到改革开放带来的实惠。

党的十一届三中全会精神和各项富民政策在下丁家扎根、开花，并结出了丰硕成果。下丁家人渴望富裕，过上了富裕的生活，他们富裕得光明正大，心安理得。8 年间，下丁家的经济稳步发展，集体经济不断壮大，社员生活水平不断提高。1986 年与 1978 年相比，总收入增长了 4 倍，人均占有翻了三番多，达到 2070 元。村里有流动资金和银行存款 200 多万元。95% 以上的人家有存款，80% 以上的社员家中有彩电、录音机和电风扇等高档用品。今日的下丁家，农、工、商综合发展，"两个文明"建设同步进行。生活富裕、思想充实的下丁家人，在党中央和各级党委、政府的正确领导下，继续发扬艰苦奋斗精神，用勤劳的双手和非凡的智慧进行"二次创业"，再立新功。

1986年，王永幸退居二线，改任下丁家党总支副书记。交班时，他对村干部提出的要求是"不为名，不为利，群众放心党满意"。

伟大时常蕴含在平凡中，高贵其实在高贵之外。几十年来，他铁骨铮铮，刚正不阿，不盲从，不跟风追风，坚持实事求是、因地制宜。1960年他搞果脯加工以副养农，有人说这是"资本主义苗头"，他不理会；1964年"社教""四清"，他为保护村里大多数干部与工作组长拍了桌子；1967年"文化大革命"，他带领村民治山治水抓生产；1976年有人想搞形式、摆花架子，建议在泳汶河上加盖建房屋、种庄稼，他大胆抵制；十一届三中全会后，他不忍心将几十年的公共积累拆散，坚持因地制宜，极力探索现代化大农业适度规模经营改革模式，一心带领村民共同致富……难怪有人感叹说："下丁家是个别别扭扭的先进典型"。

下丁家"二次创业"的后继人是战德禄、王清业。

改革开放，下丁家在寂寞孤独中走上了一条与众不同的"以农为本，全面发展"之路。下丁家人从来不务虚名，讲的是实事求是，尊崇的是埋头苦干。他们从没有虚报过产量，从没伸手向上级要钱要物为自己涂脂抹粉。在"越大越公越好"的年代，下丁家一直坚持实行"小段包干，按劳取酬"的责任制，并因此受到错误的批评。改革是针对打破"大锅饭"，关键是真正搞好适合下丁家村情的承包责任制。根据中央"宜统则统，宜分则分，统分结合，不搞一刀切"的原则，下丁家尊重村民意见，决定暂时不搞简单的分田到户。下丁家制订了"专业分工，联产承包计酬到专业队（厂），定额管理到劳"的管理制度，选择了"集体经营，专业承包，联产计酬"这一以统为主、统分结合的经营方式。

7年沉寂，7年默默无闻。

1989年8月25日，一串嘀嘀的汽车喇叭声打破了山村的多年静寂。只见一溜小轿车逶迤地驶进凤凰山深处——山东省省长赵志浩率领烟台市、龙口市政府的有关领导来看望下丁家人了。

一踏进油画般的青山绿岭，犹如置身于传说中的"世外桃源"，赵省长心头不禁涌起一种相见恨晚之感。王永幸向各级领导汇报说，改革10年，下丁家人的日子更富裕了，但艰苦创业没停步。10年中，他们用于农田基本建设的总投资达370万元，粮食连续10年亩产平均1吨，果、林、工、牧、副等各业也取得了显著成绩。

赵省长用心倾听汇报。他边急于上山转转，看看下丁家的全貌。一行人沿着工程浩大的环山公路登上凤凰山，放眼泳汶河，但见波涛般起伏的36座山头，山山林翠果香；大大小小22座水库，库库波光粼粼。整整齐齐的清水渠道，恰似条条银龙环绕山间。山上林，山腰果，山下粮，像那孔雀开屏，抖开五光十色的羽翎……

面对这人间奇迹，赵省长怎能不感慨系之？为造这些梯田、水库，下丁家人流了多少血汗？恐怕只有这弯弯的山道、无声的土地知道了！山东10年大旱，从济南到胶东，一路上只见库坝淤毁、河塘干涸、渠道断流、庄稼枯焦，令人心蹿火，烦躁不安。唯独这凤凰山中流绿滴翠，生机盎然，一片葱郁，一片生机勃勃，一片丰收年景，令人目不暇接。

"不简单，不简单！没有集体的力量，无论如何也办不到啊！"赵省长从内心发出由衷的赞叹。随后，回头紧紧握住王永幸的手关切地问："老王呵，穷过渡，你修路；包产到户，你修水库……这些年你们是怎样走过来的？"

王永幸不觉心头一热，眼眶有些湿润了。在他听来，省长这句似乎寻常的询问包含着何等丰富的内涵！已经多年没听到上级对下丁家的如此充分肯定和赞扬了。也是啊，几十年来，下丁家在各种各样的政治运动中，从不跟风跑当"先进"，有时候甚至还挨批评，成了个"别别扭扭"的典型。今天省长这句话给了这位65岁的老模范以无限慰藉和鼓舞，足以驱散多年来不被理解、甚至被误解、受冷落而积郁在心头的阴霾。这是下丁家人的期望，这是下丁家人坚信不疑、终将得到的评价。

10年了。10年改革，王永幸与下丁家人坚定地走建设有中国特色的社会主义道路，在艰苦创业的进程中开辟了一条"以农为本，全面发展"的金光大道，得到世界上众多国家的广泛赞许。而赵省长则从中看到了社会主义集体力量的优越性。

此时此刻，王永幸百感交集，胸中敞亮了许多。他擦了擦眼睛，声音有些颤抖："我们靠的是实事求是的思想路线，靠的是集体经济的优越性，靠的是自力更生、艰苦奋斗的创业精神……"

赵省长欣慰地点了点头。是啊，"铁柱子"一语道破了下丁家"二次创业"之路真谛。对于山东这样一个人口8000万的大省，人们的吃饭问题是一个严峻现实。可是，近年来山东粮食产量不断滑坡。昔日的"粮仓"烟台，以前每年可以净调出7亿多斤，一滑而变成净调入近3亿斤粮食的返销户，出现了"西粮东调"的反常现象。而这个位于山区的下丁家，竟创造出10年大旱，10年丰收，年年稳产、高产，粮食亩产超吨的奇迹！相比之下，不得不认真思索：这差别的根源究竟在何处？

车队绕过谷底，驶上环山公路，直达凤凰山水库大坝脚下。有人情不自禁惊叹一声："下丁家新造了座石山！"

耳听为虚，眼见为实。赵省长仰视大坝，心中感慨万千。一个村子，靠自己的力量，竟能造出这么大规模的水库大坝，而且它诞生在商品经济大潮汹涌的改革初期，是为粮食增产而不惜工本造下的！下丁家人有远见，有魄力！赵省长心中顿时涌起一股豪情："下丁家人

下丁家高山水库

了不起啊！"此刻，一个在烟台市，乃至全省范围内理直气壮地弘扬"下丁家精神"的可行性方案已经成熟……

赵省长与王永幸握手告别时高兴地说："永幸，听说下丁家这几年搞得不错，没想到好到这个样子。不简单啊！你选择的这条路是对的，没有集体的力量，这些事情是无论如何也办不到的。我相信下丁家搞的不是'大锅饭'；'大锅饭'绝不可能充分调动群众的积极性，更不会有这样的发展速度！"

1989年10月8日，《大众日报》发表通讯《老模范的新业绩》。

1990年5月28日，中顾委委员谭启龙来下丁家视察，题词"事在人为，人定胜天"。8月8日，中共中央政治局常委宋平、山东省委书记姜春云来视察。1993年元月，宋平题词"艰苦创业，为民造福"……

1997年，下丁家农业经济总收入达到5830万元；工业总产值4050万元，人均纯收入4000元（当年，龙口市农村人均纯收入为3528元）……

王永幸与下丁家人以自己独特的方式，因地制宜投入改革行动，终于获得了上级领导的理解和肯定。他们的精神受到赞扬，他们的成功得到嘉奖。人们不再怀疑改革年代的下丁家人始终实事求是，坚持走"以农为本，全面发展"的道路不转向，艰苦奋斗、改造自然不停步，爱国家、爱集体的思想不动摇，抓党的建设、班子建设不放松，靠集体力量共同致富、一心一意走社会主义道路这一事实。

时至今日，在前人栽植的大树下歇凉的人们，不知可曾想过：如果没有20世纪六七十年代那一茬人的大干苦干、治山治水整治下这一片片良田沃土、一座座水库塘坝，怎么会有今天这样稳定的农业基础？没有这个基础，十几亿人口的温饱如何解决？改革、繁荣从何谈起？

# （三）

王永幸在生养自己的下丁家奋斗了一生。

他弃官辞禄，不求名利，实事求是，不慕虚荣，带领下丁家人艰苦创业所取得的成就已写入中国人民建设社会主义的历史篇章。在这一榜样力量带动下，龙口市（黄县）的农田水利建设取得了辉煌成就，是江北第一个跨《纲要》、过"长江"、超千斤的县（市），又是胶东半岛第一个"双千斤"县（市）；改革开放后，综合经济实力居全国百强县（市）第29位，山东省第2位⋯⋯

"世外桃源"终究抵不住改革浪潮一波又一波冲击。下丁家在1994年、1996年也终于将土地、果树分到农户。谈到分地到户的原因，战德禄说："30岁以上的人还是不愿分。问题出在30岁以下的人身上。他们倒不是因为收入高低，而是觉得不及外村人自由。也许这就是大势所趋吧！"

下丁家人分地不分心。他们总结了1982年全市推行大包干的经验教训后将土地按人口全部分了下去。分田到户后，水利设施仍归集体所有。他们坚持农业倒挂，靠工副业反哺。化肥、农药、机耕、灌溉仍由集体统一办理，解除了农户后顾之忧，稳住了农业，调动了群众种粮的积极性。他们始终认为，搞社会主义市场经济重钱轻粮不行，但重粮轻钱也行不通，粮田面积一定要保证，庄稼一定种好，保证完成国家任务。群众吃粮不愁，花钱不缺，才真正奔上了小康。有些新项目风险大，由干部先行一步搞试验，赔了、亏了，干部承担；有了效益和经验再向村民推广普及。果树品种结构不合理，干部带头试验新品种⋯⋯党员、干部仍在孜孜矻矻地履行着自己的责任和义务。他们在王永幸的影响下一致认为：一个执政党如果不能代表人民的根本利益，失去了民心，这个执政党也就结束了历史使命，失去了存在的价值。

王永幸在1948年7月的兖州战役中负重伤，右肩胛骨和右背部负炮伤，肺、头部负伤，是二等伤残。三年困难时期他积劳成疾，患了肝病久治无效。1972年他由杨得志司令员安排，经省医院治疗基本痊愈。1994年他腿部浮肿，初未介意，直到肿成硬块，胸腔积水，排尿困难，直至病危。有关部门将病情报告省委。省委书记赵志浩批示：组成治疗小组，省卫生厅长任组长、保健处长任副组长，组织专家会诊、抢救。经进一步检查分析，确诊为前列腺癌晚期。

1995年9月，病情再度恶化，专家与治疗小组束手无策，处理意见是提高生活质量，保守治疗，延续生命。王永幸以顽强的意志，坚持与癌症做斗争。人们从没听到他呻吟、叹息一声！在上级关心重视、专家精心治疗下，他的病情竟出现了奇迹，很快好转、稳定。4个月后，他坚持要求回家疗养，为的是不耗费国家医疗费用。

1997年4月他去省立医院进行放疗，住院2个月，6月中旬回家。嗣后每月复查一次。病情保持稳定。

1998年3月，他出现呕吐、恶心现象，两腿浮肿，胸腔积水，再次住进省立医院。后经北京医科大学专家处理，借助"肾造漏"排尿，病情缓解。

重病缠身的王永幸心情难以平静。像许多为中华人民共和国奋斗了几十年的老一辈革命家一样，他无时不在关注着分了地的家家户户，谁家的劳力少，谁家的人摊上了病灾……无不悬挂心头。更重要的是，下丁家会不会再出现穷的穷、富的富的两极分化、分配不公情况……

具有这种忧患意识的老一辈革命家大有人在。只是他们有所料，但不愿所料的结果为其不幸而料到。就在王永幸撒手人寰这一年——2000年，国家统计局发布：中国的人均收入分配差距在逐渐拉大，基尼系数达到0.458，已超过国际公认的0.4警戒线……

农村经过这些年改革发展，出现了新的情况和问题：主要农产品相对过剩，供大于求，农业效益下降，农民收入增长缓慢，严重影响了农民生产积极性。家庭联产承包对农业生产的推动力释放得几近完毕，甚至在有些地方成为农村经济发展的障阻……出路在哪里？当然也不应当把下一步的改革主要内容简单地归纳为规模经营、现代化，搞一刀切。还是老话：只能在市场经济条件下，不同地方根据不同条件和群众意愿，让各种不同经营方式并存。

1999年10月底，王永幸病情再度恶化，住进省立医院。检查诊断：肾衰竭，心衰竭。停止放疗，只能保守治疗。

病重期间，山东省、烟台市及龙口市五大班子负责人赵志浩、陈建国、韩喜凯等及有关部门负责人以及健在的老战友多次前往探望慰问。省委书记吴官正看望过王永幸后对陪同人员说："我来山东这段时间只看了两个人：一个是朱彦夫，一个就是王永幸。他们对国家有贡献，我们不能忘记他们！"

1999年12月底，王永幸执意出院回家。2000年，元旦他在家中住了一个晚上，又去市立医院。元月13日大去之前，中午他仍坚持吃饭，并要求坐起来抽支烟。医护人员及亲属婉劝无效，只好将他扶起来为他点上了烟。吸了半支后,他还很不过意地说:"好啦!你们都回去忙吧!再不找你们的事啦!"

几小时后,这位党的第九、十、十一次党代会代表,第五、六、七届全国人大常委会委员,第八届全国人大代表,全国劳动模范王永幸溘然长逝。

住院期间,家属与医护人员达成默契:不敢向他如实讲住院费;有时甚至要说假话、往少数说。不然,他会因为花钱多闹着出院。不太了解他的人有时劝他说:"反正是共产党的钱……"他会更不高兴了:"共产党的钱也是老百姓的钱,纳税人的钱……我就这个样子了,还闲待在这里干啥?出院,回去!"

在省立医院养病期间,老伴战桂英也想让医院检查一下身体,治治病。王永幸同意了,但再三强调:"在这里看病、治病可以,医药费自付。我治病已花的不少了,老伴看病、治病一定要自己掏钱!"直到检验过老伴开出的付款单据,他才算放心。

他的这类言行使医务人员深受教育。大家感慨地说:"这样的领导干部,当今太少啦!我们怎能不从心里宾服啊!"

是呵!如果他们了解到几十年来在下丁家"干部"一词就意味着"模范带头,先干一步,多干工作,少拿报酬",便不会觉得奇怪了。

回顾王永幸的一生,真正是只讲奉献,不讲索取,砥砺廉隅,两袖清风。谁会相信,他终其一生,生活标准不仅不高于一般下丁家村民,有时候甚至还达不到平均水平。因为孩子多、劳力少,家累重,在别的人家能吃上玉米面掺地瓜叶时,他们一家9口只能以地瓜干代粮。

家里再困难,也不准动集体一草一木。有一次,不到6岁的小儿子跟随大哥到山上锄花生,拣回几个风刮、虫蛀的落地梨,带回家放在纸盒子里。他发现后,严厉地批评了大哥,并吩咐说:"你捧着梨去找你永伴叔,让他带着你绕街转两圈……"

他为政清廉,清廉得似乎不近人情。他从不接受别人礼物,吃别人的东西。"红富士"苹果刚刚在当地试种,秋后苹果下树,果林队送给他一筐让他尝尝新。他执意不收,最后付了钱。

他惜财,但不贪财。村里的来往账目和报销单据从不签字,但笔笔收支他了若指掌。在省立医院住院期间,无论是村办企业,还是亲戚朋友送的钱物，他全部退还。

他从不吃独食，从不一个人下饭店。老战友来了，请进家里，逢上啥吃啥，用家常饭招待。家中3间半房子，9口人挤住到20世纪70年代。孩子大了，只好去借住队里的马棚。1972年他去济南治病，家里乘机盖了栋北屋——他若在家，绝不让盖。为不用村里的木料，孩子们让舅父从海阳县买来松木棒作为椽子，从黄河营买回刺槐当檩条，借钱抢时间盖了起来。

大儿清业复员回来，王永幸妻子歉意地说："拖一年再结婚好吗？为盖房，家里还有欠债……"盖房借的债，直到1978年才还清。

在儿子结婚盖房子时，王永幸选了一块村里最差的房基地，地势低洼，孩子起早拉晚，干了一春季才填平。亲友帮助批来的几方按调拨价处理的废枕木，又让王永幸转让了别人："他们家比咱困难！"

1987年，他不得不外出为村办企业去跑一批热门的工业生产原料。跑来后，按惯例，他有提成6万元。党总支认为，他已退居二线，得这笔奖励性报酬合情合理。而公司总经理王清业却说："我看可算了吧！要给你们去给，我可不敢。况且我也不同意。我若把钱送进屋，不挨耳光子也要挨顿臭骂。我如果同意去送，那我也不像他儿子了！"

别人谁又敢去呢？这笔钱就这样归了集体。事后，战德禄硬着头皮向他做了汇报。王永幸满意地点了点头："你做得对。"

在王永幸的一生中，有3次机会转为国家干部，都被他谢绝了。退居二线前，有关部门又考虑给他定级转为国家干部，迁入城镇，安度晚年，又被他拒绝："我不愿离开在一起劳动了一辈子的乡亲们！"这是他的心里话——终老山村，与下丁家人苦乐与共。

不过，也不能一句话说绝了，别说他总是"周仓的胡子不开面"，他也有过3回"就此一次"。

老战友张书勤儿子结婚，他破例赴了喜宴。

20世纪70年代去北京开会，他特意带了2斤花生米去看望一位老部长。正巧老领导出了国，2斤花生米又原样提了回来。

全国人大代表有一项待遇，每年可带家属去北戴河、庐山疗养一次，一切免费。1986年夏天，有关部门把一切都安排好了后，二儿子清忠硬拽着他去北戴河休息了半个月。这半个月，除了吃饭，他什么钱也不花，不租车，不买瓜果，连特价供给的茅台酒也不舍得喝。儿子怕他馋酒，劝他喝点。最后他勉强同意只喝一块钱一瓶的北戴河白酒。儿子说："你带这种酒进餐厅，不怕别人笑话？"

"咱倒进茶杯里端进去，谁认得出是什么酒？"

王永幸做人的信条是，弱不欺，强不惧，光明磊落，无私无畏，清正立本，直道谋身。

弥留之际，他告诫子女们说："成人不自在，自在不成人。你们要堂堂正正做人，清清白白做官。我这棵树连磨盘也遮不住，要靠自己！"

艰苦奋斗是下丁家人的光荣本色，共同富裕是下丁家人的美好追求，实事求是是下丁家人的优良传统。下丁家这面红旗为什么能够几十年鲜艳如故？因为这里有一批不跟风、不追风、坚持实事求是的共产党员，一批真正吃苦在前、享受在后的人民公仆。

凤凰山不老，泳汶河水长流。随着时间推移、社会发展，人们日子过得顺畅惬意也好，艰难困苦也罢，将会更加怀念那个足以让中华民族扬眉吐气的可歌可泣年代，那个铁骨铮铮、一身正气带领人们艰苦创业的人民公仆——"一心走社会主义道路的铁柱子"王永幸！共和国不会忘记，子孙后代不会忘记这一茬勒紧腰带挥洒血汗为中华民族的粮仓奠基，为锦绣江山增光和添彩的人们！他们用生命谱写的一部创业史，将光照千秋，世代相传：

......

胶东半岛，凤凰山，

下丁家就在山下边，

丰功伟绩载史册，

"铁柱子"精神代代传！

（《春秋》2003 年第 5 期）

# 以德治村双富有

## ——怀念冶基村总支书记姜宪恕

　　早在 1965 年，诸由观镇冶基村即荣获山东省"农业先进单位"称号，"多种经营，全面发展"已小有名气，是全省农业战线上的老先进典型，并被联合国粮农组织确定为农业机械化示范村。老书记姜宪恕（1925—1993）也因为政绩突出，当选为省六届人大代表、县委委员，并获得许多荣誉称号。

姜宪恕（1925—1993）

　　冶基村现有村民 1005 户，3100 人，土地 6900 亩，实业公司下属企业 12 个，职工 4000 余人。良好的投资环境吸引了 20 多个国家和地区的客商前来洽谈访问，先后与我国台湾、香港，以及新加坡、韩国合资兴办了 5 处企业。2000 年实现农村经济总收入 6.7 亿元，固定资产达到 3.8 亿元，村民人均纯收入 6200 元。1983 年冶基村被授予山东省"先进党支部"、山东省"五讲四美三热爱"荣誉称号，被烟台市委、市政府授予"文明单位"等光荣称号。

　　为官一任，造福一方。老书记姜宪恕去世近十年了。冶基村已于 1995 年成立党委。这个千户大村能够取得这党风正、村风好、经济发达、村民整体素质高的物质文明与精神文明"双富有"局面，追本溯源，是与他几十年苦心孤诣，坚持以德治村，狠抓多种经营奠定下的良好政治、经济基础分不开的。

姜宪恕 1925 年 8 月 7 日（农历六月十八）出生于冶基姜家村。是抗战时期入党的老党员。他 8 岁就读于姜家村小学，15 岁任儿童团长，后去沈阳"洪盛顺"杂货店学生意，两年后回村务农。19 岁后，担任村自卫团长、指导员。1953 年他在本村组织初级农业合作社，当选社长。1954 年他当选冶基乡党总支书记。1955 年冬，姜家村与鞠家、吕家、马家、卞家、臧家等几个自然村合并，成立高级农业合作社，他当选社长。1958 年后，他在唐家乡、羊岚公社担任副书记（半脱产）。1963 年春回村，当选冶基大队党总支书记，连选连任 30 年。

冶基村有 102 个姓，是由七八个自然村组成的行政村，村情比较复杂。早在土改复查运动中，当有些地方出现乱打、乱杀、株连无辜的极"左"倾向时，老书记担任村团长、指导员的姜家村就没发生这种混乱现象。在一些事情面前，他不跟风，不追风，始终头脑清醒地坚持实事求是，机智灵活地掌握政策，避开了风口浪尖，从没干那种推波助澜、激化矛盾的蠢事，千方百计使全村保持着相对稳定的局面。他也批评人、教育人，但从不整人、斗人。他工作作风民主，有事同大家商量，处处尊重民心民意，事事不忘走群众路线，抓民心、聚民心，办好事让村民知底，办难事让村民支持，花钱办事让村民明白，土地调整、宅基地安排、计划生育指标下达、财政支出、水电费管理、文明户评选等重大村政决策都由村民代表会议表决。他坚持正面教育，善于掌握平衡，能够随时随地化解、"转化"各种矛盾，每月一般要召开两三次村民大会，宣传党的方针政策，通报村政建设情况。当时冶基村的文艺宣传队和展览室办得全县闻名，精神文明建设卓有成效，各项工作都走在前头；就连妇女工作也十分出色，1983 年荣获全国妇联授予的"三八红旗集体"称号。所以这个村情较为复杂的千户大村，从来没出现"你上来我拆台，我上来你挨整"那种恶性循环的宗派斗争现象，30 多年没发生刑事案件和越级上访的。

姜宪恕的处事为人和从政治村，有许多令人叹为观止的过人之处。《大众日报》曾以《胸怀宽似海　赤诚能移山》为题做过报道。

几十年来，冶基村像磁石吸铁一样凝聚着人心。本村的姑娘不愿外嫁，许多外地人都想方设法来这里落户，甚至有不少脱产干部也想把家属安置到这里生活。这种吸引力不仅来自村里稳定发展经济的条件和富庶安宁的生活环境，还在于这里有一个善于领导人们创造美好生活的党总支，一个处事公正、胸怀宽阔、待人赤诚的老书记。

解放前，从500里外的诸城逃荒要饭来冶基落户的老胡，一心要"叶落归根"回故乡去。村里安排拖拉机将他送回故乡不久，他又拖儿带女返了回来。他深情地说，哪里也不及这里好，再也不想离开这里了。

一年秋天，老书记傍晚回家看到桌子上的月饼，猛然想起中秋节到了！他急匆匆地吃完饭，带上一瓶白酒和一斤月饼向河西果园奔去。原来，他想到了看果园的那个70多岁的孤身老汉温玉堂节日里会倍感寂寞，要陪他过节。

老书记没白没黑地在外面奔波，冬天没有件御寒的衣服。在西宁的一个亲戚给他捎了件车队司机穿过的旧老羊皮大衣，这成了他最宝贵的"行头"。小儿子开敞篷拖拉机冻得两手生疮都不舍得给穿一穿。后来老书记担心为村里看青的老曹冬天晚上冷，便送给了他。

年过半百的分支书记老吕，一天早晨突然四肢麻木，不能动了。老书记听到后，急忙赶到老吕家，亲自送老吕去县立院看病。老吕病后半身不遂，老书记经常登门探望，并建议大队在经济上给予适当照顾。每逢村里演戏、演电影，他都派人把入场券送到老吕家中。他常说："照顾好年老的、有病的，也就是支持年轻的、体壮的。谁都有年老、生病的时候。年轻人看到老有所靠，病有所依，解除了后顾之忧，就会加劲地工作！"

"海纳百川，有容乃大。"老书记胸怀宽阔，大度能容。对于反对过自己，甚至证实是反对错了的人也能够捐弃前嫌，以至以德报怨。

有个姓马的青年，原是大队治保副主任、团分支书记，"文化大革命"时期组织批斗过老书记。老书记复职后，小马坐立不安，一心等着挨整。有人也向老书记反映说，这姓马的脑后有"反骨"，非狠狠整不行。老书记不这样看。他不仅没准备整小马，反主动去马家串门谈心，交换意见。当他看到小马与弟弟、弟媳住在一起不太方便时，立即筹划为他盖了3间房子。

小马父母去世早，家境困难，再加上"文化大革命"中闹腾得名声不好，年近30还没成家。老书记又操心帮他物色对象。有人介绍了邻村一个姑娘。姑娘家里听到关于小马的一些议论，心里不踏实，专程来找老书记调查核实。老书记说，小马人不错，是个好青年。年轻人脾气不好，经过教育慢慢就改了。盖房子欠了点债，不用担心，婚后两口子齐心协力干上两年就可以还清了……老书记一席话，解除了女方家长的顾虑，将亲事议定下来。小马结婚前，老书记正患病卧床。他想到马家没有积蓄，特意让女儿送去几十元钱，让小马添置两件衣服，并嘱咐小马要一切从简，不要铺张。

多年失去亲人关怀的小马接到老书记送来的钱，听到转来的嘱咐，再也按捺不住激动的心情了，当即跑到老书记病床前，痛心地表白了自己重新做人的决心。

老书记这样关心小马，村里有些人想不通、有看法。老书记解释说："人非圣贤，孰能无过？他整人不对，认错能改就好，不要得理不让人嘛！再说，他年轻，性子直，是个'虎头'，我当书记的有责任帮教他。共产党员怎么能计较个人恩怨呢！"

"精诚所至，金石为开。"小马没辜负老书记的期望和教育，很快成为村里的生产骨干。大队安排他去林业队当负责人。他带头实干，使林场很快有了起色，面貌迅速改观。他所在的生产队生产上不去，大队管委推荐他当队长。到任后这个队在他带领下很快出现新气象。后来，大队又调他去窑场当场长，窑场一年大变，产值增长了 3 倍……

村塑料管厂效益很好，1980 年总收入即达到 40 多万元。工厂的技术员老马解放前是国民党军人，解放后被定为"历史反革命分子"遣返回乡。1974 年，村里创办塑料管厂，老书记知道老马懂化学、会配料，便提议让他干技术员。

当时，"千万不要忘记阶级斗争"这个口号提得很响。有人不理解、不赞同老书记这个大胆决定，认为这是政治立场问题，不能这样重用这个人，弄不好会犯错误，有风险。老书记说服大家，教育大家，做了不少工作。他说："老马历史上确实走过一段弯路，但解放十几年了，要看到我们党的改造成果，看到他的进步。他有一技之长，应当让他发挥出来。这也是对他进行改造。"

老书记的这个决定使老马激动万分。他一连几夜辗转难眠。他想到两年前自己得了肺结核，肺部三处穿孔，生命垂危，是老书记亲自与结核病防治所联系，请医生为自己治疗。党和政府对自己这样关心，老书记对自己这样信任，自己怎样报答是好……

老马没彻底恢复健康便坚持到塑料管厂工作，刻苦钻研业务，发奋埋头苦干，提出不少合理化建议，研制出几种新产品，使塑料管厂越办越好，成为全大队30多个多种经营项目中盈利最多的一个。后来，村里根据党的政策和他本人的表现，报请有关部门批准，摘掉了他的"历史反革命分子"帽子。

老书记关心群众疾苦，平易近人，事无巨细，体贴入微，有口皆碑。村里哪一家老人去世了，他必定要登门送葬、慰问。有时忙得脱不开身或要外出开会办事，他也要安排自己十几岁的儿子去参加开圹、送殡，帮上一把，尽尽心意。他事情再多、再繁，也会将村里的鳏寡孤独、病残老人一个不漏地记在心里。对一个姓姜的孤老太太（因她辈分大，都称其为"老天奶奶"），他不仅几十年如一日地体贴关照，还嘱咐孩子们随时去探望照顾，以至让孩子们将这个"二奶奶"误认为是父亲的嫡亲伯母。

吃苦在前，享受在后，为了党的事业可以置个人身家利益于不顾，这是老书记做人的准则。刚开始实行计划生育时，世俗压力大，许多人不理解，工作不好开展，他便毅然决定先动员自己的只生了个女儿的二儿媳带头做绝育手术。二儿媳娘家只有3个女儿，没有儿子；3个女儿出嫁后生的又都是女孩子，所以娘家人也想不通。但在他的耐心说服教育下，二儿媳带了头，村里的计划生育得以顺利开展。

当时队干部的劳动分配采取的办法是"自报公议"，拿社员的平均工资。有一年队里的收入不错，老书记的女儿问保管员老马："今年你能开多少钱？"

老马不太高兴地说："开多少？你爸只要一千二，我们还能多了？！"当年，超过这个数额的社员占大多数。

改革开放以来，老支书经常为有关部门和村里外出采购塑料、柴油等。大家知道的就有四五次。每次按规定可提取二三万元劳务提成，但他分文不取。为龙口石油公司采购石油，石油公司让老书记与他单位的业务员一样拿提成，可拿20万元，但被他谢绝了——尽管当时他的老伴住院，正缺钱用……这就是一个老共产党员的气节，也为村干部廉洁从政树立了榜样。

20世纪60年代初期，冶基还是穷村队。1961年，欠国家贷款5万元，当年买3台小型动力机的钱全是贷款来的。1962年，公社曾一度决定要把这个大而穷的大队分成3个大队，"三干会"上都宣布了。当时在羊岚公社工作的老书记姜宪恕听到这个消息十分焦急，赶忙骑上车子奔回村来。他认为分队不是解决穷困的根本办法，这不利于巩固发展集体经济，不利于安定团结——因为原有的土地界限已全部打乱，再分开会引起矛盾。大队应当放开眼量，因地制宜，实事求是。他召开了党总支会又开队长会，让大家反复讨论：队该不该分？分了有利无利？当时若无他的干预，冶基大队就一分为三了。

1963年春，他回村当选为冶基党总支书记。当时全国上下"以粮为纲"的口号喊得很响，县里组织几个先进村队支部书记去大寨参观学习。凭着敏锐机灵，他早已认识到单纯抓粮食生产的路子会越走越窄，越干越穷，最终恐怕连整地改土的农田基本建设资金也难以筹集。要壮大集体经济，就要搞活经济，要抓钱。所以在参观大寨的几天里，他有意无意地向兄弟单位咨询上副业项目的情况。从与文姜大队书记姜振云的交谈中他受到启发：原来他们的富裕就不是单纯靠抓粮食生产，而是得益于栽培梨树、开粉坊……回到村里，他便立即大胆地提出一个酝酿成熟了的计划：在村西北的荒滩上栽培300亩大梨、300亩苹果、300亩葡萄。

从这里开始冶基人便比一般村队的人多了个心眼，即在"以粮为纲"抓好农业生产的同时，利用集体经济的优越性，积极发展多种经营。这一举措很快见效，生产资金匮乏的问题得到解决，冶基村由穷变富。

在老书记的安排下，冶基村开始实行"三个充分利用"。第一，充分利用自然资源，在河滩和"四旁"造用材林、果林，栽培了大量蜡条、棉槐和药材；利用靠海的条件发展渔业生产；利用当地的材料办起木业组、捞纸组。第二，充分利用辅助劳力先后办起草编、条编、织网、纺绳等副业，使许多原来不能参加农业生产劳动的村民发挥了作用，增加了收入。这些副业成本低，收入稳定，仅草编一项每年即可收入3万多元。第三，充分利用农闲办起粉坊、油坊、豆腐坊等季节性副业。农闲大干，农忙小干或不干，既不与农业争劳力，又为集体积累了资金。

同时，这也增加了社员收入，劳动工日一直保持在1元钱以上。

随着多种经营的发展，集体经济积累逐年增多，冶基村开始富裕起来。1972年全县粮食过"长江"，冶基村来了个大飞跃，亩产超过了千斤。第二年，全村多种经营收入已达32.5万元。村里添置的农业机械有汽车1辆，拖拉机5台和55台动力机，共有900多马力；另有抽水机、粉碎机、磨面机、脱粒机。

机械化的发展，解放了生产力，使生产条件得到进一步改善，农业的路子越走越宽，促进了农田基本建设。几年中，老书记带领村民投工20多万个，治理了高顶子、火石山、荒河滩和4片洼地，整地2300多亩。

随着机械化的发展、劳力的解放，多种经营由小到大，发展步伐加快。全村从事多种经营的劳力达300多个，几乎占了1/3。人们称誉冶基村说："五业俱兴，五谷丰登；男女老少，各尽所能。"

在当时"宁要一斤粮，不要百元钱"的思潮干扰下，冶基村的多种经营却能得到长足发展，确实来之不易！1975年，冶基村多种经营项目发展到二十几个：塑料厂、纺绳厂、农机修配厂、面粉厂、养蜂场、养兔场、渔业队、捞纸组、油坊、鸡场、猪场……粮食产量也一跃再跃，亩产达到1360斤。固定资产总值81万元，经济总收入135万元，人均分配148元。冶基村名正言顺地成了"多种经营，全面发展"的先进典型，前来参观学习的络绎不绝。从中央到省、地、县各级领导经常莅临视察指导。外国友人、外国大使馆工作人员和留学生也纷纷慕名来访。美国友人韩丁三次前来参观考察，1986年赠送了玉米收割机、花生收获机、50马力拖拉机及喷药机。1988年，联合国粮农组织考察团前来考察农业机械。山东省召开多种经营经验交流会，烟台地区选派参加的单位只有冶基村。

进入20世纪80年代，党的改革开放政策使冶基村如虎添翼，劲足气顺。老书记更是老当益壮，理直气壮地南跑北奔上项目，抓副业。实行联产承包责任制后，30多个多种经营项目不断发展，每年收入递增近30万元。新村建设、村民建房有补贴。五保户粮草除外，每人每月有20元零花钱。村民重病就医有补助。村里还投资办起1个幼儿园、3个托儿所；建立了公共浴池，村民可以轮流洗澡。村办电影队每5天放一场电影……

老书记姜宪恕 1985 年交班时，冶基村固定资产总值达 258 万元，实现农村经济总收入 685 万元，村民人均纯收入 902 元……他为冶基村民创下一份基础雄厚、殷实富裕的家业。

1993 年 8 月 13 日（农历六月二十六），老书记与世长辞了，终年 69 岁。县人大，镇党委、政府及有关部门都敬献了花圈。村民们闻讯赶到的邻村群众怀着沉重的心情自发地参加了追悼会。大家沉痛地怀念说，老书记是为大家操劳过度累垮了的。前两年麦收前，他发烧闹肚子，在家里治了两天无效。大家都劝他进城去医院查查病因，他执意不去，说什么："眼看就麦收了，不能去！"他坚持到后半夜，烧得昏迷过去，在驻村干部的主持下被送进医院时已不省人事。幸亏县里领导出面，组织 405 医院和烟台医院的医生全力抢救，他才保住了性命，却遗留下严重的糖尿病……

村民们念及他的处事为人，情不自禁齐放悲声。

送葬这天，有个姓程的老人已瘫痪卧床多年，非让子女用小车推着为老书记送行。凡是"烧七""烧周年"和逢到诞辰忌日，家里人还没着手筹办，村里有些老人已默默地将祭品准备好了……

盛德在民永不殁，天不能死地难埋。老书记姜宪恕走了。他这个"无品官"给我们留下的绝不仅仅是一份殷实的家业，还有一笔取之不尽、用之不竭的精神财富。

（《山东文学》2002 年 5 月第 5 期）

# 精种高产的一面旗帜
## ——追记全国农业劳动模范仲伟传

### （一）种粮劳模闻名全国

在农业生产条件还相当落后、农村经济基础还相当薄弱的 20 世纪 60 年代，黄县北马公社南仲家村在全国农业劳动模范、党支部书记仲伟传（1929—1983）的带领下，始终走在山东省粮食高产单位的前列。它刷新了黄县农业生产史上的纪录，为农业发展树立了榜样，在科学种田方面带了个好头，做出了贡献。这个村 1961 年平均亩产 824 斤，1963 年平均亩产 1127 斤，1965 年平均亩产 1382 斤，1979 年平均亩产达 2108 斤，一直是全省粮食高产先进典型。

仲伟传（1929—1983）

仲伟传，1929 年 8 月 15 日出生于龙口市北马镇南仲家一个农民家庭。1941 年在仲家集完小读书，1945 年高小毕业。1946 年 10 月 5 日加入中国共产党，担任南仲家村"青救会会长"。在解放战争时期，他积极发动组织青年参军，为中国人民解放事业做出了贡献。

1951 年，他与仲绍勤等 5 户农民组成互助组，任副组长。1952 年带头成立红星初级农业生产合作社，当选社长。1953 年任仲家乡乡长。1955 年秋至 1956 年，他响应党的号召，将南仲家、东二甲、西二甲、南孙家、东孙家等 6 个村的初级农业生产合作社联合起来成立了光明高级农业合作社，当选社长。高级社成立后，他带领群众整地改土，打井抗旱，改善农业生产条件，科学种田，夺取了粮食生产好收成，1956年粮食亩产达到640斤。1957年，他光荣地出席了山东省社会主义农业建设积极分子代表大会。

仲伟传生在农村，长在农村。父亲是个种田能手。受家庭影响，他自少爱钻研农业技术，几年中记下了几十万字的小麦、玉米栽培技术笔记。他善于思考，善于观察。1957年春季大旱，玉米没能长起秸秆来。农历六月二十六一场大雨后，已打了几次蔫的玉米竟结出了大棒子——"小老婆抱了个大孩子"。为此，他从春旱限制了玉米"疯长"、最后结出了大棒中悟出了玉米前期"蹲苗"管理的门道。

用毒沙防治小麦红蜘蛛也是这样探索出来的。他还善于向种田能手学习。小麦"两促一蹲"的经验就是在仲伟竹、仲跻增两位老农实践基础上总结出来的。他名声越高越谦虚，特别注意向科技人员请教。他主动与驻村的省、地、县农技人员交朋友，拜他们为师。曾任县农技站副站长的刘培生在这方面体会很深：每到下雨天不能下地干活时，仲伟传便到自己的住处探讨农业技术，一谈起来就忘了时间，甚至忘了回家吃饭。他质疑问难，追根究底，不把疑问搞清楚绝不罢休。

1958年，人民公社成立，仲伟传当选仲家集生产大队总支副书记兼南仲家党支部书记，带领群众发展农业生产，组织成立了干部、老农和技术员"三结合"技术队，开展小麦、玉米高产试验。50亩试验田小麦亩产超过400斤，玉米亩产超过500斤。同年，他出席了山东省社会主义农业建设先进单位和农村青年积极分子代表会议，出席了全国社会主义农业生产先进单位代表会议，被授予全国农业劳动模范称号。10月1日，他作为全国农业劳动模范光荣地登上天安门城楼参加了国庆观礼，受到毛泽东主席、周恩来总理等党和国家领导人的亲切接见。1959年，他又出席了山东省农业社会主义建设积极分子代表大会。

1962年，由8个自然村组成的仲家集生产大队分开，南仲家村成为单独设立的生产大队，他仍任南仲家大队党支部书记，继续组织村科技队进行农业科学实验，亲自在现场进行观察试验和总结。他与技术队人员共同努力，摸索和整理出一套小麦"两促一蹲"、玉米"控秸攻穗"的管理经验。南仲家村科学种田的经验受到各级党委和政府的重视。1963年1月，仲伟传出席了华东农业先进集体代表会议。1964年3月，他出席了山东省农业先进集体代表会议，并在会上做了经验介绍。1966年2月，他出席了省贫下中农代表大会，嗣后又出席了省社会主义农业先进集体代表会议。

在他的倡导下，南仲家建立了农业科技实验室，充实巩固了科技队。几年来，他与科技人员一道，摸索并总结了小麦白粉病、锈病、全蚀病和黏虫等病虫害的发生规律，研究出有效的防治措施。为保证玉米稳产高产，他总结出"四改一攻"的经验。四改是改直播为麦田套种，改早熟玉米种为晚熟玉米种，改一次追肥为两次追肥，改麦收后晚管为早管；一攻是猛攻千粒重。

当时，这个共有6个生产队、141户人家、601口人、集体耕地574亩的大队，已经形成了讲科学、用科学、搞实验的风气。在整劳力中，80%以上的人能够掌握小麦、玉米现有栽培技术，可以在生产中严格地、自觉地付诸实施。

1963年3月，仲伟传代表南仲家人在全省专员、县长会议上介绍了南仲家大队实现粮食连年高产的经验。

1973年，农业部长杨立功听取了仲伟传的大会发言，评价很高，特意找到县委书记曲继辉，让有关人员总结一下，以《利用辩证法，实行科学种田》为题，在《农业通讯》上发表、推广。同年9月，山东省农业科学院的《全国玉米杂种优势利用研究协作会议资料选编》，收编了南仲家《科学种植杂交玉米连续高产》一文。1974年4月，山东省农业科学院主办的《山东农业科学》发表了南仲家《实行科学种田，小麦玉米连年高产》一文。

6月，中国农业科学院的《全国小麦高额丰产科技座谈会资料选编》中，以《实行麦田套种，夺取农业大丰收》为题介绍了南仲家的科学种田经验……

从此，种粮模范仲伟传闻名全国。他多次在全国、省、地、县有关会议介绍经验，省委书记舒同亲笔题词以示勉励。1966年10月在北京农业展览馆中举办的科技展，推出了这个北方第一个亩产创千斤、第一个创"三种三收"纪录的典型。

1963—1964年，烟台地区在南仲家举办了有各县农技站长参加的为期一年的小麦、玉米生产管理学习班，认真总结学习他们的经验。山东省委主要领导舒同、谭启龙不止一次亲临指导工作。

全国、全省各地前来参观学习的络绎不绝，1975 年前后是高峰期，最多时一天有两三千人次。阿尔巴尼亚、美国、法国等国的国际友人也经常出现在参观行列中。水利电力部有关领导来视察过。1976 年夏收前，地委书记朱本正陪同国务院副总理余秋里也来到南仲家……

当地每年召开小麦、玉米管理现场会仲伟传都要被特邀出席，北马公社 54 个大队都请仲伟传到地头帮助"会诊"。自 1964 年开始，南仲家每年都要派出几名技术员去聊城、济宁、崂山等地传经，推广玉米种植技术。1965 年、1966 年南仲家派专人去海南岛参与了农科院培育杂交玉米种子的工作。1970 年以后，南仲家的技术员去过湖北、江苏、江西、河北等地，多时一年 20 多名。多年的操劳奔波，使仲伟传积劳成疾。1983 年，由于病情加重，他辞去了村党支部书记职务。1988 年 3 月 9 日，全国农业劳动模范、龙口市人大常委会委员、华东小麦研究协会会员仲伟传病逝，享年 60 岁。

## （二）实践出真知，科研结硕果——控秸攻穗与两促一蹲

1958 年 6 月，八届二中全会的精神传达贯彻到南仲家大队。仲伟传与党支部、社委会一班人立即制订出干部种试验田的计划，并成立了拥有 26 名劳动力、50 亩耕地的技术队，划分了干部试验田，制订了以技术队、干部试验田为核心，带领广大社员进行科学实验的具体计划。

技术队一成立，便担负了控制玉米陡长（控秸攻穗）和防止小麦倒伏（两促一蹲）两大课题的研究。

当年夏收后，技术队就开始了玉米的密植、施肥、浇水等小区对比和大面积丰产试验。仲伟传带领支部一班人配合技术队搞了 3.9 亩玉米试验田。这年夏收后遇到严重干旱，技术队的玉米根据仲跻增的经验，仍控制浇水，一直卡到下种后第 40 天才追上肥；追肥后两天内浇上水，接着又连浇二水，加上后期雨水比较多，结果 45 亩玉米平均亩产 570 斤。干部搞的 3.9 亩试验田，采取的是从蹲苗期开始，连肥带水一攻到底的办法，结果秸高叶茂，前期长势旺，可是后期招风倒伏，

30%多空株，棒子很小，籽粒也不饱满，亩产仅420斤。在秋收前仲伟传组织社员实地参观，收打后又组织社员进行总结评比，使大家初步认识到玉米前期控制追肥、浇水，适当蹲苗的好处。这是头一年试验，还没有摸透玉米的生长规律，也没有对各方面的条件进行具体分析，他们就于1959年将过去玉米播种后第30~33天追肥浇水，改为第40天开始追肥浇水。

结果遭到迎头一棒：有的玉米拉不出棒来，有些拉出棒来也很小。秋收前，社员埋怨说："老辈都是30天追肥浇水，非要等到40天，看看怎么样？把玉米饿坏了、干死了。"有的说："咱说不行嘛，还是老规矩有把握。"这时候，干部也都很难过。大家凑到一起商量，认为光心痛、难过不行；把才摸到的一点头绪一脚踢了，也不是个办法；应该认真总结教训，找出原因，研究改进。秋收后，仲伟传发现技术队的玉米亩产量高于全大队平均水平200多斤，当时的第三生产队也

1971年6月，北马公社南仲大队社员拔小麦（孙松如 摄）

比其他队增产60多斤。是什么原因？在一次干部会上，他让第三生产队队长仲伟复谈玉米增产经验。仲伟复说："您强调第40天开始追肥，俺和社员商量，怕到第40天太晚，在第35天追上肥，可巧又下了雨。第40天后，天气干旱，玉米浇不上水，肥料不使劲。但俺队是在雨前追喂的，玉米没受伤。"仲伟传听他这一说开了窍，又到技术队座谈总结。原来技术队的玉米是在第40天追肥后，两天内就浇完一遍水，接着又浇了第二水，在玉米抽缨拉棒时，化肥及时发挥了作用。而其他队受水利条件的限制，加上抓得不紧，半个多月才浇完水，玉米过了抽缨拉棒期，化肥还没发挥作用。原因找到了，他又组织社员全面总结经验教训。可是，社员们由于吃亏太大，一时转不过弯来，而且认为这个办法即便真好，现在的水利条件也行不通。他们反问："我们种那么多的玉米，怎么能做到都在第35天浇水？不要说一天浇过来，就是从35天浇到40天，也浇不过来。"

社员们的这一意见,给仲伟传一班人的启发很大,使他们深刻地认识到,搞科学实验,要有严谨的科学态度,严密地考虑各方面的因素。于是,除了大力改变生产条件以外,从1960年到1961年,他们又进行了连续两年的试验、观察、总结。每年在玉米抽缨拉棒期和秋收前,他们都组织社员参观评比;秋收后还组织群众性的总结评比。两年中,从各种不同时期的追肥浇水的试验对比和观察记录中,从干部、技术员到很大一部分社员都摸到了一个共同的规律,就是当地黄县二马牙玉米在雨水正常情况下,一般从下种到第40天是茎叶发育阶段;从第40天开始抽顶缨,至迟42天抽齐;从第50天开始拉棒,最迟到第55天拉齐;第55天开始授粉,最迟到第60天授完。同时,化肥施到地里,在夏季高温的条件下,浇上水后第5天即开始发挥作用,第12天肥劲达到最高峰。根据摸到的这些规律,试验证明:在播种后第37天追肥最适时。追上肥以后,在一两天先把玉米沟浇过来(这里是两行玉米一行大豆,为了发挥肥效先浇两行玉米之间的沟),5天内普灌一遍大水,紧接着连浇两水,使化肥在玉米下种后第42~43天开始发挥作用,第50天也就是玉米拉棒时,肥劲达到最高。由于肥劲集中攻在棒子上,所以棒子大、授粉足、鼓粒饱。试验还证实:在第33天追肥,接着浇水,玉米秸高,叶大,棒子小;第40天开始追肥浇水,肥劲在拉棒时又达不到高峰,虽然秸叶没陡长,可是棒子拉不齐、不离怀、穗型小。总之,追肥早了、晚了都不好。

为防治玉米病虫害,仲伟传下了苦功。合作化初期,蝼蛄、玉米螟肆虐成灾,人们苦无治法,流传着这样的顺口溜:

地下穿地龙,地上钻心虫,

种地多费种,难得好收成。

仲伟传用了三四年的时间观察、试验,探索出一套防治办法,实施推广以后,卓有成效:播种时带毒谷,杀蝼蛄等;玉米喇叭口期灌毒沙,杀玉米螟。

为解决玉米秃顶、籽粒不饱满的问题,仲伟传历时四五年,调查了100多块地块,扒查玉米20000多穗,查阅了60多份资料,最后终于找到症结所在,采取了3项措施,使这一难题得到解决:一,人工辅助授粉;二,少施攻粒肥——拉棒后,少施一次化肥;三,浇好"白皮水",保证水分供应。

继夏季进行玉米技术试验之后，从秋种开始，仲伟传与技术队又带领群众围绕着小麦高产、不倒伏这一中心，对品种、播种方法、种植密度，以及追肥、浇水时间、数量等进行试验对比。仅小麦就引进了100个品种，逐个地块进行小区试验对比。同时，不论是小麦播种方法，还是种植密度、追肥、浇水等，都进行了各种各样的试验对比。由于试验范围广，对比数据多，所以经过一年的试验，到1959年夏收，经过单打，他们总结出较多的成果：一是从品种的小区对比试验中，证明"钱交"小麦具有优异的增产性能，特别是其秸秆坚韧、不倒伏；二是冬前（立冬）追肥比集中春追的，有效分蘖多，秸秆粗壮；三是浇"冬水"比不浇水的每亩增产30多斤；四是早浇、浇透"返青水"比晚浇、浇不透"返青水"的每亩增产50多斤。1959年他们接受了夏季轻率推行玉米蹲苗技术的教训，在秋种时没马上全面推广。在总结经验的基础上，他们又继续进行了试验。这一年，除仲伟传和技术员都注意观察记录外，在各个关节上大队还组织社员参观评比，看变化、摸规律。以追肥为例，在同一块地种的小麦，耕种管理基本一样，每亩施化肥都是40斤，一块冬前追肥2/3，返青前追肥1/3；一块集中进行一次春追。以冬追为主的，冬前单株分蘖2~3个，每亩有效株是35万株左右，亩产478斤；一次春追的，冬前单株分蘖多数只有1个，每亩有效株不足30万株，抽穗时"橹墩"的无效株很多，亩产只有380斤。从观察的生长变化和产量对比中，得出了这样的结论：小麦冬前追肥、浇水，不只能起到平抑地温、增强抗冻能力的作用，更主要的是促进其冬前根系发达，增加有效分蘖。但是他们并未就此满足，经过继续观察试验，又发现麦苗从出土至倒针、从倒针到开始分蘖，这两段的时间恰好都和小麦从播种到出土的时间相等：例如小麦播种后6天出土，这两段的时间也恰好各是6天；小麦播种后8天出土，这两段的时间也恰好各是8天。根据这一发现，各生产队为了促进小麦的伸根、分蘖，把追冬肥、浇冬水的时间由过去在"小雪"前后，提前到"霜降""立冬"之间，把肥、水的效力用在小麦伸根、扩叉的火候上。这样，小麦扎根深、扩叉壮，能够抗倒伏。同时，试验证明：缩窄行距、匀播密植，使用"钱交"种，早浇、浇透"返青水"，控制"拔节水"，以至改东西地为南北种等管理技术，都是防倒伏、创高产的综合技术措施。这些措施有机结合，全面施行，就能有效地预防倒伏；而不倒伏，就保证了高产。

这些经验尽管是仲伟传从群众性的试验中总结出来的，但是要真正被广大社员所掌握并不简单，还要有一段群众性实践的过程。

当小麦"钱交"出现黄斑时，农技人员对此争论不休，一直找不到病因，没有定论。仲伟传不争不辩，默默试验探索。有人说是"让红蜘蛛咬的"。他到无红蜘蛛的地块观察，发现那里的小麦也有黄斑。有人说"根部有了病"。他将有斑的"钱交"麦拔出来，用水将根须洗净检查，结果发现根部发育正常，无病……

经过反复查阅资料，他一锤定音：物种退化。问题出在种子上，只有改良品种才是根治办法。

关于仲伟传搞科研的事例，南仲家至今还有"金水胜金风"的传说。

小麦发黄时，若刮西北风、凉风（俗称"金风"），小麦便籽粒饱满，可增产30～40斤；若刮东南风、热风，小麦便要枯死、减产。

经过多年观察，仲伟传说："天气咱说了不算，管不了刮什么风；咱只有在地上找找办法！"他摸索出浇"麦黄水"、降地温的办法对付干热风（东南风），"人能胜天"。事后，人们称浇保丰产的"麦黄水"为"金水"。

在仲伟传一班人的带领下，南仲家村讲科学，搞实验蔚成风气。老社员仲伟竹发现大部分玉米穗的籽粒从头至尾排列整齐，后腔变细，就开始试验，查找原因，看看会不会影响产量。仲崇教在1962年麦收中发现两个穗头特大的变异穗，便仔细珍藏下来，于当年秋后单种在地里，进行培育……

## （三）兴修水利，整地改土，精种高产与多种多收相结合

随着科学实验的开展，生产技术水平的提高，对生产条件的要求也更高了。从1958年以来，仲伟传又带领大家根据推行新的生产技术的需要，先后提出了"5天轮浇一遍水的高标准水利化建设""土地平坦、种植定向""抽沙垫土彻底改造旱龙道薄沙地"的口号。

他们以玉米5天普灌一遍大水的标准，进行了高标准水利化建设。过去，这个大队有360眼水井，其中砖井只有4眼。遇到一般干旱，

半个月到 20 天能浇一遍水；遇到严重干旱，只有 60 眼水井管用。其余 300 眼井因为下层是流沙，挖的很浅，一用即干，一掏就塌，所以年年要报废 100 多眼井，年年要新打 100 多眼井。摆脱不了干旱威胁，怎么能够满足推广新技术的需要？

1961 年春，仲伟传带领社员一气打成了 80 多眼透井。以后，他们又在水井条件较差的"东沙盖子""陈家茔"打成机井两眼。这使全大队 570 多亩耕地中拥有机井 4 眼、水井 180 多眼，平均不到 3 亩地就有 1 眼井。在一般干旱的情况下，为了节省开支，不开动抽水机，只出动水车、辘轳就可以 5 天轮浇一遍水；在严重干旱和玉米追肥时，机器、水车、辘轳一齐开动，两天内可基本浇完玉米沟，5 天可普灌一遍大水，完全满足了推行新的生产技术的需要。

水利建设带动了土地建设。"耕地深一寸，强似上车粪。"深耕深翻是他们早已认识到的丰产措施。根据"土地平坦、种植定向"的标准，很多土地要根据新的水井布局进行平整；不少地要根据作物需水的要求，平整后放长地头，以便浇透浇匀；而且土地需要通过深耕加深熟土层。特别是他们在试验小麦防倒伏时，发现了一种情况：同样的条件，同样的小麦，在南北地种的不倒，在东西地种的倒；南北地倒的轻，东西地倒的重。据此，仲伟传找出东西地有四大坏处。第一，不透风、不向阳。小麦垄背北的一行比垄背南的一行少 1/3 的有效株数，矮 2 寸多，产量至少差 1/3。玉米不通风透光，同样条件比南北地 1 亩少产六七十斤。第二，招风倒伏。因为南北风多，东西地没有风道，迎风一面倒了，连刮带压层层倒伏。第三，非耕地多。南北地与东西地交叉，道路也得纵横交叉，多占耕地，且道路两旁庄稼损失重。第四，耕作不便，浇水不透。土地接头多，排子短，致使耕种时地头多、费工多，排子短浇不透、浇不匀。这些坏处集中一条：影响产量的提高。他说："我们大队的东西地将近占总耕地的 1/3，不整改产量永远提不高。"问题认准了，一致决定：要革东西地的命。当年夏收后，他们就把 180 亩东西地改成了南北地。

只是当时因为急于抢茬未来得及彻底平整，给浇水造成一定困难。仲伟传根据大多数社员的意见，决定逐年分批地整治，并具体研究提出了两个办法：一是每个生产队抽出 5 名劳力，组成专业队，利用庄稼夏秋两季倒茬的空隙，突击整地；二是在夏、秋播种中，有计划地

"以种带整"。有了具体措施，社员的信心更坚定了。他们一致表示：抽出 5 名劳力，照样按时完成收种任务。

于是，从 1961 年夏收夏种开始，到 1962 年秋收秋种，他们每年突击整两次，一次整 10 天，连续两年把所有东西地都整治成了平整的南北地。

除了东西地，这个大队还有 100 亩薄沙地，过去产量很低。特别是在"东沙盖子"（地名）有 46 亩沙地，在半尺土层下面全是砾沙。还有 38 亩"旱龙道"，同样耕种，"旱龙道"上的庄稼枯萎、焦黄。1962 年秋收前，受到改东西地的启发，仲伟传与党支部一班人与社员们商量：这些地不改造好，怎么能继续高产？能让这些沙地辈辈世世这样下去吗？大家经过充分讨论，最后下定了改的决心。各生产队具体制定了规划，把改东西地的专业队变成改造沙地的专业队，仍是抓住秋收秋种和夏收夏种的短暂时机，采取抽沙换土、垫土压泥的办法，彻底改造沙地。有些地的沙层太厚，需要垫土，他们就挖湾泥、拆换屋烂土。经过改造的沙地，1963 年夏天一季就亩产 600 多斤。第一生产队在改造好的沙地上第一次种大白菜，亩产 1.1 万多斤。第三队在"东沙盖子"种的玉米，比一般地长的还好，亩产 700 多斤。

南仲家的整地改土工程，1956—1965 年是改南北向；1965—1972 年是并大片；1972—1980 年是搞高标准千分比降。

同时，仲伟传在耕作制度上也采取了配套措施，把精种高产与多种多收结合起来，推行了合理的间作套种，有效地提高了复种指数，把

1972 年，北马公社南仲大队社员晒粮（孙松如 摄）

几年来酝酿的"一亩地当二三亩地种，要一亩地打二三亩地的产量"的想法，变成了现实，成功地推行了一个合理的耕作制度和作物布局。1963年，全大队的土地除每个生产队留出三五亩场园地和春菜地外，其余全部播种小麦，收了小麦播种夏玉米间大豆，实行一年二作二收的耕作制度。其中有103亩实行了三作三收，即收了小麦抢种上黍子或夏谷，倒茬后栽大白菜，大白菜地里套种小麦。在一亩地里，一年产粮食870斤，大白菜9350斤。全大队复种指数高达218%，切实做到了一亩地打出二三亩地的产量。

在农作物管理和生产经营方面，仲伟传始终掌握着一个"巧"字和一个"活"字。"好种子打好粮"是他的口头禅。他经常念叨，庄稼施肥、浇水要"巧"，选用好种子更是件不费本钱干得利的事。

有一年夏种，原计划没安排栽种地瓜。由于化肥供应不足，他便建议在沙土薄地上栽20亩地瓜，将节省下来的化肥用到其他玉米地上。结果这一"活"动，每亩地瓜产了583斤（折粮），比原计划种玉米、大豆每亩定产260斤增了一倍多。

## （四）采得百花成蜜后——吃苦在前，享受在后

"群众选我当干部，我是群众当家人。党和群众信任我，把领导群众生产、过富裕日子的担子交给我，我一定听党的话，全心全意为人民服务。"这是仲伟传的"官箴"和心里话，也是他一生的行动准则和奋斗目标。

20世纪60年代初，"五风"过后，群众的生产积极性受到一定挫伤。在"共产风"中平调的社员财物他坚持积极退赔。为把各方面的积极性充分调动起来，他对全村社员逐户逐人排了队，发现绝大多数社员的情绪已经开始好转，比较稳定，只有12户消消沉沉，萎靡不振。这些户孩子多、缺劳力，被历年欠款压住了，直不起腰。他们认为，无论怎样干，"反正开不了资"；对前途无望，失去了信心。仲伟传便与支部成员商量，将这些户分情况对待：凡是无力偿还的，以前的陈欠可以暂时不还，以后再说，当年劳动收入全部兑现；有部分偿还能力的，可以协商，当年偿还三成或是五成。这样一来，那些不愿出

工干活的也争着要活干了。历年欠款的仲跻官当年还了90元陈欠，还开了170元现金。他高兴地说："这回我可拔出腿来了！"

珍惜集体财物和社员劳动成果，从不枉花一分钱，是仲伟传一贯坚持的原则。这年冬天，有个生产队办公室买了取暖炉子，正准备买煤，在仲伟传的劝说下撤销了；其他生产队原想安炉子的，见到这情形也自觉地不买了。这样，6个生产队一冬可节省下近200元煤炭钱。

吃苦在前，享受在后，是仲伟传一生的真实写照。用他的话说就是"干部干部先干一步"。尽管他外出开会时间较多，但总要挤时间坚持参加集体劳动，什么农活苦、累、脏和有危险，他就干什么。春天组织打井，都说立春后阳气上升，地下水的寒砭骨入髓，人下井会落下病，有人不想下去，仲伟传便自己带头下了井。他规定：村里白天不准开会；若一定要开，召集人不记工分。公社开会时，他早晨要干一两个小时的农活，吃罢朝饭再去会场，干活开会两不误。一年中，他能保证实干一百三四十个劳动日。在他的带动下，其他大队干部也都能保证参加劳动100多天，生产队干部参加劳动的日子都在200天以上。

1963年春天，大队号召打井。仲伟传发动老伴参加，自己下井，让老伴在井上挽辘轳。捣拌大粪又脏又累，他白天没时间，便挤出早晨干。最后，他带动了全体干部和社员，这样的农活再也不愁没有人愿干了。

三年困难时期，村里为荣誉军人和驻点干部专设了个食堂，其实也是"瓜菜代"，只是粮食略多一点。个别村干部有偶尔去吃过一两次的，仲伟传却一次没去吃过。他上有父母，下有2个儿子、6个女儿，一家12口，负担较重。当时他浮肿得两眼只剩下一条缝。炊事班长见他太累太苦，心里不过意，特意留下一点饭给他。他虽饿得浑身直冒虚汗也不吃一口……

大队有制度，不准随便借支现金。会计认真地询问仲伟传："包不包括你？"他连眼不眨，斩钉截铁地回答："不特殊！"

逢巧，有个外村干部因有急用，跑来找仲传伟借100元钱。他领着这个干部来到会计室门口，猛然想起规章制度，便拽上那个干部转身走了……

仲伟传不仅严于律己，对家属的教育也不放松。人们记得，他的次子仲崇斌8岁那年随社员下地。休息时有人去果园拣回些落地果来吃，也塞了两个给他。仲崇斌却一个没动，他说"爸爸说，'别人吃，你们也不准吃'！"1962年，队办木器加工厂揽了桩打大床的业务，但一时找不到合适的木料。仲伟传便带人将自己院里的6棵楸树和几棵白杨树伐了，做了打床材料。时值大女儿出嫁刚刚分家，想要棵树打家具，他执意不给："队里还不够用的呢！"家里人当时很不理解，十分生气：为什么自己家的东西自己却不能用？女儿仲崇英1966年初中毕业，正赶上内燃机厂招工，招工表就放在仲伟传的抽屉里。女儿苦苦哀求，自己想去，他就是不答应，最后还是让别人家的孩子去了。仲崇英在村里任代课教师。她的英语好，教学质量上乘。1970年学校精简人员，仲伟传知道后坚持要女儿下岗。校长觉得可惜，找他交涉了几次，没行得通。1975年春，南仲家大队集体发电供社员照明，规定每户2个灯头、灯泡不得超过25瓦。有天晚上，仲伟传不在家，家里的灯泡烧了，老伴不识字，摸黑找了只大灯泡换上去。仲伟传发现后对老伴进行了严厉的批评，并及时告知大家与有关领导。年底开资时，会计对他老伴解释说："仲书记让扣你们家10元钱，因为家里换了只大灯泡……"

仲伟传关心别人胜过关心自己，这绝不是句空话。本村老仲家有6个孩子，家累较重。三年困难时期妻子生最后一个孩子时，孩子因无奶水饿得奄奄一息，头都耷拉下来了。家里人只好忍着揪心扯骨的悲痛决定，保大人，丢孩子。仲伟传听到后，立即掏出粮票，打了十几斤小米送到门上，说是"村里照顾的"……

如今，这个叫秀英的孩子已成为40多岁的中年妇女。每当提到救命恩人，她总是热泪盈眶，泣不成声。

对孤寡老人孙秀玉，仲伟传可说是无微不至地关心，像对待自己父母那样照顾，家中每逢做了可口饭菜，都要送些去；下雪了，先到老人门上扫；过年、过生日时，先去给她拜年、祝寿。

老人一直活到103岁。她逢人便说：自己逢上了好社会，逢上了好干部……

仲伟传要强好胜，不甘人后，事事"自己与自己过不去"，活得太累、太苦，处处为别人着想，唯恐委屈了别人，自己像那肩负重轭的老黄牛，任劳任怨，埋头苦干，直至病重，仍坚持工作。村里人说，自家的事从没压倒他，他是为全村100多户人家的事压垮的。中越自卫反击战期间，家里给在部队的大儿子去过几封信，因战斗激烈，一直没见回信。

这时有人传言，仲伟传的儿子也牺牲了，骨灰都运来了，放在大队的壁橱里……他虽有耳闻，但仍像无事一样，平心静气地照常工作着、忙碌着。停了很长一段时间，他才找到会计指着壁橱说："你们别再瞒我了，把那东西给我吧！"大队会计一时没转过弯来，有点莫名其妙，问他要什么东西……

政声人去后，民意闲谈时。至今，南仲家人还在说："他若不病，仲家的村办企业不会黄，仲家不会是这个样子！"

1980年，仲伟传重任村党支部书记后，为扭转"高产穷队"的局面，在原有的村办养猪场、养鸡场、养兔场、草编绣花厂、粉坊、磨坊、木器厂、车床厂、食品厂、烤肠厂的基础上，又上了糕点厂和氧化锌厂。

木器厂与青岛签订了一份加工门窗合同。进料时，他们不慎上当受骗，进了些残次品。木器厂只好将这些不合格的木料改为学校打大床。最后虽然大床推销了出去，并略有盈余，仲伟传却为此气火攻心，大病了一场。

1981年，村里建了氧化锌厂。产品是过了关，但原材料紧张，资金周转困难，压得他喘不上气来。他太"正统"了。别人去找县里的领导，他不去；别人敢贷款，他怕为群众留下负担，不敢贷；他更不会拉关系，不懂什么叫"公关"。

这年年底，村里等钱开资。他去青岛销货。身上高烧不退，吃住在澡堂里，光喝酒，不吃饭，一直顶到腊月30日下午……仲伟传病重时，氧化锌厂也"病"了；仲伟传去世了，氧化锌厂也关闭了……

仲伟传病重期间，烟台市、黄县的有关领导以及山东省农业科学院、烟台市农业科学研究所、黄县农业技术推广站的有关人员栾聚茂、董传周、郝立钊、于立科、刘培生、刘广泰等都去探望慰问过。1983年县里召开人大会，杜世成得知他因病请假，立即登门探望。姜代晓探望他时，了解到药费负担太重，指示有关部门想法帮助解决。有关部门打的补助报告领导也批了。可家属秉承他的意愿，没去领取。

他走了，默默无闻地走了。他为南仲家留下了一份既无内债又无外债的家当，留下了近80万元固定资产和年纯收入三四十万元的工副业；留下了一笔无法估量的生命不息、进取不止的精神财富！

（《春秋》2004年第2期）

# 龙 口 五 院 士

至 2008 年，龙口籍院士共 5 名。他们在各自的学科领域为国家建设做出了重要贡献。

## （一） 徐士高

徐士高（1908—1990），龙口市龙港街道海云寺徐家村人，1927年入北平大学工学院电机工程系学习，1933 年 6 月毕业。1937 年赴德国留学，在柏林工业大学强电工程系就读，1944 年毕业并获博士学位。徐士高是中国科学院院士。

徐士高于 1946 年留德回国后，在东北电力局任抚顺发电区管理处处长、工务处处长。1948 年任济南电力公司总工程师。1949 年随中国人民解放军南下，先后担任上海公用局第一处处长、电力管理处副处长，上海电力管理局副局长、总工程师。其间，对上海电力的安全、合理供应做出突出贡献。当时，他上海市几家私营电力公司供电电价不一，管理混乱。在他的主持下，各租界不同电压供电系统统一为同一电压、统一调度的供电，为全市供电实行统一电价和统一调度打下了坚实基础。在上海任职期间，他还针对当时发、供电设备运行维护中存在的问题，发表了《链条炉排锅炉的燃烧和改装》《先令电桥和介质损失与电气设备的检验》等多篇文章，出版《变压器油的运行和维护》等专著，有效地指导了电力在生产中发挥积极作用。

1956 年 9 月，徐士高出任电力工业部技术改进局总工程师。1964 年，技术改进局发展成为电力科学研究院，他任总工程师。在技术改进局和电力科学研究院工作期间，他领导开展高电压技术方面的科学研究和试验工作，特别是在对变压器油研究方面有很深的造诣。他对变压器油的性能、试验方法及油务管理进行系统深入研究，还研究了介质损失对评价变压器油性能的影响。1961 年，他在全国电力系统的电机研究班上，就变压器油混合使用问题做了学术报告，有力推动了电力部门的绝缘监督工作。同时，他还整理发表了具有指导意义的论文《变压器油问题》和《变压器油的混合问题》。

1971 年后，徐士高任水利电力部科技情报研究所工程师，致力于电力科技情报研究工作。他分析研究了国外电力工业的发展规律和趋势，结合国内发电、供电设备运行维护中存在的问题，先后编写了多种技术情报资料，其中主要有《国外电力工业的增长速度和建设投资》《国外发电能源构成》《国外城市供电网改造的原则和措施》《国外能源利用和电力工业》《为什么日本单位国民总值的能源消费比较低》等。1980 年，徐士高在中国电机工程学会上做了题为"我国现代化经济发展中有关能源的几个问题"的学术报告，对如何取得经济发展的高速度、能源弹性系数和电力弹性系数、商品的内涵能源与能源进出口及发电能源改革等问题，进行了深入的阐述。其间，徐士高还兼任中国能源研究会副理事长。其在多方深入研究的基础上，对我国当代能源及电力工业的发展提出许多重要的意见和建议。这些意见和建议后经整理写成《经济发展中的能源和电力弹性系数》作为附录收入国家科委第 4 号蓝皮书《中国技术政策》的能源部分。

徐士高在学术界享有盛誉，历任中国电机工程学会第二、三届理事会常务理事，第四届理事会副理事长，第五届理事会名誉理事长，中国能源研究会副理事长、顾问。1980 年 9 月，当选二十八届国际大电网会议理事；1980 年 11 月，当选中国科学院技术科学部学部委员（院士），1981 年 10 月，当选国家能源委员会顾问团副主任。1988 年 9 月，因在能源技术政策研究中的重要贡献，受到国家科委、计委、经委的联合表彰。

1990 年 12 月 31 日，徐士高因病在北京逝世，终年 82 岁。

## （二） 陈秉聪

陈秉聪（1921—2008），龙口市北马镇东陈家村人，农业工程学家、拖拉机专家、教育家，我国拖拉机学科奠基人、地面机械系统研究领域开拓者。1990年，享受国务院特殊津贴。1993年，获机械工业部高科技突出贡献奖。1996至1998年，任亚洲农业工程学会副主席。陈秉聪是中国工程院院士。

1943年，陈秉聪毕业于西北工学院机械系，1944年7月，在成都空军机械学校高级班毕业，获空军机械师称号。1947年7月，在美国陈雷特空军机械学院高级班毕业，获航空工程师称号。1948年12月毕业于美国伊利诺伊州大学航空与机械工程系，获硕士学位。1949年6月至1955年7月，在山东工学院（1949年11月至1951年6月为山东省立工业专科学校）任副教授和自动车系副主任。1955年始，历任吉林工业大学（1954—1958年为长春汽车拖拉机学院）副教授、教授，农业机械工程系主任，吉林工业大学副校长，农业机械工程学院名誉院长。1982年主持创建中国农业机械学会地面机器系统分会，并任第一届主委；受联合国工业发展组织委托，对美国、英国、日本及西欧、北欧等国家的地面机器系统研究进行考察。1983年被批准为博士生导师。曾任中国农业机械学会副理事长，国务院学位委员会第一、二届工学科评议组成员以及中国农业机械学会及其地面机器系统分会名誉理事长，七届全国人大代表，九三学社长春市主委、吉林省主委，九三学社中央委员，长春市政协副主席，吉林省政协副主席。1993年，当选中国工程院院士。1998年后，任青岛大学教授（吉林大学农机研究院名誉院长）。

陈秉聪从事农机、车辆、地面机械系统科研教学50年，开创"松软地面行走机械及其仿生"新技术领域，主持创建我国农业机械设计制造第一个国家重点学科和博士后科研流动站，最先提出畸变模型、半步行、仿生步行和仿生脱附理论，奠定了该领域的理论基础，开辟了"地面机械仿生技术"跨学科的新研究方向，取得一系列突破性成果，并主持完成30余项国家和部省基金项目，出版《拖拉机理论》《土壤-车辆系统力学》《步行车辆理论与脚踝设计》《车辆行走机构形态学及仿生减粘脱土理论》等著作，发表学术论文260余篇，授权专利4项；培养博士生和博士后30名，其中有一名外国来华留学的博士生。其仿生理论与技术研究成果在国际、国内多次获奖。

2008年9月1日，陈秉聪因病去世，终年88岁。

# （三）殷国茂

殷国茂，1932年1月29日生，龙口市芦头镇殷家店村人。轧管工艺与设备专家，长期从事轧管工艺与设备的设计、生产和研究工作。在鞍钢的我国第一套自动轧管机组从事技术工作时，提出并实施用减径方法生产大直径无缝钢管新工艺及负公差控制轧制新技术；在技术上主持建成我国第一套周期轧管机组；在测试的基础上推导出216毫米周期轧管机轧制力能参数的数学方程式；领导建成世界第一套短流程精密轧管机组；创造了"CSST"无缝钢管品牌；把成都无缝钢管厂建成了当时全国最大的无缝钢管生产基地和技术中心；组织编写了《中国钢管五十年》。殷国茂是中国工程院院士。

殷国茂10岁随母亲"闯关东"，到大连投奔在店铺做伙计的父亲。1948年，以优异成绩考入大连关东工业专科学校，后进入大连工学院（今大连理工大学）预科。1953年4月下旬，为支援国家重点建设项目——鞍钢"三大工程"（无缝钢管厂、大型轧钢厂和第七号高炉）的建成投产，毕业设计和论文答辩都还没做完的殷国茂和机械系的同学提前毕业。他在10余年求学生涯中，由于当时国际、国内形势动荡不安，小学、中学、中专、大学都没有正式毕业，但通过努力奋斗和顽强拼搏，成长为一名院士，殊为不易。

鞍钢是中国钢管工业的摇篮。殷国茂初到这里，我国第一套由苏联援建的全新直径140毫米自动轧管机组已经基本建成，正在进行设备的最后安装调试。1953年10月27日，鞍钢无缝钢管厂成功试轧出新中国的第一根无缝钢管，并于12月26日正式投产，揭开了中国无缝钢管生产的新纪元。通过数年的不懈努力，殷国茂在这套自动轧管机组上，提出并实施了用减径方法生产大直径无缝钢管新工艺及负公差控制轧制新技术，有效地提高了机组产量和钢的成材率。

1958年，殷国茂调到成都无缝钢管厂。在他担任该厂总工程师、厂长期间，成都无缝钢管厂连续16年无缝钢管产量位居全国第一。1986年，他荣获国家有突出贡献专家称号。1987年，当选中共十三大代表；1988年，荣获全国首批优秀企业家称号。1995年，当选中国工程院院士。1996年底，他由成都无缝钢管厂离任，时年64岁。他是东北大学教授、大连理工大学双聘院士、北京科技大学和重庆大学兼职教授、中国金属学会第4~7届常务理事、钢管学术委员会名誉主任、钢管协会名誉理事长、《轧钢》杂志编委会顾问、《钢管》杂志编委会名誉主任和四川省科技顾问团成员。

在50多年的工作实践中，殷国茂亲身经历了中国无缝钢管从无到有、由小到大、由弱到强的征程，并为此做出重要贡献，先后多次获得国家及省、部级奖励。其中，"拨轮式连续翻钢机"于1983年获得国家发明三等奖；"重载橡胶弹性安全联轴器"于1985年获国家发明二等奖，同时获得我国及美国、日本、英国专利。另外，他还拥有钢管运输机、直流电弧炼钢炉底阳极、无噪声钢管收集装置等多项专利。他主持研制成功的"直流电弧炼钢炉""总排放废水循环利用"等数十个科研项目被列入国家重点科研和新产品计划，并组织成功试轧出多种合金、不锈钢管及研制出一批新钢种和新工艺，填补了我国冶金产品技术空白。殷国茂是中国无缝钢管行业当之无愧的领军人。

## （四）山 仑

山仑，1933年1月19日生，龙口市东莱街道遇家村人。1954年，毕业于山东农学院（今山东农业大学）农学植物生理专业，分配至中国科学院西北农业生物研究所工作。1959至1962年，在苏联科学院植物生理研究所留学，毕业后获生物学副博士学位。1970至1971年，在阿尔巴尼亚地拉那大学微量元素实验室任专业俄文翻译。1972至1973年，任援建古巴科学院水土保持研究所专家组长。1978至1986年，任中国科学院西北水土保持研究所副所长、学术委员会主任、研究员，黄土高原土壤侵蚀与旱地农业国家重点实验室学术委员会主任，同时还兼任河南大学、兰州大学、山东农业大学等高校的教授及水利部科学技术委员会委员、陕西省政府咨询委员会特邀咨询委员等职。1991年，被评为省部级有突出贡献专家，1995年，获博士生导师资格。山仑是中国工程院院士。

山仑是我国旱地农业和抗旱生理研究的学术带头人之一，开创了旱地农业研究的生理生态领域。他长期从事植物抗旱生理和旱地农业研究，主持国家、省（区）及国际合作的重大课题多项，在提高半干旱地区农田降水利用效率综合技术途径、有限水高效利用的生理生态基础方面做了系统和卓有成效的工作。现致力于作物整体抗旱性、节水农业生物学和我国半干旱地区农业发展战略方面的研究。

他长期从事半干旱地区作物对有限水高效利用的生理基础及其应用的研究，提出了作物对多变低水环境适应性的科学概念，揭示了多种作物一定剩余阶段适度水分亏缺可使作物产生生长、生理及产量形成的补偿效应，使节水与增产目标得以同时实现，为旱地农业农学的可持续发展做出了贡献。

在长期的科研工作实践中，山仑作为第一主持人获国家科技进步奖 2 项，中国科学院及省（区）科技进步奖 9 项，个人或与他人合作发表学术论文 300 多篇，主编出版《黄土高原旱地农业的理论与实践》《旱地农业生理生态基础》《节水农业》等 4 部专著，培养硕士、博士研究生 20 余名，在学博士生 10 余名。1988 年，获中国科学院竺可桢野外科学工作奖，1991 年，被授予陕西省有突出贡献专家称号。1995 年，当选中国工程院院士。1998 年，当选第九届全国人大代表，2001 年，获何梁何利科学与技术进步奖。

山仑继续致力于作物整体抗旱性、节水农业生物学以及半干旱地区农业发展战略方面的研究，就半干旱黄土丘陵区的农业发展方向、目标及技术途径提出了系列新论点；制定了"农田种植制度改革方案"及旱农增产技术体系，实施后取得了显著的经济和社会效益；提出了作物对多变低水环境适应性的科学概念，证明多种作物在一定生育阶段适度干旱后复水可产生补偿效应，节水与增产目标可同时实现，为推行节水农业提供了有利根据。

# （五）周丰峻

周丰峻，1938 年 7 月 8 日出生，龙口市北马镇东周家村人。1991 年，享受国务院特殊津贴。1992 年，当选国家有突出贡献中青年专家，防护工程专业学术带头人。周丰峻是中国工程院院士。

1962 年 2 月，周丰峻毕业于清华大学水利系，同年入伍。1963 年 1 月，任工程兵原子防护工程研究所实习研究员，1978 年 12 月，任工程兵原子防护工程研究所研究室副主任。1983 年 6 月，任总参工程兵防护工程研究所副所长。1985 年 8 月，任总参工程兵防护工程研究所所长（正师）、研究员。

作为防护工程专业的学术带头人，周丰峻在防护工程技术领域做出了重要贡献。他先后参加漫湾水电站、小浪底水电站、二滩水电站等重点工程的边坡锚索加固和电站厂房锚索加固；参加了深圳、珠海、武汉、北京等地喷锚网与大锚杆基坑支护工程；主持了大型过江隧道方案设计研讨；参与北京、厦门、青岛、郑州等地人防工程和地铁工程规划与设计研讨。他在地下工程与基础设施公共安全研究领域取得一系列成就，重点参与了广深港高速铁路深圳车站、狮子洋隧道和港珠澳大桥隧道等国家重点工程设计审查工作。

周丰峻先后有 10 余项科研成果获奖。其中全国科学大会奖 2 项，国家科技进步二等奖 1 项，国家科技进步三等奖 1 项，军队科技进步二等奖 4 项，建设部科技进步二等奖 1 项，河南省科技进步一等奖 1 项。出版和发表重要专著和学术论文数十篇。与解放军理工大学、工程兵指挥学院、同济大学、酒泉卫星发射基地联合培养了 8 名博士，与中国科技大学、国防科技大学、郑州大学、华东交通大学联合培养了 10 名硕士研究生。1999 年 12 月，当选中国工程院院士。

周丰峻现为总参工程兵第四设计研究院研究员，总参军训和兵种部专家组副组长，总参郑州创新工程站学术委员会副主任，总装科技委兼职委员，中国科技大学博士生导师，南京工程兵工程学院及徐州工程兵指挥学院兼职教授，中国土木工程学会防护工程分会名誉理事，中国岩石力学会常务理事，河南省力学会理事长。

# 贾桢轶闻

贾桢（1798—1874），原名忠桢，字艺林，号筠庭，嘉庆三年（1798年）出生于黄县东江黄格庄。父亲贾允升在清代乾隆年间（1736—1795）官至兵部侍郎。贾桢系道光年间进士、殿试一甲第二名（"榜眼"），敕授翰林院编修，擢升侍讲，入值上书房，教授皇六子奕䜣，晋升为侍讲学士。历任内阁学士、左部御史、礼部尚书、吏部尚书、武英殿大学士等职。一生典乡试7次，部试4次。英法联军进犯北京，咸丰皇帝命贾桢为京师团防大臣，负责保卫北京城。咸丰皇帝仓皇奔逃承德。贾桢临危受命，端坐天安门城头督战。他在与英法侵略军交涉中据理力争，凛然不屈，维护了国家利益。同治十三年（1874年），贾桢在京病逝，终年77岁。同治皇帝依大学士例抚恤。他谥号"文瑞"，归葬黄格庄村前。因道光、咸丰、同治三朝两个皇帝一个摄政王出其门下，故后人称他"三代帝王师"。

《东莱轶闻录》，中国致公出版社，
2000年12月版

## （一）待师之礼

贾桢早年有个启蒙先生是黄县大泊子村人，年过60岁后便辞了馆，结束了"漆黑茅柴屋半间，猪窝牛圈浴锅连，牧童八九纵横坐，天地玄黄喊一年"的单调乏味生活，轮流住在3个女儿家颐养天年。可惜3个女儿都不甚孝顺，先生整天过得郁郁寡欢。忽一日，他想到了早年的学生、时下官居一品的武英殿大学士贾桢。

贾桢当时是红极一时的三朝元老。先生一直想去见自己这个几十年前的学生，只是担心侯门似海空跑一趟。如今穷途末路，生计都成了问题，他也顾不得脸面了，便决定去闯一闯。

出了正月，先生凑了几个盘缠，让侄子备了头毛驴，径直进京。到了京城，他很快打听到贾桢的府第，只是几次登门求见均被拒绝。先生一气之下转回寄身的客栈，准备收拾行装返乡。他下榻的这爿"东莱客栈"掌柜的也是黄县人。这人好心，还愿揽事。他劝留住先生，并出了个主意。

第2天早上，琉璃厂的古董画市上出现了个衣着简朴的卖字老汉。他一出现便引来不少好事者围观。人们盯着老汉脚下那副对联惊诧地直伸舌头。这副对联写的是"天下文官祖，祖忘祖乎；三代帝王师，师有师无"。

据说贾桢府内有副"天下文官祖，三代帝王师"的对联。上联俨然自称士林领袖；下联的意思是道光、咸丰、同治三朝的两个皇帝、一个摄政王都出在他门下。这联与孔庙的那一副"天下文官祖，历代帝王师"联只差一字。虽说口气大了点，却也并非胡吹乱嗙。而眼前琉璃厂出现的这副对联却是明显在指责贾大人有悖师恩、数典忘祖。

琉璃厂是个鱼龙混杂去处。除了古董贩子和落魄失意文人，也有不少贤达名士喜欢来这里闲逛。一位出自贾桢门下的军机京章见到这副联后，问明了老汉的祖籍、住处，赶紧买下来送到贾府。

贾桢面对这副对联大费斟酌。第二天上午他身穿官服，乘着紫缰朱轮马车来到东莱客栈拜见先生。客栈掌柜吓得屁滚尿流，率全体伙计跪迎。贾桢的跟班从袖中掏出写有"受业贾桢"的黑皮手本让掌柜传递给先生。掌柜不敢怠慢，爬起身便往客房跑去。

先生接到手本也有几分慌张，一时手足失措，不知如何是好。这时，贾桢已进了客房，命人端来把椅子，搀先生坐正了，自己倒身拜了三拜。然后，他挽起先生的臂膀走出客栈。出了大门，他亲自扶先生上了车，自己扶着车辕走了好几步才登车启程。

进了贾府，先生享上了"天上神仙府，人间宰相家"的清福，虽不能说腰金冠玉，琼筵瑶席，也是锦衣玉食，天天过年一般了。只有一件，贾大人闭口不问来意，每天一早见面请安仅是嘘寒问暖，说几句家常话起身便走。

眼见到了八月十五中秋节。这天，贾桢设宴请先生赏月。先生心里有事，终于沉不住气，乘机委婉地流露出来意。贾桢听罢笑了笑，顾我言他，岔开话题，问："老师想不想画画？"也没等发窘的先生回答，他便唤仆从纸墨伺候。

先生一则喝了点酒，二则碍于情面，也就捋胳膊挽袖子，硬着头皮画了幅梅花。说实话，先生早年临摹过丹青，但那只是乡野涂鸦，根本登不了大雅之堂。如今他勉为其难，所画实在不甚中看。而贾桢却连连叫好，并立即唤来一名跟班，让他把这幅梅花送到琉璃厂托人代卖，标价5000两白银，少一文不中。

且不说先生满腹狐疑，家人也在打愣："我家老爷疯了？甭说这样一幅画，就是唐伯虎的《春牛图》也没敢标这个价……"所以，那跟班的口里应着，脚下却不肯挪步。贾桢再次吩咐他：不论托谁代卖，一是办妥后明白回奏；二是不许暴露身份。若代卖者为难，先付佣金100两。

有位不识深浅的书画贩子尽管心里也犯疑惑，还是承揽了这笔生意，100两佣金毕竟不是少数目。至于能不能出手，他就懒得操心多想了。

那幅梅花挂出去第二天，来了位神态不凡的斯文老者。只见他在画前转了几个来回，口中啧啧赞叹，手拈长须端详了好久，才一步一回头地走了。

有位常来琉璃厂闲逛的候补同知认出了这位老者就是贾桢。他正愁无法巴结这位权势显赫的贾中堂，天赐良机岂能错过？！他一拍大腿，买下这幅梅花，用缎匣裹了，送进贾府。

贾大人素以清流自居，岂能收受不名之礼？不过送幅字画却不好拒绝。自古"秀才人情半张纸"，谁也不会说他收了幅梅花图就是为官不清。若不收，恐怕还会有人说不近人情哩。

当天，先生便收到5000两白银笔润。第二天贾桢即打点先生上了路。在给先生的礼品中还有那幅缎匣裹着的梅花图。

先生打了个丰厚的秋风，下半生不愁衣食无着了。贾大人不动声色，落了个尊师贤名。最实惠的还是那位候补同知，几天后放到南方上任去了。另外，那爿"东莱客栈"也沾了光，因为贾中堂的老师住过这里，生意从此格外兴隆。掌柜也成为一方小有名气的人物。

# （二）这哪合适

转眼到了春节，贾桢回原籍黄县休假省亲。恰巧他姑妈准备正月初三请新女婿，正愁找不到体面的亲友陪客，听说娘家侄子回来了，心中大喜，自以为贾桢给她陪女婿最合适。

姑妈回到娘家与赵氏嫂夫人一说，老嫂子通情达理，连声应允了。只是贾桢不赏脸，一个劲推辞："这哪合适？这哪合适……"

姑妈只以为侄子是素常客套，并不介意，爽快地把手一拍："这有什么合适不合适！我说合适就合适！听姑妈的没错！"

原来姑妈这个乘龙快婿也算仕途上的人，在本县黄山驿当个从九品巡检。她以为官场中的娘家侄子穿蟒袍，自己女婿披海马，都不寒碜。不同的仅是一个红宝石顶子，一个花银顶子罢了！姑表亲坐一席，有什么不合适！

恭敬不如从命。官拜一品的贾大人在两个老太婆面前有话说不清，届时只好换了身便服，陪客赴宴来了。他进了姑妈家的客屋，与妹夫谦让了一番落了座。酒过三巡，菜过五味，坐上首的巡检见陪客的老表哥总不说话，便搭讪着无话找话说，随手指着堂上悬挂的那幅字画的落款有意无意地询问岳母大人："这幅字画是谁送的？贾筠庭贾大人，可就是咱那在京里做官的亲戚吗？"

巡检岳母漫不经心地指了指娘家的侄子："就是他写的嘛！你喜欢，让他得空写几幅给你就是了……"

这位巡检新郎官不听这话尚可，一听吓得赶忙滚身拜倒在地，连告"恕罪"。

巡检被扶起身来后，站在那里浑身筛糠似的抖，酒席吃不下去了。任他岳母和贾桢再三敦促，巡检死活不肯就座，只毕恭毕敬地肃立一旁不停地揩汗。

贾桢一看只好起身告辞。临出门，冲着送客的姑妈和巡检拱了拱手，自言自语地说："我说嘛，这哪合适，这哪合适……"

贾桢休假期满回朝述职，早上在朝房侍漏时与同僚闲谈，谈及这次回乡见闻，当笑料把初三日陪姑妈新女婿的事讲了出来。他感慨道："我再三说这哪合适，这哪合适，姑妈就是不听……"

这件趣事他对人讲过两三次。

转眼间年头月尽又到了春节。侍漏朝房，准备省亲的同僚自然会流露思乡之情。贾桢无意中又提及自己回乡陪新女婿那段笑料，意在告诫同僚别再像自己那样做出让人难堪的事来。

这话刚刚收尾，身旁的吏部侍郎沉不住气了，搓着手，踌躇再三凑上前低声嗫嚅着说："贾大人，你觉得他的品位还差池些？他刚刚莅任九门提督……"

贾桢一听大吃一惊。他细细一问，才知道说者无心，听者有意，这位处事老到的吏部大员把贾中堂的几次闲谈误以为是对自己的暗示，贾桢每谈一次他便给这位新女婿提一次官职，结果一年内把个从九品巡检直提到四品九门提督——可谓青云直上、飞黄腾达！

贾桢听罢，神色好长时间难以自然。他沉吟一刹，说："解铃还须系铃人。我这姑表亲才具如何我也心中无底，仅据一面之识，倒还像个粗通文墨、寡知礼义的人。只是官居显要，擢擢过速，实失于慎。我看，还要劳你考察一下他的政绩，量材而用为好。任人唯亲，贤者却步，这哪合适，这哪合适……"

（《故事大观》1996 年第 5 期）

# 百年前的胶东邮递

我国早在明代已有商办民用"民信局"承寄民间信函、包裹，兼办汇兑。但当时专业体系尚未形成，传递网络还不健全，官方主要靠各地递铺中的驿马铺夫传递信件，民间书信往来靠跑单帮的脚夫和兼营民信业务的商号、钱庄有偿代办。这些专门从事传信带物特殊职业的脚夫亦称"信客"。他们类似邮史中所记载的"驿驴"，也颇像南方往返于潮州南洋之间的"水客"，不仅递信带物，还兼做生客的向导。这些人多系乡邻，人熟、路熟、交托方便、相互信任。这一信札传递行业正是后来有组织、成系统的民信局形成萌芽。

清代，胶东农村年轻人沿袭遗俗，纷纷搭帮结伙闯关东，甚至远去俄罗斯远东地区的黑龙江北岸伯力（哈巴罗夫斯克）、庙街（尼古拉耶夫斯克）等地谋生。庙街是咸丰八年（1858 年）被沙俄强占去的中国领土，地处黑龙江入海口左岸、鞑靼海峡北端，与胶东相距达万里之遥。当时交通不便，只能徒步或乘帆船及畜力车沿江盘山曲折而行。那些外出打工和经商者的家信全靠专司此职的信客或兼营民信传递业务的商号、钱庄分段传送。这万里邮路的最合理路线是庙街—伯力—佳木斯（或三姓）—哈尔滨—长春（宽城子）—盛京（今沈阳）—营口（牛庄），乘帆船渡海抵胶东。其时黄县（今龙口）、掖县（今莱州）有 5000 多人在庙街经商、打工，他们的家信需要不知多少熟稔路情和民情的本籍老乡——信客（跑道的）沿途奔波传递。

20 世纪初民间信札

　　咸丰九年（1858年），福州正大民信局开设烟台分局。同治五年（1866年）东海关设邮务办事处，兼办邮递外使文件，已具备近代邮局雏形。光绪四年（1878年）3月23日，清政府决议在北京、天津、烟台、牛庄（营口）、上海试办邮政，称"送信官局"。8月9日，东海关开始出售中国第一套5分银大龙邮票……但在相当长的一段时间里，大量民间信札传递仍要靠信客代劳。

　　一个地方外出谋生的人多了，少不了要找信客传递几封平安家信和捎一点钱物。信客是一种不受任何机构管理的特殊民间行业。他们起码要具备能识几个字、了解各大商埠情况、有较健壮的体魄和良好信誉等条件。这是件苦差事，生意不大，却很费脚力。大到通衢要津，小到荒村野屯，换车调船，肩扛背驮，小心翼翼，战战兢兢，衣衫褴褛，满面风尘。所带信札钱物品种繁多，事无巨细，掉不得轻心。在那兵荒马乱年月，说不准逢上散兵马贼、暴雪山洪，信客还要担承几分风险。光绪二十六年（1900年）夏季，中俄战争爆发，沙俄悍然制造了惨绝人寰的海兰泡和江东六十四屯大屠杀，将俄境内数千华人悉数赶进盛水期的黑龙江淹死（俗称"推黑河"）。其中胶东黄、掖两县人占半数以上。这期间的信客命运可想而知，多半也是在劫难逃。

　　信客肩挑一副生死祸福重担，一年三百六十五日几乎天天步履匆匆，风餐露宿。"家书抵万金"。流落外地的游子和倚门相望的白发老人，时时企盼着他们的脚步声。他们是乡村与城市的纽带，既与别人分享喜悦，又要与别人分担忧伤。在外谋生者或者是家乡的亲人去世了，他就要夹上一把伞柄朝前的黑伞前去报丧。路人一看便知又有人客死异乡或家中有人亡故。信客来到死去了亲人的人家通报噩耗，不仅一时半日得不到什么慰劳，还要满脸戚容，用想了又想的婉转语言去劝慰别人节哀。

　　信客多半是要有些文化的。除了要认清信札上的地

1878 年大龙票
1878 年，清朝海关试办邮政，首次发行中国第一套邮票——大龙邮票，烟台为五个首发地之一

址，还要担负代读、代写家信的义务。在乡间，没有太紧要的事，一般是带个口信多跑点路也就可以了。要写信，大多是有了较繁难棘手的事情。所以，这代写也不是太轻松的差事。

当时信客们传递的信札，多数是 65 毫米 ×130 毫米左右的典型红框封。正面为收信人姓名、地址，背面除上下端"护""封"二字，均于骑缝处写有发信的干支年月和地址，并加盖私章。有的还在两边加写"一帆风顺""福星伴驾"之类的吉祥词句……除了平常商函和家信封，还有特制的贺年红封。因为是有偿传递，部分信封右上角还注有"脚力已付""送信钱×百文""水力在北付清，脚力叁百文"。也有在信封边角注有"外有小包一个""内函并物"等字样的。

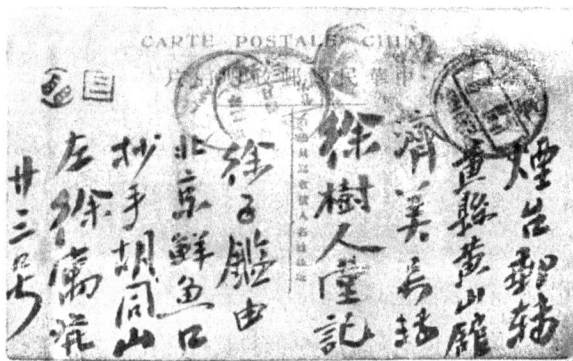

徐子鉴家书

随着商品经济的发展，信札及钱物的传递量增多。有些商号、钱庄开始通过自己的总号、分号承揽这种接送信款包裹，设专门信客押送的业务。这种兼营传递民间信札钱物业务的商号、钱庄，已类似民信局的规模，直至光绪二十二年（1896 年）国家正式开办大清邮政，县设邮政局，下设私人邮寄代办所之后仍个别存在。当然，那些类似脚夫的信客也同样存在了一段时间才由邮差彻底取代。

（《山东邮电报》2005 年 9 月 14 日）

# 明代直臣王时中

早在明代，王姓即是黄县首屈一指的望族。"一丁二王三姜四逄"是以后的说法了。明朝黄县共有进士16名，其中王姓5名。王姓五进士之一的王时中（1463—1542），曾任兵、刑两部尚书，俗称"王都堂"，是在《明史》有，并先于范复粹的黄县第一人。

王时中，字道夫，出身于仕宦家庭。祖父王琏为知县，父王钻为州同知。后因王时中的功勋，两人去世后都被朝廷追赠为尚书。王时中生于天顺七年（1463年），弘治三年（1490年）中进士，由知县、御史、巡按、都御史到兵、刑两部尚书，是一个正直廉洁的官员。

他历经明代五朝，三朝为官，曾被刘瑾下狱，流放戍边。复官后又几次受到不公正的处罚，但他没有向邪恶势力低头，仍然是一身正气的铮铮铁汉。嘉靖二十一年（1542年）王时中去世后，墓地选在黄县城北偏西1里处，即今百盈村东北。王氏家族的祖茔在城南五里堡，习惯称"南茔"；王时中的坟墓在城北称"北茔"。百盈村即因王时中的坟墓而得名，因"北茔"为村名不雅，改称百盈。王时中的坟墓很简朴。按尚书的规格墓地立有石人（翁仲）、石马等。坟墓不大，墓碑也不高，连碑座不过5尺，是用当地南山的普通石头制成的。

## （一）

王时中中进士后被朝廷任命为河南中部比较偏僻的鄢陵县知县。为官一任，造福一方。他在任5年，为民众做了许多好事。他21岁中举，到中进士时有七八年时间，这使他对社会有了较深的认识。而其祖父与父亲都是廉正的地方官，更使他受到良好的熏陶。事情也巧合，王时中祖父王琏曾任鄢陵知县。他政尚仁简，令百姓亲服，被称颂为"神君"。为此县里的人高兴地说："'神君'之后也,其将复活我矣!"到任后,他鼓励民众开垦农田、扩大生产,兴学重教,培育纯朴敦厚的社会风气,废除靡风陋习,扶正祛邪,使民众安居乐业。他的举动深受民众的赞颂,县里一些到外地逃荒、逃难者也纷纷归来。他在上任不久,就出色地审清一桩无头案。县里一少妇与人有奸情,谋害亲夫,一直找不到尸体。他使其案真相大白,被全县人称之为"断案如神"。这个县有个土豪恶棍称霸一方,欺压良善,为非作歹。王时中查明后,绳之以法,为民除了害,民众为之大快。离任时民众为之立碑,记述政绩。

任湖广按察使时,王时中清理冒报户籍,查处伪造契约,整顿社会秩序,审判衙门积案,使湖广民众得以安居。

弘治中期,王时中由鄢陵知县调京任御史,督察畿辅马政。

马政是明朝为保证军马供应而建立的养马制度。从明初开始,朝廷即令河北、河南、山东等地的部分农民喂养种马,缴纳马驹。中叶以后,朝廷又将畿辅(北京附近的州县)改为喂养"寄养马",即喂养外地送来的马匹,以备随时使用。这些养马户饲养种马和寄养马,要付出很多的劳力,遇到马匹死亡或马驹不足数量,还要受处罚。种种酷苛制度,加上经管人员相互勾结,敲诈勒索,使养马的农民苦不堪言。

古 墓

王时中督察畿辅马政，严厉查办经管人员的违法行为，对减轻养马户的负担起到了积极的作用。

正德初，王时中上疏请革近畿皇庄。

皇庄是皇室占有的土地，明初就有，只是范围较小。到明代中叶，皇庄大量出现，而又集中在近京几个县，其中以顺天、保定、河间三府最多。皇庄的设立给农民带来极大痛苦。皇庄的管理人员以太监为主，每处大都二三十人，土地出租给佃户耕种，收取苛重的地租。而这些收益，又大都进了太监和庄头的私囊。因此，从成化年间开始，有些开明正直的官员就曾提出取消皇庄的建议，但未被皇帝采纳。到嘉靖初，朝廷才指派给事中夏言等"清核皇庄田"，使皇庄一度有所收敛。不过直到明亡，皇庄制度并未彻底废除。

王时中取消皇庄的奏疏虽然未被皇帝采纳，但他这种维护农民利益、关心民众疾苦的精神则是难能可贵的。

# （二）

正德前期大太监刘瑾当权。作为御史的王时中，对刘瑾的恶劣行径多次上疏弹劾。对此，刘瑾怀恨在心，把王时中的名字记在屏风上，时时想借机把他除掉。

不久，王时中巡按北方的边防重镇宣府、大同，见到那里纪纲废弛，武职官员贪污腐败之风非常严重，便着手大力进行整顿。当时刘宇任宣府、大同总督，以重金向刘瑾行贿，受到了刘瑾的宠爱，成为刘瑾的亲信，后调京晋升为都御史。一些贪污腐败的军官，也大都与刘宇有关联。

王时中在整顿纪纲、惩处贪污腐败的行动中，逮捕贪污受贿、克扣军饷的武职官员多达100人。刘宇震惊，为这些赃官求情。王时中不允。刘宇大为不满，因而通过东厂太监邱聚罗织罪名，向刘瑾禀告。刘瑾得知正中下怀，立即矫诏（假传圣旨）捕王时中至京下狱，令其戴重枷站立在三法司（都察院、大理寺、通政司）门前示众。王时中几次晕倒，气息奄奄，处境非常危险。其妻前来看望，正巧遇上刘宇。她边哭边骂，揭露刘瑾一伙对其丈夫的迫害。刘宇不得已禀告刘瑾，再加上李东阳等大臣的保奏，刘瑾才把王时中进行杖责，谪官发配到辽东铁岭卫戍边。刘瑾伏诛后，王时中始得平反，回京起用。

当时正直的官员因反对刘瑾受到杖责谪官戍边的，还有王守仁等人。王守仁年龄比王时中小9岁，中进士时间比王时中晚9年。两人在都察院共过事。起初王守仁的官职比时中低，以后升为南京兵部尚书（虚职、无实权），与王时中官职相同。王守仁在任兵部主事时，反对刘瑾受到杖责，被谪为贵州龙场驿丞。刘瑾伏诛后平反。因为王守仁在学术上有成就，创建阳明学派，所以名声比王时中高。后人多知王守仁受到刘瑾的杖责处罚，而少知王时中受杖责、被发配戍边之事。

# （三）

正德皇帝无子，死后由堂弟藩王朱厚熜继位，是为嘉靖皇帝。嘉靖初年，大学士杨廷和、尚书毛纪等人辅政，对正德时的弊政做了一些改革，但嘉靖并没有长久坚持下去。

嘉靖皇帝是一个极爱虚荣的人，喜欢阿谀奉承。因为是藩王继位，怕别人看不起，所以想改藩入正，尊他死去的父亲为皇考，改弘治帝为皇伯考。这就是嘉靖前期有名的"大礼仪"，吵吵闹闹争了好几年，使当时的朝政受到影响，造成吏治腐败，为奸佞得势、谗臣当道开启了方便之门。

当时朝内有两种主张：一是按照皇帝继位大礼，应以弘治帝为皇考，嘉靖生父兴献王为皇叔考；二是迎合嘉靖的心愿，以其生父为皇考，弘治帝为皇伯考。当然，第一种主张嘉靖是不能接受的。提出第一种主张的，多为前朝旧臣，如内阁首辅杨廷和、尚书毛纪、蒋冕等。这些人中有的因此被令致仕（退休），有的降职或削职为民。提出第二种主张的，则为新贵，如张想、桂尊等下级官吏，因为极力奉承讨好嘉靖皇帝，后都晋升高位，拜尚书，入阁参与机务。

反对嘉靖尊其父为皇考的官员，都受到严厉处罚，四品以上者夺俸，五品以下者杖责。其中180多人受到杖责，有17人杖责过重而当场死亡；130多人下狱，80多人待罪。杨廷和之子杨慎，正德六年状元，任翰林院编修，戍边云南，永不起用。

王时中当时为都御史。他不趋炎附势，认为皇帝的继位不能违背大礼，反对嘉靖尊其父为皇考，受到夺俸处罚。在嘉靖尊其母为章圣太后、举行册封仪式时，百官陪列不到的有9人，王时中即其中之一。嘉靖对此大为不满，严厉斥责王时中，甚至要罢时中的官，后王时中幸得到赦免。

# （四）

嘉靖朝的前十年，王时中两任兵部尚书，对整治军务、巩固边防起到了重要作用。这十几年，国内和边防都比较稳定，没有发生大的动乱和战争。

在明代，兵部尚书由文职官员担任，代表朝廷执掌军事大权。侍郎也由文职官员担任，协助尚书处理军务。武职带兵镇守一方，保卫国内和边防的安全，无权干预朝廷的军政大事。

王时中任兵部尚书，始终维护军事由朝廷统一管辖，具体职权在兵部不能旁落。御史郭希愈奏议，应重视兵部侍郎的选用，要从镇守边疆的武将中选两人为侍郎，分管边疆和内地军务。吏部赞同这一奏议，要奏明皇帝执行。但是作为兵部尚书的王时中不同意这样做，认为这是违反明初朝廷规定临时遣将的原则，会造成武将专权，进而出现地方割据势力，不利于军队统一和建设。嘉靖皇帝同意王时中的意见，否定了吏部赞同的奏请。

王时中任兵部尚书兼任提督团营，对将士的素质和军风军纪非常重视。他甄别将士的才勇，教育和斥责其中的懦弱者。对那些"贪而爱身"（贪图钱财、胆小怕死）的武官，"悍不用命"（身体强壮而不卖力气）的士兵，严肃而认真地加以整治，加强军队平时的操练以提高战斗力。他对士兵"有功不赏""死事不以闻名"的赏罚不公行为大力纠正，以鼓励士兵勇敢作战。有功者赏；牺牲者记名表彰，并对其亲属进行较优厚的抚恤。

他每巡视一地，注意观察地形，提出应重视或增设哪里的城堡（军事要塞）墩台；在哪里要多置兵设将，如何使台（烽火台）和墩（瞭望敌兵的土堡）更好地取得联系，以加强阵地的防守和相互间的声援。

王时中很重视对武职官员子弟的培养教育。早在他任宁夏巡抚时，即提出在灵州（今宁夏灵武）建学，聘请教师，对武官子弟在军队中的优秀者集中进行培训，使之懂礼仪，有教养，以便更好地在军中服役。这一主张在其任兵部尚书时即在全国各地推行。

王时中遇事敢为，治军才力过人，不仅自己有主张，而且也有以身作则的实际行动。正德年间，他任宁夏巡抚时，有一次巡视花马池归，军事情报人员报告，有北方少数民族的兵将数千骑来犯。王时中说，贼兵远路而来，甚疲劳，可速战。于是他穿上戎装，骑马夜驰50余里， 拂晓至兴武营与北兵相遇，指挥诸将分布士兵鼓噪而进，使来犯敌兵死伤惨重，仓皇败逃。当时，正德皇帝在榆林巡狩，闻捷大悦，赐王时中蟒袍玉带，嘉奖其功。

在明朝，军事上如何处理好与西北边疆少数民族的关系，是兵部面临的一大课题。他认为对边疆的少数民族，王时中以安抚为主，如前来进犯则严厉打击。

嘉靖七年（1528年），朝廷以70岁的兵部尚书王琼兼右都御史，督陕西三边军务。王琼勇于任事，敏练果断，在总制三边时较好地解决了与少数民族的关系问题。王琼提出："御戎之道，以守备为主，不以攻占为先。"他认为对边疆少数民族要抚拒适当，不可过分。王琼的主张受到王时中的赞同和支持。

当时，进犯内地的土鲁番军事上已处于劣势，提出要降顺朝廷，献还一度占据的哈密城，重新通贡。王琼上疏请求抚纳。为此，朝中大臣纷纷议论，很多人不同意与土鲁番议和，主张继续征讨。而主管兵部的王时中则力主安抚，与之议和，以便腾出兵力对付北方的瓦剌，使北方边境得以安定。嘉靖皇帝采纳了王时中的奏议。这样，朝廷不仅使"西域复定，通贡如故"，西北地区各民族和睦相处，得以安定地生产和生活，而且可以用足够的兵力抵御北方瓦剌的威胁，使之不敢进犯。

王时中很重视国内的安定。对于内地州县发生小规模盗贼聚众作乱，剽掠乡邑，地方官员向兵部请兵的情况，王时中大都泰然处之。他告知地方官员，要镇静对待，不要惊慌失措。他认为这大都是一些亡命之徒挟持无赖青少年的行为，可以乘其不意，调兵进行剿灭。平定后，王时史对这种作乱的处理原则是严惩首恶，对被胁从者训教后释放。

# （五）

明初，朱元璋对宦官限制很严："不许读书识字""不得兼外臣文武衔""不得干预政事，干预者斩"。永乐即位宦官起了作用，所以就"多所委任"，还令年少者读书识字。这样，宦官的地位逐渐上升起来。

正统和天顺朝以后，宦官的权力日益增大。他们干预朝政，操纵官员的任免，把持厂卫，监军统兵，担任军事要职，以至发展成肆意"奸欺国政"。正统朝的王振、正德朝的刘瑾，以及明末天启朝的魏忠贤，这些人的权势更是至高无上，他们作威作福，生杀予夺，可以代替皇帝行事。

在这种风气下，朝里朝外的官员大都趋炎附势、讨好太监，否则就站不住脚，受打击迫害。大的方面，凡晋见皇帝，升迁调动，进京述职，外出巡察，事先不向宦官送礼，往往就要遇到麻烦。万历朝的内阁首辅张居正，被认为是明代有名的改革家。他为了顺利推行新政，也要向太监讨好，重金贿赂太监冯保。张居正尚且如此，其他官员可想而知。一些正直的官员，因为不买太监的账，受到报复，吃了苦头。

王时中厌恶宦官满朝官员皆知。像刘瑾这样的权奸，王时中都敢反对，何况别的宦官。王时中性情刚直耿介，疾恶如仇，秉公行政，对宦官不阿谀奉承，不去讨好。不用说送礼，就是太监们求他办事，他都断然拒绝。"中官黄英等多所陈请，时中皆执不可"。这一点虽然得到朝中官员的称赞，但也招致了宦官们的忌恨。王时中屡次受贬、罢官，就与宦官们平时在皇帝面前诽谤进谗使皇帝对他不满有关。

一般说，在朝中任过尚书职务的高级官员生前大都加封太傅、太子太保、太师少保之类的荣誉，去世后则追赠谥号，而王时中没有。他生前只受赠过资政大夫，其奥秘是值得人们深思的。

# （六）

王时中对正直的官员一直引为同道，并且很尊重他们。当这些官员因触犯皇帝而受到不公正惩处时，他又非常同情，竭力为他们申辩鸣冤。

曾任户、工两部尚书的陶琰之子陶滋，正德朝（1506—1521年）中进士，授行人，才华出众，敢于直谏，受到王时中器重。陶滋因谏正德皇帝南巡（到南方游玩）受到杖责，降职为国子学正。嘉靖初，陶滋被起用为兵部郎中；又因反对嘉靖尊其父为皇帝、其母为皇太后，再次受到杖责，戍边西北榆林。王时中为之不平。当时，其父陶琰年老病重，希望能与儿子相见一面。为此，王时中几次上书嘉靖皇帝，请求把陶滋调换到北京附近服役，以便能使其父子相见。

陶琰是一个真正廉洁的官吏，成化年间（1465—1487年）进士，历经成化、弘治、正德、嘉靖四朝，从地方官升至朝中尚书，有政绩。正德初，陶琰在任刑部侍郎时，因处罚刘瑾的亲信陕西游击徐谦，被刘瑾夺职下狱。刘瑾伏诛后始复职。陶琰生活俭朴，"饭唯一蔬"。及罢官而去，他行李止三竹笥，清操俊持，卓然可风。王时中对陶琰很尊敬，认为陶琰的品德风范值得官员们学习。在陶琰的教育下，陶滋也是一个品学兼优的官员。可惜，因直言触怒皇帝，陶滋戍边10多年，被赦免后，由于折磨过重，体弱多病而去世。

王时中主持兵部，赏罚分明，对下属官员有功者都要表彰奖励。在上报蓟州平定盗贼功劳时，王时中认为通州守备鄢祐亦有功劳，应在表彰奖励之列。王时中的正确意见引起言官李鸣鹤等人的不满，弹劾王时中偏袒鄢祐。王时中愤怒，请求去职，并斥责李鸣鹤等人没有把事情的真相弄清楚，弹劾内容是无根据的。给事中刘世扬（比较正直的官员，后因触犯皇帝被谪官，归家去世）等指责王时中言辞不当，不该对李鸣鹤等人发脾气，顶撞他们，这样会损害言官的尊严。嘉靖皇帝为此事责备王时中，令他停职听候处理。王时中也就弃官而去。事后真相始白，证明王时中无错。他得以复职。

# （七）

王时中晚年任刑部尚书，审理御史冯恩一案，秉公执法，正气凛然，宁肯自己被罢官也不加害忠良，令人赞佩。

冯恩被嘉靖皇帝亲自定为死罪，交刑部执行。王时中却提出相反的意见，认为冯恩无罪，最多是有过错。为此，王时中被罢官，其部下侍郎、郎中、员外郎等都受到处罚。

冯恩，松江华亭（今属上海）人，幼孤、家贫，由母吴氏抚养成人，勤奋好学，嘉靖五年（1526年）中进士，授行人。他到两广慰劳军队，被总督王守仁收为弟子，后升任南京御史。其案件的大概如下：嘉靖十一年（1532年）冬，天上出现彗星，皇帝怕发生大的灾异，下诏令官员们直言。冯恩认为"天道远，人道迩"，陈述朝中大臣的邪正，由此引起杀身大祸。

冯恩的奏疏，对内阁大学士、六部尚书侍郎和都御史的为人和人品皆做了比较客观的评论，有的被肯定，有的被指责。而对嘉靖皇帝的亲信大学士张孚敬、方献夫及右都御史汪鋐3人的批评尤为尖锐。他指出：张孚敬非常恶毒凶险，嫉妒心特别重，方献夫外表上装得谨慎厚道，内心里却极其奸诈，汪鋐像鬼蜮一样，仇视忠良，假公济私，时时图谋报复。冯恩认为，这3人就是朝廷的"彗星"，不把这3人除掉，朝中无宁日，政令难推行。

嘉靖皇帝见疏大怒，下诏逮冯恩下锦衣狱，追究受谁人指使，对其进行严刑拷打，使其几次昏死。

第2年，冯恩由锦衣狱被转到刑部。嘉靖皇帝授意以诽谤大臣德政罪处死刑。作为刑部尚书的王时中没有遵行嘉靖的旨意，认为："御史纠举职也，何罪？""恩疏毁誉参半，非专颂大臣，宜减戍。"对此，嘉靖皇帝更加愤怒，曰："恩非专指孚敬三臣也，才徒以大礼故，仇君无上，死有余辜。时中乃欲欺公鬻狱耶？"于是，罢刑部尚书王时中的官，夺侍郎闻渊的俸，贬郎中张国维、员外郎孙云到边远地区任杂职，仍将冯恩定为死刑。汪鋐借机报复，亲自审问冯恩。冯恩立而不跪，汪鋐虽用种种酷刑，冯恩终不屈服。审毕，押回监狱时，围观的士民非常多，皆叹曰："是御史，非但口如铁，其膝、其胆、其骨皆铁也。"他因称"四铁御史"。

值得指出，冯恩疏中论大臣，对王时中也有微言，说他"进退昧己（几次罢官复职，都是违心地接受），萎靡不振（年纪老精神不像以前那样饱满）"，简直成了朝廷的工具，用时受重视，不用则扔到一边。对此，王时中并不介意，更不借机进行报复，反而笑着说："具臣亦不易得"。朝中许多人都赞佩王时中的宽宏大量。

冯恩以言致罪，确是一大冤案。除刑部王时中等人为冯申辩外，朝中的大臣也有上书求宽的，未被嘉靖皇帝采纳。后来冯恩母击鼓鸣冤，其子上血书愿代父死。经通政司陈经、尚书聂贤和都御史王廷相等再上书求宽，嘉靖对恩子愿代父死也有所感动，最后改成戍边雷州，过6年赦还。冯恩家居，专为家乡人做好事。嘉靖死后，隆庆皇帝审理前朝旧案，那时冯恩已70多岁，被任命大理寺丞，致仕，81岁卒。

王时中在弘治、正德、嘉靖三朝为官，历时40年，从地方的知县到朝中的尚书，政绩斐然，倍受朝野尊敬。

弘治是明代"仁宣盛世"后的一个中兴朝代，皇帝勤于政事，能广开言路，虚心纳谏，任用贤能，形成了"朝多君子"的盛况。这时，王时中为地方官、当御史，都比较称心，可以充分发挥自己的才能。到正德朝，虽然初期的朝政由太监刘瑾把持，但很快被清除了。正德皇帝"好逸乐"，好勇逞强，宠女色，玩猛兽，巡游享乐，但朝政尚有比较正直的官员执掌。而王时中当时在外地任巡按、巡抚，依然可以发挥自己的作用。但在嘉靖朝情况就复杂了，朝中官员忠奸混杂，朝政开始由治到衰。王时中在嘉靖朝任都御史、尚书，要直接与皇帝打交道，言行不合上意，触犯了皇帝，就要受责备和惩罚，但也更能显示他的本色。

嘉靖皇帝与弘治皇帝、正德皇帝不同，他刚愎自用，喜怒无常，迷信方士，动辄刑戮，"顺之者昌，逆之者亡"。嘉靖皇帝对王时中又拉又打，既尊重，又不满。继位不久，西苑宫殿落成，大宴群臣。当看到都御史王时中和工部尚书蒋瑶席位在大殿外时，嘉靖皇帝便令移至殿内，而把殿内的皇亲移至殿右，并说："亲亲不如尊贤。"他把王时中和蒋瑶两位老臣作为贤者对待。嘉靖皇帝把其父兴献王的"翰墨"（写的字）赐给王时中，还赐王时中《恩纪含春堂集》《御制五箴注》和《文献通考》。王时中70岁生日，嘉靖皇帝赐御酒，授资政大夫。他由兵部改任刑部是嘉靖皇帝的旨意。当时正值"大辟"之年，即要处斩一批死刑犯。嘉靖皇帝认为，需要正直的官员主其事。他宣示辅臣曰："刑部乃司法之首，不可缺人。王时中性资详慎，可刑部尚书。"由此可见，嘉靖皇帝对王时中是信任和器重的。可是当王时中的言行违反自己的意愿时，嘉靖皇帝便立即改变态度，对王时中进行责备、夺俸、停职，直至罢官。

　　王时中博学多才，浏览古今典籍，考经校史。在任兵部尚书时兼"侍经筵"（皇帝的教师），在无逸殿为嘉靖皇帝进讲《诗经·豳风》。据明代有关书籍记载，王时中曾订正左氏、公羊、穀梁三传的异同，成一家言。王时中著有《奏议》十卷，《海山集》若干卷，《宦辙联句》一卷。

　　王时中在刑部因御史冯恩案罢官回籍后，谢宾客，不问世事，教子弟读书，过着隐逸生活。他为人耿直，尚气节，严肃谨慎，皂白分明，办事公道，不爽毫发。他洁身自好，不与奸佞、谄媚之徒同流合污。他事双亲至孝，生母去世后，待继母如亲生，对诸弟友爱。他生活俭朴，反对奢侈豪华。在职时遇到同僚之间宴请，席上的菜肴过多他必令撤去一些才入座。

　　王时中罢官 3 年后，嘉靖皇帝下诏恢复他的职务，改为致仕（退休）。去世的前一天是元宵节，他坐在灯棚下观看孙儿们游戏，还高兴地饮酒。正月十六晨王时中去世，享年 80 岁。

（根据王启新供稿整理。）

# 科举弊端拾零

清光绪二十九年（1903年），同治年间，进士张之洞与袁世凯联名给慈禧太后上了个奏折：

"科举一日不废，即学校一日不能大兴，士子将永远无实在之学问，国家永无救时之人才，中国永远不能进入富强，即永远不能争衡各国……"

终于，从隋代开始绵延了1300多年的科举制度在光绪三十一年（1905年）被下诏废除了。

据统计，黄县明朝270年有进士16名。清代自顺治四年（1647年）戚良军中三甲等39名，至光绪二十九年（1903年）丁毓骥中三甲27名，256年中共有32名进士。其中有贾允升、贾桢、贾樾父子，一门三进士，姜其垓、姜重霭祖孙一门三进士。

隋唐之间出现的科举制度一直联结着中华文明史，前后遴选出700多名状元，10万余名进士，100多万名举人。它的最大进步是从根本上打破了"世胄蹑高位，英俊沉下僚"的门阀士族对政权的垄断，十分明确地把"学而优则仕"作为选拔行政官员的首要条件，使一般士子也可以通过参加考试做官，有了相对公平的参政机

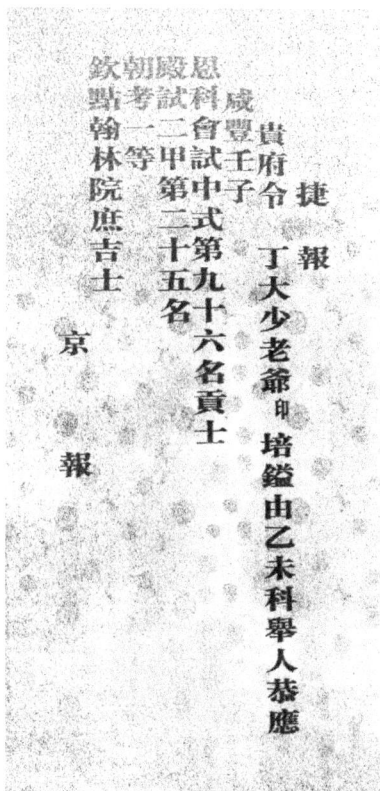

清咸丰三年（1852年）京报

275

会，缓和了阶级矛盾。难怪当唐太宗看到新科进士由考场鱼贯而出时，踌躇满志地说："天下英雄入我彀中矣！"

自唐高祖武德五年（622年）的第一科状元孙伏伽开始，到清光绪三十年（1904年）最后一名状元刘春霖止，在这1283年间，可考榜数745榜，可考的文武状元777名。在这700多名状元中，除杨慎、柳公权等几位获得较高的研究成就外，大多数文绩平平。状元难入大家之列，而大家又难中状元。唐宋两代有265名状元，李白、杜甫等大诗人及苏轼等"唐宋八大家"，无一人能摘此桂冠。这也使人联想到《聊斋志异》作者蒲松龄墓前的那首题诗：

失却青云路，留仙发牢骚。

倘若中状元，哪有此宇庙？

论文才，哪个状元能望此公项背？他不也是屡试不第，终生连"折桂"中举也没实现吗？这一极为独特的文化现象，至今仍是困惑人们的历史文化之谜。

但有一条，中国历史上的科举制度并非文学创作和经典阐述能力的考试制度，目的是选择行政管理官员而不是寻求诗人作家。明确了这一点，对它的许多不满和抱怨可能有所缓解。

在那个时代，一个人只要参加了哪怕最初的考试，连秀才也不是，只是个童生，有事见父母官——县太爷就可以有座位，有资格与官员同桌吃饭饮酒。"一士登甲科，九族光彩新"的得第者风光，反衬出"一第知何日，全家待此身"的落榜者的凄惶。孙山参加省考，学兄砚弟写信询问结果，他回信写了首脍炙人口、传颂千古的《榜后诗》：

解名尽处是孙山，

余人更在孙山外。

同窗好友看后先是一怔，继之舒心地开怀大笑。成语"名落孙山"即由此而来。

孙山虽名列榜末，毕竟还是"折桂"中举了，还有兴致来个幽默。倘若名落榜外呢？恐怕就没有这种闲情逸致了。有个乡试落榜的赵嘏也写了首诗。他写的是：

落第逢人怆哭初，平生志业欲何如？

鬓毛洒尽一枝桂，泪血滴来千里书。

还有个"秋闱"落榜的秀才陆世明，垂头丧气地挑着两箱子衣物书籍回家，路经临清时税官错认他为商贾，让他纳税。陆秀才失魂落魄，囊空如洗，没好气地写了首诗塞给他：

献策金门苦未收，归心日夜水东流。

扁舟载得愁千斛，闻说君王不税愁。

税官较清廉，还有点人情味，一看那诗十分歉疚，赶忙将他请进衙门吃饭喝水，并赠送了些路费。

有个叫公乘亿的老举人多年滞留京城参加会试，一直没回过家。有一年传言他在京里得了场大病已死。他的老伴从家乡千里迢迢赶来奔丧收尸，二人正巧在大街上相遇。他见这个骑在驴背上的老妇有些面熟，而老妇也在回头看他，但彼此离别时间太长，都不敢贸然相认。二人最后托人相问，才知道果系夫妻，遂在街上抱头大哭……

科举制度不知消磨掉多少莘莘学子的大好年华。从唐代就开始流传的说法是"五十少进士"。意思是 50 岁能考中进士也算年轻的。"太宗皇帝真长策，赚得英雄尽白头"就是这一文化现象的写照。十年寒窗，皓首穷经，那茹苦含辛的苦楚不待细说，仅那考场上的折腾也让人谈虎色变，闻之胆寒：天气尚冷，半夜爬起身来赶到贡院门外干冻着，在朦胧的夜色和一片嘈杂声中待到天大亮。为防夹藏小抄，穿皮袄的只能翻毛在外，只穿光板。鞋子、腰带子、衣服和帽子里都检验，甚至发髻辫子也要解开，裤裆也要摸搜，实在是有辱斯文。嗣后有官吏举着块木板走进考场，木板上写有考题。这时考场上的嘈杂变成一片吟哦。考生们一边吟哦一边琢磨怎样写出八股文章。这吟哦声一直到傍晚，变成了害牙痛似的呻吟。暮色苍茫中，点点灯火逐渐增多，一眼望去很像那闪闪烁烁的荒冢鬼火，一点一点连成一片。在这半明不灭的火光中不时传出几声有气无力的呻吟，使人毛骨悚然，"疑非人境"。

乡试与会试分头场、二场、三场，每场 1~2 天。整整一天的考试不准离开考场，大小便只能在场内。那污秽横流，令人作呕的情景可想而知。明清两朝，考取进士要历经县试、府试、院试、乡试、会试和殿试大小四五次遴选，个中艰辛难以言说。那么执掌文衡的考官们对待参考者的态度又如何呢？

自古文章无尽才。许多主考房师、主考座师确实是战战兢兢，如履薄冰，生怕因纤毫差池失职而受严惩；唯恐一时疏忽大意埋没了安邦治国人才，慎之又慎。有人写诗自勉道：

品花深恐太匆匆，摘艳寻香午夜中，

二十四番辛苦后，有人墙外怨东风。

天下之大，无奇不有，也难排除个别玩忽职守、甚至以此为儿戏者。清代嘉庆年间（1796—1820）进士、道光（1821—1850）时权倾朝野的穆彰阿多次出任会试主考。他像汉高祖刘邦拿儒冠当溺器那样作践文人，将考生命运玩于股掌之上。考官们推荐上来的卷子他连看也不看一眼，任其堆放在那里，整天优哉游哉，无所事事。直至临揭榜了，才慢条斯理地踱到大堂上开始裁决。

原来他批卷子的办法十分简单奇特：他有两只精致的鼻烟壶，外形与大小一样，只是一只是琥珀的，一只是翡翠的。他区分考绩，选定人才全凭摸鼻烟壶：从衣袋里摸出琥珀的，此卷算是被文昌君看中，予以题名。摸出的是翡翠的，则对不起，文章再好也得回家抱孩子去，谁叫你命运不济哩？荒唐至极。

这种办法要比整天伏案吃力批阅快捷轻松得多，也算一大"发明"。只是那些落榜的考生若知道自己是被这样捉弄的，不知会有何感想。

其中还有些不学无术的人执掌文衡，别出心裁地拟出令人啼笑皆非的怪考题。明代有个太监主持国子监考试，他想出个独特考法，不写什么文论，只出一上联，对得好下联的中选。他出的上联是：

子路乘肥马

子路是孔子的门生，穷困得有时连饭也吃不上，哪来的什么肥马？考生们觉得这样引经据典荒诞可笑，又气又恼。有个生性滑稽、玩世不恭的监生恶作剧地对了个下联：

尧舜骑病猪

卷子交上去后竟歪打正着，录为榜首，一时传为奇闻。科举制度禁锢思想，扼杀灵性。有些士子读死书、死读书，读迂钝了，成了书呆子。虽历经貌似公平竞争的科考，金榜题名者也不乏平庸迂腐之辈，有不少此后一事无成。

武则天时期，有个沈子荣进京应试，考前下了不少死背硬记的苦功，练过"打门锤"——馆阁体。他将200余例司法范文倒背如流，自以为稳操胜券、成功在握，但进了考场呆坐了一天没能下笔。有人问他是什么缘故？他不无遗憾地说："考题与我平日背诵的范文对不上号。有一案例事同人名不同，只好交白卷。"

第二次赴考，考题是有关因水碓引发的官司定谳，沈子荣一看又搁了笔。有人问他这又是为什么？他悻悻地说："我背诵的范文中那水碓案发生在蓝田，现在出的题目在富平。这如何对答？"

清代有个医学家徐大椿写了首道情讽喻这一社会现象：

读书人，最不济。背时文，烂如泥。

国家本为求才计，谁知变做欺人技。

三句破题，两句承题，摇头摆尾，

便道是圣门高第。可知道三通四史

是何等文章？汉祖唐宗是哪朝皇帝？

案头放高头讲章，店里买新科利器。

读得肩高背低，口角唏嘘，甘蔗

渣儿嚼了又嚼，有何滋味？辜负光阴，

白白昏迷一世。就教他骗得高官，

也是百姓朝廷的晦气！

举子科考，还要避讳考官名讳。光绪年间，尚书裕德多次出任主考官。凡发现考生误触其家讳，他立即起身整束衣冠，对着试卷恭敬施礼，尔后不再评阅此卷。该生答题再优，也要落榜。

科举制度随着时间的推移显现生出各种弊端。"受命公朝，谢恩私门"，考生将推荐自己卷子的主考房师与主考座师看成终身报答的恩师，若有需要可以以死相报。以贤明著称的唐代主考崔群，在夫人劝他为子孙置几处庄园时，他笑了笑说："别担心。我已在全国置下了30处好庄园。"夫人甚为惊讶，不解其意。崔群解释说："前年我做主考，录取了全国各地30名考生。他们就是一处处庄园……"

房师、座师与考生的经纬线编织成了结党营私的关系网，"朋党"与腐败自然包罗其中。

到了宋代，为防止考官与外界交流信息，实行"锁院"措施。考官被任命公布后立即进入贡院，断绝与外界的联系，时间长的一锁50多天，直到放榜。

唐代考卷公开姓名，考官可以知道批的是哪个人的试卷。宋代则把姓名糊上了。再后来还怕考官认出笔迹，干脆雇人把所有墨卷用朱笔重抄一遍再交考官批阅，以杜绝徇私舞弊。

为达到鱼跃龙门，光宗耀祖的目的，考生有门子的托门子，无门子的带小抄、做手脚。考场只好公开悬赏，搜出一个挟带者赏白银几两！"枪手"一旦被查出，贡院门外戴枷示众3天，然后流放万里……

道高一尺，魔高一丈。"科班"出身的官吏良莠不齐，那花银子买的"捐班"官员素质更可想而知了。仅凭墨守成规的八股试卷选拔治理国家人才，具有真才实学的士子想"脱颖而出"太不容易了。

清代，有骨气的文人当数袁子才、金圣叹、郑板桥、龚自珍……而其中郑板桥的怪、龚自珍的狂则更是出了名的。每当吟诵到那惊世骇俗的"九州风物恃风雷"名句和发聋振聩的《病梅馆记》章节，以及为民请命的"国赋三升民一斗，屠牛那不胜栽禾"的呼号，一个狂放不羁的旷世奇才脱颖而出，宛然在目。

龚自珍（1792—1841），字璱人，号定庵，浙江仁和（今属浙江杭州）人。他出身官僚文士家庭，27岁中举，38岁中进士，48岁辞官南归，50岁暴卒于丹阳云阳书院。他为文汪洋恣肆，不苟绳墨，打破了清中叶以来传统文学的腐朽局面，首开近代文学风气，是一个杰出的思想家、文学家。其思想带有极大叛逆性，文学富有创造性。

他"一生困厄下僚"，怀才不遇，抱恨终天。及捷春闱，他因馆阁体（楷书）写得"不中程"而被拒入翰林。回家后他负气让女仆悉习书法。凡有人道及翰林，他必愤然以对："今日之翰林何足道哉！我家使女丫鬟皆可忝列为伍！"

其叔为礼部尚书。有一新进翰林的门生求见。论及墨卷公文的书写，其叔点拨说："凡墨卷字迹宜端庄秀丽。只要墨迹浓厚，点画平正，则无不中程者！"龚自珍在室外闻之鼓掌狂笑，揶揄道："翰林学问，原本如此！"

他认为，人都有个性，书法非学颜、学"八股"格式扼杀个性，实不足取。

他愤世嫉俗，诙谐健谈。魏源来访，二人谈起来，纵横古今，酣畅淋漓，通宵达旦，不只忘记喝水，甚至忘记吃饭。及日上三竿来客作别时，他却找不到鞋子了，只好跣足相送。返回来时，令童仆遍寻不得，直至年终撤帐，始见鞋子悬挂其上。原来当其嬉笑怒骂时，手舞足蹈，神采飞扬，挥斥方遒间鞋子脱飞，竟未察觉。

其子龚橙，字孝拱，一生取号甚多，晚年概摒弃不用，唯留一别号"半伦"。其读书极博，精语言学，亦具奇才。龚自珍去世后，文稿大半经他校订。校订时，他必将其父神主碑置放案上，逢到认为不妥字句，即以竹杖敲击神主碑："此句不通。既为我父，故代为改之，不敢以此贻误后人！"

龚自珍的诗文不仅指出了资本主义势力对中国的侵略危机和统治阶级的昏庸腐败，更重要的对人民的苦难表示了深切同情，具有深刻的现实主义意义。这些诗文积极向上，反对封建束缚，要求变革现实和个性解放，横空出世，一鸣惊人，打破了令人窒息的"万马齐喑"局面，对病入膏肓、无可救药的统治阶级进行了无情的鞭挞痛斥，犹如杜鹃啼血，哀怨凄切，声声悲啼，呼唤着民族的复兴。在玩世不恭、狂放不羁的背后，他欲哭无泪、心在滴血！

科举制度的弊端越来越严重，暴露出的问题越来越多。在一片石破天惊的"我劝天公重抖擞，不拘一格降人才"疾呼声中，出于时代压力，为加大选拔巩固政权合格人才的力度，光绪二十七年（1901年）慈禧太后下令改革科举考试，考试内容不再有八股文章，要加上中外政治历史。为迎合懿旨，考官们挖空心思，稀里糊涂地将法国的拿破仑塞进考试内容。他们只知道拿破仑与中国的项羽一样，也是个失败的英雄，便出了一道"中西合璧"的试题——《项羽拿破仑论》。出题的昏庸考官赶时髦，来自全国各

院试喜报

地的考生却一时莫名其妙，转不过弯来。有个以才思敏捷著称的考生稍事筹思，提笔写道："夫项羽，拔山盖世之雄，岂有破轮而不能拿哉？"

他误将拿破仑当成拿破轮子，闹了个天大笑话……

终于，科举制度也真像那几经修补的破车轮子，在风雨中的泥泞大道上东倒西歪地运转到再也不能运转之后，"吱嘎"一声趴在那里"寿终正寝"了。

当哥伦布、瓦特、牛顿们在各自领域中埋头拼搏时，中国的年轻学子们却陷在考试——落榜——考试的恶性循环中捶胸顿足，不能自拔。单以体会上古圣人思想的能力作为管理国家综合能力人才的选拔方式，无异于缘木求鱼，弊端明显地存在着。从这一点上可以说八股取士误尽苍生。而这个错误，误导的是个人，耽误的则是整个国家。

尽管从 20 世纪初我国便废除了弊端丛生的科举制度，但至今却没能从根本上解决行政官员的选拔问题。尽管科举制度最终糟烂得千疮百孔，但我们在还没构建起一种更科学完善的职业道德与才能并重的人才选拔机制时，没有资格来过份挑剔嘲笑它。

（《人文与自然》2000 年第 1 期）

# 日本和尚"西游记"

　　唐朝佛教兴盛，玄奘及其著作《大唐西域记》在中外文化交流史上引人注目。古典小说《西游记》中唐僧取经的故事在国内可谓家喻户晓，老少皆知。但在历史上影响与作用可以与其颉颃的中日友好使者、来唐取经的日僧圆仁及其著作《入唐求法巡礼记》却鲜为人知。

　　在中日关系史和佛教史上具有重大影响，堪称"日本鉴真"的圆仁法师（794—864），为日本天台宗高僧。天台宗也称法华宗，是我国隋唐时期势力较大的佛教宗派之一。其创立者为陈隋之间的智颛，因其住浙江天台山，故名天台宗。禅风盛时，四众倾倒，名动朝野，无数高僧于此得法，四方名士争相寻访。圆仁慧根极深，悟性敏捷，15岁在日本佛教圣地亦都府滋贺县的比睿山剃度出家，师事名僧最澄。最澄曾于唐德宗贞元十九年（803年）振锡入唐求法，得天台宗真传。唐顺宗永贞一年（805年）返国后，他参学禅制，深研教经，创立日本

苦行僧

天台宗。唐宪宗元和四年（809年）圆仁师从门下，在最澄圆寂前后任教授师。

唐文宗开成三年（838年），圆仁45岁，与其弟子惟正、惟晓及行者丁雄万（一作丁雄满）随"遣唐使"船于7月到达扬州。日本曾先后任命了19次"遣唐使"，圆仁随同来唐是在第18次。这是日本与唐朝互派使者友好往来的一种方式。圆仁一行至唐宣宗大宗元年（847年）九月归国，来唐求法长达9年7个月。他们一笠一蒲一铲，跋山涉水，前后穿越今江苏、安徽、山东、河北、山西、陕西和河南7省广大区域，经州府治所20处，县治30处，行程万里以上，几次海上颠簸、生命垂危，所经人迹稀少的山区占陆路全程的1/3，历尽艰辛，困苦备尝。一路上，他们或讲经弘法建戒台护教，或结茅而居打坐参禅，发心修行，广结善缘。

回国后，他以亲经亲历、所见所闻写下了《入唐求法巡礼记》，翔实地记述了这次西游始末。

值得注意的是，他们行程中路过黄县时，曾在少允宅投宿……

# （一）

隋唐时期扬州佛教势力很大，著名寺院有40余处，许多寺院有自己的庄田、果园和奴仆。圆仁在扬州刚刚落脚，门风极盛、拥有100多名僧众的开元寺中以全操为首的9名僧人即到其下榻的官店慰问。

当时日本"留学僧"有两种："学问僧"是长期留唐学法的；"请益僧"是做短期来唐学法的。圆仁来唐的身份是"请益僧"。他带来了日本比睿山延历寺未决天台宗教义30条，拟请天台宗发祥地天台山国清寺高僧决释。当时国清寺规模很大，常住僧人150名，夏季可增至300余名，寺誉日隆，香火极盛。到这里质疑问难、进香拜佛的很多。

在扬州等待唐政府批文期间，以学习佛法、求取佛经作为来唐目的的圆仁听说由长安终南山来扬州的禅宗泰斗宗睿"学迈发达，悟究幽深"，便专门参拜造访，学习梵天悉昙，兼修梵汉文字。圆仁还去扬州嵩山院向高僧全雅咨询有关佛法。全雅在他的诚心感召下毫无保留地进行传授，并与其结为密友。各地寺院僧人听到有日本和尚来扬州求法，纷纷前来探望取经。天台宗惠云、禅门宗弘鉴等 13 人同时登门顶礼……

圆仁一行在扬州停留了 8 个月。开成三年（839 年）十一月，他们在城内买到《维摩观中疏》4 卷。翌年正月，在开元寺内，圆仁令"遣唐使"粟田家继于绢上临摹南岳大师慧恩、天台大师智颛像各 3 幅。同时，他在延光寺惠威处觅得《法华圆镜》3 卷。闰正月二十一从嵩山院高僧全雅处他借写《金刚界诸尊仪轨》等数十卷。他们还画胎藏金刚两部，大曼荼罗帧及诸尊坛祥等。

这期间，淮南节度使李德裕 3 次来开元寺探望慰问，了解日本佛教情况，并差派虞候官赠送白绢 2 匹、白绫 3 匹。圆仁回赠日本土特产，李德裕谢绝不受。为报答寺僧与唐朝官员的热情接待，圆仁舍钱 50 贯于开元寺设 500 僧斋，极为隆重。李德裕率官员及扈从兵卒来寺吃斋。

唐政府只准留学僧圆载去天台山，不准作为请益僧的圆仁去天台山。得悉这一消息后，圆仁一边另谋途径以达留唐目的，一边将未决 30 条教义交付圆载，嘱托他去天台山请国清寺名僧决释。

二月，圆仁一行不得不乘船去楚州（今江苏淮安），与完成了使命由长安返回的、被唐文宗赐予"同平章事"（宰相）的藤原常嗣等遣唐使会合，依依不舍，一步三回头地踏上归国旅程。

唐朝是圆仁心慕已久的佛教圣地、上方大国，在历尽劫波之后空手而返，他实在于心不甘。因此，四月初五遣唐使所雇的新罗（在今朝鲜半岛）船驶出淮口北上抵达海州东海县（今江苏连云港海州区）的东海岸时，他与弟子惟正、惟晓和丁雄万借机下船登陆，藏匿山中，决心留唐以偿夙愿。

他们这样做是不合法的，下船后即遇到许多预想不到的困难。横亘在面前的是连绵无垠的崇山峻岭与茫茫大海，石崖陡峭，云遮雾障。他们有时奔波了四五天也不见村落人烟，吃斋时只好去山涧取水。他们负重跨涧越岭，栉节沐雨，涉浦过河，磨破了脚板，只好"策杖膝步而行"。衣服被撕扯得一丝一绺，难以遮体，以至他们无衣可换。

唐朝时期，我国交通还是相对发达的。各州之间都有驿道相通，主要线路上每 30 里设馆驿客站；5 里设一"路边堠"，10 里设两"路边堠"，以记里程。这种"路边堠"以土筑成，上狭下阔，高四五尺，也称为"里隔柱"。交通工具有车、马、驴等。圆仁等因经济条件所限，大部分路程只能徒步负重前进。

他们在群山中几经迷途，幸亏逢到十几名从密州（今山东诸城）往楚州贩木炭的新罗商人，经他们指引，并得他们中的一人相送，始到达东海县宿城。宿城村老询问他们的来历时，圆仁谎称是新罗人，乘船途经此地。村老善意地告诉他们，此地有不少新罗人聚居，但这里属边防，有海州子巡军盘查，来客必须以实相告。正说着，几名挟弓携箭的防兵来到面前盘问圆仁一行由何处来、到何处去。圆仁回答，他们是日本和尚，随本国使船回国，因病下船投宿，不觉船发滞留此地，需帮助觅船回国。

防兵盘诘虽严，但对出家的衲子、头陀十分友好。东海县县令李夷甫、海州刺史颜措分别接见了他们，并宴请慰劳。当得悉遣唐使为归国雇用的新罗船正分批出发，颜措便好心地派人护送他们登上未发之船。圆仁一行无可奈何，只好再次随使船向东北进发。

圆仁受此挫折并没灰心。当所乘遣唐使雇用船抵达山东乳山海岸时，他们便再谋留唐之计。五月十四，圆仁亲自进邵村找勾当探询可否留住此地。邵村勾当王训热情地表示："和尚住此可以。"他返回来两次征求遣唐使意见，皆没被允准。六月初七船泊文登县清宁乡赤山村（今山东荣成斥山镇）。此村有新罗人张保皋（文中作张宝高）所建新罗寺院法华院。张保皋曾入唐为武宁军（治今江苏徐州）小将，后回新罗国为清海镇（治今韩国莞岛）镇将。这处寺院常住新罗僧人30余名，有500石米庄田，经常举行"法华会"活动。当时有许多新罗人迁居今山东、江苏。有不少人从事经商或佛教活动。"新罗坊"是新罗人聚居的街巷，"新罗馆""新罗院"是接待新罗人的客栈旅馆。"勾当新罗所"是唐政府设置的管理新罗人的办事机构。

圆仁一行下船后有意前往拜谒寺主与僧众并留住下来。在法华院寄住期间，唐朝派遣出使新罗的使团路过，大使为青州兵马使关子陈，另有崔副使和王判官等30余人，他们特到寺院拜访了圆仁一行。张保皋得悉圆仁等住法华院，特派押衙官、大唐卖物使崔晕来寺院看望慰问。圆仁以书信答谢。七月十六，遣唐使船驶离赤山海口。圆仁与弟子借故没上船，佯装被遗弃。法华院众僧闻讯前来安抚慰问。七月二十一又有遣唐使雇用的 10 只船经过赤山海口，圆仁遣弟子前往看望，但仍没登船。这样，直至七月二十三 10 只船离去，此后再无使船到此停泊。圆仁一行终于达到了留唐目的。

# （二）

取得留唐合法身份、争取唐朝廷支持是圆仁一行下一步的奋斗目标。他们主要想取得唐朝廷颁发去各地求法的证件文牒，得到安置。这将贯穿他们一行从赤山法华院到各地求法的全过程。

圆仁与赤山法华院新罗僧人及驻在当地的登州府军事押衙张咏等结下深厚友谊。当听说五台山也是中国佛教圣地、天台名僧志远正在五台山传教时，圆仁便决定暂不去天台山而去五台山。他遂于开成五年（840 年）正月十九呈牒法华院，表明西

20 世纪 30 年代浙江普陀寺僧众

去的心愿，并恳请帮助。法华院纲维（司事僧）立即去勾当新罗所将此事状报登州军事押衙张咏，请示处理意见。同时，圆仁也将自己的要求状报张咏。张咏即将此事申报文登县和登州府。只因圆仁去各地求法无原始公文凭据可依，府县迟迟没有下达意见。张咏下属虽积极促成此事奔波不停，时经期月仍无批复结果。

后来张咏派其下属李明才与圆仁亲到文登县衙交涉。圆仁一行于二月十九与李明才离开了寄住七八个月的法华院，见到文登县令与主簿，说明原委。次日，文登县发给呈递登州府文牒。三月初二，圆仁一行持文牒经牟平县到达登州府驻地蓬莱城。

其时蝗虫成灾长达三四年之久，吃光了五谷及树叶、青草，官贫民穷，粮食奇缺。登州府境内百姓以橡实为饭，僧侣路过斋粮无着，只能以那种"涩吞不入，吃即胸痛"的粗粝食物和野菜果腹。圆仁一

行仍恪守佛祖"过午不食、长坐不卧"的风范，风餐露宿，忍饥挨冻。路经牟平县境，他们在农户孙花茂家断午（午斋），因没通报便直入内宅，惹主人责怪。但很快主人被他们的真诚打动，转变了态度，热情款待了斋饭。

在登州府驻地，他们先后晋见了登州刺史乌角与判官、录事、押衙及蓬莱县令，并呈递给刺史文状一道：

……圆仁等本心志慕尺教，修行佛道。远闻中华五台等诸处，佛法之根源，大圣之化处……今欲往赴诸方，礼谒圣迹，寻师学法。恐所在州县、戍城、门律、关津、口铺及寺舍等不练行由，伏望使君仁造，特赐公验，以为凭据……

等待批文期间，圆仁一行住仵台馆驿，考察了当地的经济状况及物价，并去蓬莱城东所设贸易市场游览。

几天后不见下文，圆仁又书写文状催请：

……圆仁本愿住台山，经夏后游诸处，巡礼圣迹。恐渐时热，有阻行李。先有状，恼乱使君［乞赐］公验，伏请处分。

3天后，登州刺史乌角发给文牒两道，一道给上司淄青节度使，请求发给圆仁公验；一道转给登州驻青州知后院（办事处），责成留后官配合协助。送别时，乌角亲书字帖赠送，并布米两硕、面两硕、油一斗、醋一斗、盐一斗和柴30根以充旅粮。军事押衙王长宗布施毛驴一头充驮运旅粮之用。

三月十二，圆仁一行至黄县境，在战村少允宅住宿。次日到战斋馆，在东桓宅用斋。

三月十四，圆仁一行西行至掖县境，在农户滕峰家中投宿。主人安排了床位和早斋，进行了热情款待。在莱州境内，他们住过驿舍图丘馆、古现馆。三月十八，他们至青州北海县田庄卜姓人家断午，主人供给了充足的斋饭和菜蔬，圆仁与弟子们大快朵颐，吃得特别饱足。第二天，他们继续向西进发，中午在王耨村赵姓农户家断午，受到主人热情接待。时当青黄不接的春荒，能受到这样的礼遇圆仁一行十分感激。

三月二十一，圆仁一行到达青州，寄住在拥有50余名僧众的龙兴寺，先后拜访了淄青节度使韦长、副使张员外、幕府判官萧庆中及登州留后官王李武等。他们将登州发给的两道文状分别呈上，并作文状一道进呈节度使，进一步说明请赐公验的意图。未见答复期间，圆仁又派弟子惟正到负责此项公务的典院催请。张员外、萧庆中等多次到龙兴寺嘘寒问暖，看望慰劳，并请至家中用斋。

## （三）

开成五年（840年）四月初一，淄青节度使赐圆仁一行4人公验。张员外施粳米3斗、粟3斗，韦长赐布三端、茶6斤……道别上路，继续西行。

四月初三，圆仁一行至金岭驿东家住宿，受到主人殷勤款待。第2天，他们进入长山（今山东邹平县城）境。此县醴泉寺规模相当大，有庄园5处，还有果园。一行4人寄宿新罗院，第2天在古现村郭姓铁匠家投宿。郭铁匠信佛，十分好客，对圆仁等招待得极为周到。四月初八，他们至临济（今山东章丘西北）县境。有一商人虔诚地布施5升斋米。

四月十二，圆仁一行抵达夏津县境，在形开村赵姓人家断午。主人布施的斋饭与菜蔬相当充足丰盛，圆仁与弟子们吃了顿饱饭……这样，他们历经今山东中、西部地区的临淄、淄川、长山、章丘、临济、临邑、禹城和夏津等县，于四月十三抵达贝州（治今河北清河西）州城。四月十六，圆仁一行离开贝州向西北行进，经清河、南宫，于四月十九在宁晋县秦丘村刘姓农家断午。主人较贫困，但竭尽全力布施了斋饭。这种宁肯自己一家饿肚子也不慢待僧人的善举让圆仁一行十分感动。一行4人继续向西北进发，经栾城等县于四月二十二抵达镇州节度使府（在今河北正定），在南楼村刘姓人家断午。刘家主人是吃花斋的居士，为广种福田，积德行善长年设斋饭接待云游僧人，布施十分大方虔诚。吃斋念佛的主妇热情招待，问寒问暖。佛门无"师姐""师妹"一说，双方即以师兄、师弟相称。圆仁一行道谢启程，经行唐等县，于四月二十八终于抵达山西五台山。

圆仁一行自文登法华院到五台山，除却虚日，正行整整40天，行程2300余里。他们风餐露宿，忍饥挨饿，受尽磨难。

五台山当时是与天台山齐名的佛教圣地。这里与世俗似两重天地，灿烂而静谧，辉煌而圣洁，梵宇幢幢，香烟霭霭，磬钹悠鸣。其中著名寺院即达 10 余处。每年朝廷敕使设 1000 僧供，布施细毦 500 领，绵 500 屯，袈裟 1000 端，香 1000 两，茶 1000 斤，手巾 1000 条……12 座大寺的僧侣即达 1000 名。

圆仁一行到达五台山后，伏地叩拜，热泪迸流，手掬五台土石各 10 丸，带回日本本土作纪念。

在五台山的两个多月求法活动中，圆仁遍访了东、西、南、北、中五台，巡礼诸寺院，拜佛诵经，抄写典籍。大华严寺是五台山著名天台宗寺院，圆仁在这里终于见到了他在文登法华院听说的名僧志远。他遂将日本比睿山延历寺未决天台宗教义 30 条呈上，请其决释。志远已知其事，说："听说天台山已有决释，不必再决。"

果然，第二天圆仁赴大华严寺住善阁院主之请时，见到了从天台山国清寺寄来的、日本僧人圆载请该寺高僧广修座主对 30 条未决天台宗教义所作决释，并有加盖台州刺史印章的批文。这是圆仁在五台山的一项重大收获。

开成五年（840 年）五月二十三至六月二十九，圆仁在五台山大华严寺志远和尚、文鉴座主院借写天台宗教迹文书，并请志远题写了法讳。汾州（治今山西隰县）法律寺涅槃院僧人义圆送供来五台山与圆仁一行结识，二人一见如故，十分投机。七月初六圆仁一行告别五台山，踏上自东北向西南行进的去长安的旅途。义圆情深义重，送了一程又一程，经五台、定襄等县，直至七月十三到达太原府。一路上的斋饭及住宿事宜皆由义圆一手操办。在太原城内，他陪圆仁一行多次去寺院与官员家吃斋，去太原以北三交驿的定觉寺礼佛，参观寺院庄园的水碾"三交碾"。义圆因事不能脱身留住太原，另一巡台僧令雅表示愿继续陪送去长安。义圆殷殷嘱托交代："就算代我办理他们一路上的吃住事宜吧！一定要竭尽全力，不要使他们受委屈。"他转回身对圆仁一行抱歉地说："对不起了。到汾州时，一定要去我们寺院歇脚。"

圆仁一行在太原做了些佛事活动后，沿汾水河谷经清源（今山西清徐）、文水等县，于八月初一抵达汾州。路过法律寺涅槃院，义圆的弟子纷纷前来看望慰问，殷切款待。汾州何押衙特将他们请到家中吃斋喝茶。后来，圆仁一行在长安与义圆重逢，重叙旧谊，十分感激。

圆仁托他去五台山时代送僧供。

圆仁一行继续向西南进发,经孝义、灵石等县,八月初四至桃柳店,在一掉姓人家借宿,受到热情款待。嗣后,他们经霍邑(今山西霍州)、赵城(今属山西洪洞)等县,于八月初七抵达晋州(今山西临汾),再经太平、稷山、龙门(今山西河律),由河中节度使驻地河东(今山西永济蒲州镇)西渡黄河,进入今陕西境内。八月十二,他们在临晋粉店宋姓人家借宿,受到热情招待。后经河西、朝邑等县,他们于八月十五到达同州(大荔)再西行至高陵。圆仁一行由此处南渡渭水,于八月二十到达长安。

圆仁一行所经过的这一带地域,同样蝗虫满路,青草、树叶全让人和蝗虫吃光。他们很少有吃饱喝足的时候。总计这段路程历时45天,行程2000里。

# (四)

长安是国际性大都市,经济、文化发达,佛教兴盛,城里坊内佛堂达300多处,一个佛堂相当于外州一处大寺院,僧侣之多不下四五千名。这些寺院经常进行礼佛、诵经和"讲俗"活动。当时管理宗教事务的左右街功德使一职由大宦官仇士良兼任。圆仁一行能否合法留居长安,关键是取得他的认同支持。他们在馆驿住下后立即去功德使办事处巡院拜谒该院主管知巡押衙赵炼,呈上青州节度使公验,并附上自作文状一道:请准予寄住城内寺院,寻师听学。赵炼即日派差官将圆仁带往左右街功德使院,参见仇士良。虽然他们没见上仇士良,但是圆仁所作请求留住长安学法文状被留下了。次日,左右街功德使差人带圆仁至该院,交付以仇士良名义签发的文牒一道:"权住资圣寺,仰纲维(主持僧)供给者。"

这样,圆仁一行便得以合法留住长安,直至845年(会昌五年)5月启程归国,前后4年9个月之久。

圆仁一行在资圣寺住下后,长安诸寺院僧人闻讯纷纷前来探望,各方面照料得十分周到,使他们得以顺利学法、求经抄经。同时,有些信奉佛教的官员也经常登门拜访,提供方便。职方郎中杨鲁士曾数次看望他们，布施布、衣及日用必需品。左神策军押衙、新罗人李元佐经过一段来往接触，与圆仁等情谊特深。他们缺什么，李元佐提供什么，给予很大帮助。

圆仁听说大兴善寺和尚元政"德尊道高，究畅法藏"，便亲往该寺随其受"金刚界大法"，历时3个月，借写了《密宗仁轨》等不少佛经典籍。他还去玄法寺从高僧法全受"胎藏大法"与"苏悉地大法"；去青龙寺从天竺（今印度）三藏宝月重学《悉昙》，亲受正音。从开成五年十月二十二至唐武宗会昌元年（841年）二月初八，他们雇长安永昌坊博士王惠画金刚界大曼荼罗帧5幅、金刚界九会曼荼罗帧5幅。会昌三年四月，玄法寺法全座主赠《胎藏大轨仪》2卷、《别尊法》3卷。赠予《胎藏手契》时圆仁答谢说："定将此经宏传远国，以答法恩。"当时天竺有不少僧人在长安各大寺院求法、修行和传法，圆仁也向其中名僧取过经。

会昌五年（845年）五月十五日，圆仁启程归国时，左神策军押衙李元佐赠银字《金刚经》1卷、檀龛神像2种。总计圆仁在扬州、五台山、长安等处通过借写、描绘、受赠、购买等途径，求取各种经论念诵法、章疏传记典籍共584部802卷，胎藏、金刚界2部，大曼荼罗及诸尊坛像、高僧真影及舍利等50种……他将这些经典连同衣物共装4笼，买了3头毛驴驮运。其时他们已被迫"还俗"。当时他的心愿是"心不忧还俗，只忧所写圣教不得随身将行。"

这是一次大规模的取经活动。除了佛教经典，圆仁还搜集了一些政制政论、文学、语言学以及美术方面的书籍。这说明圆仁来唐期间注意了对中国文化的全面吸收和接纳。所以说他也是位文化使者。

唐后期的长安也是当时各种社会矛盾的集结中心。"牛李党争""宦官专权""藩镇割据""回纥入侵"……特别是圆仁一行到达长安仅一年半便开始的"会昌灭佛"，严重干扰了他们的求法活动。他们目睹了唐武宗与代表"李党"的宰相李德裕一起为打击佛教势力与藩镇势力而掀起的"崇道"狂热，以及政府军在平定昭义镇的战争中屠杀大量无辜百姓的情景："捉界首牧羊儿、耕田夫送入京，口妄称捉叛人来……于街衢而斩三段。"大街上，被杀尸骸遍地皆是，"血流湿土为泥"。左、右神策军每逢杀人还割眼肉吃。百姓心惊胆战地奔走相告:"今年长安人吃人!"类似这种记叙是与正史大不一样的。

以仇士良为代表的宦官势力控制禁军,跋扈朝廷。宦官集团极其腐败。仇士良大肆张扬,为自己树"仇公德政碑"。势败被抄家时,其家中象牙满屋,金银珠宝满床,钱帛缎匹不知其数,每日用 30 辆车搬运,运了 1 个月还没运完。唐武宗看后惊诧地说:"朕库不曾有此等物!"

圆仁一行到长安后,可说是一直处在动荡不安的政治漩涡和逆境中,学习佛法、求经写经及雇工画佛像逢到不少困难。这期间,弟子惟晓因病圆寂。

唐武宗偏信道教,憎嫉佛法,不想听"三宝"(佛、法、僧)。长生殿内道场本为礼佛之地,唐武宗竟令焚烧了这里所藏经卷,拆毁了供奉的佛像,驱走了僧人,于道场内安置天尊、老君之像,让道士传经、修炼。他亲赴左右街金仙观,见女道士色美便赐绢千匹;还驾临左街兴唐观,赐绢千匹,修造铜铸天尊像。他敕诏国子监学士及天下进士及第者入道教、戴黄冠;令左右神策军每日发 3000 人筑仙台,台高 150 尺,费时长达 5 个月。台筑成后,他让 7 名道士在上面炼丹求仙。他在长达 4 年的灭佛过程中,多次发布"天下诸寺庄园、奴婢皆由官府收检"诏令:先令不守戒律的僧尼还俗,次令 40 岁以下僧尼还俗,再令 50 岁以上无祠部度牒者还俗,又令虽有度牒但"伪滥不实"者还俗,最后令所有受戒衲子、头陀、比丘尼还俗。毁佛令下达后,各地拆毁寺舍、焚经拆像,寺院的庄园、财物尽归官府接收。许多僧尼还俗后衣食无着,冻馁不堪,沦落为盗,殍尸街头,惨不忍睹。地处边远的登州一带僧尼还俗、拆毁寺院、焚经拆像、收敛财物与京畿无异。唯河朔三镇与昭义镇(节度使驻潞州,今山西长治)则不尊此令,僧寺无损。圆仁一行也曾一度被迫假还俗。宣宗大中元年(847 年)归国途中毁佛令除,圆仁等在文登赤山再度剃发,复振法鼓。由此可想象到他们求法取经的难度。

# (五)

圆仁去京兆府取归国公验期间,左神策军押衙李元佐以斋粮、毡褥、吴绫 10 匹及钱 2 贯相助。大理寺卿杨敬元及其亲友纷纷前来话别,并交付嘱托沿途有关亲友相助的书信 5 封。职方郎中杨鲁士施绢 2 匹、钱 2 贯，并交付嘱托沿途州县旧识官员照料圆仁一行的书信 2 封。施主杨某前来探视送行，施绢 1 匹、褐布 1 端、钱千文……

会昌五年（845 年）五月十六，圆仁、惟正与丁雄万一行 3 人离别长安。李元佐、杨敬之及杨鲁士所差派的人一直送至离长安 5 里的长乐坡头，宾主在路边客栈话宿通宵始依依惜别。还俗僧林宗、信观 2 人直送至汴州。

他们路经东都洛阳时，分司东都的崔太傅派人殷勤接待，并施绢 1 匹。到达郑州后，刺史李舍人派员安排食宿并施绢 2 匹，判官也施夹缬 1 匹。长史辛文昱原在长安任职时即对圆仁有好感，"常供斋饭，情分甚殷"。二人此时相见惊喜交集。辛文昱请圆仁一行至家中吃斋休息，并赠绢 1 匹。圆仁等离郑州时，辛文昱因故未能相送。及行到 15 里后，辛文昱竟与从官 6 人驱马赶来，相携进入店中交谈多时始握手道别。圆仁一行抵达汴州，宣武节度副使裴郎中热情接待，并雇船派人送至陈留。他们一行经昭应（今陕西西安临潼区）、渭南、华阳等县，过潼关，于六月二十三到达盱眙。他们本拟由盱眙直抵楚州，因县府不允，只好改道南下扬州。他们在扬州通融官府得以北上，于七月初三到达楚州，在楚州新罗人聚居的新罗坊逢到总管当州同十将薛某与新罗语翻译刘慎言。二人对圆仁一行的处境十分同情，为其竭力争取由楚州乘船归国的许可。楚州官府以圆仁一行只是"准敕递过，不准停留"，不允许从这里上船。他们不得不改变计划由登州归国。考虑到由楚州到登州途中会有难以预想的困难，为安全起见，他们只好将 4 笼经书及衣物暂寄刘慎言家中，待到登州后再雇船来取。离开楚州时，施主们纷纷向圆仁一行赠送衣物。刘慎言赠绢 6 匹、新罗刀子 10 把和一应日用品。嵩山院高僧全雅闻讯特从扬州赶来送别……

七月十五，他们由楚州出淮口至海州，又从陆路经怀仁（今江苏连云港赣榆区）县再入山东境内。他们七月二十一到达莒县，后经密州、高密、即墨、昌阳（今山东莱阳）等州县到达登州。在这 1000 余里的旅程中，他们出野入山，入山出野。入山行，山岭峻拔，峡谷幽深，一日几次登山几次涉水，涧水寒冷刺骨；入野行，林密草深，路径难寻，蚊虻如雨，拍打不及，草下淤泥至膝，难以行进，历尽限辛。

他们到达登州治所驻地蓬莱城，尔后继续东行，于八月二十七经牟平抵达文登清宁乡，见到平卢军同十将兼登州诸军事押衙、勾当新罗使张咏，久别相逢十分惊喜。张咏说："从这里一别几年一直未见音信，只以为已归本国。没想到又能相见，可见弟子与上人很有因缘。我这里没有多少公事，请安心休息，不必忧烦。归国前每日斋粮菜蔬及生活用品全部由我供给，你们尽管吃饱安睡就是了。"

当时赤山法华院已在"会昌灭佛"中拆毁，张咏安排他们寄住法华院庄园中，并嘱托庄园中还俗的新罗僧人："圆仁上人一行在这里居住期间，一切皆予妥善照料，不得怠慢。"他除了随时派人问讯还经常亲自探望慰问，同时安派家人高山雇船随圆仁侍者丁万雄去楚州刘慎言家取回寄存的4箱经书和衣物。为准备送他们归国，张咏于会昌六年冬开始造船，至来年二月完工。启程归国时，张咏馈赠信物并亲自送别。

延至宣宗大中元年（847年）闰三月，圆仁觉得由赤山归国无望，便计划由明州（今浙江宁波）乘日船归国，因此便从赤山乘船至密州，以绢5匹为脚价雇新罗商人陈忠载炭之船由密州抵达楚州。

在楚州，他们听说明州之日船已启程归国；而江长及新罗人金子日、钦良晖的商船从苏州松江口出海去日，现已至莱州牢山（今山东青岛崂山），拟载圆仁一行归国。于是，他们便立即又由楚州乘船奔牢山。至牢山后，得知江长等的船已开拔至赤山，他们只好继续北行，直至乳山始追上江长等的船，便转乘此船……九月初二，船出莫琊口（在今山东荣成东南）向日本进发。九月十五，圆仁一行到达日本，自离长安历时2年4个月之久，饱经磨难艰辛。

圆仁归国后，在日本政府支持下，利用在唐所学积极弘扬佛法，使日本天台宗得到迅速发展。唐懿宗咸通十九年（878年）圆仁法师奄然迁化，世寿71岁，僧腊66夏。清和天皇赐予"慈觉大师"称号，同时追赠其师最澄"传教大师"称号。这是日本佛教史上首颁"大师"之称。

圆仁留下了一部弥足珍贵的用汉文写成的历史文献《入唐求法巡礼记》。这部堪与《大唐西域记》《马可·波罗行纪》媲美的4卷、8万字文献，在日本被定为国宝，被誉为"东方三大旅行记之一"。

《入唐求法巡礼记》涉及唐朝佛教兴衰状况、佛教与僧尼活动，以及中国名僧鉴真去日本、日本名僧最澄来唐的经历。书中其他内容，经济方面有农业、商业以及贸易、物价和交通概况；政治方面有"回纥入侵""牛李党争""宦官专权""藩镇割据""会昌灭佛"；中外关系方面涉及中国与日本、新罗、天竺之间的友好往来，特别是日本遣唐使人员组成、与唐朝交涉邦交事宜的详细过程……此书全面、具体、生动地记叙了他们一行来唐期间的所见所闻，对正史有佐证、纠谬、补阙和拾遗作用。作为中日友好使者，圆仁在中日

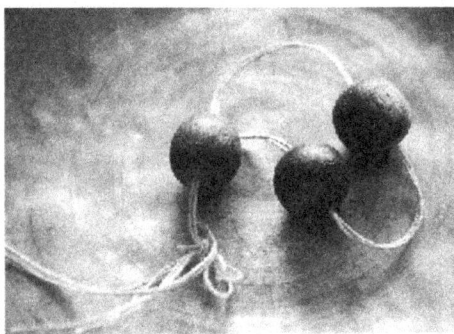

佛　珠

文化交流史上做出的卓越贡献、取得的丰硕成果，正是他那坚韧不拔、吃苦耐劳精神的回报。

（《联合报》2004 年 6 月 26 日）

# 苜 蓿 歌

## ——任瑞卿生平事略

山东省平度县的教育事业久享盛誉，尊师重教的风气相当有名。在开风气之先的各色人物中，人们会首推山东省政协委员，平度县人大代表，16 次参加市、省、全国先进工作者会议，5 次进京见到毛主席，多次被党和国家领导人亲切接见的全国模范教师、一级小学校长任瑞卿（1890—1979）。

多年来人们都说教师生活清苦，社会地位低下，把这些辛勤培育人才的园丁戏称为"教书匠"。古人有"惭愧先生苜蓿盘"的感谓，至今犹有"家有隔夜粮，不当孩子王"的俚语。任瑞卿吃着野菜上学，吃着野菜教书，在那连"苜蓿风味"也领略不到的年代，为解民族于倒悬，为使穷山僻乡的孩子们摆脱愚昧，有官不做，有财不发，冒着掉头流

任瑞卿（1890—1979）

血的危险，以自己的文化知识和崇高情愫点燃广大师生救亡图存之火。他为救国教书，为育人授课，筚路蓝缕，执教 70 年，桃李遍天下，盛誉满神州，甚至年近 80 离休之后，仍在为山村教育工作奔忙。

苜蓿风味清淡，教育工作平凡。在清淡的生活中，在平凡的岗位上做出优异成绩的人愈显可贵。任瑞卿是教育界一面永不褪色的旗帜，是教育工作者的骄傲，不愧一代师表。

# （一）

清光绪十六年十一月初九（1890年），任瑞卿诞生在平度州旧店乡北黄同村这块多灾多难的土地上。穷人家里孩子多。父亲任兆安肩头上担负着4个儿子、2个女儿的生活重轭。为糊口维生，老伴做烧饼卖，长子任全织土布，次子任增当长工。其余几个孩子年纪虽小，也分担着拾草剜菜的劳作或家务。

任瑞卿11岁那年过了元宵节，村里私塾开学了。他见有钱人家的孩子穿着新衣服，背着书包，一蹦一跳进了书房，便跑回家央告母亲，他也想上学。

母亲前几天应允过，等学堂开学就送他去读书，那是被他纠缠得没法，搪塞敷衍他的。他信以为真，一直没忘。母亲知道再用学堂打手板、罚跪吓唬不行了，便把家里穷，上学要交先生学价、管先生饭的困难讲给他听。穷人家的孩子早懂事。任瑞卿听了，眼皮抹搭下来，一声不响地躲到墙角，呆呆地僵坐了一会儿，便昏沉沉睡过去，那双紧闭的眼角下挂着两颗晶莹的泪珠。

母亲想到任瑞卿从7岁就闹着上学，先生怜悯他，让他在门槛上听了一上午课，最后被姐姐背回家的情景；想到自己的几个孩子都因为家里穷没能上学读书，心里一阵酸楚，禁不住一把将任瑞卿搂在怀里，低吟了声："苦命的孩子啊！"眼泪簌簌流了下来。

好事多磨。不知是偶然的机遇还是冥冥中命运的安排，几天后任瑞卿早已绝望的上学念头竟破天荒地成为现实。大哥任全在旧店集上卖土布，因为不识欠条上的字，受了愚弄，被人赖去了两块布。任全两眼发红，紧盯着父亲喊："家里没个识字的人不行啊！学堂刚开学，咱勒紧腰带，多吃几天野菜也要想法送四弟念书去！"

任兆安面对供奉祖先牌位的神龛，手掌往膝盖上重重一击，宣誓似的说："卖了孩子买笼屉——不蒸（争）馒头争口气！让老四念书去！"

任瑞卿上学了。当时北黄同村的先生叫林天香，一年报酬30吊钱，由十五六个学生均摊。另外，学生要轮流管饭。上课不分上下班，一坐半天。先生正襟危坐，俨然凶神恶煞；学生縠觫怵然，酷似待宰羔羊。除了死背《四书》《五经》，便是作八股文，练毛笔字。

先生以《古文释义》为课本，领着学生念文章。任瑞卿买不起书，从街坊任球大爷那里借了本《古文观止》代用。背诵《陈情表》，背到"说臣孤苦，尤为特甚"一句时，先生说读错了。因为《古文释义》上印的是"说臣孤苦，特为尤甚"。任瑞卿指着《古文观止》与先生争辩，先生恼了，拎起戒尺便打："穷就穷个利索！买不起书就别念！"

穷啊！为穷，为那情薄如纸的世俗，任瑞卿不知流过多少辛酸的泪水。人都说："有味诗书苦后甜。"他确实是吃着野菜，伴着泪水，品着苦味念的书，因交不上学费，几次辍学。

光绪三十四年（1908年），任瑞卿休学了。他准备接受乡亲们的聘请，留在村里当先生，教穷孩子读书识字。

南黄同村有个与任家沾点瓜葛之亲的基督教徒特意到门上劝说："四弟，你寒窗十年，可千万别拿错主意。谢牧师在平度办了处知务学堂，一切免费；还有希望出国留洋……"

任瑞卿断然回绝了："大哥，谢谢你，咱不能只为几个钱卖了祖宗！"

亲戚前脚刚走，村长随后又到："旧店区警局用人，四弟去了，警服一穿，洋枪一挎，要啥有啥！每月官饷15吊，干好了还能升官！"

"钱多了好干什么？多了烧得慌！"提起比疯狗还凶的警局，任瑞卿气都喘不匀。

村长自讨没趣，搭讪着走了。

听说任瑞卿要教书，莱西县寨里村那个经商的表兄专程赶来劝说："好汉不挣有数的钱。跟我做生意去吧！本钱算我的，保你一年80吊！"

"我这个人生性古板，做不成买卖……"任瑞卿婉言谢绝了表兄的好意邀请。

教书。任瑞卿认定了当一辈子教书匠。

# （二）

北黄同村的先生以前都是外聘的。学生除了学费，还要轮流管饭。多数穷学生不胜其扰，一般人家无能力应付。乡亲们觉得，任瑞卿当先生一定会体谅穷学生的甘苦，只是有人担心他不肯应承。及看到他回绝了多次招聘后，放下心来："瑞卿有骨气，不是那种见钱眼开的人！"

穷人办学，因陋就简：没有教室，借用 3 间草屋当课堂；没有书桌，吃饭用的矮桌也可以。学生很快增加到 20 多名。第一年教书，任瑞卿只收了相当于一般先生的一半报酬，他还觉得对于穷乡亲们来说已相当吃力了。有些家长不过意，想再为他凑一凑。任瑞卿找上门去拒绝："教书不是做买卖，少个五百六百的还能不让孩子读书识字？再多些我也富不了！"

他在本村教了 3 年书，坚持不让学生家里管饭。有些学生拿不出学费来，他照样教。

任瑞卿结识了周围村几个去日本留学的青年。这些人向他传播了新知识，使他在教学实践中产生了一些新想法，认为打手板体罚、三年不开讲、作八股文这种教育制度不合理，应当废除。但一开始，这些想法引起了一部分墨守成规的人的责难和非议。

当时先生教书是从《三字经》教起，三年不开讲；学生是猪八戒吃人参果——食而不知其味。任瑞卿破例向学生讲解课文，还鼓励学生质疑问难，不懂就问。学生既识了字，又明白了大意，学起来有了兴趣。

他除了阅读一些有关作论说文的《论说精华》之类的书籍，还以 10 吊钱的学价以通信的方式当了一年隔地函授学生，向莱阳县河东村的高先生学习论说文的写作要领，回头教学生作论说文，现趸现卖，再也不教八股文贻误学生了。事实说服了一时认识不清的家长：三年级以上的学生都会写信记账了。而前一任先生用旧法教学，学生念了六七年书连封信也写不好。

他采取因材施教的方法，靠耐心诱导，不靠板着面孔耳提面命甚至体罚，学生照样听话。有时他偶尔有事离开课堂，学生照样埋头做作业，没有打闹的。家长们由教室门前路过，看到那肃静气氛，甚感惊奇。比起以往"先生不在家，学生拆屋笆"——先生有事，只好放假的情景来，真是天壤之别。其实，只要能念好书，哪个家长愿让孩子总挨打呢！

很快，家长们纷纷跑来支持任瑞卿的新教法。他们说："你这个庄户先生当得好！我们的孩子也不想去考科举中秀才，学那八股文干什么！孩子多识字、少挨打，能写信记账比什么都好！"

1911 年月 10 月 10 日爆发的辛亥革命推翻了清政府，结束了几千年的封建统治，创建了中华民国。平度师范讲习所贴出招生广告。任瑞卿剪了辫子，辞了馆，约上几个伙伴于 1913 年参加了学习。开学典礼上，100 多名学员听取了校长侯羲卿的动员讲话。他在单级师范学习了一年毕业后，到田格庄任教。

辛亥革命不彻底，政府门前只是换了块牌子。平度 90% 以上的学校仍是私塾，仍在教《四书》《五经》。而任瑞卿办学不分穷富，男女兼收，教学中灌输了很多民主思想。这在离县城几十里的老山区就如密封的罐头吹进一股清风，引起了抱残守缺的守旧势力的诋毁，甚至以"不付教学经费"要挟。面对威胁，他的答复是宁肯失业，也不再教私塾！

北黄同村一街相隔办起两所学校。村里办学用的公款（庙地租）被有钱人把持着，不拨给穷人办的南校。南校 20 多名穷学生既要轮流管先生的饭，又要负担全部学费，无法支撑，打算解散。任瑞卿回家时代穷乡亲出面力争没有结果，便决定辞了在沙埠学校的教职，甘愿回村尽义务，坚持把南校办下去。

当时他已结了婚，有了孩子。尽义务，家庭生活怎样维持？穷乡亲们为难了。他说："我家庭生活有父亲和 3 个哥哥照应，他们会支持我的！大伙放心好了。"

任瑞卿为穷乡亲们争气，南校办得红火兴隆，气得支持北校的财主们一蹦三尺高："好小子，与咱唱上对台戏了！他这不是雇人打屁股——掏钱买不舒服吗？图啥？"

南、北两校只隔一条街，情况很容易了解。因教法不同，只两个月北校的学生便陆续转到南校来。最后北校只剩下 7 名财主家的学生硬撑着局面。财主们与那位李先生厚着脸皮暗使劲，勉强凑付到年底，只好宣布解散。

## （三）

任瑞卿与守旧势力唱的这出对台戏终于按历史发展规律结束了。守旧派人在心不死。他们背地串通镇长，恶作剧地"选"任瑞卿当村长，企图釜底抽薪，拆散南校。当时刘珍年、刘之陆等地方军阀占山为王，称霸混战，兵匪如毛。北黄同村地处山区，几成盗匪啸聚渊薮。有时一天过四色队伍，抽粮要款七八次。在这兵荒马乱的年月，给他按上这么个头衔，还怎么教书？说不准会死在散兵游勇手里。

背着任瑞卿本人"选"好村长后，几个守旧派人物整天坐在村头晒太阳，见到来催粮要捐的匪兵，便倒屣而迎，主动介绍："本村村长叫任瑞卿，躲在学校里。这人刁钻，去找他，他不一定承认……"

一天，任瑞卿家响起一阵敲门声、吆喝声。接着，20几个匪兵闯进屋内，翻箱倒柜找村长，随后又横冲直撞地进了学校。领头的冲任瑞卿扬了扬手中的条子："你是村长！500斤白面，3天内送蒙格庄。贻误军机，格杀勿论！"他们咋呼过后，扬长而去。任瑞卿心情刚平静下来，正要抓起书本继续上课，又闯进几个"灰皮子"，又跳又骂，说是要谷草，闹得学校人心惶惶，只好放学。

乡亲们摸清底细后非常气愤。他们经过协议，决定将计就计，把学校迁到一个偏僻小巷里，推举两个公务员在村公所管账、干勤杂，轮流值班。任瑞卿顶起村长这个差事，白天照常教书，晚上应付一下公事。

荒年荒政。当时的村长若选上个品行不端的人，往往会借兵匪敲诈勒索浑水摸鱼，贪污自肥，中饱私囊。任瑞卿这个村长一身正气，两袖清风，千方百计搪塞急征暴敛、横索殊求，尽量减轻乡亲们的负担。这却是那些守旧派始料不及的。

"东吴招亲，弄假成真。"任瑞卿当了村长，镇长觉得事事掣肘，难以为所欲为，积了一肚子火气，大骂那些守旧派弄巧成拙，全是些绣花枕头大草包，连个教书匠都斗不过！

时过不久，从书笔贩子那里传来一个令人不安的消息：平度县教育科有个孙科长要来旧店区视察。教师们人心惶惶，个个自危，为保住饭碗，各自找门路托人向他送礼，以期顺利过关。他们听说有的教师打点不周，被免了职。

任瑞卿这时已到田格庄任教。校董或学生深知任瑞卿的为人，都替他悬着心，捏着把汗，劝他见机行事，也表示一下。"人不可有傲气，但不可无傲骨。"任瑞卿在这方面很固执，非言辞所能动。在校董与学生家长再三劝导下，他勉强带领学生到村头迎接，但没迎到。

第二天正在上课，一个衣冠楚楚的中年男子盛气凌人地走进学校。任瑞卿一看那趾高气扬的派头，估计就是孙视察员了。

视察员见他衣着简朴，床上的铺盖也很单薄，知道无油水可榨，招待、财礼十有八九无望了，脸色阴沉下来，眼望着屋顶问："现在上第几节课？"

任瑞卿答复说，已上第二节。视察员掏出怀表看了看，上前一下把课程表给撕掉了："哼，按课程表现在该上第三节课了！这纯粹是应付视察，蒙蔽上司！"

任瑞卿被这无理的挑剔激怒了，连呼吸也感到困难。他勉强冷静下来，解释说："学校没有钟表，只好估计时间。"接着，他把学校经费紧张、自家人口多且要经常接济穷学生买书本而没有能力买钟表的情况如实讲了，希望得到谅解。

视察员不听犹可，一听这番解释，乌紫的嘴唇抽搐了几下，气急败坏地大吼："你有钱给学生，收买人心，却不知道招待上司。你不会办事，学生也肯定教不好！卷上铺盖另寻高就吧！"

任瑞卿生性耿直，只因听了校董与学生家长的劝告，才违心地忍让和应付。现在见孙视察员这样蛮横，再也忍不住了，便朗声顶撞起来，幸亏校董赶来解了围。

年底，平度县教育科勒令各区公选一名中心小学校长。任瑞卿所在的旧店乡七八十名教师在旧店小学集合，由县教育科科员监督投票选举，唱票时第一张就是任瑞卿。结果那位科员大发雷霆："简直闹儿戏！怎么选了个庄户孙！重选！"

这次选举，让任瑞卿伤透了心。

# （四）

1931年，"九一八"事变的消息传遍大泽山区。任瑞卿与平度教师孙家基配合，带领学生走上街头宣传抗日，抵制日货。这年冬天，孟格庄村头搭起戏台唱大戏。任瑞卿借机登台演讲，并当场将一副大字联悬挂在戏台两旁的明柱上：

看那些奸臣国贼施虐逞凶台下恨坏父老兄弟，

忧当今国家民族危亡旦夕回去说与亲友们听。

1938年3月，日军仅100名，没费一枪一弹，长驱直入侵占了平度。平度16名中国共产党员在石桥村召开党代会，选出中共平度县委。

以书笔贩子身份为掩护的共产党员林绍久是任瑞卿的学生。从他那里任瑞卿借阅到宣传抗日的小册子，学到不少抗日救国的道理，并经常代替他传送文件，掩护抗日干部。经林绍久介绍，罗竹风和县委到旧店区开展工作的干部常到任瑞卿家落脚。

1940年8月1日，平度300名工、农、兵、学、商代表在大田村集会，选出平度抗日民主政府，罗竹风当选县长。旧店区也正式成立了抗日民主组织。9月，抗日民主政府下达了小学教师集训的通知，任瑞卿第一个报了名，还动员一些担心受汉奸迫害、不想报名的教师一块参加了集训。

集训报到地点在大泽山腹地的杏庙村。县教育科郁科长和文教助理忙着接待、编组。任瑞卿与罗竹风县长编在一个生活小组里。

在一个月的集训时间里，大家听取了罗县长作的国内外形势报告，学习了毛主席的著作《论持久战》和党的"战时成人业余教育与小学教育并重"教育方针。集训结束，任瑞卿担任了北黄同村抗

1941年任瑞卿讲课进行抗战教育

日民主中心小学校长，组织村干部成立办学委员会。北黄同村党支部根据林绍久介绍的情况及任瑞卿的个人表现，认真研究了他的入党问题。1941年2月7日，任瑞卿光荣地加入了中国共产党。

1942年，在敌伪"铁壁合围""分进合击"的反复拉网扫荡中，有些学校停课了，有些教师辞职了，而任瑞卿却带领两名教师把年纪大的20多名学生编成一个高级班、把30多名年纪小的学生编成一个初级班，在敌伪长达一两个月的反复扫荡中扮成拾粪、剜菜、打柴的

样子上山学习，一直坚持不停课。没有课本，任瑞卿参照旧课本自己编写。他编的二年级语文课本有一篇课文是：

杀鬼子，捉汉奸，咱们儿童也能干。盘查行人要仔细，

传递情报跑得欢。今日打垮日本鬼，明天不愁吃和穿。

创办妇女识字班和民校比办抗日小学还困难。山区封建意识浓，再加上环境险恶，开始时青年妇女都不愿报名。任瑞卿便动员自己的几个儿媳、女儿带头参加，还把老伴发动出来为参加学习的妇女带小孩。在一年多的时间内，任瑞卿帮助附近11个村办起了妇女识字班和民校。北黄同村妇女识字班的30多名学员经过一年学习，能识1000多字。

北黄同村的群众发动起来了。任瑞卿的次子任宝鼎担任了青救会长，侄儿任宝兰担任了民兵队长，儿媳王桂明担任了妇救会长，女儿任宝莲担任了青妇队长。区委设立情报站，任瑞卿推荐长子任宝璋干……在抗日战争最艰苦的岁月里，任瑞卿一家18岁以上的24口人，有的参军、有的参政，15人先后加入了中国共产党。

# （五）

日伪军对抗日教师恨之入骨，咬牙切齿地乱叫："抓住一个教师，胜过十个八路！"

30多名西海中学师生被押进一间屋里活活烧死；在杨家村开会的100名教师被绑架到场园上用机枪反复扫射，只有几名侥幸死里逃生……任瑞卿没有被吓倒，"明知火烧人，偏往火里闯"，照常为抗日救国忘我奔忙。

旧店区宋区长在任家住，这天被鬼子堵住了。宋区长怕连累乡亲们，要拔枪突围。任瑞卿拦住他说："都是为抗日，谁连累谁？"

鬼子把任瑞卿拉到院里先用皮带抽、枪托打，后用麦草点着了烧他的下巴。他胡子烧光了，眉毛燎焦了，下巴上炙烧出几个大泡，疼痛揪心，呛得喘不上气来，却总不改口："烧死我也是那句话——他是掖县来买猪的！"

折腾了半天，时已过午。鬼子只好把任瑞卿丢在院里，带上宋区长走了。任瑞卿顾不上疗治伤痛，赶忙打听日军的去向。当了解到是

莱阳县日庄据点的鬼子抓走了宋区长后，他才暗暗松了口气。他知道两三天内日庄的鬼子还不一定能掌握这一带的情况。事不宜迟。他带上几块干粮，边吃边走，孤身一人当天赶到日庄据点，以全家性命作保，把宋区长救出虎口。

战争是残酷的。它带给中华民族的是饥寒、流血牺牲和眼泪。

1942年，日伪纠集3000兵力向大泽山进犯，一天没走上5千米。最后被打得尸横遍野，风声鹤唳，拖着250具兽尸狼狈而归……要奋斗就会有牺牲。在这段艰难岁月里，一个个重似铅块的不幸消息接二连三向任瑞卿袭来。

3月19日上午，任瑞卿正趁日军扫荡的空隙在教室里给学生上课，村支书心情沉重地赶到学校，悲痛地说："四哥，宝珂牺牲了……"任宝珂是任瑞卿的侄子，生前在两目区委工作。

4月13日，在赘莱山战斗中，任瑞卿在县大队的大女婿田丕喜壮烈牺牲。

6月初，任瑞卿正带领学生在八路军和民兵武装掩护下抢收小麦，接到了次子任宝鼎牺牲的噩耗。

初冬，烈士们遗体埋葬不久，在南海区担任通讯员的三女婿邓福绥慷慨就义。

11月14日，在两目区任区委书记的侄孙任丕承在反清剿战斗中壮烈捐躯……

打击是沉重的，但没动摇任瑞卿的抗日信心和勇气。烈士坟土未干，他又对小儿任宝锡说："18岁了，参军去吧！去给你哥哥、姐夫和千百万烈士报仇去吧！"

任瑞卿一家人的模范行动感召了大泽山区千百万民众，唤起人们的觉醒，激励了人们的斗志。在那抗日战争最艰难的岁月里，仅170户的北黄同村有130多人参军参政。

但也有那么几个不三不四的人在冷讽热嘲："任瑞卿不是整天把抗日挂在嘴上吗？这回下雨不戴草帽——淋（临）到自己头上了！"

"家里快死绝户了，再叫他抗去……"

"磨而不磷，涅而不缁。"面对国仇家恨和接二连三的沉重打击，任瑞卿在人前没皱眉，没叹息。这年大年初一一早，同往年一样，他竟让常人难以思议地在门上贴出一副红光熠熠的春联。这是向妥协者的挑战！这是向怯懦者的抨击！那些说长道短的人见了不寒而栗，缄口噤声；乡亲们明白他的用心，更加钦敬。

长歌当哭，春联溅泪。春联洋溢着中华民族宁折不弯的风骨，映照出任瑞卿精忠报国的肝胆赤诚！

# （六）

1943 年，日伪采取"步步为营，强化治安"的办法在旧店区每十几里就安一个据点。大泽山东麓这块抗日根据地在短时间内被分割了，蚕噬了。这年春天，中共平度县委通过地下工作关系安排任瑞卿打入敌占区沙埠完小当教导主任。行前，乔县长接见了他，向他部署了任务：除了争取教师、学生到解放区工作，还要与附近刚刚恢复起来的党组织取得联系，充当联络员。任瑞卿欣然接受了这一既艰巨又危险的任务。

沙埠完小校长是汉奸家属。他那当伪营长的儿子在村内利用宗族关系拉走一批人当了伪军。这个村封建反动势力根深蒂固，非常猖獗。学校 15 名教师大多是校长亲友，在校的 400 名学生受法西斯教育中毒很深。任瑞卿以合法身份巧妙地向学生进行民族气节教育，激发学生的爱国热忱。在他的教育下，一些有正义感、愿意进步的学生逐渐觉悟起来。

年底，两个高小班的学生要毕业了。校长向 100 多名毕业生宣读了丈岭伪军军校招生文告：

正月十六日报到。男女兼收，学期一年。结业后分配当排长或相当于排长职务。学习优异者还可望保送中央军校深造……

100 名学生面临着人生道路的抉择。个别学生一时被校长讲的那天花乱坠的名利诱惑打动了，可一想到任老师平日的民族气节教育，又有些犹豫不决。一场争夺青年斗争的帷幕拉开了。任瑞卿在为他们的前途苦苦思虑着，谋划着。

就在腊月二十二这天早晨，沙埠村遭到丈岭据点伪军的洗劫。这些民族败类把人们过春节的食物一扫而光，甚至连碾子上的糕面也用笤帚扫下来囊括无遗。幸好这时八路军一班战士赶到，不顾众寡悬殊，将敌人赶走。丈岭伪军的丑恶表演和八路军这班战士的奋勇搭救，使那些还在迟疑不决的青年学生觉醒了!

任瑞卿趁热打铁,向毕业学生进行了最诚恳的告诫:切莫做遗臭万年的吴三桂,一失足铸成千古恨!

春节过去了。丈岭伪军军校没招到一个沙埠学生,只好散伙挑灶,关门停办;而西海区的西海中学却接收了几十个投考的沙埠青年。不久,那个要迫害任瑞卿的汉奸校长受到惩罚。

离南墅据点很近的北庙东村小学因敌人频繁洗劫,被迫解散,60多名学生失学。任瑞卿毛遂自荐,要在敌人刺刀下把学校重新兴办起来。上级经研究批准了他的要求,委派他担任校长。学校复课了。为保证学生们的安全,任瑞卿让离校远的走读生每隔几天回家取一次干粮,在学校与教师一块做饭吃。南墅据点的日军听说北庙东村中心小学复课了,非常恼怒。一天夜里,50多名日军由伪军带路,准备袭击住宿的师生,后因夜里阴天,山间岔路多,扑朔迷离走错了方向,未能得逞。敌人的这次夜袭使任瑞卿和教师们不得不改变原来的办学方法。他们在多汪山选择了一条隐蔽山沟,挖了两个山洞,垫上干沙、铺上干草,用枝叶茂密的刺槐遮掩洞口,供男女师生藏身住宿。这样,在敌人长期连续扫荡中,学校始终没停课。只是山上不能轻易点火烧饭,夏天干粮容易变质发霉;冬天只能啃冷干粮,喝山泉水。没有煤油灯,他们只好拾些干松枝插到石缝里点燃了照明;没有火柴,他们用火石与火镰取火。生活是够艰苦的了。

任瑞卿像山洞小学的"家长",时时为师生们的安全悬心。冬天,他睡在洞口为大家挡风。夏天,他用割来的山椒草拧成火绳在洞口点燃了为大家熏驱蚊虫。敌情紧张时他经常彻夜不眠,在洞外站岗放哨。

师生们还随时将抗日斗争中的英雄事迹编排成文艺节目下山宣传演出。在反扫荡的零星课余时间,他们开垦了4亩荒地,收获粮食4000斤,解决了办学经费。

1945年8月10日,平度解放,生擒大汉奸王铁相,毙、伤、俘伪军7000多人。从1944年10月到1945年8月15日日军宣布无条件投降这10个月时间里,北庙东村中心小学不但没停课,还由原来的两个班发展为3个班;由原来的60名学生增加到80多名。这在当时确是奇迹!这期间,抗日民主政府缺干部,由山洞小学输送;上级号召青年入伍，山洞小学青年积极报名；有些学校缺教师，也取之山洞小学高年级学生……有近30名学生由这里参军参政。

从抗日战争到解放战争，经任瑞卿动员参军的学生足足有一个连队。

山洞小学，是培养革命战士的地方。

## （七）

1946年7月，国民党反动派公开撕毁"停战协定"，向解放区发动全面进攻。一天傍晚，任瑞卿接到区委紧急通知，因区干部不敷支配，决定由任瑞卿所在的套子中心小学抽调两名教师于明晨两点带领民工上前线，200名民工将届时到套子村集合待命。只有几小时时间了。让离家远的教师去，他们甚至来不及安排一下家务。任瑞卿一边请青年教师于广文到伙房准备干粮路上吃，一边物色起人选来。于广文是他早年的学生，安排他去是可以的。再让谁去合适呢？这时，到这里集结的民工已陆续来到，不允许再延迟下去。他到伙房对于广文说："把干粮装起来，咱俩去！"

教师们听说57岁的任瑞卿亲自带队支前，纷纷跑来劝阻，几个原来有顾虑、不想去的教师也觉得脸上火辣辣地发烧。于广文与另一名教师乘机把民工编好队急速出发了。任瑞卿支前未成，很少有地脸红脖子粗地向阻拦他的教师们喊："谁说我老？五十几岁就老了？以后再有这种事不准你们乱呛呛！"

1947年8月29日，国民党占领平度后，先头部队已进入城东北的崔召、大田，离任瑞卿任教的窝洛村只不过20里。区委采取应急措施，临时决定将几千名转移群众化整为零，分散行动。900多名烈军属为一队，由区委委员程先良与任瑞卿带队。转移群众大都是老人、妇女、儿童，临走时都想尽量多带点家中比较贵重的东西。有的牵牛赶羊，有的背着大包袱，行动缓慢，杂乱无序。一路上，任瑞卿与程先良要一面派人四处联系、侦察敌人动向、确定转移路线，一面沿途安排食宿警戒，前后照应。

一天傍晚，他们刚到莱阳县小官庄，正沿着崎岖山路摸索前进，忽听8里外南墅那边枪声大作，接着，几道强烈的弧光掠过，几颗炮弹在前面爆炸了。900名群众顿时大乱。妇女哭，孩子叫，牛、驴、羊在人群中乱窜。有些人丢下包袱、撇下家畜四处躲藏。待把骚乱的人群安顿好，一检查，发现少了100多人，其中还有任瑞卿的老伴和3岁的孙子。有人提议回去找，被任瑞卿制止了。失散的群众陆续归队了，直至七八天后，任瑞卿才知道老伴和小孙子的下落。与敌人周旋了一个多月，没丢掉一个人。只是任瑞卿家中撇下的毛驴饿死在槽头上……

不久，解放军大反攻。平度县委召开劳模大会，任瑞卿受到嘉奖，荣立二等功。

历史赋予任瑞卿一代人的使命是沉重的。由于连年战争破坏，1948年春，大泽山区出现了严重春荒，几乎家家缺吃，户户少穿，生活十分困难。为集中力量度春荒，上级决定学校暂时停办。"百废待兴，教化先行。"任瑞卿想到全国解放后大规模建设需要人才；要多出人才，快出人才，教育是根本，小学教育则是根本的根本……他决定不要报酬，自带口粮，义务教学。任瑞卿一连找上级请示了几次，没有得到批准。后来教育科总算批准了他的申请，让他试办一处初小，一边教书一边带领学生度荒。

他到了刘庄。村干部把介绍信看过后，为难地说："你来领导救灾，我们欢迎。要想办学却有困难。孩子们整天在山上剜菜拾草，哪有工夫念书？！"

任瑞卿宽慰他们说："我自带饭吃。只给我找栋房子做教室就可以了。"

村干部没法，只好让他试试看。

开始两个班级只有十几个学生坚持上学，这些学生还经常请假、旷课。后来任瑞卿根据学生的家庭状况重新编班，实行半日班、中午班、晚上班"花型教学法"。这样，学生可以连学习带拾草剜菜，也可以休息时在山坡上复习。很快，入学的学生增加到四五十个。只是任瑞卿一天要上十几节课。

任瑞卿还动员了9名回家的教师出来办义务小学。这些教师都是任瑞卿的学生。他们按老师的经验先后办起了13处小学，使400多名学生没因春荒中断学习。早熟瓜菜下来后，灾情缓解了，学校改为整日上课，直至秋收后教育全面恢复。

# （八）

1948 年 10 月，上级安排任瑞卿兼任旧店区教育助理，去马疃创办完全小学。

马疃位于平度、莱阳之间的小沽河畔，靠近大路，战争破坏特别严重。当时校产只有 1 间教室，3 间办公室，6 张桌子，3 块黑板。国家正处于困难时期，办公费只有 40 斤谷子。

第二天，任瑞卿与两名教师分头到周围几个村动员了 130 名学生入学。他们利用 3 间祠堂，借了 3 间旧房子，任瑞卿又用自己的钱赁了一栋房子，总算把 4 个班的学生安置下来。学生没有桌凳，就推土打坯自己动手垒。任瑞卿又用自己的钱定做了 1 块黑板、1 张方桌和几只凳子。1 张方桌坐不下 5 个人，他就在炕沿上办公，一直 7 个年头。夏天天热，他搬到伙房睡，把凉爽一些的房间让给别人；冬天天冷，他又设法与那些住在无取暖条件的房间的教师调换过来。他说："这比转山沟、睡山洞时强多了！"

学校没有炊事员，任瑞卿说年轻人做饭无经验，就兼任起来，一任 3 年。他还带头每天早晚到村头拾粪，带领师生开了 10 亩荒地种菜种粮，做出了勤工俭学的榜样。上级批来 100 元钱让盖两间简单的敞棚伙房。任瑞卿与师生们自己动手，利用几个星期天和课余时间盖起两间石头根基、青砖墙、红瓦顶的厨房，100 元修缮费还有剩余。

学校逐渐走上正轨。党的教育方针是培养德、智、体全面发展的无产阶级革命事业接班人。具有 50 年教龄的任瑞卿感到自己的知识已适应不了形势发展的需要，为不当外行，下决心自学。年轻时他上过几年私塾，除了语文别的学科接触很少；尤其数学，实际只有初小水平。"师傅不明徒弟拙。"他知难而进，不耻下问，坚持补习了 5 年。参加星期日学习时，他发现辅导教师因是自己的学生，课堂上从不好意思提问他，便直接对他们说："闻道有先后。你们要像当年我教你们那样教我！"

1949 年 6 月，一连几天暴雨，学校厨房旁的大树倾斜了，眼看要压到屋顶上。任瑞卿与几名教师在风雨中奔忙了两个小时，将树头锯掉，使厨房解脱了威胁。因淋雨，任瑞卿得了重感冒。开始还可以坚持上课，六七天后病情加重，卧床不起了。教师们劝他回家休养治疗，他不同意：

"有病在哪治都一样。我虽不能上课，还可以帮你们出出主意。这里就是我的家！"

他的病情有增无减，日渐沉重，经常昏迷发烧，不省人事。儿孙们借来担架想把他抬回家，他执意不肯："我的病时重时轻，轻松时还可以干点什么。在这里与在家里一样。"

这样又坚持了一个月，县教育局派人来看望他，并找人代理了他的教育助理职务。但他仍坚持不离校："我要是真死了，你们就把我葬在西山顶上，我要看着这所学校。宁做千秋雄鬼，死不还家！"

10月1日，中华人民共和国举行开国大典，任瑞卿心情振奋，请教师用小车把自己推到校院，亲自主持了大会，并讲了话。4个月的沉疴总算痊愈了。但从那以后，任瑞卿开始觉得自己体力、精力确实有些不济了。年岁不饶人，这是自然规律。尽管这样，春节他仍写了副对联激励自己在有生之年为党的教育事业多做些工作。

1950年秋假，教师进县城集训。全县数百名教师听说任瑞卿要来，循路出县城迎接。一到驻地，任瑞卿被团团围住，这个敬烟，那个递水，忙乱了好一会。任瑞卿把身边的教师逐个看了看，又约略询问了一下，400名教师中竟有1/3是他的学生；有不少教师的名字还是他给取的。

要提高教学质量，教师首先要又红又专。任瑞卿除了自己勤学不辍，还以带徒弟的方式向青年教师传授教学经验。当时马疃小学教学质量在全县名列前茅，县教育局经常总结他们的经验推广。他与教师们在教学实践中摸索出来的一套低年级学生识字、写字教学法，引起教育界广泛重视，在《山东教育》杂志发表后，省内外很多教师前来观摩、取经。有人说马疃小学就是一所师范基地，凡是在这个学校教学的，业务水平都很高。这里的教师调到别处，当地人们会怀着深深的敬意相看："他是从马疃来的！"

# （九）

根据任瑞卿解放后、特别是晚年的经济收入状况，生活本该调剂得较好一些。其实不然。平度解放前他吃着野菜上学，吃着野菜教书，有人讥诮他是"庄户先生"。当时他虽有工资粮，可除去用到学校办公和资助生活贫困学生身上的，所剩寥寥无几。他一顶毡帽一戴十几年，冬天挡风、夏天遮日，出差开会当枕头。天暖和了要换单衣，他就把棉衣里的棉花撤下来，把棉衣表当单衣穿到身上。唯一一件像样的旧毛毯，又被他送给了在旧店区委工作的穷学生。当时参政干部实行供给制，用他的话说，比起来自己还是个"有"的！1940年做的一件皮袄，早已磨成光板。他白天披在身上，夜里铺在地上，一穿二十几年，那仅是"炉存似火，聊胜于无"罢了……

除了吸烟，他别无嗜好。吸烟也仅限于自己种植的烟叶。为节省，他一直不用火柴，而是像有些农民那样，腰里掖个带穗头的旱烟荷包，荷包里插着细高粱杆，荷包外面用细绳系着把钢火镰，皮兜里装几块火石。吸烟时用火镰敲击火石将火星引到高粱杆上，再用高粱杆点烟。

1948年秋，西海专署在掖县召开平度、昌邑等几个县的小学校长会议。赴会路上，几个校长对任瑞卿腰上挂的烟荷包和露在衣襟外的火镰看不惯，再加上那身不太体面的装束也不甚顺眼，几次欲言又止。直到要进掖县城了，有个校长终于忍不住劝他说："任校长，快把你那'土枪''土炮'收拾一下吧！让外县校长见了笑话咱平度人土气。"

任瑞卿"唔唔"了几声，并没介意。

与会后，果然有几位外县校长觉得任瑞卿节俭得太过分了。潍县一位校长在任瑞卿打火时开玩笑地调侃道："任校长，你这是什么'武器'？"

任瑞卿谦和地笑了笑："土造，土造！"他风趣地说，"有时莫忘无时难呵！咱可不兴'数典忘祖'，丢了源自燧人氏的老传统。"

"创业犹似肩挑土，败家好比浪淘沙。"这是任瑞卿的口头禅。他这样勤俭，是把钱攒起来为自己过日子用吗？当然不是。

中华人民共和国成立前他倾囊相助，帮助过诸多失学儿童摆脱了辍学厄运，而他的长孙任丕元却因家庭困难只念了4年书便休学了。况算一下国民经济恢复时期他的支出状况吧：

1948年春荒，任瑞卿一家吃野菜、地瓜干，他却捐献230斤工资粮支前。

1949年马疃完全小学创建，他拿出70元钱、150斤工资粮为学校置办桌凳、黑板，赁教室。

1958年勤工俭学，任瑞卿拿出122元钱为学校买了台缝纫机。

为支援埃及人民反侵略战争，任瑞卿捐献了50元钱……

有人粗略地统计过他在马疃完全小学任校长期间帮助生活困难的学生上学的概况：

任小发没有棉鞋，姓郑、姓李两个同学没有棉裤，任瑞卿掏钱给他们添置。

程瑞英得了胃病，要到莱阳做手术，任瑞卿送去20元钱，对家长说："程瑞英是你的孩子，也是我的学生。这钱是给学生治病的，不用还。"

1954年秋假开学后，任瑞卿为18名学生代交了学费；为考上中学的宿中周交上了书钱……任瑞卿早年的学生，这时也都是年过半百的人了，有了困难也会想到找这个老师。50多岁的孙凤兰风尘仆仆地赶到马疃完全小学嗫嚅着说："老师，家里种不上花生了……"

"是不是缺钱用？缺多少你说！人误地一时，地误人一年。"

西北风卷着小清雪，冷得刺骨。任瑞卿见郑文章穿着单鞋，沉吟了一刹，知道他子女多，生活困难，便把脚上的一只棉鞋脱下来，说："你的脚比我的大？穿我的鞋试试看。"

郑文章没往深处想，真的把那只棉鞋穿到脚上试了试，正好。任瑞卿舒心地笑了："这双鞋我穿着不合脚，你穿了吧！我还有双草鞋，比这轻便。你整天上山，穿单鞋不行……"说着，他把另一只棉鞋也脱了下来……

高尚的生活，常在默默牺牲之中。

1963年3月26日任瑞卿出席省群英会与平度县代表合影（前排中为任瑞卿。）

任瑞卿直到1956年进京，毛主席接见前后还用火镰、火石吸烟。有一次同事们趁他不注意，把他的火镰、火石取下来换上几盒火柴。他发现了，把火柴送进伙房，交给炊事员。因一时找不到火镰，他便连烟也戒掉了："算了！听说抽烟对身体有害，戒掉吧！"

星移斗转，几十年过去了。被任瑞卿资助过的穷学生，如今不少人成了地位显赫的学者、教授、工程师、作家、将军和党政干部。不知他们还记得不记得任老师的火镰哪儿去了？

<h2 style="text-align:center">（十）</h2>

任瑞卿年高德劭，广大教育工作者早已心仪其人。声望所及，一提到他人们便肃然起敬，以至有人偶尔直呼了他的名字，大家便会侧目而视，认为这人粗俗无礼。

1954年4月28日，当时的教育部副部长叶圣陶到宾馆看望出席全国先进工作者会议的任瑞卿，征求他对教育工作的意见，并与他合影留念。翌日，《人民日报》发表了叶圣陶撰写的文章，介绍任瑞卿忠诚于党的教育事业的先进事迹，号召全国小学教育工作者向他学习。

4月30日大会开幕。周恩来总理在接见他时关切地说："这是中华人民共和国成立以来第一次大会……任校长，感谢你为我们的革命事业培养了接班人！"

1959年5月，任瑞卿调任平度县城实验小学校长兼党支部书记，一任10年，直至离休。

在那人所共知的历史冰冻时期，他年届耄耋，不顾别人劝阻，挂着拐杖找师生谈心，劝告大家爱护公物，早日复课。两派对立，派头头都想利用他的声望达到"唯我独左"的目的，竞相邀请他去讲话。会上，他旗帜鲜明，义正词严，大讲要团结，要复课。派头头威胁他："看你是红旗黑旗，就看你支持谁——不支持造反派绝无好下场！"

任瑞卿将拐杖往地上一撞："复课！复课！复课我支持；胡闹我反对！"字字句句掷地有声。想吓唬人的人反被那凛然正气吓得抱头鼠窜。

路上行人口似碑。直至今天若有人问起平度实验小学校长是谁？人们会像念家谱、数家珍那样自豪地对他说："任瑞卿。任瑞卿之后……"

1968年12月，任瑞卿离休。他几天没听到上课铃声就坐不住了。他伤时忧国、长吁短叹。第8天便向村党支部提出要到小学去上课的要求。

"年纪这么大了，眼下正是乱时候，算了吧！"支部书记劝他说。

"我不能干重的，能干轻的。党员能坐吃社会主义？家贫出孝子，国难见忠臣——越乱越应该去！"

劝说无效，只好每周安排他4节政治课。看到教室不集中，教学不方便，他立即把上级批给自己建房的一方木料、1000元钱献了出来："一砖一瓦是我的心意。我那两间房还可以住，木料和钱用不着。"

任瑞卿那两间草房至今还原样摆在那里：低矮、阴暗，土坯墙只刷了层白灰水，面积不足20平方米，只有一个木棂窗户，没套院墙，没砌门楼，像在旷野里住一样。屋里的陈设更为古朴陈旧，一个老式橱、一张三屉桌、一只小柜、一只方凳因烟熏火燎已失去原有的光泽——仍是60年前他结婚时的家具。

没办法，村党支部只好接受了他的捐献。加上村里拨出的一部分专款，校舍终于建齐全，5个班级可以集中到一个校院里了。看着师生们住进新校舍，任瑞卿高兴了："这不比盖了房子我自己住好？这里就是我的家！"

1976年春，87岁的任瑞卿瞳孔扩散，戴着深度花镜看书字迹也模糊不清了。一天夜里他在灯下为学生批作业，不知什么时候曾孙子轻轻推开门送来早饭。他惊奇地问："怎么这时候送饭来了？"

曾孙子一愣，蹙着眉头呆立了一刹那，恍然大悟，指着发白的窗棂笑了："老爷爷，你一夜没睡觉呀？7点啦！"

"人上了年纪觉少，睡不着……"

只有在这种特定情况下他才强调自己上了年纪，才愿在别人面前承认"老"！

鞠躬尽瘁，死而后已。任瑞卿一生可以说从没离开过学校。他教过多少学生已无法统计。平度召开优秀教师代表大会，常常是他们几代师生聚会，许多年轻教师尊称他为"太老师"。古人说："得经师易，得人师难。"在处事为人方面，任瑞卿堪称"人师"。莫谓"金无足赤"，据说连最能挑剔别人的人也是心折其人的。不知有多少学生直至满头皓发仍与他保持着密切的师生关系。

刘老师调到河北省工作后，一直惦念着任老师。几年后，她回家探亲，归心似箭哪！在旧店下车后她没急于去与倚门相望的父母见面，竟背道而驰，直向10里外任瑞卿所在的学校奔去："没齿难忘啊！生我养我的是父母，教我做人的是任老师……"

1978年8月，任瑞卿因膀胱癌住院。弥留之际，仍念念不忘教育事业，念念不忘学校建设。他对携带各种时新食物赶来看望自己的学生们喃喃地说："我真想再尝尝大蒜、清酱拌苜蓿菜呀！唐朝薛令之当了太子侍读，饭桌上还有苜蓿菜哩！后人把教读清苦喻为苜蓿风味。其实，苜蓿是养人的，有什么不好……"

随后，他又像当年在课堂上，手拈长髯，意味深长地反复背诵了陆放翁那首脍炙人口的《示儿》诗："死去元知万事空，但悲不见九州同。王师北定中原日，家祭无忘告乃翁。"他再三叮咛："历史是现实的先生。今天的教育就是十年后的功业。"

●亦 斌  法 昌著

苜蓿歌

——模范教师任瑞卿的故事

●山东省出版总社烟台分社

《苜蓿歌——模范教师任瑞卿的故事》，山东省出版总社烟台分社，1988年8月版

蜡烛燃尽，照亮几代新人。1979年1月23日，任瑞卿那教读舞台上的帷幕慢慢降落下来。他的生命之火挥发尽最后"一分热，一分光"后溘然熄灭了。时年89岁。

70个绿肥红瘦，70个海暑酷寒。他用70年教学成就向人民、向时代递交了一份出色的答卷，无保留、无代价地为党的教育事业奉献出一切。

"国将兴，必贵师而重傅。"任瑞卿是含笑闭上眼睛的。靠本能他已敏锐地感触到那适于园丁培育新苗的春天气息，"惭愧先生苜蓿盘"的年代将一去不返了！

"云山苍苍，江水泱泱。先生

317

之风，山高水长。"生者对死者是无能为力的；死者对生者却具有无限感召力量。任老呵，即使千古之下，您那为救国教书、为育人授课的执教精神，严于律己、推己及人的高尚品格，仍足以振颓风而励后人！您用生命谱写的一曲《苜蓿歌》将令后人仰止，代代传唱。

（此文系山东出版总社烟台分社 1988 年 8 月版《苜蓿歌——模范教师任瑞卿的故事》一书缩写稿，后发表于《纵横》1995 年第 6 期。）

# 国 难 见 忠 诚

## —— 中日甲午战争时期的黄县团练

甲午战争是日本推行扩张政策，蓄谋侵略中国的必然。1894 年 7 月 25 日（清光绪二十年六月二十三），日本侵略者不宣而战，在牙山口外的丰岛海面击沉了装载中国军队的商船"高升"号，同时又向陆地牙山的中国驻军发起袭击。8 月 1 日，中日两国正式宣战。

战争一开始，形势便对我方不利，辽东半岛、山东半岛同时告急。8 月中旬，平壤失守，黄海制海权丧失，北洋海军受到重创。年底，日本从国内调来的部队抵达大连湾，与入侵辽东半岛的日军汇合组成新的军团，共计 2 万人，以大山岩为司令，由联合舰队 25 艘军舰、16 艘鱼雷艇掩护，进攻山东半岛。1895 年 1 月 18 日，日本海军"吉野""秋津洲""浪迅"三舰驶往登州府治所蓬莱海岸，对府城进行炮击。蓬莱阁上"海不扬波"的"不"字，就是这时被日军炮击致残的。1 月 20 日，日军攻陷成山头和荣成县城，包抄威海卫后路⋯⋯

当时胶东乃至整个山东的陆军及军事防御力量都很薄弱。山东巡抚李秉衡深感"练军兵数较单，实数不足分布"，况且"军械本属无多"，又多系"旧式洋枪难以及远"，因此奏请"募勇练营"，并急需"购西洋新式快炮、快枪"以克敌应变。

日本对中国的野蛮侵略激起中国人民的义愤。辽东半岛"连村数十，自办团练"，抵御外寇入侵；山东半岛人民同仇敌忾，纷纷组织起来抗倭保土。人民的自发行动使清廷感到民心可用，遂下诏责令沿海各地官绅兴办团练以应危局。

很快，日军攻占了威海卫、荣成，欲乘势西下。作为登州府治的蓬莱和毗邻的黄县形势十分危急。黄县早在 1884 年中法战争期间即照前例举办团练。《中法和议草约》签订后，团练停办。但常留两三名丁勇驻守团练总局。其时，人心惶惶，警报迭至，土匪散兵乘机骚扰。黄县知县尚启祥根据清廷谕令宣布办团。士绅聚会后，共推刚办理完父母丧事进京候铨的前广东封川知县山民（导江）任团总，劝谕绅富捐输制钱7000余吊为资费，报呈山东巡抚委任。

山民见召，毅然放弃选官返回家乡，接受黄县团练总局团总一职，并特邀地方士绅丁世常、丁常益、姜溆、丁庭闻等襄赞公务，根据敌情、我情、上情、民情拟订组团布防方案。为此，人们将其办公场所谑称"四知堂"。

清末黄县分乾山、芦山、莱山、平山四都，领44社，辖800余村。当时城内587户，城外圩内2792户，圩外四乡51883户。团练总局将境内团练、保甲合并，各社社长兼团长，各村设村团长，社、村皆设办公场地"公所"，办团经费自筹。各社、村按保甲法轮流设岗守望，团长率团勇昼查街巷，夜巡防区。

黄县团练总局虽系奉谕创办，但并无资助，全靠捐募，故丁勇仅有80人。年底，总局经费用尽，又募捐数千吊，招来团勇300名在北校场昼夜操练，守御城防，维护秩序。翌年正月，局势益紧，团练总局再次劝谕捐资，以便增募团勇，请调援兵。富绅丁树桢、丁述曾、丁葆筠、丁世斋等深明大义，慷慨解囊以纾国难，共捐白银7.73万两，外有抬杆炮100杆。2月1日，团练总局将募捐情况上报县署，说明筹款将作半备兵饷半充兵粮之用。武器装备是御敌制胜的保证。团练总局派人前往青州武定一带购来火硝5000斛，又请县署转呈山东抚院购置后膛洋钢小行炮（简称"小洋炮"）4尊，外带炮车码子（炮弹）及码子箱。小洋炮可不装码子，只装火硝演放。黄县另购毛瑟枪120杆、十三响马枪60杆，新式手枪30支。以上3种枪支除本枪所带码子，每杆另加码子3000粒。4尊小洋炮由团练总局购买、保管。毛瑟枪由各富绅收存。马枪、手枪由各富绅自购、自存。

招募来的团勇编为前、后、左、右4队，团练总局制作了统一号衣。号衣为蓝洋布标身，有红洋布镶边；胸背为月白心，心内写有"黄县团防总局练勇"字样。凡团练总局办公人员都要随身携带木质腰牌。山民家住黄城辛店，他的腰牌上楷书"辛店安字壹佰贰拾号"。团练总局人员外出办公都必须持有木版印刷的关防"红片子"，上面印有"团练总局"字样。

团练组织刚刚草创，再次传来倭寇欲西下蓬莱、黄县警报。黄县城内风传团练总局亦将撤离，顿时城内城外居民一日数惊，竞相外逃。对此，团练总局安排人员分头上街劝说安抚，王常益还写了篇《明心篇》四处张贴以稳定民心。面对日益严峻的局势，团总山民"冒寒出入，冰结须髯，不遑晏息"，并会同士绅招募来一营团勇在北海边修筑工事，加紧战备。

山东巡抚李秉衡时在烟台坐镇指挥。他认为烟台居威海卫与蓬莱县之间，可兼顾两地战争。及威海失守，他于2月7日由烟台撤往莱州，路经黄县。黄县团练总局向他汇报备战情况时，提出了请调营兵前来驻防、愿募集巨款协济粮饷的措施。李秉衡表示，眼下文登、荣成防紧，援军未到，无营可拨。他勉励诸绅抓紧自办团练，并电令统领登州防营提督夏辛酉，挑选了精健水师500名，由林志魁管带率队来黄，会同团练总局加强防务。2月25日，全县设立防勇、团勇两部。防勇一营，号士乡义胜军，共556人，由林志魁统领，营官公费薪俸、弁兵粮饷由地方支付，军械由烟台军装局拨发广线枪200杆，铅丸5万粒，驻扎位庄海晏寺。团勇二营，号士乡义胜团勇，足额1000名，外守门查街勇200名，由团练总局管带发饷，帮带为县人游击王和亭，每日在东关校场出操演练。黄县军装局拨给来复枪200杆，火药5000磅，铜火帽8万粒，抬炮200杆，火绳数百斤……黄县局势始转稳定。

国子监祭酒、福山人王懿荣，在国家危难之际挺身而出，毅然向朝廷奏请愿回胶东举办团练"协助官兵击倭"，并奏请莱阳籍翰林院编修王垿、黄县籍翰林院检讨王守训及荣成籍前宿县知县孙葆田等同行。其"主忧臣辱，主辱臣死""宁为玉碎，不为瓦全"的气节已见。经恩准，王懿荣一行于2月13日呈领户部所支银两之后，略事准备，便于2月15日匆匆启程，经过20天长途跋涉，于3月19日在莱州会见了山东巡抚李秉衡，始知威海已陷，北洋水师提督丁汝昌、总兵刘步蟾、参将杨用霖及护军统领张文宣、陆军统领戴宗骞等已以身殉国。王懿荣一行与李秉衡商讨过布防及组织团练事宜后，不顾沿途劳顿，立即疾赴登州视察所属10县团练筹办情况，"每到一处只留一二日"，就连家乡福山县也不多滞停。他们 3 月 22 日来到黄县。黄县团练总局团总山民及四品衔候补员外郎丁世常，候选训导王常益，试用教谕、前署平原县训导姜溆等向王懿荣汇报了黄县团练的组织、训练、执勤以及筹款、开支情况。王懿荣听后又看了团勇们的操练十分满意，"盛赞黄县办团认真，阖郡第一"。

林志魁竭力协助黄县团练局备战。待和局甫定，他调往北京时，山民等地方士绅为感激他对黄县的贡献，竞相书联作诗表达谢忱。这些联语诗作不仅赞誉了林志魁来黄助防的功绩，表达了黄县人民对他的敬意，还记述了当时倭寇入侵，国家板荡，人心思治的情景，以及黄县各界团结御侵、保家卫国的心情。

黄县团练不仅有力地稳定了蓬莱、黄县局势，而且对安定青州、莱州一带民心也起到举足轻重的作用。据曾在潍县参与知义团团练、后调黄县任司训的陈家声所撰《乙未黄县团练公事抄略书后》记述，倭寇入侵山东半岛后，潍县地区亦"星檄电讯日尝三四至，众惶惶不能自守"，团练丁勇巡城设防，通宵不寐。乙未元旦，传来"倭寇炮轰登州府，招远以东尽沦敌手"的消息。顿时城内鸡犬声沸，人喊马嘶，人们竞相外逃。元宵节这天，风雪交加，愁云四合，外逃百姓拥塞于城门洞里，致使"城门不能闭"。正当人们六神无主的时候，传来黄县办团守土、请援护境，致使倭寇不能西下的消息，人心始定，"逃迁之计因此而止"。由此可见黄县团练在中日甲午战争中的影响和所做出的贡献之一斑。

4 月 17 日，李鸿章代表清廷在日本马关春帆楼签订了丧权辱国的《马关条约》，将中华民族若干权益出卖给日本侵略者，将中国人民推进更为苦难的深渊。

条约签订，地方渐安。黄县团勇多系本籍，被准请假归农。至 9 月，汰弱留强，团勇仅剩 600 名。1896 年 1 月 16 日，奉山东巡抚谕令，团勇如数遣散，各哨弁发给一月薪粮，由县署给护照回籍；勇丁发给半月口粮回家，暂留林志魁所带士乡义胜军一营。后因饷源已竭，2 月 28 日士乡义胜军被裁撤遣散；黄县军装局亦缴销，军械火药运往烟台。至此，黄县城乡一律撤团，保甲亦随即停办。

黄县团练尽管受到王懿荣"阖郡第一"的褒誉，事后又"咨巡抚会同请奖办团捐款诸人"，但山民等人壮志未酬，御敌守土的素志并未得伸。他心情抑郁地隐退凤凰山中疏泉种树，再未出仕。

"家贫出孝子，国难见忠臣"。中日甲午战争中的黄县团练，在国家安全受到威胁，兵力、财力不敷支配的非常时期，有力地配合了正面战场作战，稳定了地方局势，起到了"军民联防"的积极作用，成为抵御外辱不可小觑的武装力量。这也充分展现了黄县人民传统的文气、士气和人气。

有句名言说的是"落后了要挨打"。综观中日甲午战争大清国挨打的全过程，好像用"腐败了要挨打"这一说法更为准确。腐败导致落后，落后自然挨打。腐败的终极是青龙旗落地，自己打倒自己。

大清国有那么多用命将士，那么多爱国民众，可谓军心士气可用；有那么多白银拿出来赔款签订《马关条约》，可谓国力财力不绌；占有那么有利的战略地位、防御阵地，可谓进退自如……可是，政权腐败，有了民心也会丧失，有了财力用不到正道上，有了"船坚炮利"也形同虚设。所谓落后，岂仅是区区一个"挨打"了得！政权腐败，"四大皆空"。大清国除了一再落后挨打，就是早天晚日垮台！

（《联合报》2012 年 9 月 26 日）

# 不该忘却的纪念

## ——悼念东北国民救国军将领成庆龙

每当我们回顾抗日战争历史时，往往习惯于从"七七"事变谈起。事实是，在这里我们背负着一个历史歉意，也就是将那些拉开中国人民抗日战争序幕，最早挺身而出发出"中华民族到了最危险的时候"悲壮吼声的民族英雄们冷落了。东北国民救国军（义勇军）第十二路总指挥成庆龙就在其中。

1931 年"九一八"事变后，在东北的白山黑水间自发奋起抗争的各路武装力量中，既有后来杨靖宇、赵尚志、赵一曼那种彪炳史册的杰出人物，也有成千上万不见经传、甚至连姓名也没留下的爱国志士、民族英雄。据尘封已久的 1933 年 11 月东北义勇军总司令部宣传处编印的《国民救国军抗日血战史》记载，1932 年 3 月至 12 月，不到 10 个月时间，即有 534 名国民救国军（义勇军）官兵为国捐躯，其中 213 名是山东籍。这本小册子的"中国国民救国军殉难官长简明表"中，黄县（今山东龙口）籍的第十二路总指挥成庆龙列于第一名。

成庆龙（1898—1932），原名成元佐，1898 年 3 月 29 日出生在山东黄县马亭乡大成家村（今山东龙口龙港街道庙张家村）的一个半耕半读农民家庭。父亲成培蓉（镜堂）思想开明，先后在马亭公学、育英学堂教书。育英学堂是一所 7 年制完全小学，创办人为留日学生、同盟会员王厚庵、王日吉，任教

《祭坛》，亚洲文化艺术出版公司，2016 年 9 月版

者多为同盟会员，并在 1911 年参加过辛亥革命黄县举义。成培蓉担任过马亭乡 13 村议事会会首，精通医道，常为乡邻治病，在地方上有一定声望。成庆龙为成家长子，下有 4 个弟弟、1 个妹妹。因父亲在学堂任教，他有机会 7 岁上学，读了 10 年书，直至中学毕业，受到良好的教育。他在思想上也受到那些同盟会员教师的影响，追求进步。

成庆龙具有艺术天赋，擅长描绘人物和花卉。他在就读崇实中学期间课余创作的春、夏、秋、冬四联屏为校长看好，悬挂于办公室。有一次县知事来校视察，发现这四联屏后连连称道，遂讨要了去。每逢春节成庆龙都要为乡亲们书写春联，绘制年画，烘托节日气氛。他为村中关帝庙廊柱上书写过两副楹联，一为"功存汉室三分鼎，志在《春秋》一部书"，一为"师卧龙，友子龙，龙师龙友，弟翼德，兄玄德，德弟德兄"，楣联"忠义千秋"。庙前廊下悬挂的 4 只方纱灯上，还有他绘画的刘备、关羽、张飞"三英战吕布"形象，个个栩栩如生，令人称道。

成家人口多，耕地少，生活主要靠租种土地维持。为帮衬父辈养家糊口，1915 年成庆龙 17 岁时只身闯了关东，在黑龙江省最北边与俄罗斯隔江相望的奇克县落下脚，于一家商店学生意，当店员。

这年年关，在一个风高夜黑的晚上，有伙马匪进店抢劫。成庆龙虽年纪不大，但有胆有识，操起店里的配枪与马匪对峙。他见马匪人多势众，机智地将大衣甩向墙角，自己藏入远处，引马匪上钩。马匪见到地上的大衣，误以为他负伤倒地，齐向大衣射击，他出其不意连开几枪，打散了马匪，维护了店里安全。

1917 年成庆龙 19 岁，回乡与牟苏新女士完婚。牟夫人出生于邻村大牟家的贫苦农户，姐弟 4 人，居长。

完婚不久，成庆龙又返回东北，辗转去了哈尔滨，在永远石印局做绘画技工，师傅是个犹太人。不久，他因对老板压榨克扣工资不满，辞职去了绥芬河。1923 年，他经人介绍在绥宁镇守使张宗昌辖下的绥芬河稽查处任稽查官，随后又在直鲁联军中担任过迫击炮营长、团长。目睹直奉军阀混战、民不聊生、百姓涂炭，他心情沉重，终于在 1928 年脱离了旧军队，去奉天（今辽宁沈阳）以绘画维生。这期间，张宗昌督鲁，达到人生"辉煌"顶点。"会说胶东话，就把洋刀挎"，不少人攀附钻营，趋之若鹜。而作为邻县老乡，成庆龙此时却急流勇退，没想借乡谊趋炎附势，毅然走向另一条人生之路。其价值取向与追求令人钦佩。

1931 年"九一八"事变后，成庆龙对国民党政府不抵抗政策痛心疾首，他不忍坐视国土沦丧，不甘心与三千万东三省同胞当亡国奴。东北军马占山江桥愤然抗日使他极为振奋，遂决心联络爱国志士组织抗日武装队伍为国雪耻，为国分忧。他毅然变卖了自己的画作为经费，同好友吴荫轩、赵显等组织具有民族心、爱国志的旧部、旧同事及当地民众几百人揭竿而起。从 1931 年冬到 1932 年春，他们在辽北的法库、彰武、黑山、新民等地边打击日寇边招抚"大刀会""红枪会"等绿林英雄及不愿做亡国奴的人们，拉起数千人至上万人的抗日队伍。

当时队伍无番号编制，无薪饷给养，没有政府支持，亟须解决的是武器军需。"没有枪，没有炮，敌人给我们造"缓不济急；民众团体、爱国工商界的资助难以为继。成庆龙闻知"东北民众抗日救国会"和"辽、吉、黑、热民众抗日后援会"在北平成立，遂于 1932 年 3—4 月与吴荫轩等骑马直抵北平，向"后援会"会长朱庆澜等求援。

"辽、吉、黑、热民众抗日后援会"在南京国民政府不支持的极端困难形势下创设于北平地安门内油漆胡同 1 号。由于全国民众抗日浪潮高涨，除在上海设有办事处，还在古北口、承德、平地泉等地设有机构，与地方民众抗日武装力量紧密联系。南京国民政府对他们大力支持东北义勇军及冯玉祥、吉鸿昌领导的察哈尔民众抗日同盟军并密切合作恨之入骨，处心积虑阻挠破坏。朱庆澜等出于民族大义，仍坚持派员深入东北三省与马占山、苏炳文、唐聚五、李杜、王德林等接洽，给予物资和精神上的支持。

成庆龙向朱庆澜等汇报了组织抗日武装的情况后，朱庆澜立即表示赞赏与支持，并嘱示回东北后可立即与吉林国民救国军王德林部取得联系，统一行动。

成庆龙返回辽北后，很快与国民救国军总司令王德林见了面，被委为第十二路总指挥，吴荫轩、赵显为副指挥。

王德林是马占山江桥抗战爆发后的 1932 年 2 月 8 日，在吉林省东部延吉小城子举义的抗日军人，是创建吉林抗日队伍的领袖。东北民众抗日武装也是东北抗日联军的雏形，这些队伍内有共产党人，因而后来从中涌现了许多抗日联军和东北野战军将领。

王德林 1875 年 7 月出生在山东沂南县双堠镇后崖子村，1893 年前后逃荒到东北伐木场伐木烧炭维生。1899 年，他应征做了中东铁路筑路工人。因俄国监工凶残虐待中国工人，他忍无可忍，愤然拉起一支百十人队伍，自刻一枚"反俄救国被逼为寇"大印，在黑龙江与吉林一带专门打击侵华沙俄军人与巨商大贾，并将缴获财物周济贫苦百姓。他不侵害中国人，基本上不与中国官兵作对。民众不将他当马贼看，公认他为绿林豪杰，亲昵地称他为"红胡子王大爷"。

王德林同朱庆澜在东北军中任职的弟弟朱庆恩有交情。1916 年 11 月，朱庆澜为弟弟治丧，赴广东任省长前，特向吉林督军孟恩远建议将王德林部收编，委任他为吉林驻军一旅一团三营营长。"九一八"事变后，王德林在被迫奉令去黑龙江围剿马占山途中率"老三营"举义抗日，在东宁、绥芬河、一面坡一带与赵尚志等联合行动。

王德林登高一呼，吉东地区出现了一支最早的抗日队伍。这支队伍官兵佩戴两边写有"不怕死不扰民"、中间有"救国军"字样的袖标，提出了"不分党派，一致对外""有钱出钱，没钱拿命"的口号，转战于吉林、黑龙江交界一带。他们打得最漂亮的一仗是镜泊湖连环战，以少胜多，击败日军少将天野所部，还击落一架飞机，五战四捷，由举义时的千余人一下子扩大到 7 万人……

成庆龙部划归王德林的国民救国军后，驻于奉吉交界，设指挥部于康平，并将法库、彰武、黑山、新民等县的民众抗日武装招抚，兵力扩充到近 2 万人，其中还有 2000 余名骑兵。所属的支队长有高鹏振、郑辅忱、李凌阁、马英民、吴海山、白树棠、白有民、贾显廷等。与日军作战活动的地区大致是打虎山、励家窝堡、营口、黑山、彰武、沟帮子、青堆子、白旗堡、绕阳河、唐家窝堡、北镇、八道壕、皇姑屯。总部给予的任务是，驻守奉吉交界，打通辽西与热河路线。因距离总部较远，成庆龙部具有独立作战和独当一面的性质。

1932 年夏秋之交，成庆龙率所部 8 个支队、骑兵 2000 余人连续出击，使日军闻风丧胆，望风而遁。他们在七八月打了大小 15 战，先后攻克营口，进取黑山、绕阳河车站及北镇、通辽、彰县，焚毁日军皇姑屯弹药库，破坏了青堆子、白旗堡、沟帮子铁路，炸毁桥梁，扰乱日军军心，共击毙日伪军 470 多名，击毁铁甲车 3 辆，缴获步枪 567 支、机关枪 1 挺、轻机枪 5 挺、迫击炮 17 门、山炮 2 门、机关炮 6 门……

当时的《大公报》与《京报》做过这样的报道：

7 月 26 日，成庆龙率骑兵 2000 余名，集中于打虎山、励家窝堡间，破坏铁路，断绝交通，使一东去日军列车脱轨，击毙日军官 1 名，士兵 20 余名。

8 月 2 日拂晓，成庆龙率部进攻营口，激战两昼夜，歼灭日军百余名，4 日凌晨攻克。后因弹尽援绝得而复失，救国军伤亡 30 余名。缴获日军步枪 45 支。

8 月 6 日，成庆龙部破坏青堆子铁路 3 段，击毙日军守备队 20 余名，缴获三八式步枪 11 支。救国军 8 人负伤。

8 月 7 日，成庆龙部破坏白旗堡铁轨 5 处，炸毁桥梁 2 座；令支队长郑辅忱派兵 500 名赴励家窝堡破坏铁路桥梁，制止日军铁甲车通行。

8 月 10 日凌晨 3 点，成庆龙令支队长高鹏振率队进攻黑山，击毙日军 50 余名，俘获日军官 1 名，缴获轻机关枪 5 挺、迫击炮 3 门、步枪 122 支。令支队长郑辅忱率队攻取彰武。日军因营口与沟帮子之间线路不通无法驰援，损失惨重。交战中，救国军营长张英武不幸阵亡，战士死伤 20 余名。令支队长李凌阁、马英民率队包围攻取打虎山车站，缴获机关枪 6 挺、三八式步枪 28 支、迫击炮 3 门、手枪 13 支。同时，支队长郑辅忱与 2 名团长率救国军 2500 余名袭扰各县及车站，牵制日军奉山路线，击毁日军铁甲车 1 辆。日军死伤 10 余名。

8 月 13 日，成庆龙部抵绕阳河车站，击毙驻站日军 3 名，击伤 5 名；其余日军全部被缴械俘获。他们还在南杨旗外毁铁路 5 段，缴获迫击炮 2 门、步枪 12 支、马 2 匹。

8 月 14 日，成庆龙部在唐家窝堡北与日军遭遇，激战 7 小时，后因日援军从打虎山开来，救国军撤出。李凌阁支队长率骑兵 2000 余名、步兵 3600 名奔袭北镇，乘大雨倾盆伪警不备潜入市内里外夹击，鏖战一昼夜，击毙日伪军 270 余名，伤者不计其数。救国军阵亡 7 名，轻伤官兵 39 名，重伤 44 名。缴获步枪 305 支、山炮 2 门、炮弹 78 发、手枪 20 余支。将凡不能带走的粮秣等物烧毁。

8 月 22 日，成庆龙令支队长白树棠率队出击，将打通支线由莫里图至千旗卡间的 4 小站百余里铁轨全部拆毁，枕木焚烧，使日军彰武北行车辆长期无法行驶。

8 月 23 日，成庆龙令支队长白树棠及团长常德胜率救国军 6 000 余名进扰通辽，于县城 10 里处与伪军张海鹏部骑兵第三营接触，交战 3 小时。该营长深明大义，见救国军英勇可钦，遂阵前起义，接受改编。救国军于翌日拂晓在衙门营站南击毁日铁甲车 3 辆，获大宗军需。

8 月 25 日，成庆龙令支队长高鹏振率队沿营沟线路西进，途中与日军交火数次，计炸毁桥梁 1 座，拆除铁轨 3 里余。抵沟帮子车站后，又与日军守备队激战数小时，将日军击退，获步枪 47 支、迫击炮 5 门。

8 月 27 日，支队长郑辅忱、团长邵毓龙率救国军 2000 名进攻彰武县城，与日军激战一昼夜，城破。缴获机关枪 6 挺、迫击炮 7 门、步枪 675 支、手枪 20 支，击毙日军 10 余名，伪警死伤 200 余名。救国军阵亡士兵 32 名、连长 2 名，负伤尉官 1 名、士兵 10 名。但日军飞机不时来窥，恐将来必反攻。救国军弹药缺乏，突围可虞。……

成庆龙这支国民救国军予日寇以沉重打击，被视为心腹之患。为除掉他，日军曾在《盛京时报》画影图形，悬赏通缉。

1933 年 8 月，国民救国军与东北民众武装统一改称东北义勇军。他们在《王孔总副司令泣告国人书》中痛心疾呼：民族大义高于党派之争。"救东北即是救中国！"

以王德林为总司令、孔宪荣为副总司令的近十万名官兵，艰苦卓绝，孤军苦撑，转战于敦化、额穆、宁安、东宁、穆棱、苇河、珲春、汪清、一面坡、阿城千余里的大地上，十几个月来既无粮饷，又缺军需，他们椎心泣血，吁请后援：

（一）我军伤亡，无医药之拯救，听其呻吟，任其溃烂，死亡于腐，救济无方……

（二）我军服装褴褛，由冬而春而夏，所御之服，棉去絮为夹，夹去里为单。时又将届秋而冬矣，将何以为夹为棉乎？东北严寒，内应又何可得乎？聚多数爱国健儿，置身冰天雪地之中……

（三）我军目前状况，人多于枪械，枪多于子弹，故赖大刀长枪为之补助。以视军实充裕之日军，不啻云泥之别……

（四）我军只知救国，誓不扰民。既无收入之资助，更无固定之军饷。甚至作战竟日，难得一饱……

成庆龙部的境况也可想而知。"然所以迄今仍鼓勇直前者，惟赖精神团结之爱国热诚耳。"

成庆龙为人豪爽仗义，具有"剑分胡饼从人后"的襟怀，每逢作战身先士卒、英勇无畏。虽然家境贫寒，孝悌情笃，举义前后几年他从未向家中寄钱寄物。1932年春，他去北平求援曾顺路回乡探亲，身上除了武器两袖空空。临别时，还是小妹将准备办嫁妆的40元钱资助他做了路费……正因为如此，他才能将那么多爱国志士紧紧聚拢在一起，相濡以沫，生死与共。

1932年9月中旬，他带随员去国民救国军总部汇报战况，请示、制订作战方略，返回途经长春大荒地屯子时，因汉奸告密，被日军包围。16日，突围未成，他与随员壮烈殉国，时年35岁。

这其间，国民救国军吉林总部处境更为艰难。1932年12月上旬，日军击溃义勇军马占山、苏炳文、邓文等部，黑龙江省沦陷后即调集兵力回头进犯吉东——东北最后这块未被侵占的土地。1933年1月6日，王德林与总部驻地东宁县城被日军团团包围，危在旦夕，"各旅旅长金请王孔两指挥暂先退俄，保我实力"。王德林、孔宪荣悲愤欲绝，不得已挥泪下令将总司令职务暂委前方总指挥吴义成，旋即携眷及伤病员600余人于1月13日渡江入苏联。东宁遂于1月14日失守。吴义成率总部于南湖头不屈不挠，继续坚持抗战……

王德林继马占山等被迫撤入苏联后，几经折腾，与冯占海、李杜等一起被苏方转道东欧遣送回国。王德林在朱庆澜的支持下，又奔波于江淮与鲁豫一带招募抗日队伍，筹备武器装备，以图再起。后因身体状况越来越差，自感来日无多，他孑然一身回到故里沂水县许家湖镇北社村投靠朋友。1938年12月20日，这位叱咤风云的民族英雄抱恨与世长辞。墓中陪葬，除了一枝盒子枪、一柄手杖剑，唯有6块银圆——这就是他的全部家当。

王德林去世第2年的1939年2月4日，延安《解放》周刊发表了题为《追悼东北义勇军领袖王德林》的文章，称其为东北义勇军中四大杰出将领之一。当月出版的一本《抗日英雄》，对老将军生平做了详尽记述，并引用了他一句话："国土都丧失了，东北民众当了亡国奴。

大家应该有钱出钱，没钱拿命！"

成庆龙牺牲后，义勇军驻"辽、吉、黑、热民众抗日后援会"的梁德堂（名元善，山东莱阳赤山乡梁家夼人），代表后援会赠送成家一册《国民救国军抗日血战史》，以示对成庆龙为国捐躯的褒奖和遗属的慰问。

噩耗传来，合家举哀。成庆龙的独子成皓然（永曜）年仅11岁。牟夫人整日以泪洗面，直至哭坏双眼。尽管她不识字，却将那本载有丈夫名字的小册子视若生命。多少年来，国事蜩螗，家无宁日，孤儿寡母，相依为命，凭着坚定的信念，执着地将小册子珍藏到日寇投降，珍藏到全国解放，躲过"文化大革命"浩劫，直至改革开放。

1988年2月牟夫人去世，安厝济南玉函山公墓，立了墓碑，碑上镌刻了成庆龙与牟苏新的名字。窀穸双穴，但其中一个是空的。因为当年牟夫人下葬时，家中找不到成庆龙遗物，连张相片也没有，只好放了个牌位。

自那以后，每逢清明节扫墓，孙女成军看到碑上两位老人的名讳，心中便会泛起阵阵酸楚——爷爷的遗骨一直未能找到，仍遗留在为抗战洒尽最后一滴血的长春的某个地方（大荒地屯子？）。

几年后，玉函山墓地管理部门对公墓进行修整编号。令人惊讶的是，在近千座坟墓中，成庆龙与牟苏新的坟墓排序竟是9排16号——9月16日，恰恰是成庆龙殉国的日子。

2012年，成家人终于在哈尔滨亲戚家找到了一张成庆龙1917年在家乡与家人的合影。那年成庆龙19岁，去东北后回家探亲，是他生前留下的唯一的照片。

2013年9月16日上午10时，这是成庆龙殉国81周年忌日，92岁的成皓然在女儿成军的陪同下应邀届时来到山东大学千佛山校区主楼会议室，双手颤抖着将用红绸子包裹着的珍藏了近80年的《国民救国军抗日血战史》递交给专程从北京中国人民抗日战争纪念馆赶来的工作人员。纪念馆保管部副主任何丁先生肃穆地接下捐赠，庄重地说："《国民救国军抗日血战史》能在烈士家属手中完整无损地保存80年，实属不易。这份史料对研究国民救国军的缘起、构建、编制和战绩具有重大的价值，它填补了纪念馆的一项空白。我们选择在9月16日接受这一珍贵史料捐赠，不只是因为"九一八"事变纪念日的即将到来，更因为9月16日是成庆龙烈士殉国忌日,是想借此表达我们对先烈的敬仰与悼念之情。"

成军对在座的新闻记者与纪念馆的工作人员说:"将《国民救国军抗日血战史》捐献出来公之于世,这也是祖母与父亲多年未竟的心愿——那就是弘扬爱国主义精神,宣传抗日英烈事迹,为更多为国捐躯的国民救国军后代提供线索,为他们追烈的认定提供证据。"

年届耄耋的成皓然先生因为多年来一直没查寻到长春"大荒地屯子",没找到父亲遗骨耿耿在念,难以释怀。

"92 岁的老父亲还在寻找他的父亲呐!"在座的人心情顿时一沉,有的眼眶发红,有的唏嘘叹息。

这期间,《济南日报》《齐鲁晚报》《山东商报》《山东大学报》等报刊相继报道了成皓然、成军捐献《血战史》的新闻。《春

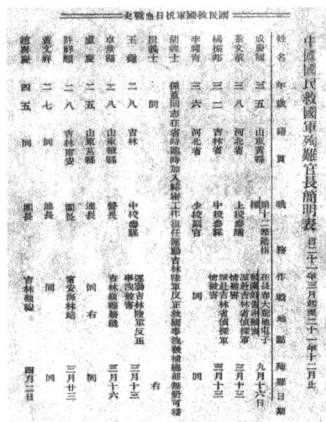

载有成庆龙牺牲名单的
《国民救国军抗日血战史》

秋》《烟台晚报》《今日龙口》《龙口市志·人物》《龙口文化丛书·东莱英杰》等书刊、报纸亦专题记述了龙庆龙生平事迹。

*　　　　*　　　　*

成军为了结父亲查找祖父成庆龙烈士遗骨这一心愿,多年来锲而不舍,一直没放弃努力。她孜孜矻矻,不厌其烦地给有关部门发信求助、咨询网友相帮,但事情依然没有进展,烈士遗骨依然在人们不知道的地方冷冷清清地沉睡着。同时,她还殚思竭虑,想方设法,把《国民救国军抗日血战史》中载有 534 名国民救国军烈士英名的信息送达他们的故乡,让他们魂归胞衣之地、让他们与家人团聚。经她不懈努力,《国民救国军抗日血战史》中的 40 名胶东籍烈士英名已转贴到胶东书院;35 名临沂籍烈士已名载《沂蒙文史》;吉林、辽宁、河北等籍烈士英名已转贴当地网站。

2013 年,作者亦斌在烈士的精神感召下开始编写《祭坛》一书。在《祭坛》这本小册子写作过程中,作者欣喜地从身在美国的成军女士处得知,又一位国民救国军烈士后人从她上传于新浪博客的《国民救国军抗日血战史》死难烈士名录中,找到了为国捐躯 80 多年的爷爷刘文汉的历史印记。这位烈士后人在给成军女士的留言中写道:

谢谢您，成军。您精心扫描的一页页《国民救国军抗日血战史》，让我们找到了83年前为抗日救国而牺牲的爷爷刘文汉。我们兄妹5人分居祖国南北与海外。您与令尊将《国民救国军抗日血战史》一书的捐献与公诸网上，让我们终于了却了一件夙愿。我们在海内外四面八方向您们深深鞠躬致谢！

我们的祖父刘文汉（1895—1932），原籍山东省昌邑县，国民救国军中士，1932年4月15日为抗日救国牺牲，时年37岁。据奶奶听爷爷的父母讲，爷爷离家时曾跪在父母（我们的太爷、太奶）面前说："儿子走了，是做好事去了，为的是报效国家，不受侵略……"。

爷爷牺牲后留下了32岁的妻子（我们的祖母）和8岁的儿子（我们的父亲）及只有两岁的女儿（我们的姑姑）。我们已去世的父亲幼年丧父；我们的祖母32岁失去了37岁的丈夫，终身未嫁。他们一生苦苦寻求我们爷爷当年阵亡的认证。今天，他们的在天之灵终于可以得到些许慰藉了。

我们健在的82岁的老母亲，昨天听到网上出现了爷爷阵亡的历史资料彻夜未眠。她怎能睡得着呵！她与我父亲恩爱一生，相依为命。她了解我父亲的苦难身世：幼年失怙，历尽坎坷。她多么希望现在我们的父亲还在，能够亲耳聆听到爷爷这一信息！

老母亲昨天又跟我们回顾了一次奶奶曾经讲过爷爷阵亡不久罗明星（三江好）来我家告知爷爷牺牲时的情景。罗明星劝慰了一家老少后，忍不住失去爷爷这个战友的悲痛，连续发出了几个长长的哀声，一遍又一遍重复着："哎，哎，可惜呵！文汉没有了！他没有了呵！"罗明星没因为战友的牺牲而畏葸却步，返回东北继续顽强抗战杀敌，成为抗日救国的民族英雄。

我们很想尽早回国，到沈阳东北抗日义勇军纪念园参拜祭奠爷爷刘文汉与抗日先烈们的英灵。同时，也希望更多的仁人志士，也像您那样不断将遗失已久的东北义勇军抗战史一页页复原再现，让子孙后代不忘国耻，不忘那些在国难当头之际撇家舍业，慷慨赴死的烈士，做无愧于先烈、爱国爱乡的华夏子孙。

成军女士，我们流着热泪将您的所有博文及《国民救国军抗日血战史》一页页打印出来，放在奶奶与父亲的遗像前，上香磕头，大声地把记有爷爷刘文汉名字的那部分念给他们听。同时，他们一生为此蒙受的屈辱与磨难也一幕幕浮现眼前……如今好了！心头这片乌云终于消散，展现了万丈光明的蓝天，我们可以向世人自豪地挺起胸膛大声说：我们是义勇军烈士的后代！

成军女士，谢谢您！谢谢您的老父亲！你们立了大功，积了大德，功德无量。

…………

2015 年 8 月 24 日，经党中央、国务院批准，民政部公布了第二批在抗日战争中顽强奋战、为国捐躯的 600 名著名抗日英雄及英雄群体名录。名录按牺牲年份与姓氏笔画为序：

马兴周（1884—1932），东北民众抗日义勇军第十六路参谋长。

成庆龙（1898—1932），中国国民救国军第十二路别动队总指挥。

郑耀洲（1891—1932），吉林抗日自卫军第五路军司令。

李玉（1896—1932），东北民众抗日义勇军第十七路军副司令。

名录中，有 8 位是国民救国军中的烈士，多数牺牲在 1932 年。

成庆龙为国捐躯 83 年后，获得了国家最高荣誉，国家和人民没有忘记他。烈士地下有知，可以瞑目了。

写到这里，已近尾声。让我引用 1933 年 12 月剑虹创作的那首令人回肠荡气的《献给前线战士》诗作为结束语吧：

　　白骨堆成了邱山，

　　碧血染赤了龙江。

　　几多壮士的牺牲，

　　依旧把山河送丧！

　　我们莫辜负国人的热望，

　　我们莫看轻自己的责任。

　　我们须本着忠勇大气，

　　我们须踏着先烈的血迹前进！

　　前进——协力！前进——抵抗！

　　我们欲把热血洒流在鸭绿江上，

　　我们欲把血足踏平那小岛扶桑！

（《春秋》2013 年第 6 期，结尾部分系后续）

# 抗联将领王汝起

　　1931年"九一八"事变后，在东北白山黑水间奋起抗争的各路国民救国军——抗日联军中，既有杨靖宇、赵尚志、赵一曼那样彪炳史册的杰出人物，还有成千上万不见经传、甚至连姓名也没留下的民族英雄。山东省龙口市的王汝起就在其中。

王汝起（1905—1940）

　　王汝起（1905—1940），曾用名王坚，山东黄县卢山都七奓社王家村黄龙茧南坡（今山东龙口芦头镇七奓村）人，东北抗日联军七军一师师长、第二路军二支队长，抗日烈士。

　　王汝起1905年7月15日生。父亲是织布工人，没有条件供他读书，少年时代即开始帮助家里种地，十二三岁给别人放猪、放牛。父亲失业后，生活更加艰难。1923年，全家背井离乡，逃荒到黑龙江省宁安县长岭子落户，后又迁到北湖头。1932年，日本侵略者占领宁安县。有一天，王汝起的父亲借别人家的马车去卖柴，半路上遇上日军抓车。马惊了，把他父亲压死在车下。国恨家仇激起王汝起对日本侵略者的刻骨仇恨，他决心为把侵略者赶出中国而战斗到底。他虽然没有文化，却很有组织能力，利用传统的农民结拜的方式，走亲访友，串联民众，1932年秋在宁安西北山组织了几十人的反日组织"红枪会"。"武器"仅是一套"刀枪不入"的咒语和一些大刀、扎枪。后来他们弄到一杆"两人抬"的土炮和一支洋枪，缴了本屯自卫团的械，用突然袭击的战术打死了在南湖头筑路的7名日军，接着又截击了敌人汽车，攻打了宁安县城，队伍很快发展到 500 多人。

1933 年夏，王汝起率领红枪会加入抗日救国军，任三旅八团团长，活动在以镜泊湖为中心的宁安、敦化、额穆等地，多次袭击敌人。不久，在日军大举进攻下救国军先后溃散，王汝起仍带领队伍坚持斗争。1934 年 2 月，党领导的绥宁反日同盟军组建，王汝起如鱼得水，他兴奋地对周保中说："我这条小河沟，弯弯曲曲淌了几年，眼看要断流了，今天总算流进了大海。"他当即向周保中表示，不但要率领全队加入绥宁反日同盟军，还要回长岭子动员亲属、兄弟参战。1935 年 2 月，绥宁反日同盟军改为东北抗日联合军（简称东北抗联）第五军，王汝起部被编为一师三团，王汝起任团长。从此，他在党的领导下，走上了抗日救国的道路。4 月，他率队在庙岭击溃了数倍于我的日伪军，击毙日军 7 名，打伤 12 名。当年冬经团政委伊俊山同志介绍，王汝起光荣地加入了中国共产党。日军对东北抗联进行大规模进攻，并在经济上实行封锁。1936 年 1 月 20 日，东北抗日联军第五军党委决定为掩护第五军主力向中东铁路以北转移，由王汝起率领三团同军部一起在道南策应活动。他们 4 月破坏了宁安卧龙屯集团部落，并将马莲河自卫团缴械；5 月在宁安烟筒沟伏击了伪森林警察队；6 月在三道河子缴了伪军一个连的械，得步枪百余支，轻机枪 2 挺，子弹 40000 余发；8 月到达牡丹江地区；9 月末与二军二师五团返回宁安地区活动，进出海林西北一带。

1936 年冬的一天，王汝起带领 30 多人行至洋草沟。因天刚蒙蒙亮，村里自卫团看不清我方是什么队伍，先开了枪。王汝起的二弟不幸中弹牺牲。当自卫团认出是王汝起带领的抗日队伍时，马上停了火，慌忙上前道歉。战士们怒不可遏，举枪非要击毙自卫团两个人不可。王汝起满怀悲痛心情，仍从维护党的抗日统一战线政策出发，上前制止并说服了自己的战

王汝起烈士纪念碑

士，又向自卫团宣传了抗日方针。王汝起为抗日不计私仇的行动使大家深受感动。1937年2月以后，在整顿抗日队伍时，王汝起调任第五军二师副师长，与师长王光宇一起率第五军二师四、五团活动在依兰、桦川、富锦、同江等县，同日伪进行过多次战斗。1938年1月调第七军任一师师长。1939年3月，第七军党委在虎林子开会，王汝起当选军党委候补委员。为粉碎日军断绝我军与群众联系和经济来源的阴谋，王汝起率队主动出击，向抚远、同江等地挺进，先后打下窝通警察所、果夫镇，袭击日伪交通船，攻进杨木林子，拿下抓髻镇，消灭了许多敌人。

1940年春，东北抗联第七军改编为东北抗日联军第二路军第二支队，王汝起任支队长，在敌人严密封锁，军需供应几乎断绝的情况下，转战于乌苏里江左岸，穿插在完达山脉之间，进行艰苦卓绝的斗争。同年5月21日，王汝起率领40多名战士前往大带河袭击日伪军伐木场。战斗打响后，王汝起奋不顾身，率领队伍奋勇杀敌。战斗持续了一天，数倍于东北抗联的日伪军死伤惨重，东北抗联缴获了2挺轻机枪。但是就在战斗接近结束时，王汝起不幸中弹，壮烈牺牲，年仅35岁。当时部队印发的《哀悼王汝起同志》一文写道："全体将士及饶河一带之民众无不痛惜我中华民族这个优秀子孙。他是一个智勇双全的抗日战将，他是一个精忠报国的民族英雄。他牺牲了，这是东北抗联的一大损失。"

（《烟台晚报》2013年5月）

# 他牺牲在抗日战场上

## ——追记国民党少将魏凤韶

　　魏凤韶，字虞廷，山东黄县上庄魏家村人。1889 年 8 月 19 日生，1943 年 5 月 12 日阵亡于鲁南沂源县南唐乡薄板台董家峪抗日战场。时任国民党鲁苏战区总司令部副官处少将处长，终年 55 岁。

　　民国初年，军阀拥兵割据，各自为政，形成混战局面。吴佩孚的部下蓬莱人于学忠、黄县人赵荣华都是魏凤韶的老乡；魏家与赵家还沾点亲戚关系。1917 年，北洋陆军十八混成旅在湖北成立后驻节襄阳，赵荣华任旅长，于学忠当了炮兵营长。魏凤韶第二年即从军投奔他们，在十八混成旅任中尉副官、上尉连长。1923 年前后，魏凤韶被任命为营附，并选派到保定陆军讲武堂学习。他毕业后又回原部队，一直随于学忠驻扎湖北一带。

　　1926 年，国民革命军誓师北伐。大军过处势如破竹，直捣盘踞湖北的吴佩孚。此前，于学忠为吴佩孚所赏识，由营长擢升团长、旅长、师长、军长、荆襄警备总司令等职。1927 年 6 月，吴佩孚部土崩瓦解，于学忠解甲归田，返回蓬莱于家庄故里。魏凤韶表示愿与他共进退，回到故乡黄县上庄魏家村闲居。

　　于学忠当时已身膺军长兼荆襄警备总司令，官高名显，赋闲不久又为张作霖、张学良邀至北京，任命为镇威军四方面军二十军军长。这时，魏凤韶的思想起了变化，认为国民革命军才是代表时代潮流的武装力量，与于学忠意见相左。两人终因所见大相径庭而分道扬镳。经人介绍，魏凤韶出任了国民革命军第五师独立团一营营长，驻上海吴淞口、崇明岛等地，后来又参加了讨阎、讨冯战役。

　　1931 年"九一八"事变后，东北三省为日军侵占。魏凤韶内心痛苦万分。他激于义愤，筹资数百元令三子魏兆烈在上海商务印书馆将《田中奏折》全文翻印，拟名《日本侵略中国计划书》，共印了 5000 册。书的封面有魏凤韶的签名、印赠字样，书内有他的附言按语。书印好后，由魏兆烈分寄江西、山东、上海各界亲友，也寄回家乡黄县一部分。

1932 年 1 月 28 日，日军围攻上海。十九路军奋起应战反击，仗打得非常激烈，屡挫敌锋，得到全国军民的热烈拥护和支持，也振奋了全国人民抗战的决心。然而，蒋介石却与日军签订了丧权辱国的《淞沪停战协定》。魏凤韶为此愤慨万端，酒后不禁仰天长叹，赋写了"休将协定告英灵"的诗句，以宣泄心中愤懑之情。

魏凤韶在蒋军中既非嫡系，国内战争中又没立下"功劳"，因而处处受排斥，受歧视。职务从独立第三十六旅七〇七团团长改为第十三旅副旅长，再改为新编第二十三师师附，留守副主任、主任，实是明升暗降，被剥夺了兵权。当时他身处湖南常德、重庆大后方，面对北平、天津、上海、南京等地相继沦陷的局面，感到回天无术、鞭长莫及，只能捶胸顿足，徒唤奈何。

这期间，魏凤韶作为武昌珞珈山军官训练团学员，聆听过周恩来的形势报告。事后他逢人便将周恩来论述的道理复述一番，认为"报告精辟，见解英明，实在是少见的第一流政治家、军事家、演说家！"从此，他对抗战前途和国家命运有了信心。

1938 年春，魏凤韶得知于学忠在鲁南抗击日寇，便毅然从重庆奔赴山东，参加了台儿庄战役。在震惊中外的台儿庄战役中，于学忠的五十一军列于正面第一线。4 月中旬，于部予猛攻的日军以重创，而后撤退突围。在撤退突围中，于学忠骑马，让魏凤韶乘他的汽车，途中与敌人遭遇，伤亡官兵 100 余名，其中将官 3 名。可见这次会战的残酷激烈。混乱中，魏凤韶与于学忠失散，两人又一次分手。魏凤韶与几位高级将领先化装到苏北，转上海去香港，再取道回重庆驻地。

1941 年，魏凤韶去新编二十三师附职，驻守鄂南松滋、公安一带待命。他曾出击江北沙市附近之敌，并自告奋勇向上司要求拨给一个团的兵力，亲自率军过江与日军作战。这期间，他写信给家属："江北抗战，歼敌无算，是余平生最痛快事也……"

新编二十三师调驻湘北桃源、沅陵、常德一带。魏凤韶身处后方，却杀敌救国心切。他虽有陷阵杀敌之心，但苦无用武之地。面对前方战事吃紧，后方官员腐败的现实，他忧心如焚，终于再一次下决心告别妻子儿女，离开比较安定的生活环境，偕二子魏兆煦化装成商人从湖南常德出发，经湖北、河南、安徽、江苏敌占区，徒步3000余里，直奔鲁苏战区司令部，找到老上司于学忠，要求临阵杀敌。

行前，他的四子魏兆勋曾劝他不要冒险："鲁苏战区重点在鲁南，北有胶济路，西有津浦路，南有陇海路，东临大海，我军四面受敌，完全在日寇包围中。况且高山峻岭用兵布阵行动不便。蒋介石所以把于部安排在这个险恶地方，其目的就是想借日伪力量消灭这支东北军……"

当时，魏兆勋在昆明中央银行工作，想请父亲到昆明去住些日子。魏凤韶不听劝阻："我早年从事国内战争，毫无意义，实为终生憾事。眼下大敌压境，河山沦陷，岂能偷安？我五十刚过，正当为国效力的壮年，非退隐解甲之时……"

魏兆勋见劝阻无效，只好将节余的400元薪金寄往常德军中，给父亲做路费。但这笔汇款很快被退了回来，附信说："此人已离去。"可见魏凤韶走得何等急切、匆忙。

行前魏凤韶一连三次向上司请缨要求去鲁南抗日。家人认为他年岁已高，苦苦劝留，但他决心已定："于学忠总司令、牟中珩主席坚持抗战好几年了。他们不避艰险，我怕什么！"二儿魏兆煦见无法阻止他北上，决定伴随前行。

1942年3月，魏凤韶偕二子魏兆煦、副官王中华、勤务张少华由常德启程奔赴山东。

魏凤韶途经阜阳时碰见于学忠总部一个姓王的营长来押运枪械。阜阳当时是鲁苏战区后方，于学忠部队的军需辎重大都是从大后方转阜阳，再转运鲁南。王营长得知魏凤韶是到鲁南参战的，十分敬佩，诚恳地要求同行，以便圆满完成押运任务。

一个月后，时值炎夏，即将进入敌占区，恶战在即。魏凤韶改穿百姓衣服，用手中仅有的一点钱买了头骡子，以便行军需要。他还拍了张身着便衣的相片邮寄给幼子魏兆勋留存。抵达永城以北敌占区时，押运部队朝行夜宿。所穿越的铁路线路侧是深及数丈的沟壑，路口还设有鹿砦电网。魏凤韶与王营长身先士卒，并肩对敌，子弹常常从头上呼啸而过，他却从容自若。儿子魏兆煦担心地说："你还没到前线见到于司令，便这么不顾生死地干，值得吗？"

魏凤韶严肃答道："临阵杀敌是军人的天职，死有什么可怕！"

随后，他们从砀山附近闯过陇海路，转而东进，经沛县、微山湖，越津浦路，一路经过多次战斗，由炎夏直至入冬，终于到达鲁苏战区司令部。在坦埠的一个小村里，魏凤韶与鲁苏战区总司令于学忠、山东省主席牟中珩见了面。

牟中珩也是黄县人。魏凤韶在黄县劝学所时与他的父亲牟克全共过事。牟中珩在保定陆军军官学校上学时，魏凤韶所在的讲武堂与军校毗邻，两人过从甚密。牟中珩的长子牟云官在重庆上学时与魏凤韶的儿子又是同窗好友，牟、魏两家可谓世交。当时牟中珩想挽留魏凤韶在省政府任保安师长，魏凤韶婉言谢绝了，再一次表明了自己到前线抗日杀敌、效马援"马革裹尸"的心迹。

于学忠对魏凤韶从大后方挺身来鲁苏战区抗战的行动十分敬佩，当即任命他为鲁苏战区总司令部副官处少将处长。副官处下辖一特务团，魏凤韶与团长朱如云密切配合，竭力保卫总部安全。

鲁苏战区四面受敌，条件艰苦。部队作战经常转移，在一个村庄住上三两天就不容易了。魏凤韶当时化名魏玉成。他在给四子魏兆勋的信中写道："此真抗战生活也，虽艰苦但愉快……"他对随行的二子魏兆煦说："我为国尽忠，不能尽孝。你回老家黄县一次吧！回去看看你祖父和母亲。你没受军训，回来后可到省府做点文职工作。战争是残酷的。万一我有不幸的那一天，第一次抚恤金交你姨母邓美，常年抚恤金留家中过日子！"

1943年5月中旬，于学忠的鲁苏战区总部在沂蒙山区与日军展开了一场殊死搏斗。敌伪扬言要活捉于学忠，以借其在东北和华北各省的声望麻痹中国人民，充实其傀儡政府组织的伪统帅部。

5月11日午后3时左右，有一卖菜人进入村子。及侦察人员发觉此人可疑时，周围四五十里已有敌人出现。总部研究后，于晚饭前5时许一边准备迎敌，一边转移。不料，15000多人走了一夜没突出包围圈，于5月12日拂晓在沂源董家峪南展开了激战。空中有40余架敌机配合行动，因天阴有雾，扫射目标模糊，敌我均有伤亡。保卫总部的特务团在朱如云和魏凤韶的指挥下浴血奋战。于学忠任河北省主席时，曾从法国买进一批高射机枪，并成立了一个机枪连，但这批机枪从没轻易动用过。此时局势险恶，敌人的包围圈在逐步缩小，魏凤韶只好命令机枪连连长任常理将全部机枪投入战斗，以保卫总部安全。敌伪已侦悉于学忠随身带有这个机枪连，一听到于部发出的机枪射击声，立即断定于学忠确被困住了。配合日军围攻的伪军吴化文部即喊："于总司令下山吧！我们以礼相待！"

于学忠气愤至极，亲自督战，但左右伤亡甚重。魏凤韶多次劝于学忠突围，于学忠则疾声怒喝："与日寇拼了！"

形势危急，刻不容缓。魏凤韶发现东南山头有羊群在安然吃草，当即命令于学忠的两个外甥——副官阎克周和阎德进搀架着于学忠向东南方向突围。魏凤韶则伴扮于学忠，声东击西，迷惑敌人，使于学忠脱离了危险。这时，敌弹如雨下，机枪手纷纷中弹伤亡。魏凤韶奋不顾身，端起机枪对准蜂拥上来的敌伪射击。敌酋在望远镜中发现了身穿黄呢军服、胸前挂着望远镜的魏凤韶，误以为是于学忠，遂令集中火力射击，致使魏凤韶头部中弹身亡。魏凤韶英勇赴死，忠义感人。

3天后，于学忠、牟中珩派于洪宾、王中华清理战场，处理善后。他们认清魏凤韶遗体，备棺殓葬于董家峪村东，留下2000余元大洋，托付村民董月来看坟守墓。墓碑上刻有"黄县魏虞廷先生之墓"字样。此坟一直完好无损，唯石碑已在"文化大革命"中被砸。

于学忠的部队经此一战几乎全部瓦解，于1943年9月撤至安徽阜阳。在1944年秋召开的鲁苏战区阵亡将士追悼大会上，于学忠亲书挽联：

青史有名兼有色，黄沙埋骨不埋名。

不久，于学忠卸去鲁苏战区总司令之职，被召至重庆委任军事参议院副院长，余部被汤恩伯收编。一支转战多年的抗日劲旅遂销声匿迹。

转眼40多年过去了。1986年10月18日，有关部门根据《革命烈士褒扬条例》追认魏凤韶为革命烈士，颁发了烈士证书。忠骸由董家峪迁葬龙口市凤凰山革命烈士陵园。魏凤韶牺牲54周年之际，于学忠长子于允长手书挽联：

碧血忠魂天地久，青山万古吊英灵。

于学忠外甥王敬镒与王敬铎手书挽联：

抗日捐躯北国魂，扬威苏鲁魏将军；

今朝故土埋忠骨，遥祭英灵泪满襟。

先烈有知，当含笑瞑目于九泉。

（《纵横》1990 年 8 月第四期）

# 英灵山下的凭吊

## ——追记战斗英雄任常伦

战斗英雄任常伦，他是黄县孙胡庄人，19岁参加八路军。打仗像猛虎，冲锋在头阵，完成任务坚决又认真，为人民牺牲也甘心……

——引自歌曲《战斗英雄任常伦之歌》

# （一）

任常伦（1921—1944），出生于黄县南部山区孙胡庄村（今山东龙口七甲镇常伦庄村）的一个贫苦家庭。家里只有祖传的两间草房，二三亩耕地。瘠薄的土地难以养活3口之家，再加上苛捐杂税多于牛毛，借贷无门，父亲任可君只得长期在外面给地主扛活。他6岁那年，一场重病夺去了父亲的生命。沉重的打击使母亲的精神失去支柱，不久便卧床不起。10岁那年，母亲由于贫病交加又辞别了人世。叔父任可相收养了他，并送他入学读书。特殊的身世使他变成一个早熟的孩子。14岁时他再也不忍心叔父一家节衣缩食供他上学了，毅然中途辍学，帮助叔父挑起生活的重担。此后，他加入了打短工扛活的行列。

任常伦（1921—1944）

任常伦的家乡曾是义和团活动过的地方。少年时代，他就听到许多关于义和团勇士"御外侮""杀赃官"的传奇故事，在幼小的心灵上留下了难以磨灭的印象。随着年龄的增长，特别是经历过一段被剥削、受压迫的非人生活之后，他加深了对现实社会的认识，对邪恶势力的憎恨，对苦难同胞的同情。当时，黄县有这样一种风气，富人雇"工夫"，一般不雇光脊梁的。下学的第二年，婶母为他做了一件粗布小褂，因而，在打短工时他雇主较多。但当他看到一些伙伴常常因光脊梁而揽不到活，致使家中无以为炊时，便干脆把小褂借给别人，宁愿自己闲着揽不到活干。因此，他很受邻里和穷伙伴的称赞。

1937年7月7日卢沟桥事变以后，在中国共产党领导下，抗日烽火在胶东遍地燃烧起来。1938年5月，黄县抗日民主政府建立。7月，日寇飞机在县城上空投炸弹，炸毁房屋数十间，炸死炸伤群众数十人。这时，孙胡庄建立了抗日民主政权。17岁的任常伦满怀热忱多次往村干部家跑，要求参加八路军，打鬼子。但由于他年龄小，个子矮，村干部一直没有同意。同年冬天，孙胡庄成立自卫团，任常伦当上村里第一批自卫团员。他踊跃参加自卫团的军事活动，而且表现得机智勇敢，曾多次与同志们一起埋地雷、抓"舌头"、打伏击、掐电线、破坏道路，给予日伪军以沉重的打击。

1940年8月，19岁的任常伦实现了多年梦寐以求的愿望，光荣地参加了八路军。开始在地方武装黄县抗日大队当战士。同年10月又升级到八路军山东纵队五旅十四团二营五连。从此，他生活的大书翻开了新的一页。

在部队党组织的培养和战友们的帮助下，任常伦茁壮成长起来。他从第一次战斗开始，就显露出英雄本色。入伍头几个月，由于部队武器缺乏，他没有发到枪，只背着一把大刀和几颗手榴弹。班长邹满清应允在战斗中帮他夺一支枪，被他谢绝。他坚决地向战友们表示，要亲自从敌人手里夺枪。

1940年冬天，盘踞烟台的日寇向胶东抗日根据地发起"拉网扫荡"。军区将主力部队"化整为零"，深入敌后开展游击战。五连接受任务连夜出发。部队越过封锁线来到温石旁。这里刚刚惨遭日寇洗劫，残墙断壁，硝烟弥漫。任常伦突然听到一阵婴儿的啼哭声，急忙循声赶去。

残墙下，一个婴儿正趴在母亲尸体上啼哭，一旁还倒下几个被杀害的群众。任常伦抱起孩子，愤怒地吼了一声："咱要把仇恨集中到刺刀上，向鬼子讨还血债！"他将孩子交给乡亲照顾，又随部队出发。一路上，鬼子洗劫温石疃的惨状一直在心里翻腾。宿营后，被焚烧的农舍、被杀害的老乡、哭叫着的失去母亲的婴儿等惨景一一浮现在他眼前。他翻来覆去极力控制悲愤，彻夜未能入睡。

1941年1月，他所在部队在掖县城与日军展开了激战，战斗打得异常残酷。开始他负责往阵地上运送弹药。当他把最后一箱弹药运到前沿阵地的时候，战友们子弹已经打完，同敌人展开了白刃战。只见3个战士正同3个鬼子在激烈拼刺，其中一个战友已显得体力不支。说时迟，那时快，他撂下弹药，从背后猛地将鬼子拦腰抱住。对面的战友趁势一个突刺，刺中了鬼子肩膀。他乘机夺下鬼子的大盖枪，回手一刺刀，结果了鬼子的性命。战斗结束后，营部把这支枪发给了他。

福山猴子沟伏击战，他第一个跳上鬼子汽车，与鬼子拼刺刀，腿上两处负伤，仍顽强地坚持战斗。莱西河源西沟战斗，他负了伤，仍与全班战友打退数十名鬼子的进攻，随后又与战友们一起发起反冲锋……

# （二）

1941年2月，任常伦所在的二营奉命深入鲁南开辟滨海区抗日根据地。部队在诸城县与汉奸司令李永平打了3仗，连战连捷。首战石门，继战近枝，三战插旗崖，任常伦仗仗都表现得英勇顽强，特别是第二仗近枝战斗尤为突出。

近枝是李永平的重要据点，工事坚固，驻有重兵。二营和滨海十三团接受了攻打近枝的战斗任务。二营分工爆炸敌人两座碉堡，任务分配给了五连和六连。当时，我军炸药不足，仅有30斤，如果平均使用，势必两座碉堡全炸不掉。营部考虑五连爆

胶东抗日烈士纪念塔

破技术高，经验丰富，所以只分给五连 5 斤炸药。五连连长刘志金深感任务艰巨，考虑再三，最后决定把爆破任务交给任常伦担任班长的一班。他接受任务后，立即召集全班战士开"诸葛亮会"，集思广益，群策群力。商量的结果是：把炸药投进碉堡的枪眼里。

战斗打响后两个小时，部队就扫清了敌人的外围据点，把敌人压缩到两个大碉堡里，任常伦率领一班战士冲到了碉堡的壕沟外边。此时，碉堡上下，敌人的机枪和步枪子弹雨点般地扫射过来，壕沟内外硝烟弥漫，令人窒息。在兄弟班战友火力掩护下，一班冒着敌人的枪林弹雨架起了通过壕沟的便桥，迅速竖起攀登碉堡的梯子。梯子一放稳，副班长王凤云就扛着炸药包攀了上去。由于敌人火力太猛，几个战友中弹倒下了，王凤云也壮烈牺牲。

面对凶残的敌人，看看牺牲的战友，任常伦火冒三丈，一跃身冲过敌人的火力封锁区，迅速向碉堡里甩进 1 颗手榴弹，从王凤云身旁抓起炸药包，嚓的一声拉燃了导火索，飞身跃上梯子。导火索刺啦刺啦冒着白烟。这时，碉堡里的敌人被这气壮山河的举动吓傻了眼。在他们还没反应过来的时候，任常伦已把炸药包扔了进去。一声巨响，碉堡炸开了一个大窟窿。碉堡里剩下的敌人吓破了胆，哀告着"别……别再扔炸药啦"，全部缴械投降。

任常伦常说："为了党和人民的利益，该流血的时候就应毫不顾惜地去流血！"每次战斗受伤，他都不皱眉，不畏惧，沉着冷静，坚持战斗。

1941 年 2 月，胶东部队奉命组织了反击投降派赵保原等的战役。

赵保原是胶东最大的顽固派和亲日派头子，长期以来与日寇勾结，以发城为老巢，屯集重兵，构筑工事，屠杀抗日群众，进攻抗日武装，气焰十分嚣张。1941 年 3 月底，我军打响了围攻发城的战斗。这一仗，是反击投降派战役中持续时间最长的一次，也是极为关键的一仗。在我军强大攻势之下，赵保原自夸"固若金汤"的发城外围工事被逐个攻破。到 7 月下旬，敌人只剩下城北菜园北山上的 3 个三层大碉堡了。

经过军事民主讨论，连部集中了战士们的意见，决定利用地形组织突击队进行强攻。突击队分为砍鹿砦、架梯子、爬梯子、投弹等几组。这天下午，连长到一排来说："攻打主堡的光荣任务上级交给我们啦！

连部决定在你们排组织突击队！"大家一听，争先恐后地报名参加。任常伦挤到连长身边问："连长，哪个组先上？""砍鹿砦。""报告！"任常伦一个立正敬礼，"我要求参加砍鹿砦组！"这时，不知谁在身后捅了他一拳。任常伦回头一看，原来是同班战友刘福礼。他把任常伦拉出屋来说："你参加砍鹿砦，咱准备的集束手榴弹还能用上去吗？""嗳，怎么能用不上？咱不会砍完鹿砦再去爬梯子？"

突击队很快组成了。任常伦、刘福礼、万世东三人组成砍鹿砦组，任常伦任组长。架梯子组由一班班长带领，爬梯子组由三班班长带领。傍晚，刘福礼扛着3口砍鹿砦的铡刀走来，只见任常伦与万世东正围着一张方桌转，忙问："这是干什么？"任常伦从桌子下爬出来兴奋地说："咱开着这土坦克冲上去打碉堡！"吃过晚饭，连长和营教导员来突击队检查准备工作。只见土坦克上的棉被已浸透了水，梯子和集束手榴弹都已齐备，便满意地说："天一黑就行动！"

7月25日晚，夜幕笼罩大地。五连战士悄无声息地隐蔽在山脚下，紧盯着山头上耸立的碉堡，等待冲锋的命令。连长与教导员走近任常伦关切地叮咛："你们组是突击队的头一炮，一定要打响！""坚决完成任务！"连长与3人一一握手，土坦克便向山头爬去。天黑路不平，土坦克在山坡上颠簸着前进，坑坑洼洼，直碰得石头发出沉闷的响声。突然"哒哒哒"一梭子子弹朝这边打来。刘福礼低声说："任常伦，敌人发觉了！""不要管它！靠近鹿砦就是胜利！"土坦克冒着弹雨继续前进。又推进了一段距离，任常伦掀开湿棉被一看，离鹿砦只有几步远了。这时，刘福礼抄起铡刀就要向上冲。"别动！"任常伦扯了他一下，"你这样上去怎么行！咱也动动脑子嘛！"刘福礼道："你说咋办？"任常伦机警地观察了一会儿，心头一亮："咱给他来个声东击西——你继续顶着坦克前进，吸引敌人的火力和注意力，我和万世东去砍鹿砦！"敌人的火力被引开后，任常伦与万世东匍匐前进，来到鹿砦前挥起铡刀一阵狠砍，一会儿鹿砦"哗啦啦"倒掉一大片。刚砍开一个突破口，突然飞来一阵枪弹，万世东的左膀中弹负伤。任常伦赶忙扶着万向东，让刘福礼背着他下去，并通知连长突破口已经砍开。交代过后，又返身去把砍倒的鹿砦搬走，为突击队清扫前进道路上的障碍。连长率领突击队冲上来了，冲过突破口，向敌人碉堡接近。任常伦边擦汗边紧跟着往前冲。连长发现后说："你的任务完成了，到后面去！""不！"任常伦拍了一下肩上背的集束手榴弹，"我要参加爬梯子组！"架梯子组很快选好位置，靠上碉堡。梯子刚竖起来，任常伦便忽地窜过去，噌噌地爬了上去。突然一声爆炸，飞来的一块弹片正打在他腿上，梯子也被炸倒了。梯子又迅速被竖了起来，但接着又被推倒了。两次强攻均未奏效，部队也有伤亡。教导员命令暂停攻击，突击队撤了下来。

突击队撤回来后，大家心情都有些沉重。教导员鼓励大家说："强攻不奏效，咱就动动脑筋想想别的办法！'保存自己消灭敌人的原则，是一切军事原则的根据'。"正在包扎腿伤的任常伦琢磨过一阵子提出一个建议：用火攻。"对，用火攻！碉堡门旁有堆木柴，咱把木柴搬到门口给他点上！"教导员兴奋地赞同。连长紧接着说："那咱就用这个办法！谁去完成这个任务？"话音刚落，任常伦"腾"地挺身而出："我来！""好！调机枪掩护你！"连长点头同意，任常伦随即带上煤油、火柴跃出工事，冒着手榴弹爆炸的浓烟向碉堡扑去。当接近碉堡时，他突然觉得左膀子一震，差一点被击倒。他用手一摸，左肩上湿漉漉的，知道是负了伤。他怒视喷着火舌的枪眼，一咬牙跃到碉堡门口。迅速把木柴架到门上，洒上煤油，点了起来。敌人见门上燃起熊熊大火，发疯似的用机枪向他射击，打得他一时抬不起头来。这时，我方一阵机枪射击掩护，封住碉堡枪眼，任常伦趁机机灵地撤了下来。大火越烧越旺，浓烟封住碉堡大门，敌人乱成一团，哇哇哭叫着向第二层奔逃。任常伦返回阵地，兴奋地喊："教导员、连长，我把火点着啦！""知道了！你负伤了，快包扎去！"他见连长脸色十分严峻，很诧异，高兴的心情也冷了下来。随后，他扫视了一下四周，不见教导员；再看看战友们，自己这个排连指导员在内只剩下9个人了，而且都负了伤……他猛地把身一转，怒视着黑黝黝的碉堡对连长喊了声："连长，下命令吧！"拿下它来为同志们报仇！""消灭敌人，为同志们报仇！"战友们的怒吼划破了夜空。连长怒视着碉堡点了点头，回身命令班长史德明："你带三班从大门往里打！"史德明一声"是"，转身一挥手："三班跟我上！"他带领战友向烧坏的碉堡大门冲去。停了一会儿，史德明返回来报告："敌人已躲到碉堡上层，从下面攻不上去！"连长听了，把手一挥："突击队跟我来！"连长和突击队队员扑向碉堡大门，靠上碉堡，竖起梯子。史德明噌噌爬了上去，刚接近二层碉堡枪眼，就被敌人打了下来。刘福礼接着攀上梯子，刚爬了一截，又被敌人用开水泼了下来。这时，任常伦刚刚包扎好伤口，便扑上前拾起刘福礼的手榴弹："我来上！"他跳上梯子就往上攀。当时任常伦已两次负伤，脸色苍白，四肢无力，每爬一级都要费很大力气。当接近二层碉堡枪眼时，他刚从腰间抽出手榴弹，突然一阵砖块从里面砸了下来。他头上轰的一下，眼前直冒金星。这时，连长大喊："快投弹！"任常伦紧咬牙关，把手榴弹接二连三地从枪眼里塞进碉堡，随即眼前一黑从梯子上一头栽了下来。轰！轰！轰！手榴弹在碉堡里开了花，炸得敌人鬼哭狼嚎。连长把枪一挥："同志们，冲啊！"战士们像猛虎下山一样冲进碉堡。任常伦从昏迷中醒来，不顾伤口疼痛，推开卫生员，抄起一支步枪也随后扑了上去，与敌人展开了白刃战。主碉堡被攻破了，两侧的碉堡也相继被四、六连攻了下来。

战争的洗礼使任常伦由一个怀有朴素爱国热情的青年农民很快成长为无产阶级先锋战士。有一天，他正在营房门口专注地练习写字，班长与一个战友谈着话走了过去。只听那个战友说："班长，这钱交给组织吧！"任常伦不由心里一动：钱要交给组织？我这里还有刚发的津贴呢！等那战友走开之后，他找到班长，掏出自己的津贴："班长，我这钱也交组织吧！"班长一听，愣住了："常伦，这钱是发给你零用的，你留下吧。"任常伦没有接钱，说："我父母都不在了，部队吃穿都有，用不着钱，还是交组织吧！"

这时，指导员来了，问明情况，便领着任常伦向村头走去。俩人来到一棵大树下坐了下来。指导员告诉他，那个战友是在向组织交党费："共产党是工人阶级的先锋队。做一个党员是要具备一定条件的。"任常伦忙问："要什么条件？"指导员严肃地告诉他："共产党员是用马列主义武装起来的无产阶级先锋战士。在部队里应该是作战勇敢，执行命令和遵守纪律的模范……""指导员，"任常伦激动地说，"我一定严格要求自己！为打败日本帝国主义，解放全中国。党指向哪里，我就冲向哪里！"指导员满意地点了点头。从此，任常伦处处以共产党员为榜样，事事以党员的标准要求自己。

1941 年 8 月，发城战斗结束后，连党支部根据他的表现，一致通过吸收他加入了中国共产党。从此，他更加牢固地树立起为民族解放而奋斗终生的思想。

任常伦不仅作战勇敢，而且还能团结同志，关心战友。连队编班，战友们都愿和他编在一个班里；战时划分战斗小组，战友们更愿同他划在一起。战友们都说，他关心别人胜过关心自己。

1941 年冬天任常伦担任一班班长。一天夜晚，他所在的五连奉命攻打小栾家据点。战斗打响后不久，由于敌情发生变化，营部决定迅速撤出战斗。撤离战场后，一清点人数，发现少了掩护撤退的三班班长史德明。

原来，史德明在掩护战友撤退时大腿受了重伤。一排排长、二班班长和三班的一个战士先后前去营救都挂了彩，不得不退了下来。部队急待撤退，战友尚未救下，情况十分危急。"我去！"任常伦自告奋勇。他把步枪和子弹袋交给副班长，尔后猫着腰冒着敌人的炮火，朝史德明负伤的地方冲了过去。敌人碉堡跟前燃烧着一堆大火，外面的鹿砦也点着一个大火堆，史德明就躺在中间。任常伦冲到鹿砦时，立即卧倒，迅速把火堆向旁边移动了一下，匍匐到史德明身边轻声说："三班班长，我来拉你！"史德明考虑到自己伤势太重，又怕任常伦与排长他们一样再为自己流血，便说："你快走吧，别为我再流血了！"任常伦果断地回答："我不能把你丢给敌人，别说流血，就是牺牲了也要把你拉回去。"他说着，立即解下一只裹腿，捆在史德明腰上，爬着拉了一步。裹腿断了。他又爬回去把另一只裹腿解下合绑在一起，才缓缓地爬着把史德明拉到鹿砦外，然后背着史德明赶上了部队。

1943 年 10 月，攻打诸城。他在战友的掩护下冲进敌人火力封锁线，炸毁了敌人的碉堡……

## （三）

1944 年 8 月 2—16 日，任常伦出席了山东省军区战斗英雄代表大会，被选为主席团成员，并荣获山东省军区一等战斗英雄称号。会上，军区首长做了关于抗战大好形势和今后任务的报告，许多英雄介绍了他们为打败日寇而不怕流血牺牲的事迹。代表大会虽然为期很短，却使任常伦在成长的旅途上迈开了新的一步。他不仅明确了今后的奋斗目标和任务，而且学到了各路英雄的光辉思想，革命斗志更加昂扬。会议期间，记者多次采访他，要给他登报。每次采访，他总是谦逊地笑一笑说："比起别的英雄，我做得还不够，还是多写写别人吧。我只觉得想起毛主席，想起党，想起穷人受的苦，就什么都能豁上！"

大会刚刚结束，日伪军纠集1000多人开始了对我牙山根据地的"扫荡"。任常伦听到这一消息，怒火中烧，日伪军在家乡的罪恶又一幕幕在眼前呈现：

1940—1942年，日寇曾8次血洗自己家乡近邻的黄城阳。仅200多户、800多口人的村子被日寇烧毁房屋917间，枪杀30多人，伤残冻饿致死的达300余人之多。凶残的鬼子把活人绑在树上当作刺刀靶子，反复捅刺……

任常伦怀着对日寇的刻骨仇恨，日夜兼程，长途跋涉700里赶回部队。此时，他参战120多次，已负伤9次、挂彩11处，肩膀里还嵌着敌人的弹片，体力未能完全恢复。

赶回部队后，部队首长考虑到任常伦身体状况，本打算不让他参加这次反"扫荡"战斗，安排他休息几天，做好准备，等战斗结束后，给部队报告山东省军区战斗英雄代表大会的盛况。可他非要上前线不可。他说："不要我打仗，我受不了！我不能眼睁睁看着鬼子横行霸道！做报告，可以一边打仗一边准备。"在他再三要求下，首长批准了他参战，并任命他为副排长。

这时，我十四团获悉：日寇大岛部队600多人沿烟青公路南下莱阳。团首长决定在长沙堡布下口袋阵，围歼敌人。根据团里的部署，11月7日，部队提前进入阵地。任常伦带领九班坚守在阵地前沿的一个高地上。耀武扬威的鬼子钻入我口袋阵后，连续遭到我三营和一营猛烈炮火的打击，乱了阵脚。但鬼子经过指挥官一番纠集，便在小钢炮、掷弹筒掩护下，开始疯狂地突围。九班战士在任常伦的带领下，连续两次击退了敌人凶猛进攻。突然，几十个鬼子抢占了制高点左侧的另一个小高地，插起膏药旗，架起机关枪，严重地威胁着团指挥部和兄弟排阵地的安全。任常伦主动向排长请战，要求带领九班去夺取鬼子占领的小高地。

　　九班战士在任常伦的指挥下，一口气冲到小高地正面断崖下。敌众我寡，只能智取，不能强攻。他首先命令两名战士正面佯攻，尔后率领其余战士沿着断崖迂回到敌人侧面，突然猛攻，顺利夺取了小高地。敌人不甘心失败，趁我方立脚未稳，发起一阵猛烈的炮火轰击。之后，一个指挥官用指挥刀威逼着一群鬼子号叫着向上冲来。任常伦沉着地端起大盖枪，一扣扳机打倒了指挥官，接着又连发3枪，撂倒3个鬼子。九班战士在他的带领下，以一当十，英勇地抗击着10倍的敌人，连续打退了鬼子5次疯狂的反扑。手榴弹用完了，子弹打光了，增援部队还没有赶到，敌人的反扑又开始了，一场严峻的考验摆在面前。任常伦站起身，望着远处村子里鬼子燃起的大火，眼睛里闪着仇恨的光芒。他高高地举起手中的枪，坚定地对战友们说："同志们，我们没有子弹，有刺刀。人在阵地在！"鬼子冲了上来。任常伦与九班战士高喊着"杀"声，端起凝聚着强烈仇恨的刺刀，冲入了敌群。一场激烈的白刃战开始了。

　　3个鬼子端着明晃晃的刺刀，从左、右、前三面来围攻任常伦。迎面的鬼子呀的一声，来势凶猛地窜到任常伦的面前，朝着他的右肋就是一刺刀。任常伦无比沉着和勇敢，面对强敌毫不畏惧，用力防右反刺一枪，咔嚓一声，就把鬼子刺来的枪磕了回去，紧接着一个前进直刺，"呀——嘿"一声，刺刀穿透了鬼子的前后胸。鬼子扑通一声倒在地上。任常伦刚拔下刺刀，左右两边的鬼子已靠拢过来。左边的鬼子"呀"的一声，刺刀直奔他的左胸而来，他机警地往后一闪，鬼子扑了个空，一头栽倒在地，任常伦飞起一脚，踢中鬼子的肋下，那个鬼子"啊"的一声，滚下山坡。此刻，右边的鬼子见正面对付不了任常伦，趁机窜到任常伦的背后，刺刀向任常伦的后背刺来。任常伦听到身后的声响，猛地一个一百八十度大转弯，以迅雷不及掩耳之势用枪尖拨开鬼子的刺刀，枪托狠狠地砸向鬼子的头部。鬼子重重地跌倒在地上。任常伦紧跟着一刺刀，结果了鬼子的性命。

　　战友纪绍信在刺死一个鬼子后，来不及躲闪另一个鬼子的刺刀。在鬼子刺中他的同时，他的刺刀也狠狠地刺进了鬼子的胸膛。任常伦看到倒下的战友，怒发冲冠，恨不得生出三头六臂把鬼子全部杀光！他怒目圆睁，左冲右杀，先后有5个鬼子死于他的刺刀下。在这个大无畏的英雄面前，那些号称有"武士道"精神的日本鬼子丧了胆，只要同他一照面，便掉头逃跑。

五班增援上来了，鬼子乱成一团，丢下几十具尸体，狼狈逃窜。

当天傍晚，鬼子发起了对小高地的最后一次反扑。任常伦正满怀信心准备和战友们一起消灭敌人时，不幸被一

英灵山烈士纪念堂

颗罪恶的子弹打中了头部。五班班长扑过去连声呼唤："副排长！副排长！"任常伦吃力地说："五班班长，别管我。守住阵地要紧，守住阵地就是胜利！"

"为副排长报仇！"顿时，呐喊声像滚雷，似怒涛，撼天震地，呼啸奔腾……战友们悲愤填膺，怒不可遏，当鬼子冲到前沿时，个个如下山的猛虎，一齐扑向了敌人。

在一排猛烈的手榴弹和一阵复仇子弹反击之后，鬼子们纷纷奔逃了。

初夜，总攻开始了，十四团以排山倒海之势，从四面八方扑向鬼子……鬼子扔下258具尸体惨败而逃。我军乘胜追击100里，彻底粉碎了敌人的"扫荡"。

当任常伦被用门板做成的担架抬回埠西头村设立的胶东军区医院四分院时，尚有一点呼吸，嘴里残留着高粱饼子渣——战斗惨烈，吃不上饭，只能瞅空嚼几口高粱饼子充饥。这位身经百战、遍体伤痕的优秀战士、山东省军区一等战斗英雄，因伤势过重、流血过多，未及医治就停止了呼吸，年仅23岁。埠西头村村长刘美英与魏护士长为烈士整理了遗容。棺椁是村民李蜀平捐献的，当时被安葬在村南岗上。木制的墓碑有2米高，上方嵌有一颗五角红星。

胶东军区在埠西头村举行了追悼会。会场设在村东河滩上，面南的主席台用门板搭成，后面用苇席围了起来。胶东军区司令员许世友

心情沉痛地致了悼词。

1945年2月，黄县人民政府决定将英雄的家乡孙胡庄改称"常伦庄"。同年春，胶东人民将烈士遗体迁葬栖霞县英灵山，为英雄修建了陵墓。位于垂柳村的隆茂铁工厂接受了为英雄铸造铜像的任务。解放区的人民纷纷捐献铜材，老头儿捐出了铜烟袋锅，孩子们搜集来子弹壳，妇女们拆下箱柜上的铜饰件。仅能进行简单铸造的作坊式小铁厂，将铜像的头、胸、臂、腿等分别浇铸，再合为一体，终于铸成一尊重达5000斤的铜像。

胶东国防剧团栾少山、莫雁为英雄谱写了一曲《战斗英雄任常伦之歌》。为纪念英雄，英雄所在的五旅十四团一营五连被命名为"任常伦连"，英雄的牺牲日——11月17日被定为建连纪念日。英雄生前从鬼子手里夺下的、又用它创立了卓越战功的三八大盖枪，中华人民共和国成立后被陈列在北京中国革命历史博物馆。

战斗英雄任常伦永垂不朽！

（《东莱今古》2011年9月版）

# 抗战时期的北海银行

1937年"七七"事变后，日本侵略者在华北一带通过正金银行发行日元，进行疯狂的经济掠夺。1938年3月10日，日本侵略者又在北平成立"中国联合准备银行"，发行"联银券"，强制沦陷区人民使用，借以实现"以战养战"目的。

当时日伪联合准备银行发行的伪币充斥敌占区市场，国民党中央银行发行的"法币"急剧贬值，各种地方流通券泛滥成灾，致使物价飞涨，金融市场相当混乱，给我党初创的蓬莱、黄县、掖县根据地的建设、军队供给及人民生活造成极大困难。国民党的法币（中央银行、中国银行、交通银行、农民银行发行的货币）不敷流通，韩复榘的民生银行信用很差，地方商号出的流通券、支票芜杂，影响了市场交易。为粉碎侵略者的经济封锁和掠夺，以利坚持抗战，1938年，抗日游击三支队与掖县抗日民主政府决定成立自己的银行，发行自己的货币。他们请来在掖县家中避难的青岛中鲁银行经理张田玉主持，由银行雕版师邓文卿设计绘制图案、铸成铜版，委托同裕堂印刷局印钞。7月，准备就绪。胶东银行由高锦纯等负责筹建，招收股份，公私合资经营，本金250万元，其中公股75万元，民股175万元。开始出的纸币是一元、五角、二角、一角4种面值票面，制票用铜版。8月，蓬莱、黄县、掖县三县联合政府胶东北海行政督察专员公署在黄县成立，银行遂定名北海银行。北海银行下设蓬莱、黄县两分行。张玉田为总经理。

北海币一经发行，便赢得

1945年发行的北海币

广大群众信赖，很快流通起来。1939年春节后，由于日伪张宗援、刘桂棠（刘黑七）部入侵胶东，我政权撤出蓬莱、黄县、掖县县城转入山区坚持游击战，北海银行一度停业。至八九月北海银行又在蓬西进行重建，不久又转入掖县，陈文其任行长，从《大众报》社调来机器，有了自己的印刷厂。由于日伪频繁扫荡，银行经常搬迁。有时来不及转移，银行只好就地埋藏印刷器材。条件艰苦，印刷设备差，一副票版用不多久就要更换，必须经常冒险去敌占区制版。所用币纸、油墨也要去敌占区购买，所以货币的纸型、颜色参差不齐，比较粗糙。

1940年8月1日，北海银行改为省管，山东北海银行总行成立，迁址鲁中。原胶东北海银行改称北海银行胶东分行，下辖东海、西海、南海、北海支行。北海支行于1945年进驻黄县，同时设立龙口办事处。

随着抗日形势的发展和根据地的扩大，印刷条件得以逐步改善。开始仅北海专署有印刷厂，后来在东海专署又建了一个厂。所用机器由"脚蹬子"发展到四页机。银行后来从上海买来胶版机，有了自己的制版工人，可以自己制版。从1941年起，银行还逐步增设机构，在各县渐次设立办事处，县以下设有若干贷款所。在北海银行同日伪进行货币斗争的过程中，胶东的投降派也乘机乱发纸币，扰乱金融市场。当时胶东的"投钞"（投降派发行的钞票）有十几种，差不多每个投降派都印刷过纸币。这些"投钞"的共同点是不兑现，与法币一样，比值日益下降。1944年莱阳大汉奸赵保原发行纸币达20亿元以上，价值仅1000元北海币的耕畜折合赵保原的"投钞"竟达10万元。群众在集市上进行交易时，双方嫌点钱麻烦，就用秤称。1元1张的"投钞"，10万元约合200多斤，要用麻袋装。当时还有人将赵保原的"投钞"当"冥钞"用，因为买烧纸比"投钞"贵。

日本侵略者为加紧对我胶东根据地的经济封锁和掠夺，对法币既限制又利用，极力扩展伪钞的流通地域，排挤北海币的流通。他们一方面在征捐派税时强迫群众缴纳伪钞、勒令集市上以伪钞成交，遇有法币即行没收，遇北海币则撕毁，一方面有计划地伪造北海币，采取在边沿区以几百元换1000元假北海币的办法，把假币推销给跑解放区的商人，由他们带进根据地使用，借以破坏北海币的信誉……由于敌占区日伪稽查严厉，人们不敢公开使用北海币，进行交易时只能打暗语，指名要不要"屋里钱"——即北海币。

为粉碎敌伪在货币战场上的进攻，根据地抗日政府通令禁止使用伪钞，并自 1942 年 9 月开始渐次在东海、北海、西海及南海地区停用法币，把法币挤向敌占区。这一"停法""排法"斗争，是对敌经济斗争中货币斗争、贸易斗争、生产建设中的重要一环，使根据地减少了因法币跌价所造成的损失，物资免遭敌伪掠夺，提高了本币的比值，争得了贸易上的主动地位，减轻了人民负担。

北海银行创立后，还曾多次向山东党政机关解送黄金及货币，支援全省抗日战争。

从 1940 年起，北海银行开始在根据地发放贷款，帮助农民解除购买种子、肥料、耕畜等方面的资金困难。贷款是无息的，但数额和范围有限。1945 年 2 月，大汉奸赵保原被赶跑了，长期受其奴役盘剥的莱阳 80 万同胞重见天日。因深受战乱之苦，当时许多农户连种子也难筹措。银行便一次发放了 200 万元春贷。1945 年夏解放平西，银行又及时放贷 200 万元。这些贷款利率极低。为配合拥军优属工作，使前方子弟兵奋勇杀敌、地方参政人员安心工作，银行对军工烈属优先放贷。

1946 年发行的北海币

北海银行由 1941 年起至 1945 年抗战胜利，对农业、渔业、盐业和新解放区难民发放贷款 20388 万元。在发放贷款的过程中，银行与群众建立了新型的信用关系，巩固了减租减息成果，推动了大生产运动，发展了根据地的经济，改善了人民生活，对调动广大群众的抗日积极性、巩固抗战物质基础、最后打败日本侵略者做出了贡献。

山东北海银行经历了抗日战争和解放战争两个历史时期，至 1948 年 12 月与华北银行、西北农业银行合并为中国人民银行。原山东北海银行演变为中国人民银行山东分行。1953 年全国统一金融，北海币完成了它的历史使命。

（《联合报》2006 年 2 月 18 日）

# 历经战火的胶东《大众报》

1938年8月13日，中共胶东特委（后改称中共胶东区党委）决定《大众报》创刊，委托刘汉起草发刊词，任命贺致平为社长，李研吾为总编，社址在黄县城南山区古刹莱山院。报社初创，分编辑部、印刷部、经理部和电台组，计100多人。报纸第一版是社论、要闻，第二版是国内新闻，第三版是国际新闻，第四版是地方新闻和副刊。

早在《大众报》出版之前，蓬莱、黄县、掖县根据地已拥有一部分印刷设备和一批革命热情很高的印刷工人，还有一个由山东人民抗日救国军第三军政治部领导的联合出版社，已于5月份开始出版油印小报。同时，蓬莱三军二路出版了一份小型报纸；三支队在掖县也出版了铅印的《抗战日报》……《大众报》在黄县创刊后，《抗战日报》的人员与设备并入《大众报》社。

1938年冬，已控制胶济线的日本侵略者开始把魔爪沿着烟潍公路向东探伸。胶东特委为便于坚持长期抗战，进行游击战争，开始转移。1939年春节后《大众报》社人员出发前将机器设备隐蔽在黄县南部山区，随特委撤离黄县城。他们按军事编制编组，经过一个多月的长途跋涉，到达莱阳北部的东馆村。为尽快恢复出版，他们决定把隐藏在黄县的机器设备转运过来。当时只能用牲口驮运。300多头牲口，再加上400名民工和押运人员，在敌人的许多据点间穿行很容易

胶东《大众报》画稿

暴露目标。由于事前对敌人的活动规律掌握得比较清楚，组织严密，这批物资很顺利地运到莱阳，使《大众报》得于 1939 年 5 月复刊。社长改由阮志刚接任。

《大众报》开创时，国际、国内新闻主要靠抄收国民党中央台播发的新闻稿和国民党中央通讯社的电讯。1939 年 9 月，报社电台组的葛次元终于收到延安新华社播发的一条新闻，听到了延安的声音。为此，特委特地宰杀了一口肥猪，敲锣打鼓送到东馆村慰劳报社工作人员。

12 月 8 日，特委在驻地掖县夫子石接到敌伪出动的情报，报社立即将机器设备掩藏在山沟里。10 日拂晓，报社与胶东党校在河南村突围中，共有 62 名同志壮烈牺牲，其中有报社社长阮志刚与编辑杜深如等 30 多名报社工作人员。当天下午特委书记王文与宣传部部长李一山即赶来慰问，并任命王卓青接任社长。报社工作人员掩埋了战友尸体，擦干眼泪，立即投入工作。不到 3 天，《大众报》又与读者见面了。

1941 年 8 月 13 日，是《大众报》创刊 3 周年纪念日。在艾崮山区前寨村，报社自己组装发报机，建立了发报台，并于当晚以新华社胶东分社的名义向山东总分社发报。发出的消息中有一条是，我胶东部队再次解放重镇黄城集。第 2 天，新华社总社即向全国转发了这条消息。为此，报社举行了庆祝会。

艾崮山区的环境虽比掖北平原好些，但周围仍有许多敌人据点，最远的也不超过 20 里路，若奔袭不到两个小时即可到达报社驻地。为保证报社安全，周围村的民兵不分昼夜轮流"坐岗"。哨位一直"坐"到敌人据点。敌人一出动，熟悉地形的民兵就抄近路抢在敌人前面一村传一村地把情报传到报社。敌人活动频繁时工作人员一夕数惊。在这种不安定环境中，印刷厂随时要做好反扫荡准备：事先将掩藏机器设备的地点选择好，拆卸机器与掩藏设备的任务按人周密分工，计算好需要的时间，保证在接到敌人出动情报 1 小时后迅速转移，敌人撤离 1 小时后重装机器开始工作。

1941 年秋，报社转移到东栖霞后，由于驻在特委机关附近，工作方便多了。这时，王卓青调离，王人三接任社长。当时编辑部大都在山坡上。办公用品就放在一个包袱里。编辑们坐在地堰上，膝盖就是写字台，打开包袱就工作，有敌情拎起包袱就走。为把报纸办得更活泼，报社还开展工农通讯活动，在各地建立通讯网，每月通讯员的来稿多达2000件。在反扫荡的艰苦岁月里，报社平时出一日刊，战时出二日、三日刊；不能铅印就石印，不能石印就油印，始终没中断出版。至1943年以后，根据地不断扩大，《大众报》也越办越兴旺，到1945年日本侵略者宣布无条件投降，总发行量达10万余份。

1947年秋，国民党二十几万兵力向胶东解放区重点进攻。《大众报》将人员分为两部分：一部分人员携带电台与印刷厂转移到海阳、莱阳交界的小纪一带山村，另一部分人员带着电台和部分印刷器材转移到栖霞以西艾山附近隐蔽。东边出报困难就西边出，西边出报困难就由东边出，不论形势怎么恶化，《大众报》都没中断出版发行。

在长期艰苦斗争中，报社形成了自己的发行系统。最初，报纸出版后由几名交通员骑自行车向各地运送分发。后来报社逐渐建立了一条交通线，报纸用牲口驮运。沿线各站都有待命运报的牲口。报纸一到，立即从前一站牲口背上抬到新一站的牲口背上继续前进。各地区、县都有配套的发行网。报纸运到后，立即分发到读者中。

报社也是个出版社。当时社里只有几台对开、四开铅印机，几台

大众日报创刊地印刷所旧址。

黄县莱山院胶东"大众报"社旧址

手摇石印机，一台手报裁纸刀，没有打铅版的器材，铅字排版后只能直接上机器开印。就这样，社里先后出版了《联共党史》《论持久战》《论联合政府》《共产党宣言》等经典著作及《铁流》《被开垦的处女地》等苏联作品，同时还印刷发行过文艺刊物《胶东大众》、青年刊物《胶东青年》、画报《大众画报》等。最兴旺时，社里工作人员近千名。

1948年春，《大众报》更名《胶东日报》，为对开铅印日刊，1950年4月20日随胶东区党委撤销。至此，这份历经战火、出版了12年之久的报纸光荣地完成了历史使命，宣告终刊。

（《联合报》2004年12月11日）

# 鲁南战役中的黄县大车队

1947年1月2日，鲁南战役开始。中共黄县县委根据胶东支前指挥部的命令，在一周内组成一个大车588辆、骡子1220头、干部与民工共1360人的支援鲁南战役的大车队。大车队共分6个中队，其中有胶轮大车中队（称快速中队）。大车队在九里店集结后，由王佐群、姜毅峰带队，于2月25日出发。

大车队为防敌机轰炸，只能夜间赶路。大车队途经招远、莱阳、平度、高密、诸城等地，历时8天8夜，于3月2日如期到达沂水。省支前指挥部负责人宋日昌高兴地说："你们来得正是时候，前方部队粮食供应紧张，这个运粮任务就交给你们了！"

具体的任务是把集中在沂水县马站的军粮尽快运到170里外的蒙阴县坦埠。这一路上多为陡峭狭窄的山道，稍有不慎就有翻车坠崖的危险。翻越摩天岭时，情况更为险恶。经过动员，民工们提出了"宁肯自己多出力，不让部队缺粮吃"的口号。一、二、三中队把从黄县运来的玉米面、大豆面直运坦埠粮站，四、五、六中队去马站装粮。敌机白天轰炸，车队便在白天抢时间铡草备饲料，趁晚上行动。车到坦埠正逢敌机轰炸。为赶任务，干部带头卸车，一百五六十斤的大口袋扛起就走。民工们在无声的命令下，也跟着躲闪着敌机扫射，扛粮卸车。

1000多人的大队长期支前也有个后勤供给问题。为保证牲口有草吃，在马

1947年4月支援鲁南大会战
立功纪念表封面

站至坦埠沿途设了 5 个草料场。另外，还派人回黄县请来医生、畜医和打铁掌、修车套师傅，生病的民工、牲口得到及时治疗，损坏的车辆全部修好，走山路磨失蹄掌的牲口换上了新蹄掌。至 5 月底孟良崮国民党王牌整编 74 师被击溃，黄县大车队运粮 600 多万斤，《大众报》《支前通讯》都报道了这一光荣事迹。

孟良崮大捷，根据地一片欢腾。大车队经过短期休整，又接受了抢运弹药、转移物资、护送医院及伤病员的任务。

大雨滂沱，道路泥泞，河水暴涨，行动困难。这天晚上，一中队一分队从沂水运炮弹至蒙阴摩天岭，正逢沂水暴涨。民工们把炮弹用麻袋装好，用骡子驮运渡河，从八时半到深夜冒险抢渡，随后又驾车快行，准时把炮弹运到阵地。

一中队其他分队随军运炮弹到临朐县城附近炮兵阵地，途中大车陷进烂泥里，只好连夜用牲口驮。接到当日撤退的命令，民工们卸下骡子，心痛地看一眼陷在泥泞中的大车，转身随部队进入桓台。

二中队运炮弹时，由于接近前沿阵地，困难更大。民工们冒着敌人的炮火执行任务。抢运中，几头骡子被炸死了。民工们难过地抚摸着死去的牲口不舍得离开。这些不会说话的牲口伴随主人从黄县奔赴鲁南，一路上过河、爬山，经常累得四腿流汗，整天吃不上草，仍要急奔快赶……

沂水河畔运汽油，更显示了民工的勇敢。夜间 10 时左右，二中队奉命到沂水河畔把埋在沙里的汽油挖出来速运前线。因距离敌人太近，不时有骡马被炸死、民工负伤的情况出现。天将亮时他们被敌人发现了。民工们在部队的掩护下，挖的挖，装的装，天亮前，300 大桶汽油全部运上前线。

三中队的任务是把 1000 多名伤病员从沂水县上船村、下川村一批一批护送到诸城县积沟镇。为减轻伤病员痛苦，民工们夜间手牵牲口小心翼翼地赶路，过河时把伤病员的担架扛到肩上，在齐腰深的水中艰难前行。

四中队接受了抢运、隐藏兵工厂机器的任务。在莒县车里店阻击战中，民工们冒着敌人炮火昼夜不停地将华野后勤兵工厂的机器转移到五莲县红凝山隐藏起来。随后，他们又接受了护送华东局机关托儿

支援鲁南大會戰
立功記錄表

1947年支援鲁南
大会战立功记录表

所的任务。三伏天，连阴雨，道路泥泞，河水暴涨。民工们历时20多天终于把几百名孩子从诸城安全地护送到乳山县红石镇。

五中队完成抢运兵工厂机器任务后，又到莒南县把棉布、军服运往诸城。车车超载嫌不够，每个民工还要扛上一匹布。

六中队42辆胶轮大车一直跟随榴弹炮团行动，担负着炮队辎重运输任务。民工与战士们生活战斗在一起，建立了很深的感情。

7月上旬，省支前指挥部传达了大车队复员命令，并授予黄县大车队以山东省政府主席黎玉命名的"黎玉运输队"锦旗一面。根据各中队分散行动的情况，决定分头复员。三中队完成护送伤病员任务后，顺路返回黄县。大队派人骑自行车到莒县向二、四、五三个中队传达了复员命令，让他们完成任务后从东线敌人阵地间穿插过去，返回黄县。一中队运炮弹到临朐后，又随部队越过胶济线，到达桓台。二、三分队绕道寿光、潍县、昌邑，经百里汪洋清水泊回到黄县。

胶轮车中队在桓台与几股残敌遭遇。中队凭车轻马快闯过寿光，停下喂牲口时还打跑了敌人一个侦察班。这时正逢用毛驴驮着器械药品转移的华野后方医院，胶轮中队全力以赴，帮助医院将器械药品运过水深过膝的清水泊，然后返回黄县。

黄县大车队在鲁南会战中立了大功。8月初，全县召开表彰大会，评出了300多名功臣。随后，大车队的民工们又参与了淮海战役、渡江战役的支前，有人跟着大部队一直打到福建、海南，为解放全中国做出了贡献。

（《联合报》2004年12月4日）

# 马钢"一枝花"

孙玉泉（1921—1977），曾用名孙毓泉、马尔东，1921年5月20日出生于山东黄县中村乡（今山东龙口中村镇），1938年1月，毕业于黄县崇实学校，2月由仲曦东介绍与本村孙执中等加入胶东抗日部队，编入16团，同年加入中国共产党。1939年任连指导员，1941年任招远独立营教导员，1942年任胶东军分区后方医院政委兼院长。在日寇拉网扫荡中，孙玉泉沉着指挥转移伤病员1000多人，荣立三等功。1945年部队整编，孙玉泉调任胶东部队6师13团政委。解放战争时期，孙玉泉参加了著名的莱芜战役、孟良崮战役、济南战役、淮海战役、渡江战役和解放上海的战斗。在济南战役中孙玉泉任团长，接受主攻济南的任

孙玉泉（1921—1977）

务。他带领战士第一批入城，自己身负重伤。1948年部队改编，孙玉泉任13纵队94师111团团长兼政委。

战争年代，孙玉泉以作战勇猛著称。每当进攻受阻，他常常不顾劝阻，高喊着"跟我来"挺身而出冲上前去，因而多次负伤，全身中弹多达12处，定为甲等一级伤残。

中华人民共和国成立后，孙玉泉调任华东野战军炮兵后勤部政治部副主任。1954年初，任华东野战军炮兵技术师范学校校长兼政委。1959年转业，任安徽省冶金厅副厅长、党组书记。1964年初，调任马鞍山钢铁公司（以下简称"马钢"）经理，正值车轮轮毂厂投产。由

于马钢在管理上存在着"松、散、脏、乱"状况，企业出现了严重亏损。孙玉泉和马钢的党政领导班子成员从整顿和加强企业管理入手，在企业内部建立健全以岗位责任制为中心的各项规章制度。他是马钢文明生产的决策者之一，同时也是严格的执行者。当时的马钢人谈起孙经理抓文明生产，个个肃然起敬，亲切地称他是"江南一枝花"的栽花人。孙玉泉的名字常被工人们与"文明生产"联系在一起，这是因为"文明生产"从根本上改变了马钢的落后面貌，形成了良好的企业传统，造就了马钢人独特的精神面貌，促进了企业的两个文明建设。马钢1963年还是个亏损企业，到1964年就一举摘掉了长期亏损的帽子。1965年，冶金部和安徽省先后在马钢召开文明生产和企业管理现场会，后又在全国工交会议上将马钢推荐为全国70个"大庆式企业"之一。《人民日报》为之发表社论，赞扬马钢"有革命化队伍，才有革命化的企业"。中央新闻纪录电影制片厂制作拍摄了专题《马钢工人赶大庆》。孙玉泉等马钢领导率领全体职工用汗水浇灌的文明之花，在江南大地上争芳斗艳，香飘万里。

　　孙玉泉抓文明生产、促企业管理的经验已深深植根于马钢，"江南一枝花"已成为马钢人引以为自豪的企业精神。1977年12月27日孙玉泉因病逝世，终年56岁。

# 永远的红旗手

　　1960 年 3 月，全国妇联首次评选"三八红旗手"，全军仅有的 2 人中，有一位是解放军政治学院卫生处的王健。这位为革命奋斗了一生的老战士，在生命的最后时刻仍不顾病痛折磨，一再嘱示家人要将自己平生节余下的 5 万元钱和一部分遗物捐献给培养她走上革命道路的母校北海中学（今龙口市一中）。

　　王健，1927 年 6 月 21 日出生于山东黄县北关（今龙口东莱街道北关）的一个贫苦家庭。她 3 岁丧母，与年迈的祖父母相依为命，随老人四处乞讨，流浪失所。祖母冻饿而死，她小小年纪到烟厂、绣花厂做童工和为别人帮工做家务维生，是个在饥寒交迫中长大的苦孩子。

王健（1927—2005）

　　1945 年，王健在黄县北海中学读书时，受共产党、八路军的教育影响，积极投身抗日救国活动，是学生会抗日先锋队的骨干。她带头编排和表演抗战戏剧、歌舞，广泛宣传发动群众，激发群众抗日救国热情。1946 年王健 19 岁。这年 10 月，她在胶东警备三旅（后改为二十七军八十一师）参军入伍。1947 年 3 月她加入中国共产党，被选送华东野战军第九纵队教导团医训大队学习，结业后分配在九纵卫生部第一手术队工作，先后任九纵卫生部第一手术室护士，二十七军七十九师、八十师助理军医。在解放战争中她随部队转战华东各地，参加过胶（县）高（密）即（墨）战役，莱芜战役、孟良崮战役和周村、潍县、大汶口、济南战役及淮海战役、渡江战役、解放上海等重大战役和战斗。战场上，她不怕流血牺牲，不畏艰难险阻，在极端困难艰苦的条件下，始终保持高昂的革命斗志，出生入死抢救伤员。行军途中，她让前边行走的同志背后挂一块白布和小黑板，她自己背着人体骨骼标本边走边摸，边走边记，掌握了人体骨骼位置和神经、肌肉及血管的走向。她将缴获的白布消毒蒸煮后，建成隔离手术间和内部无菌间，后又改用降落伞做成消毒手术帐篷，行军携带轻巧，使用方便，在部队的手术队中推广应用，降低了手术感染率和伤员术后感染死亡率。1948年，淮海战役开始后，手术队人手不够，她和战友们团结争取俘虏兵，带领他们搭建手术帐篷，架消毒锅，挑水敷料，进行器械消毒。她双手冻得红肿，十指钻心疼痛，而身上又汗流浃背，有时几天几夜不合眼奋战在战地手术台上，为挽救伤员的生命做出了突出贡献，荣立二等功2次、三等功6次、四等功2次。她是二十七军军史馆英模榜上众多英模人物中唯一的女性。

中华人民共和国成立后，王健于1954年转业至无锡市第一人民医院任医务干事，1955年调入北京再次参军，1956年担任解放军政治学院卫生处门诊部护士长。她摸索和发展了"无痛注射法"，完善和规范了临床各项操作规程。她成为军中医疗战线上的尖子模范，多次受到表彰。1960年，她被授予上尉军衔。因工作成绩突出，当年3月她被全国妇联授予全国"三八红旗手"荣誉称号。她多次受到毛泽东主席、周恩来总理和叶剑英副主席等党和国家领导人的亲切接见；"三八妇女节"出席过邓小平总书记在人民大会堂宴会厅的宴请。

1965年，王健任解放军政治学院幼儿园党支部书记。多年来，她顾全大局，任劳任怨，吃苦在前，享受在后，积极为学院教职工服务，为后勤保障工作做出了贡献。同时，她也为学院基层政治思想工作倾注了大量精力和心血，并先后两次把调级机会让给别人。

"文化大革命"期间，她忍辱负重，始终坚守岗位，尽职尽责，竭力保障了200多名孩子的安定生活和健康成长。

1975年，王健出任军政大学（今国防大学）校务部第二军人服务中心支部书记。1988年由国防大学离职休养（享受副厅级待遇）。

2005年4月30日，王健在北京病逝，享年78岁。当年8月31日，家属替她向母校龙口市第一中学捐献了她生平节余的 5 万元人民币（学校另筹 15 万元，连同这 5 万元，设立"王建奖学金"）及一部分遗物，了却了她的生前遗愿。

（《联合报》2006 年 3 月 4 日）

# 问渠那得清如许

## ——王屋水库修建始末

## （一）

1958年，遵照毛主席"水利是农业的命脉"伟大号召，党中央提出"苦干三年，实现农业水利化"的意见。根据省人民委员会提出的彻底根除水旱灾，迅速实现"大雨不成灾，无雨保丰收"，彻底改变自然条件，加强水利基础设施建设，更大限度提高农业生产能力和增产水平，从而稳定经济发展，三年实现全省水利化的奋斗目标，在"一天等于二十年"的大干快上热潮中，黄县水利建设指挥部完成了王屋水库库区地形测量和水库建设工程初步设计，8月获得省水利厅批准。9月全县15个公社征集了近万名民工投入水库施工。1959年9月大坝合龙蓄水，主体工程基本竣工，实现了向国庆10周年献礼计划。

这座大（2）型水库位于东经121°391′，北纬37°33′的黄县东南，黄水河中上游的丰仪公社馒头石大吕家村和七甲公社王屋村。1959年9月大坝合龙时，坝高27米，坝长730米，枢纽工程由大坝、溢洪闸、放水洞和电站4部分组成，完成土石方210.8万立方米，投入工日246万个，投资779.8万元。水库控制流域面积320平方千米，总库容1.21亿立方米，兴利库容7250万立方米，死库容610万立方米。流域呈阔叶状，为构造剥蚀低山丘陵区，海拔高程52～600米，低山区面积占总流域面积的70%，丘陵区面积占总流域面积的30%。计划灌溉面积10万亩，有效计划灌溉面积9万亩，控制灌溉5处镇街、190个村庄的土地。自水库供水之后，人们将"大旱三年不用怕，黄县有三千辘轳把"的俗语改为"大旱三年不用怕，王屋水库当一半家"。

## （二）

王屋水库的物理构成是坚不可摧的长堤大坝，精神基石则是广大移民的无私奉献。

水库动工之前，要进行的是库区村民搬迁工作。从1959年至1975年移民8678人，拆除房屋12301间，先后搬迁自然村17个，其中有黄县丰仪、七甲、田家3处公社的15个村，栖霞县苏家店公社的苏家庄、荆子埠2个村；水库兴利水位以下淹占土地1.3万亩。移民搬迁工作烦琐复杂，矛盾交织，千头万绪，问题成堆。一部分村民由低迁高，拆旧房建新户，就地安置，另有一些分散迁居于本县其他社村，还有一部分迁徙于东北营口县等地。馒头石大吕家村因村西大道旁有一形似馒头状巨石而取名。1959年搬迁时此村淹没粮田1350亩，130余户迁于异地他乡，65户搬迁于村后东礓。因坐落于王屋山前而取名的王屋村，1959年迁居东北的80多户，迁居本县兰高、中村公社的20户，其余在西北山上建新村。1963年后，有50多户外迁村民由于人地两生，水土不服，生活不习惯，陆续迁回来在村东水库边建房居住，现称王屋下疃。本县安置移民的村，大体是按库水灌溉农田面积多少接收移民，受益农田面积多的村安置移民的户数就多些。

黄县与蓬莱县、长岛县已于1958年11月合为蓬莱县。县政府成立了库区移民办公室。办公室坚持政治引领、政策护航、措施给力、服务跟进，责任到人的原则，以思想开导、感情沟通为契机，开展识大体、顾大局教育。善良憨厚的库区人民舍小家而顾大家，通情达理，义无反顾地配合行动，奉献了自己世代定居的老屋旧园，由低就高；迁徙外地的舍弃了亲情友情，挥泪告别世代相处的老街旧邻及安定平静的生活。他们听党的话，跟党走，顾大局，为国家建设，为子孙后代付出了巨大牺牲。

## （三）

王屋水库这一标志性的水利工程，是近万民工挥洒血汗，用肩膀扛、用小车推修建起来的。当年的劳动强度与艰苦条件逼近了人的体能极限。

开工前，各公社进行宣传，组织群众展开辩论，明确"水库为谁修，谁来修"的道理，强调修水库的重要意义。各生产队规定：家里有18~55岁的男劳力原则上都要上工地；有两个劳动力的必须去一个。有时也因为工程进展急需，抽调妇女劳力参加。工地上最多时，民工近万人。

县政府一声令下，全县青年民兵个个摩拳擦掌，就像当年参军支前一样踊跃报名。开工前，3000名民工参加了誓师大会。大会由县委书记张明、县长张虎及指挥部政委李景海主持。民工代表纷纷登台表决心，文化馆干部李道古带领由40余名演员组成的群众业余演出队进行了现场慰问演出。

大坝东头树立着一块十几米见方的宣传板，上面画有一幅巨大的漫画。画面是一个巨人双手、双脚撑开一座大山，上书一首气壮山河的诗篇：

天上没有玉皇，大海没有龙王，

我就是玉皇，我就是龙王！

喝令三山五岳开道，我来了！

宣传板下几个女宣传员手打竹板，高喊口号为民工鼓劲。电杆上的高音喇叭播放着振奋人心的歌曲。

民工以公社为单位，按统一部署实行军事化编制，下设团、营、连、排、班。团设党总支，营设党分支，连设党支部。时当"共产风"盛行，各村队大办公共食堂，工地上的伙食质量也还可以，以玉米面大饼子为主；偶尔改善生活时，中午能吃上顿馒头，细粮约占10%。每天生活费3角钱，大萝卜、大白菜加咸菜、虾酱，强调粗粮细作，饭菜多样化，认真调剂，可以吃饱。及翌年大坝合龙后困难时期降临，工地上的伙食便逐渐差池了，即使地瓜、地瓜干也限量……

宿营处是库区附近村庄的民房。地上铺层麦穰草，用碎砖头一挡，放上苇席，睡地铺。民房占满了，有些便只好住山坡上的露天窝棚。这种窝棚极为简陋，由麦秸苦子和苇席笼罩起来，四周垒两尺高石围墙，用玉米秸搭在四周挡风。窝棚里，七八个人挤在麦穰铺的地铺上。说是住处，其实又湿又潮，与外面的温度相差无几，冬天夜里也有零下七八度。

民工们就是在这种艰苦条件下，靠一股韧劲、拼劲、钻劲，勒紧腰带，坚持自力更生，攻克道道难关，夺取了节节胜利。

# （四）

水库工程的关键是大坝。大坝地基必须打牢固。清基要挖到硬底。原计划挖 20 米深，不料 20 米深处仍是软石层，只能再往下挖，直挖到 30 米深才达到标准。清基时已进入冬季。空中纷纷扬扬地飘着小雪，库底水深过膝，水面结着薄冰。民工们不顾天寒地冻，脱下棉衣，挽起裤角，赤脚站在冰水里挖沙、掘石头，紧要时喝上两口地瓜干酿造的高度烈酒抗抗寒。搬运沙、土、石的工具极为简陋。有的用条筐抬，有的用小车推，块大些的石头干脆发到肩头上扛。大坝下宽上窄，垒得越高施工压力越大。民工们日夜不停，蚂蚁搬家似的跑上跑下搬运。载着上千斤土石的小车，全靠人力搭上钩绳往坝上拽。后来采用轮轴做的滑轮，推车人往上推，拉车人从坝上拽着滑轮绳索拖，跑上跑下，累得大汗淋漓、气喘吁吁。这样，五六个人就可以把一车车近千斤的土石运到二三十米高的坝顶上。

如此艰巨的工程，施工机械仅是三两台拖拉机，用来拉石磙子碾压平面以上坝基。平面以下坝基的压实全靠人力打夯。五人一抬夯，四人拽缏绳，一人掌舵，东西排成两行长蛇阵，由号头领喊号子。演出队还为他们编了不少《夯歌》：

嗨哟嗨，吭唷吭，
咱为大坝来打夯，
王屋山下摆战场，
三千健儿打冲锋！
铁臂挽住黄水河，
建成水库放卫星……

他们"吭唷，吭唷"地干，一个班次两小时，以紧张的速度作业。到合拢填基时，指挥部挑选了 100 名体力特强的男青年组成突击队，一个班次连干三四个小时，不间断，不歇气。清基后库底有泉涌。要保证把泉涌尽快压住，不让它冒出来，民工们便两面齐头并进，边填土边打夯。如稍有疏忽，夯间断、打不实，就要出大麻烦。这一关键性任务圆满完成后，指挥部特召开表彰大会，通令嘉奖有功人员，特别是那个突击队长。

# （五）

1959年的汛期来得比往年早，雨量也特别大，6月份便连降大雨，水库拦截住的河水上涨速度超出了预料，这给施工加大了压力。有一天，民工们正在窝棚里避雨歇息。突然，一个响雷将坝上拖拉机拉的一人多高的石磙子炸成了齐崭崭的两截！当时大坝修筑高度尚未过半，形势万分危急。一旦洪水漫坝，不仅半年的辛劳要付诸东流，还将给下游上百个村的居民和接近收获的几万亩小麦带来灭顶之灾。

于是，县委果断决定：全县上下紧急动员，不要顾及麦收，一切服从大坝建设需要，一切为了大坝，再次抽调劳力，每公社再组建一个营，限3天内抵达工地。智家公社的毡王村，当时不足200户村民，水库开工时只去了5个民工，这时增加到20个，其中还有几个女青年。就这样，全县几千民工又浩浩荡荡开赴王屋水库工地，增援"大会战"。

很快，大坝东西两面山坡上连夜搭起几百个窝棚，上罩苇席，下铺麦穰。民工们就地宿营。附近村庄早已住满了人，有的营只好到10里外的村庄挤驻。工地小，人员多，施展不开，只好实行白天黑夜两班倒的办法。一眼望去，施工的民工加上大路上从四面八方涌来的送粮运草车队，人山人海。一面面红旗猎猎飘扬漫卷，一阵阵高音喇叭播放的歌声在群山中回旋震荡，夹杂着一阵阵人喊马嘶，整个王屋水库工地及四周群山俨然成为一个大战场。特别是夜间，工地仍灯火通明，那场面更为壮观、振奋人心。

工地上，个个精神抖擞，干劲冲天。工段之间还展开了轰轰烈烈的劳动竞赛。大坝两端设立的宣传鼓动站前，女宣传员手持喇叭筒，不歇气地表扬先进单位、模范人物。她们边喊口号边给运土上坝的小车插小旗：装土满的插小红旗；装土不太满的插小白旗。有个叫张大利的民工小车上绑了5个偏篓，车子天桥上还加载了个"盖"，重量足有1200斤，被工地指挥部连续表扬了一个周。后来，有的工段还拟订了奖励政策，有奖励毛巾、笔记本、肥皂的，有奖励大铁锨、草帽子的，还有奖励玉米面窝窝头的。

# （六）

洪水汹涌暴涨。尽管工地上施工的民工密度达到无以复加的程度，大坝的修筑速度仍不足以保证大坝的安全。坝长一尺，水涨八寸。若上游雨量再大，大坝就危险了。时值7月，洪水高峰期还没到啊！

于是，指挥部做出决定：一面加快大坝加高进度，一面突击抢挖溢洪道，为缓解洪水浸坝放水做准备。

抢挖溢洪道是项硬任务，要在岩石上开掘施工。指挥部组织突击队，定出每天掘进多少米的指标。由于任务紧迫，层层加压，人员伤亡事故不幸发生了。

民工们要在岩石上打孔填放炸药放炮。为使炸开的开掘面积大一些，每次要打几个填药孔，放连环炮。但连环炮炸响后，不知道有无哑炮。有时明知有哑炮，突击队员为赶进度，等急了，认为可能问题不大，便上前去清理。不料，哑炮突然响了！这样，工地前后发生了3次事故，10多个人伤亡。

在抢挖溢洪道的同时，还要紧急动员尚未离村的村民疏散搬迁。有些库区村民故土难舍，仍迟迟未动，而洪水涨得太快，必须采取应急措施。指挥部从沿海渔村调来几只小船，让工作人员随船到上游即将被淹没的村庄抢迁这些恋栈不去的村民。任务紧急，要求是保证不淹死一个人，财产损失事后解决。工作人员随船到户后，一边不厌其烦地讲道理，一边强行将这些倔强的人搀、架、背、驮抢出村庄来。

工地上，民工们白天黑夜"连轴转"，劳动强度大，睡眠不足，只有在大雨、大雪天才能歇息歇息。有些民工疲惫得在回宿营地的路上走着走着就睡过去了。有些正吃着饭，嘴里正嚼着，也丢下筷子，头一歪，软软地倒身便睡。第二天早上起床号响过多时，他们仍睡得死沉沉的，吹哨子、扯嗓子喊都无济于事。也有个别民工坚持不住，便在夜里趁人不注意，卷上铺盖溜了号。个别营连甚至减员1/3，严重影响了施工进度。为确保水库预期完工，指挥部只好采取非常措施，向各公社下达死命令：凡有跑回家的民工的村一律不开饭（当时是村村吃食堂）。各营所欠的工日3天内要如数补上。哪个营3天内补不齐，人员一律插白旗，工地大喇叭反复点名批判。也有的营给开小差的人挂上"黑心牌"…… 就这样，溢洪道终于凿通了，可以泄洪保住大坝平安无虞了。

# （七）

历经一年异乎寻常的紧张劳动，王屋水库初期工程终于在1959年国庆节如期竣工。

王屋水库竣工后，工程管理移交蓬莱县王屋水库抗旱防汛指挥部（1960年12月更名为蓬莱县王屋水库灌区管委会）。1960—1961年完成放水洞砌筑和溢洪道开掘工程，坝长761米。1976年将大坝培厚加高，使之高达28.17米、顶宽8米，并增设1米高防浪墙。管理部门历经几次变更，1986年12月更名为龙口市王屋水库管理局。水库在以后的管理运行中，工程不断完善和配套加固。经过50余年的管理使用，效益显著。

在库区移民和水库建设过程中，农村基层党组织和共产党员充分发挥了战斗堡垒和模范带头作用，让广大移民从他们身上体会到党的温暖，增强了渡过难关、克服困难的信心。

1946年入党、时任馒头石大吕家党支部书记的吕美勋（1925—2016）在动员村民搬迁时，带领支部一班人分头入户讲大局，苦口婆心答疑解惑做工作，尽最大力量帮助村民解决实际困难。待迁出的村民有了妥善安置后，他才于1959年6月份举家与十几户村民迁至50里外的乡城公社洼后田家大队落了户。并相继担任副大队长、大队长、支部副书记、支部书记。

他一家9口，上有老，下有少，事无巨细，全要靠他处理。在这个陌生的村子刚刚安顿下来，大气还没喘上一口，真正是席不暇暖，紧接着就又带领洼后田家大队民工返回老家——馒头石大吕家（当时洼后田家民工住在馒头石大吕家），投身于王屋水库建设中。与此同时，他还挤时间走访尚未搬迁的父老乡亲，耐心细致地倾听他们的心声，千方百计地帮助他们解决搬迁困难……1966年1月他被调任社办企业厂长、党支部书记以后，每逢到东北等地出差跑业务时，他都想着那些为修建水库迁出的村民。只要听到业务点附近或者路过的地方有馒头石大吕家的老乡，他不管多么劳累和不便都一定挤时间去看望他们，代表家乡人民向他们问寒问暖，传递党与政府的关怀，尽一份普通党员干部的义务。

有位曾在省里工作的老干部说过，龙口市党政组织和人民都要像对待革命老区人民那样对待库区人民。特别是要记住为修建王屋水库做出巨大牺牲和重大贡献的馒头石大吕家！

现在的王屋水库，库面碧波激滟，两岸青山如黛，堤坝坚固壮观，绿树红花掩映中的大坝整治一新，宛若一条巨龙横卧两山之间，展现着高峡平湖的独特景观。当年建库设计时没有考虑和预计到城市的缺水用水。现在看来水利不仅是农业的命脉，也是工业的命脉，整个社会经济的发展命脉。王屋水库担负着向全市生产、生活、生态供水的重任，既是全市人民的生命源泉，也是激励人们艰苦创业的精神财富，利万物而不语，功莫大焉！

面对碧波荡漾的库水，展望连绵起伏的青山，当事人在自豪之余内心可能会涌现出些许酸楚。而后来者也可能会启问：为什么那些库区人民能够通情达理，舍小家顾大家，牺牲自我，无私奉献？为什么在那样艰难的劳动条件下、困顿的生活环境中，全县上下能同甘苦，勒紧腰带拼命干，自力更生，创建出这一泽被后世、造福子孙的浩大工程？

"问渠那得清如许，为有源头活水来。""人心齐，泰山移。"这源头活水就是民心。

（《山东文学》1982年8月第8期《绿水长流》‐增订）

# 头等事业 顶上生涯

## ——漫话理发

与"南来北往，宾至如归"的客店联语及"共沐一池水，分享四季春"的澡堂联语一样，理发馆门上也有类似"进门尽是弹冠客，去后应无搔首人"的对联。而"头等事业，顶上生涯"这样有几分诙谐酸楚成分的联语中却蕴含着些来头。

清朝以前，汉人的理发仅限于"沐发""梳栉"，并不剃去头发。明代称理发匠为"篦头匠"。清朝顺治二年（1645年）颁布"剃头令"，强制汉族男子依满俗剃头，脑后梳辫子。对顽固恪守"身体发肤受之父母，不敢毁坏"古训仍挽髻串簪抗旨不遵者处死：留头不留发，留发不留头。各地官员遂手捧诏书押解剃头匠挨村逐户巡察，强行剃头辫发。剃头挑子上诏书高悬，剃头匠携诏行事，趾高气扬。

人们在几天内便要梳理一次发辫，个把月要剃一次头，专司其职的剃头业应运而生。1912年3月，孙中山以中华民国临时大总统的名义颁布剪辫令："于令到之日，限二十日，一律剪除净尽，有不尊者以违法论。"留辫子的习俗遂告结束，但剃头业仍旧兴隆。

## （一）带诏与待诏的由来

改朝换代了。剃头匠们仍念故怀旧，将剃头挑子上悬挂着的带型黄粗布材质的荡刀布戏称为"带诏"。这个"带"字还含有一层"代"替诏书的意思。

至于将剃头挑子上的"带诏"演绎引申到将剃头匠称之为"待诏"，业内有一轶闻交口相传：有个罗真人潜心于剃头业，不仅技艺高超还能医治头癣及各种疑难杂症，经常到大理寺狱中为一沉冤莫白的旧太子理发。一来二去，天长日久，罗真人产生了同情心，冒险暗中将旧太子书写在玉带上的密信夹藏在剃头挑子中携带了出来。其平反出狱，不久登基做了皇帝，犒赏有功的罗真人，诰封其为"待诏"。罗真人不想做官，只为天下剃头匠提高社会地位讨封。皇帝恩准，颁下玉带诏书谕告天下，称剃头为"头等事业"。罗真人仍操旧业，一副挑子云游天下，并将御赐玉带诏书悬挂于剃头挑子上以示皇恩浩荡。罗真人升天，业内共推其为开山鼻祖，称"罗祖"，并将做生意幌子上的黄粗布、荡刀布象征为诏书，意味着剃头业祖师曾被皇帝册封为待诏，此业尊贵无比，引以为荣。

其实，"待诏"乃汉唐时待命服务内廷的人，后成为官名，在明、清属翰林院，十分荣贵。剃头匠自称"待诏"带有几分苦涩自嘲；业外称其"待诏"带有几分戏谑调侃。

农历七月十三，罗祖生日，理发业歇业放假一天。除了放鞭炮、烧香叩头祭奠，有条件的理发馆还摆酒席，一天三顿吃好饭，改善生活。同仁们像过年似的，换新衣，戴新帽，互送礼物庆贺。

## （二）剃头挑子——一头热

早年剃头匠很少有固定的营业场所，大多数是肩挑担子起早拉晚匆匆奔波在乡间小路上。他们像小货郎摇拨浪鼓，卖豆腐敲梆子，卖油打趟趟，卖糖果打小锣，锢刀磨剪子摇铁铃这些行业有代声响器一样，也有"唤头"：一手执尺来长、前头微微张口、后尾锻在一起像把大镊子一样的两根铁条，另一只手用根小铁棍在两根铁条之间自上而下来回磨蹭，使其发出铮嗡、铮嗡的声响，借以招徕顾客。

剃头挑子一头是个一尺多高的小板凳，凳子下有个带隔层抽屉的小木箱，抽屉中装有刀子、剪子、木梳、毛巾、围巾及碱面胰子之类，还悬挂着条一拃宽带子型粗帆布做的荡刀布；另一头是只小炭火炉子，炉子上放一盛水的铜洗脸盆，盆中水始终温热着。"剃头挑子——一头热"的歇后语即由此而来。

进村后，找一个光线好，避风朝阳的街头空闲地放下挑子，用竹竿撑起一方白布做临时工棚，然后取出小板凳坐下来，手中"铮嗡""铮嗡"地磨蹭着代声响器"唤头"招徕顾客。当顾客肩头被搭上白披巾之后，接下来就是享受过程了：洗头、剃发、刮脸……热腾腾的毛巾往脸颊上一敷，刀刃在脸上游走，那舒爽真如成仙一般。老剃头师傅不仅剃头、洗头、刮脸手艺精湛娴熟，理发收尾，还会拿出看家本领为顾客头、颈、肩、胳臂、后背等部位进行一番恰到好处的按摩，借以讨好顾客。同时，他们还能为顾客打眼、掏耳、推拿以及正骨拿环。

清代剃头匠

打眼是用一根 4 寸长的骨针的球状顶端在顾客眼皮下轻轻滚动一番，然后再翻开眼皮轻蹭四周。

掏耳是用银挖耳勺和耳绒连抠加捻，清除顾客耳垢。

推拿也称"打五花捶"。这要熟悉人体穴位，掌握掐、捶、揉、搓、按等手法。顾客剃完头再享受一下这些服务，会感到特别舒坦。

还有一些拥有正骨拿环绝活的老师傅对于脖子睡落枕、骨节脱臼、闪腰岔气、跌打损伤等，竟能手到病除。

技艺老道的师傅逢上生意红火的时节，一时兴起会玩玩花架子：手腕子轻轻一扬，剃刀嗖的飞到上空，然后悠悠直落下来。眼看要插到顾客头皮上的当口，只见他从容不迫地向空中一伸手，那剃刀像变魔术似的稳稳落在掌心中。围观者惊骇得直伸舌头兴叹不已之际，老师傅却神定气闲继续干他的活了。这一切剃头的顾客毫无察觉。

## （三）拜师学艺

剃头这个行业在三百六十行中也算是个改朝换代也砸不了的"旱涝保收铁饭碗"。剃头匠拜师学艺也有一套自成一家的行规。孩子十三四岁了，想让他学剃头必须经熟人引荐，找铺保，举行拜师仪式，订立学徒状（签协议）。学徒见习期 3 年，掌柜的（师傅）管吃、管穿。

开始时学徒打杂，洗头、捶背、拢肩，每天早上五六点钟起床，晚上 10 点打烊下班，日复一日。

学徒白天得空可以站在一边看师傅理发，晚上得闲便练站功、练腕力：脚下围着椅子走丁步，左手持一背朝上的木梳，右手执一废旧柳叶剃刀，剃刀随木梳背比画操练，直练到迈步稳沉，手腕子灵活自如。

另外，还要学磨刀子：上刃七下，下刃一下。业内管剃刀叫"青字"，管推剪子叫"筑字"。刚磨过的剃刀叫"真口"，磨过一遍的叫"弱口"。顾客剃完头交了钱的叫"当了"……行话很多。

19 世纪 20 年代，黄县街上剃头棚有个勤苦能干、憨厚有余却反应迟钝的徒弟，平日练腕子时攥着柳叶刀和木梳在葫芦头上模拟操作。打烊了，他潇洒地一扬手，嗖的一抛，柳叶刀嘭的一声插到葫芦头上。时间长了，养成习惯动作。

3 年见习期满，师傅允许他给熟人免费试手，不合格的地方由师傅示范，进一步加工改进。找哪个试刀剃头？几个亲友怯怯地看一眼他手中的剃刀，手摸脑壳心存疑惧地嗫嚅。有的推说头发还没长长；有的说有点儿事要急着办，过几天再说……总之，大家都婉言谢绝。最后，他只好找老爸开刀。老爸攥拳运气，紧咬牙关，任其操作，心里默默记着被削伤头皮的次数。老爸为顾念儿子的饭碗和面子，决心硬撑下去。

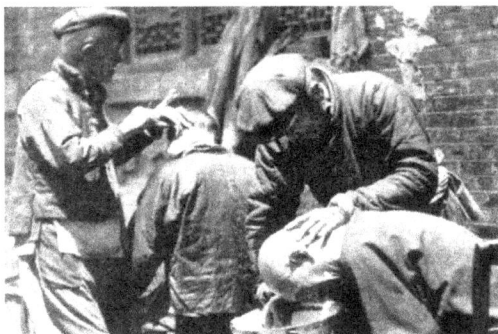

民国时期街头洗发、理发场景

孰料接近扫尾时，师傅召唤身边另一个徒弟为顾客洗头，不知触动了这个徒弟哪根神经。他嘴里应了声"来了"，随手将柳叶刀习惯地一抛。等老爸捂着还剩有巴掌大没剃光的脑袋嗷的一声跳起来时，他才意识到这次插的已不是葫芦头了……

当年的剃头棚内设施相当简陋，但剃头匠对服务态度与技艺要求极严。手头阔绰的顾客因为服务周到一时高兴会赏些小费。收到小费的店员要欢快地拖长嗓音唱歌似的喊声"小费——"。其他店员要齐声应合"谢——"。这一方面是报账（小费一般是给谁的归谁，算是额外收入），另一方面是向其余顾客"念秩子"。

一日为师，终身为父。业内师徒关系形同父子，既融洽又义气，"交以道，待以礼，一团和气"。将打骂视为"严师出高徒"的极少。

学徒出师称"出山"。技艺好又与师傅（掌柜的）合得来的可能会被留下来"吃劳金"——正式开工资。店内不留用的，赠送一套剃头理发工具做纪念，邀来保人一起吃顿饭，这个徒弟便可以凭自己的手艺单立门户，自谋生路了。

## （四）行业变化

随着社会发展，从20世纪二三十年代开始，理发业逐渐发生了变化。剃头挑子改成剃头棚，又改为理发馆，理发馆升级为发廊、美容院。剃头理发工具与设施也大有改进：除了室内挂有大镜子，还安装了靠背椅及转盘弹簧椅及可以调节前后高度、脚下有踏板的沙发椅。工具也从直把刀子、弯把刀子改进为双手推剪子、单手推剪子、电动推剪子和吹风机……发型则从单一的"和尚头"发展为平头、寸头、小背头、大背头、学士头、博士头、大鬓角、披肩发……仅分头就有侧分、中分、偏分、左分、右分。能熟练运用剃刀的理发师则极少见了。年轻理发师为顾客刮脸、剃胡须多用刀片。剃头匠的祖传衣钵濒临断传。老剃头匠经营了大半生的理发馆门庭冷落。尽管老剃头匠服务态度特好，基本功特精湛高超，但是青年妇女不问津，年轻小伙子不光顾，凸显出传统剃头业，一蹶不振的颓衰之势，有的只好关门停业。那些做染发、烫发时髦发型的门头上霓虹灯晃得人炫目。播放着摇滚乐的发廊、美容厅里，尽管理发师们为顾客剃胡须豁了嘴唇，刮脸净面削了耳朵，价格打着滚涨，却仍座无虚席。

80年代电影《少林寺》热播，剃"和尚头"成为小伙子们的时髦发型。老剃头匠们方"老木将凋又逢春"，生意回光返照似的复兴了一阵子。小青年要剃光头四处找会用剃刀的老师傅。那些惯用刀片刮脸的理发师剃的光头狗啃似的参差不齐，坐在他们的沙发椅上似坐老虎凳一般，需要龇牙咧嘴地硬撑下来，那心情可能比理发师们轻松不了多少。可若有幸找到那会用剃刀的老师傅，"进来乌头宰相，出去白面书生"，除了有成仙得道般轻飘飘的舒坦感，那头皮刮得一抹溜光，白花花的赛过200瓦灯泡，耀眼夺目，气杀少林洒家。

"谁道人生无再少？门前流水尚能西。"那几年，老剃头匠们像又回到了三四十年前，"近者悦，远者来，四海春风"，个个青春焕发似的额手相庆……

每年从腊月二十三过小年到三十除夕，理发涨价。其因一是民间素有"正月不剃头，剃头死舅舅"一说；二是人们要赶在春节前打扫卫生，置办年货，时间紧，多挤在这几天剃头洗澡，准备干干净净过年，所以理发业特忙。还有，春节过后出了正月，"二月二龙抬头"，剃头理发的人接踵而至，要排队等候。这都是理发业收入旺季。

（发表于《当代散文》1996年9月总21期，原文名《待诏师傅》，有修订。）

# 援 疆 记

## （一）扶母携妹闯新疆

1958 年 9 月，黄县修建王屋水库，位于库区中心的馒头石大吕家村全村移民外迁。翌年 5 月，年仅 19 岁的村民吕洪顺在以行医为业的父亲吕殿勋（1908—1958）去世半年后，怀揣户口证明信件与母亲刁永春（1914—1985）和 12 岁的妹妹吕洪敏去江苏新海连（今江苏连云港）投亲。吕洪顺在新海连做了 3 个月临时工。为谋生，当年 8 月一家 3 口又顶着新海连猴嘴镇"江苏青年支援新疆建设"支边名额向新疆石河子进发。从连云港到石河子历时 18 天，颠沛流离上万里，风餐露宿吃尽了苦头，在人生旅途上留下了深深烙印。

当时连云港猴嘴镇火车站是个小站，售票员竟然只知道开往新疆的火车终点站是疏勒河，就让他们把票买到疏勒河。娘仨的全部家当——半麻袋行李也就随车票托运。岂不知，兰新铁路在逐步往西修，修到哪就在那设个终点站。他们在连云港猴嘴子小站买车票时，铁路已从甘肃的疏勒河修到新疆尾亚了。

开车后列车员检票，问吕洪顺到哪里。他说到新疆。"到新疆应该买到尾亚，我给你把票补到尾亚吧。"吕洪顺就跟着列车员去交了钱，补了票。他回到座位上心里嘀咕："不对呀，我们的行李是托运到疏勒河的，这咋办？"列车员说："你到西安、兰州这些大站下车去找行李托运处，找到你的行李后，叫他们给你改运到尾亚。"这可把他搞晕了。

当时到新疆的火车不是直达，中间得换很多次车，且都是慢车，走走停停。

第一次坐火车，人家怎么忽悠他都信。他只想找行李。

他到了郑州下车跑着去找，到了西安下车跑着去找，到了兰州还下车跑着去找，哪里都找不到自己的行李，只好作罢——本来就不该到处瞎找。列车员说到疏勒河下车取了行李再上车就对了。就这样，他们在疏勒河这个小站坐了大半夜。

火车半夜到了疏勒河，只有娘仨下车。火车开走以后，眼前一片漆黑，只听到一阵阵呼啸的风声。他们不敢抬脚，脚下及周边是什么都看不清。疏勒河是兰新铁路一个小站点，位于甘肃境内，离新疆不远。娘仨到站下车后，只见车站有个干打垒的候车厅，厅里支了个铁皮炉子，一面墙上开了个窗口。坐在窗口的老头儿负责办理卖票、托运行李之类业务。吕洪顺大喊一声："有人吗？"这才看到一束手电筒的光亮。一个老头儿来把他们领进一个土房子里，点上了煤油灯，拿来3个小板凳，让他们坐下来。吕洪顺把行李单给老头儿看了，老头儿给他拖出来了那个麻袋。

这里晚上很冷，虽然处于8月中旬，但感觉就像深秋的夜晚那么冷。他们取出麻袋里面的衣服，多穿点才暖和了。老头儿回去睡觉了，他们娘仨守着孤灯熬到天亮。

说这是个车站，只是火车在这里站一下而已。这里没有旅馆，没有饭店，连厕所都没有，荒凉得连草也不长一棵，没有事谁会在这里下车呢？幸亏他们带有干粮，跟老头儿讨了杯水喝，算对得起肚子了。太阳出来后，灿烂的阳光从东方送来一列火车。车停了，只见老头儿接到车上的人递给他的热水瓶和食品，没有下车的人。娘仨上车后，列车呼啸着向西启动。

在车上坐下后，吕洪顺一只手提了提这半麻袋衣物，心里暗自好笑："我怎么这么傻呀？为什么在猴嘴车站要听他们的话托运行李呢？自己拿着并不累呀。"

火车到达新疆的一个小站尾亚，当时兰新铁路的临时终点站。以后铁路继续向西延伸，至改革开放后已经通到霍尔果斯了。跨过霍尔果斯这个国门，就是哈萨克斯坦。当年尾亚这个站还有点规模：有个挺大的停车场，周围用木桩和铁丝围了起来；有个饭馆兼茶馆，是由很大的一座帐篷构成的；还有一家很大的旅馆，在地下。

他们是天黑前在尾亚下火车的。后面的路程就全靠汽车了。下火车后，有人把他们领去买了到哈密的汽车票，又有人把他们领到一个地下室里，说就在这里住宿，不收钱。这里男女混住，没有床铺，也没有麦草。在光光的泥土地面上，任你随便躺着或坐着熬上一夜，第二天就有车把你拉走。

他们坐在地下室的地上，吃着干干的玉米饼子。吕洪顺叫妈妈和妹妹停一下再吃，他拿着从老家带出来的大搪瓷铁碗出去打听着找水喝。他这才知道那个很大的帐篷是饭馆兼茶馆。里面光线不好，他只见有一个年长者坐在柜台里面。吕洪顺说："大爷，有白开水卖给我一碗吧。"老头儿冷冰冰地说："4毛钱1壶茶水，喝完再续，一个人管够喝。"他说："我没有钱，喝不起茶水，您可怜我，卖给我一碗白开水。我的老母亲和小妹妹还等着我拿水给她们喝呢！"老头儿恶狠狠地说："没有钱喝什么水？滚！"就在他受尽凌辱、感到绝望的时候，只听大堂的最后面有个人把桌子拍得"嘭嘭"震天响，同时大喊："小兄弟，过来喝茶！"这时他才发现这里还有个喝茶的人，而且语音和乡音一模一样。

一句话，没几个字，那是最亲切的乡音！孤苦伶仃地漂泊在边关塞外的人听到乡音倍感亲切！

他走过去，看到喝茶的人三四十的年纪，面容善良，身体健壮。这人让吕洪顺坐下喝茶。他说："你是黄县哪里的人？"吕洪顺说是馒头石大吕家村的。"哎呀！伙计！俺是石良的！"石良镇是吕洪顺读中学（黄县二中）的地方。在塞外遇到这么近的乡亲，尤其是在他这么困难的时候，他热血沸腾，不由自主地扑到这人的身上大哭起来。这人安抚他，叫他喝茶。只听到柜台里面的老头儿说："你给他喝，你就必须替他交4毛钱！"这个老乡脾气很大，跑过去抓住老头儿的胳膊点着他的脑袋："你如果没有活够就马上给我的壶里添水！"那老头儿吓得乖乖地俯首听命。

这个黄县老乡叫吕洪顺喝够了再端1碗回去给母亲和妹妹喝。他不敢多耽误时间，急忙喝了1大碗水，又倒满了1碗要端走。老乡叫他把水端回去马上回来，有话要跟他说。母亲、妹妹有水喝了，他要去找那老乡。母亲交代他说："在外面不要轻易相信人啊，要小心点。"他点头称是。回到茶馆，那老乡还在等。老头儿乖乖地又来续水，还给他拿来1个杯子。老乡说他是抗美援朝复员的，在部队是汽车兵，去年应征来到新疆克拉玛依油田开车，这次是往克拉玛依运送石油工人的行李的。他得知吕洪顺是到石河子的，便说他路过石河子，车上可以坐人（那时客货可以混装），让他坐在行李上面，母亲和妹妹可以坐在驾驶室里。老乡叫他把已经买的车票拿去退了，他可以把他们一家仨口带到石河子，这样可以省很多钱，还能提前好几天到达。吕洪顺很高兴，急忙跑回去跟母亲商量。母亲不同意，说宁肯花点钱，也要提防上当。结果，他没有回去向那老乡回话。

第2天，天蒙蒙亮，他们一定上了还带个拖斗的敞篷客运卡车。

工作人员把行李摆得整整齐齐，旅客按票号排队上车，紧紧挨着，坐在摆好了的行李上，共4排，好像装了一车沙丁鱼。最不走运的是他们娘仨，坐在后面的拖斗里的右后角。

开车不久，太阳出来了。停车吃饭时，吕洪顺看到那个老乡吃完了饭出来了。他还叫他们上他的车。说实在的，坐他的车要舒服多了，还能很快到达目的地。但是，吕洪顺遵照母亲的意愿谢绝了老乡的好意。老乡开车走了，他们的车也发动起来。

尾亚，再见！

由于从尾亚发车很早，又逢上个喜欢开"英雄车"的司机，所以他们当天很早就到达了哈密。

年轻司机让一个漂亮的女乘客坐在副驾驶位置上后，汽车就在戈壁滩上"发飙"了。司机见车就超，在搓板路上、石子儿路上也开得飞快。跑着跑着，一声巨响，后面拖斗的右后轮胎爆炸了。拖斗就像大海里的小筏子，上下一晃一晃的。拖斗右后角的几个乘客都快晃出去了。车上的人大声呼喊，但是司机听不到，他这时正在和身旁那个漂亮女郎大声唱歌呢。前面有人站起来，狠敲驾驶室的顶棚，车才停下。换了轮胎后，车又飙开了。

下午太阳还很高，他们就到了哈密汽车总站。下车后，他们领取了到乌鲁木齐的买票排队号。他们需要每天到车站看看排到哪个号了，什么时间可以买票。

旅客们领了排号的单子就纷纷出站了。看到车站里有个芦苇搭的草棚子可以避雨，母亲就说："咱就在这下面坐一夜吧，也不很冷，说不定明天就能走了。"于是他们娘仨席地而坐，等待天明。太阳将落时，来了一个老头儿，叫他们马上出去："这是车站，怎么能随便住人！"吕洪顺不情愿地站起来，看了一下这个车站。什么车站？就是一圈干打垒的围墙，一个大门，一个草棚而已。

出了车站大门，太阳就不见了，天色暗了下来。娘仨沦落在异乡的街头，漫无目的地逛悠着。突然，妹妹发现了一个好去处：路边一栋房子，每个窗户外面都有一块很大的木板撑在空中，下面可以避雨。眼看着天阴了，怕要下雨，于是他们就在一个窗户下面席地而坐。坐着坐着，瓢泼大雨从天而降。还好，淋不大着他们。

娘仨正在为有个地方可以坐上一夜而高兴的时候，房子里面有人喊："外面有人吗？我要关窗户。""咣当"一声，他们头顶上的木板放下了，接着其他窗户的木板也放下了。瓢泼大雨无遮无拦地浇到他们身上，他们成了落汤鸡。

娘仨冒着大雨漫无目标地走着。真是天无绝人之路，才走了几步，右边有个大门。往里一看，这里原来是一家大旅馆，刚才避雨的地方里面是旅馆的餐厅。进了大门，左边是门卫房，里面有几个人。有人看到他们被大雨淋着，浑身是水，产生了恻隐之心，让他们到里面避避雨。这个人好像是个领导，说客满了，没办法了。在这关键的时刻，母亲从衣袋里拿出一个用猪尿脬包着的烈属证书。那位领导看了一下，非常激动地表态："马上去找3件皮大衣来，去找几件合适的衣服来。这是革命烈士家属呀，不能慢待！"娘仨到里屋换了衣服，穿上皮大衣暖和着。有人又端来了饭菜，免费叫他娘仨吃。娘仨边吃边哭，这世界上真有好人呀！这是他们家自从拿到吕洪顺大哥吕洪斌（1930—1948）牺牲烈属证书10多年来第一次享受到的烈属待遇。

他们真的没有地方给他们娘仨住了，就把门卫室的里间整理了一下，地上铺了一块大羊毛毡，让娘仨盖着皮大衣休息。

第二天，他们被安排住进客房。母亲和妹妹跟一个带着女孩的四川女人住一个房间。吕洪顺要求住最便宜的。人家说："最便宜的就是大院子的大棚子下面，什么都没有，给你个草席子铺着可以吗？"他欣然接受了，每天的住宿费是3毛钱。

在哈密住了7天，母亲和妹妹天天在旅馆里待着，他天天到车站看排队的情况。有一天他在路上走着，看到路上停了很多汽车，原来是等一群羊过马路。这时他突然又看到那位老乡了。他不好意思见他，倒是老乡主动喊他。老乡听说他们娘仨在这里等了快一个星期了，很是惋惜。老乡说他从克拉玛依返回来了。如果当初坐他的车，他娘仨早就到了石河子。不过老乡也很理解他们。他说，出门在外，是要多防备点，不轻信别人是对的。

第6天吕洪顺去车站看排队情况：明天就可以出发了。他立即买了第2天去乌鲁木齐的汽车票。

他高高兴兴地回旅馆向母亲和妹妹报告好消息，没想到竟然出事了！同母亲、妹妹合住的四川女人的钱包被人偷走了。警察正在现场，不准他进去，也不准里面的人出来。后来听说那个四川女人睡觉时把钱包压在枕头底下，而她的床头就在门旁。小偷流窜作案，没有线索，只能不了了之。那个女人说她是成都一家银行的工作人员，调到乌鲁木齐与丈夫一起生活。她的调动手续和钱、粮票都被偷走了。警察为她出了证明。她找到哈密民政局，民政局给她补助了50元钱和10斤全国粮票。还好，没有误事。第二天他们按时向乌鲁木齐出发了。

从哈密出来经过3天多的时间到达乌鲁木齐。

由于路况限制，卡车必须经过南疆的牛圈子翻越天山。路途艰险，自不必说。

汽车在盘旋的山路上爬行。司机选择了一个坡度较小的地方停车，叫大家各自寻找隐蔽之处方便。人们纷纷下车了，只有吕洪顺母亲一个人没下来。吕洪顺在车旁站着，眼看着汽车自己向后滑行。他大声喊叫"不好"！只见车旁一个年轻人抓着车门跳进驾驶室，一把拉下手刹。车停稳了。司机远远看到这个情景，跑过来拉着年轻人的手一再感谢。万幸吕洪顺母亲有惊无险！

翻越了天山，离乌鲁木齐不远了。

到达乌鲁木齐，他们在碾子沟下车，住在车站旅馆。这里离目的地石河子不远了。为了到达离这只有150多千米的目的地，他们在乌鲁木齐等车又等了3天车。

3天里，娘仨逛了一次街。他们仨发现了一个卖馄饨的饭馆。母亲很想吃碗馄饨。还没问价格，看到服务员给别人端上的大碗中只见汤，不见馄饨，母亲就说不吃了。他们买了两个馕回去喝着开水吃饭。下午吕洪顺出去转，看到一个少数民族女人卖煮熟的羊肠子，一节一节的，很短。她抓一把放到一张南瓜叶子里，1毛钱。吕洪顺便买了两毛钱的，拿回旅馆娘仨开了"羊荤"。

旅馆分为男、女两个大房间。母亲和妹妹又与在哈密同住的那个四川女人住在一个房间里。都是熟人了，彼此关系相处很好。第3天下午妹妹到吕洪顺房间说母亲叫他过去一下。到母亲的房间里，只见四川女人打开两个大皮箱子，里面穿的用的都是很好的东西，很多是他这个农村孩子没有见过的。四川女人说来到乌鲁木齐没找到丈夫，丈夫调到内蒙古了。她丈夫是地质勘探队的，到处流动。哈密民政局给她的50元钱已经花完了，没有办法，只好出卖随身携带的东西。她想让吕洪顺帮她到街上卖东西。吕洪顺没有答应她。母亲把他叫到外面说："咱给她30块钱吧，怪可怜的。"母亲的善意他不能拒绝。母亲拿出30块钱给四川女人，那女人千恩万谢地接受了。其实，这个时候他们是很穷的。从老家带的库区移民安置费只有500多元，仨人在连云港住了3个月，花费不少。吕洪顺做了3个月的临时工，将近500元的工钱没有结清。在自己前途未卜、捉襟见肘的情况下，能资助别人30元钱实属不易。

驼铃

第4天娘仨终于乘车抵达石河子。一家三口背井离乡，衣衫褴褛，鸠形鹄面，形同乞丐。老家馒头石大吕家已成为一片汪洋的王屋水库，他们连退路也没有了。就这样，在新疆石河子的吕洪顺开始了人生的新篇章。

## （二）火焰山似鬼门关

石河子位于北疆玛纳斯河西岸，是中华人民共和国成立后建立的具有现代化工农业新型城镇，被称之为"戈壁明珠"。但当时这里还处于起步阶段，各方面条件都比较落后。应该说，吕洪顺到新疆支边的初衷只是按"人挪活"的俗语找一处安身立命的地方生存而已。上学时他唱过《新疆好》的歌，但并不知道新疆具体好到什么样。他对新疆有的只是神秘感。他只听说那里有牛羊如云的天山牧场、苹果花盛开的伊犁河谷、瓜香果甜的喀什、波涌鱼跃的博斯腾湖；那里羊肉串膻馕饼大，有吐鲁番葡萄哈密瓜，盐湖的食盐可以用车随便拉；还有什么克拉玛依油田、大坂城的姑娘、阿凡提的小毛驴……及在新疆住了几年后，他才逐渐知道，历代封建王朝一旦政权相对稳定，为开发边陲、巩固统治，都十分重视生态平衡和边远地区与中原地区的共同发展，也都曾有意识地鼓励和组织移民，同时也将一批批罪犯和谪官逐宦及其亲属发配流放到这荒蛮之地来安家落户，繁衍生息。他们未雨绸缪，很有前瞻性地为防备战乱、灾荒和瘟疫所进行的这一移民垦边举措卓有成效。

远的姑且不论，仅近代鸦片战争后，林则徐（1785—1850）戴罪充军伊犁时就提出过"兵农合一"开发新疆的建议；左宗棠（1812—1885）督办新疆军务也曾进行过浚疏河渠、清丈地亩、屯垦戍边等长远规划。中华人民共和国成立后，国家有计划地组织过几次由内地向边疆的移民。至于王震率领建设兵团屯垦，以及流传很广的顺口溜"献了青春献终身，献了终身献子孙"，那则是以后听到的了。总之，历代支边援疆的人们为促进当地经济文化发展和社会平衡付出了代价，做出了贡献。

吕洪顺一家三口草草安顿下来后，他便被安排到石河子生产兵团第八师工程处材料厂上班。

1960年正月初三，厂里安排具有初中毕业文凭的吕洪顺一行5人去北京学习人造板生产技术。领队的叫冯启山。他是军人出身，原是中南海中央警卫团内卫大队的上尉中队长，去年刚从北大荒来的。吕洪顺是要被培养为技术员的，需要全面学习技术，重点是纤维板生产。另两个人——刘汉文（东北人）和孟兆荣（江苏人），都是军人出身，负责学习刨花板和木丝板。还有一个叫罗殿魁，跟吕洪顺同年，是钳工班的班长。别看他也不到20岁，参加工作刚一年多，但他是兰州农具技工学校毕业的，是唯一受过专业教育的机械工人。他带领全班16个人用最土的办法制造出了车床、铣床、牛头刨、龙门刨。他到北京学习的任务是熟悉设备，以便将来进行设备安装和维修。他比吕洪顺只大几个月，俩人亲如兄弟。

那时的交通非常落后，内地与新疆联系的唯一通道是兰新铁路。火车只通到哈密，离乌鲁木齐还有556千米。也就是说，从石河子坐汽车走151千米到乌鲁木齐，再从乌鲁木齐坐汽车走556千米才能到哈密上火车。从石河子到乌鲁木齐的客运汽车都是卡车。即使是在零下30摄氏度的严冬，车上也没有一点遮盖之物。虽然只有150多千米，但是路况很不好，汽车跑了1天，到乌鲁木齐接近半夜了。第2天早上到车站一问，去哈密至少要跑3天，而且都是敞篷卡车。他们在一大片卡车里看到一辆比现在的中巴略大一点的汽车。领队的冯启山叫他们快去上那辆汽车。人家说那是开往吐鲁番的，冯启山说到了吐鲁番再说；人家说吐鲁番没有到哈密的车，冯启山说不听他的，车到山前必有路。吕洪顺对乌鲁木齐、哈密、吐鲁番三点的位置有个大体的概念。他明知到吐鲁番多拐一个大弯，会白走许多冤枉路，但是在霸道的领队面前没有他说话的份儿。结果他们坐着那辆汽车经过两天的折腾才到了吐鲁番。

过去听说吐鲁番冬天不太冷，很少下雪。可是吐鲁番却以比北疆还冷的天气迎接他们：漫天的大雪纷纷扬扬陪伴他们在这里下了7天。听当地的老人说，70多年第一次遇到这么冷的冬天。他们住的旅馆是个干打垒的大厅，好像是一个大羊圈改造的，里面没有任何家具，连床铺也没有，地面只铺了一层厚厚的麦草。住宿者必须有单位证明，住宿费每人每天3毛钱。自己选择位置随便睡，没有自带被盖的只能和衣而睡。他们在这个旅馆里住了7天。每天后半夜睡得正酣的时候就有警察来把他们一个个踢醒，检查证明。住在这里不太冷。大厅中间有个大汽油桶做的炉子，有人专门给炉子加煤炭。大概这个工作谁也不敢忽视，因为炉子灭了会冻死人的。

每天天不亮他们就起来捆被盖，然后背着被盖包往汽车站走。路程很远，吕洪顺一路要摔好几跤，因为他穿的鞋是老娘做的纳底棉鞋，踩在松软的雪上雪便往鞋底上粘。他手里握着一块石头，随时要敲掉鞋底上的冰雪疙瘩。因此虽然他年轻、个子高，但是还走不过别人。别人都穿着橡胶鞋底的毛皮鞋，是不粘雪的。因为他总是落在后面，影响大家的速度，所以每天早上都要遭到别人的嘲笑。他只能忍气吞声。这么穷、这么难、这么被人瞧不起的情景里他还做着美梦："我早晚也能穿上毛皮鞋！"没想到，直到48岁吕洪顺才美梦成真，才第一次穿上了一双可脚的毛皮鞋。

他们为什么要折腾7天，天天往车站赶呢？为了找到去哈密的汽车呀。车站看大门的人说，吐鲁番没有到哈密的客运班车，唯一的办法是搭便车。所以他们天天背着行李赶到这个只有干打垒围墙和一所供看门人居住的简陋小房子的汽车站。不要说到哈密，就是离开吐鲁番的汽车也很少，6天里他们没等到一辆。

第7天运气来了。看门人很同情他们，说大院子里仅有的这辆卡车是到七角井，到了那里就有开往哈密的班车了。

这是一辆空车。他们5个人上车把积雪用手拨拉干净，把行李拿到车上，坐在行李上等司机到来。

天亮以后，来了俩司机，一个汉族人，一个维吾尔族人。司机听说他们想搭便车，坚决不干，说是从吐鲁番到七角井要经过火焰山和大风口，要5个小时，他们在这样的天气里坐这样的卡车怕坚持不到就没命了！冯启山说他们必须坐这辆车。司机上车把他们的行李扔下来，他们又扔上去。后来在冯启山的指挥下，他们把俩司机抱住按倒在了行李上。冯启山说，如果不拉他们，他们就跟他俩拼命！俩司机只好答应拉了。

他俩是大好人！他俩帮他们把行李解开，让他们5个人紧紧地围成一圈坐着。那么冷的天，他俩把长皮大衣脱下来，用两件长皮大衣和他们的被盖一层一层地包上去，然后用绳子把他们很紧地捆在一起，叫他们无论什么情况都不能出来。就这样，他们在黑暗里东倒西颠地被拉到了七角井。

一路上，狂风呼啸，鬼哭狼嚎一般。他们几乎听不到汽车的马达声，只听见"呼呼"尖叫的风声和雪花打在包裹他们被盖上的噼噼啪啪的响声。黑暗里的他们不知道外面是个什么样的情景。别人心里嘀咕的是什么吕洪顺全然不知，而他自己的大脑里是一片空白，不知会不会在这几个小时的艰难旅途中被冻死。开始他感觉越来越冷，慢慢又不冷了，再后来什么感觉都没有了，不累，不冷，也不难过了……

在七角井一个旅馆的门口，车停了。俩司机给他们松了绑，但是他们腿都麻木了，谁也站不起来。司机帮他们一个个活动双腿，把他们扯拉起来。站起来后，吕洪顺发现自己的背后是厚厚的积雪。原来，后来所以身上不但不冷还有微微的热气，就是这厚厚的积雪给挡住了严寒。

下车了，他们刚要感谢两个好心的司机，他俩已匆忙地开车赶路走了。

吕洪顺这辈子只路过一次火焰山，这火焰山简直就是鬼门关。只是没看到火焰山的模样有点遗憾。

他们在七角井住了一夜就买到了去哈密的长途汽车票。拉他们的仍是敞篷卡车。满满的一车人挤得紧紧的，坐在排放整齐的行李上出发了。

他们告别了古丝绸之路上的小镇七角井，又经过 3 天的路程才到达哈密。休息了一夜之后，他们终于坐上了开往首都的火车……

## （三）茫茫戈壁扎营盘

1961 年，吕洪顺去了"风雪戈壁滩"，又经历了一次生死考验。

吕洪顺像跟正月初三结有不解孽缘。厂里领导年前决定，过了年，正月初三就往戈壁滩上开拔。

他们的任务是抢修金沟河的一号大渡槽。他们必须在大地解冻之前完成土方工程，以便解冻后进行混凝土浇灌。根据工程量的需要，材料厂组建了 3 个工程队。

正月初三，打前站的人——3 个队长、10 个工人和吕洪顺出发了。吕洪顺是厂部派驻工地干部，主要工作是宣传教育，协调 3 个工程队的联系。

他们是坐一辆卡车出发的。车上除了 14 个人，还有两顶帐篷、两个炉子、一些麦草和一顿饭的口粮（两桶馒头和咸菜）及十字镐、铁锨等工具。

他们来到离家 100 多里远的工地。什么工地呀？茫茫无际的一片白雪，唯一的标志是高于地面的水泥大渠。

他们要在这里驻扎下来。

两顶帐篷，一个大的，一个小的。大的可住 20 个人，地上铺麦草，放上被盖，一个挨一个地睡。这种地铺是工人睡的。干部住在小帐篷里，4 个角摆 4 张单人床，中间 4 张写字台拼在一起。

他们是午饭前到达工地的。在 3 位队长的指挥下，两顶帐篷很快就搭好了，炉子也架好了。如果有煤炭，他们就可以在炉子上把馒头烤热；可以把雪化成一桶水，用明矾把混浊的水澄清；可以烧上壶开水，沏上杯清茶。坐在暖呼呼的帐篷里慢慢品着香茗、就着咸菜吃白面馒头，还是很惬意的。

按计划应该是这样的，但出了意外。

帐篷搭好后，已经是吃午饭的时间了，后面拉煤炭和食品的车还没来。装在水桶里的馒头冻成一块，倒不出来，只能用十字镐使劲敲打水桶。水桶敲变了形，馒头倒出来了。可是这硬邦邦的冻结实了的馒头怎么吃呀？他们只好用十字镐把馒头砸碎，一块一块地从地上捡起来送进嘴里慢慢地边嚼边化冻，再慢慢咽下去。这顿饭吃得真难呀！午饭后，他们不能休息，也没有活干：休息，能把人冻死；干活，什么活也没有。他们全副武装，一身棉衣棉裤，脚下高腰毡筒。他们把皮帽子的护耳放下来，包住下巴。他们不停地摔跤、掰手腕、跺脚活动。

挨到天黑，第二辆车还没来。他们有些绝望了。没有通信设备，没法向外面求救。元月初是什么季节？茫茫无际的雪原是什么环境？狂风暴雪是什么天气？这一夜将怎么度过？

天黑前，他们就把剩下的馒头都砸碎了。他们打着手电筒，吃了冰碴馒头。之后，要考虑睡觉的问题了。

工人们都是年轻人，血气方刚，什么都不在乎。他们乐呵呵地把麦草集中在帐篷一角，和衣往里一躜，还是比较暖和的。

睡前，工人邀请吕洪顺等 4 个干部和他们一起睡。这个主意是非常好的，吕洪顺很赞成。但是那 3 个队长不干，坚持要睡在小帐篷里，睡在标志干部身份的木板床上。

吕洪顺想和工人一起睡，但他怕脱离"干部"，怕他们到厂领导那里告他的状。不要以为离开干部和工人打成一片就是好事，他是受过教训的。他在厂部机关坐办公室坐不住，常到车间了解生产情况，为此被厂长批评了："你坐机关必须养成坐得住的习惯。"后来他又被借调到武装值班部队当文书，因为原来坐办公室坐习惯了，又挨了连长的批评："连队可不是机关呀，你坐办公室的作风得改一改！"

回到睡觉这个现实问题上。

吕洪顺到大帐篷里看了看。工人们躺下后把头蒙在被窝里，说着闲话。被子几乎都被厚厚的麦草盖住了。他们挤成一团，都说不冷。

回到干部的小帐篷里，3个队长在用手电筒照着解行李。吕洪顺也抓紧时间把行李解开了。大家商量认为，抵御寒冷的办法是身上的什么也不脱，包括头上的皮帽子和脚上的毡筒子，躺到床板上，把被子褥子都盖到身上。

他们不能马上就睡。新疆冬天的夜晚太长，下午四五点钟太阳就落了，早上八九点钟天还是黑的。平时正常的睡觉时间是夜里两点，睡得太早了睡不着。大家在和外面一样寒冷的帐篷里跺着脚，甩着手，尽量让身上有点热气。他们一天连一口水都没喝，口渴了便从地上抓一把雪塞进嘴里。有人说睡觉吧。他们都是解放战争入伍的老兵，都有手表，只有吕洪顺没有。他没问时间，也去睡了。

这一天，大家不停跺脚、甩手、跑步，也够累的，躺下后很快就入睡了。

他们是在狂风暴雪的戈壁滩上隔着一层羊毛毡的帐篷里听着呼啸的风雪声入睡的。不知睡了多久，吕洪顺被冻醒了。他把蒙在头上的被子揭开，看到帐篷的顶盖已被吹走了，那3个队长都埋在雪里。吕洪顺的胸部以下也被雪盖住了。因为他睡的这个角落是避风的，所以头部没被雪盖住。他爬起来摸索着到外面找帐篷顶盖。外面什么也看不见，一片白茫茫的，只见地上的雪、天上的雪被狂风搅和在一起翻滚着。他匍匐在地上观察了一会儿，赶紧爬回帐篷里。

吕洪顺从来没有经历过这样吓人的场面，他担心那3个队长被冻死！他大声喊他们，喊不应。他赶快扒他们身上的雪摇，他们都醒了！他总算松了口气。他们3个都说睡得很暖和。后来，他听老新疆人说睡在大雪里面是冻不死人的。队长们想到了工人，跑到大帐篷那一听，还有打呼噜的；伸手摸摸，里面热乎乎的。他们从大帐篷拿了几把铁锨回到小帐篷，七手八脚地把小帐篷里的雪铲了出去。4个人挤在避风的吕洪顺的床上坐着。坐着冷了，他们就站起来跳，跑，甩手，打拳，想尽一切办法抵御严寒，和死神搏斗。工人的大帐篷里有顶盖，里面肯定没有风，他们为啥不进去避风呢？怕丢人哪！人家都睡得热乎乎的，他们被冻得像死狗一样。他们只好硬撑着，不知什么时候才能挨到天亮，不知什么时候才能盼来救命的煤炭。

风小了，雪停了，太阳出来了，但是吕洪顺的身上依然没有一点热气。工人们也都出来了。吃什么呀？昨天的冻馒头渣渣都吃完了，现在快10点钟了，又冻又饿，想活动也没有力气了！

严冬早上的"风雪戈壁滩"气温有多高？估计不会在零下30摄氏度以上。这样下去，他们生存的希望渺茫。吕洪顺走进帐篷，拿出笔记本和钢笔，想给妈妈和妹妹写几句话，告诉她们目前的处境，告诉她们自己不舍得离开她们……可能这就是遗嘱吧？但是他写不出来，钢笔水冻成冰了。

正在他们静静地等待死亡的时候，听到远方传来汽车马达声。沉默的人们立即站了起来，忘记了冷和饿，疯了一样地欢呼着，跳跃着，心里感觉热乎乎的了！

他们得救了！那确实是送煤炭和给养的汽车。这辆车昨天从煤矿出来不久就抛了锚，又没法及时联系，才造成了他们这样窘迫的局面，差一点就把这14个人"报销"了。

在新疆的戈壁滩上，无论是冬天还是夏天，如果没有后勤保障外出是非常危险的。

有个重庆姑娘为生活所迫，不得已来新疆找口饭吃，被分配到这个工地工作。

她出生在南国，忍受不了塞外戈壁滩的寒冷，竟然冒险，没有和别人透露一点风声，一个人逃跑了！如果有人知道她想跑，一定会告诉她那是死路！可是她没有对别人说。

那是一个在别人都入睡了的有月光的夜晚。她以为月色下的路很清楚，只不过100多里远，她能走出去的。但是，她走了没有多远就冻得走不动了，想回来也没有力气，只好坐在路边休息。这一坐，她再也没能站起来。

天亮了，有汽车路过，发现了她，急忙把她拉到医院。后来听说她的四肢都冻坏了，被截去了，只剩下一个活的躯干，长期住在医院里。再后来听说她死了。

新疆的戈壁滩就是这么严酷。

## （四）乌市雪夜出行难

吕洪顺1970年初送妻子、儿女回四川探亲，又一次经历的风雪严寒。

妻子李玉芳离开故乡四川荣县来石河子8年后终于享受到探亲假，可以回去看望年迈的父亲和孀居的姐姐了。当时她所在的新疆油田附属小学的探亲待遇是，工资照发，路费全报销。这个机会是不能错过的。

所谓报销路费，是自己先花钱买车票，回来再凭探亲假条和车票报销，所以临走的时候要多准备点钱。除了路费，探亲还要给亲戚准备礼物，开销可不小……在家中没有存钱的情况下，他们借了400元钱，把家里的两样"高档"消费品，一把花4.42元买的比较新的理发推剪子卖了4元，一台花27元刚买的半导体收音机加上两节新电池卖了个原价。把这些钱凑起来后，吕洪顺便送妻子、孩子启程了。

在乌鲁木齐火车站，他给妻子、孩子买好了到四川内江的火车票，一家4口吃了顿面条。下午，妻子携俩孩子上了火车。

吕洪顺身上留下了2元。明天回石河子的3.6元的车票他已经买好了。这2元钱是今晚和明天的饭费。他打算当晚在火车站候车厅坐上一夜，明早跑步到碾子沟长途汽车站，赶早上6点发往石河子的车。

这个时间正是新疆最冷的季节。这几天石河子和乌鲁木齐天天下大雪。妻子元旦后出发，春节前要赶回来。

吕洪顺坐在候车室里花1毛钱买了个馕，算是晚饭。此时他感觉还不错，身上不冷，肚子不饿。可是到11点后，他越坐越冷。他摸摸暖气片，冰凉；再看看大厅里，只有个警察和他了。他问警察怎么暖气凉了，警察说11点后没有来往的火车，所以把暖气关了。暖气关了怎么办？冷啊！

吕洪顺来到车站广场上。白天熙熙攘攘的人们没有了。明亮的灯光下，白白的雪地上，仅他一人。大雪还在下，夜风吹得更猛。他身上只有1.9元钱，怎么在乌鲁木齐熬过这一夜呢？乌鲁木齐火车站在山上，风大。可是，别处没有他可以进去的房子呀，这里好在还有个候车大厅的门还开着。他一会儿在广场上跑步，一会儿到大厅里坐坐。这样反复几次，他越来越累，越来越冷，越来越饿。不能在这里冻死呀！

吕洪顺跑步到广场边上，看到山下4个霓虹大字：新疆饭店。他跑下去看看，或许有便宜的地方能让住住，哪怕是避避寒也行。他进去问了，说最便宜的床位4元一夜。他请求在走廊坐坐，答曰不行，马上出去！这是提防坏人，吕洪顺身上没带证件，脸上没有标签。

还有没有出路呢？他想起了碾子沟汽车站，那里有个很大的候车厅呀！于是他便迎着风雪在很厚的雪地上跑步。只有3站公交的路程，他很快就跑到了。他从汽车站候车厅大门往里一看，绝望了。大厅里人山人海，连窗台上都坐满了人。他想进去看看里面有无空隙，但不可能。门口的人在使劲往里挤，如果不用力气，就会被里面的人挤出来。

他回身仰面长叹："天不留我呀！"他冷，他饿，好像要完蛋了！石河子的家里只有母亲一个人，妹妹在学校住。如果他回不去，老娘怎么办？如果自己就此倒在乌鲁木齐冬夜的街头，老婆、孩子回来怎么办？不能死！

真是"天无绝人之路"！

这时可能是下半夜了。他冷不丁看到对面一个窗户透出了灯光，便没抱太大的希望走过去看。大门只有两块厚厚的毡子挡风御寒，在新疆的冬天这就是开门营业的意思。他进去了，里面没有顾客，一位维吾尔族大爷很客气地接待了他。里面好暖和呀。刚坐下一会儿，他脱下了棉衣。老人给他倒了一大碗煮好的砖茶。老人说茶水4毛钱随便喝，馕1毛钱1个，可以坐到天亮。这下他什么都不愁了。这时吕洪顺感觉自己还是幸运的。

长途班车6点发车。吕洪顺就坐在车站正对面，很近。身上的1.9元足够支付这一夜的高消费。他喝足了茶水，吃了4个馕，算是"水足饭饱"了。他又买了个馕，掰开装在衣兜里作为午饭。还剩1元钱，回家的路上无忧了。

看到墙上的挂钟已经五点半了，他准备去赶车。突然，一个年轻人进来拉着他的手就要下跪。吕洪顺挽他坐下问了缘由。年轻人是石河子糖厂的工人，老家四川，也是来乌鲁木齐送老婆、孩子回去探亲的。他买了回去的车票，身上留了1元钱。在汽车站候车厅里面挤来挤去时，1元钱被人偷走了。他是饿得受不了了才这样的。吕洪顺给了他5毛钱。

吕洪顺想不通，汽车站候车厅里挤得死去活来的人都不知道有这么个好地方花点钱可以不受罪吗？他们有些可能不知道，自己也是偶尔发现的。汽车站候车厅里的那些人，可能像自己一样，想凑合一夜。这些人可能也都是穷人，身上仅有的一两元钱是防备肚子饿或在最危难的时候用的。

开车了，吕洪顺上车坐下就睡，一气睡到玛纳斯。天快黑了，他拿出口袋里的馕吃着，慢慢就到了石河子。下车后天色已经伸手不见五指。糖厂那个人硬要拉他请他进家住一夜，说他家里只有他一个人。吕洪顺谢绝了，家里的老娘还在等着自己回去呢。

他急急忙忙往家赶，口渴了就抓把路边的雪吃，两个多小时就到自家房子后面的马路上了。一路上风没停地刮，雪没停地下，脚下都是软绵绵的雪花。他被脚下硬邦邦的东西绊了一下，用手一摸，是个羊蹄子。这是有钱人家杀羊丢出来的。有其一，必有其三。他蹲下在雪地里摸呀摸呀，终于把另3只羊蹄子找到了。他非常兴奋，一路疲惫都没有了。他急忙抱着4只羊蹄子到家门口敲门。母亲一脸睡意地打开门，他说："妈，咱有肉吃了！"

吕洪顺叫母亲继续睡觉，自己把炉火捅得很旺，把羊蹄子烙一烙，

天山雪景

刮一刮，弄得干干净净，再用水泡得白白的，放到锅里煮。等母亲起床洗漱以后，娘俩痛痛快快地喝了一顿热腾腾的羊肉汤。

※　　　　　　　　　※　　　　　　　　　※

吕洪顺在材料厂担任工人、技术干部 13 年多，1972 年 2 月被兵团八师组织部安排去新疆石油局克拉玛依中学任语文教师 28 年，直至 2000 年退休。

母亲刁永春随吕洪顺生活，于 1985 年 10 月 14 日在克拉玛依市去世，享年 71 岁。其妻李玉芳四川荣县人，新疆油田附属小学教师，现已病逝。妹妹吕洪敏毕业后任石河子市一五一团一中教师，现亦退休。

"自古英才多磨砺，从来纨绔少伟男。"一晃半个世纪过去了。吕洪顺到新疆支边的最初两三年经历，现在看来恰似对刚踏上社会的吕洪顺的迎头一记"杀威棒"，让他为应对以后人生坎坷艰难有了些许准备。

（根据吕洪暄、吕洪顺供稿整理）

# 优良传统不能丢

## ——龙口市下丁家艰苦创业纪念馆巡礼

在这一时期(20世纪60年代前期),中国农村涌现出许多艰苦奋斗,改造落后面貌的生产队、生产大队和人民公社。山东省黄县下丁家大队为改造恶劣的自然环境,提出"以水为纲,山水田综合治理"的口号……在国家遭受暂时困难的关头,以苦干、拼命干的精神,肩负起富强国家的重担。

——引自《中国共产党历史》(第二卷下册,中共党史出版社2011年版,第704页)

## (一)

关于龙口市下丁家艰苦创业纪念馆的设立,各级政府已酝酿筹划多年,"这是时代的要求,人民的呼唤,事业的需要"。

在新中国农业发展史上做出特殊贡献的下丁家,曾誉满全国、名扬海外,是全国农业战线上的一面旗帜。30多年来,下丁家人在"一心走社会主义道路的铁柱子"王永幸(1925—2000)带领下,不向困难低头,敢与命运抗争,不盲从,不跟风追风,坚持埋头苦干,硬是把一个"山是和尚头,光溜溜;地是一层皮,乱石窝",年景"十年总有九年旱,庄稼见种不见收",粮食亩产仅200斤左右的穷山沟,改造成"看山山青,看地地平,沟沟有水,库库相连","山顶林、山腰果、山根梯田种粮食",粮食亩产多年稳定在2000斤以上的社会主义新农村。党的十一届三中全会后,王永幸仍坚持实事求是、因地制宜,极力探索现代化大农业适度规模经营改革模式,一心带领群众共同富裕。

如今，在各级有关部门的大力支持下，由《青山不老——王永幸与下丁家》一书作者张久深总体设计的下丁家艰苦创业纪念馆终于在2014年6月底圆满竣工。

纪念馆位于下丁家圈子村西，坐北朝南，并列四厅，外有广场，布展面积300平方米，内陈200余幅珍贵的历史图片及部分有关报刊书籍等文字资料和实物。

# （二）

第一展厅"青山不老 史册载功"。分为王永幸生平简介、省部级以上领导题词、集体荣誉以及一部分刊载下丁家与王永幸先进事迹的省级以上有关报刊篇目和下丁家（1949—2002）基本情况表。主要展示了下丁家人"在国家遭受暂时困难关头，以苦干、拼命干的精神，肩负起富强国家重担"所取得的成就和获得的荣称。

第二展厅"战天斗地 顽强拼争"。分为整地改土、水利工程、环山路三部分。这三部分主要展示的是下丁家人三十几年来向高山要水，向石硼要地，埋头苦干的历程。

三年困境时期，我国经济遭受重大损失；"老大哥"背信弃义，撕毁合同，撤走专家；我国与苏联、印度边界爆发冲突……一时间，国际形势紧张，内忧外患交加，生资、农资极度匮乏，陷入困境。困难的首先是粮食，举国上下都在挨饿。"家贫出孝子，国难见忠臣。"也正是在这国家遭受暂时困难关头，下丁家人彰显出为党争气，为国分忧，自力更生，艰苦奋斗本色。

下丁家人在那特定历史时期取得的举世瞩目业绩，印证了一个国家迎难而上、承受重压的能量，展扬了一个民族顽强拼搏、奋发图强的尊严，并为今后的经济发展奠定了基础，创造了条件。

第三展厅"全面发展 农副俱丰"。分为粮食稳产高产、收益分配递增及下丁家（1956—2000）收益分配表。主要展示的是三十几年来下丁家农业、副业生产取得的成就。

下丁家经过三十几年大干苦干，共建成21座水库和塘坝，铺设环山渠道和浆砌输水管道54条（共1.5万米），修筑扬水站25座、拦河坝 8 条，打大口井 55 眼、地下井塘 7 眼，形成了一个水库、塘坝、扬水站、输水渠成网的配套工程，完成了"山顶塘坝、山腰水库、山根水井"的三级蓄水规划，实现了高山水利化，改变了"庄稼见种不见收"的干旱缺水状况，结束了靠天降雨种田历史。

纪念馆第三厅照片《喜缴爱国粮》

同时，下丁家还将"瓢一块，碗一块，破皮露出石头来"的 1.7 万块零碎山墹薄地整改成 6000 块、1600 亩土层 2 尺多的旱涝保收高产稳产田。1956 年粮食亩产 635 斤，"过黄河"；1959 年粮食亩产 849 斤，"跨长江"；1970 年粮食亩产 1071 斤，超千斤；1979 年粮食亩产 2008 斤……

这一厅还特别展示了三年困难时期，下丁家人挺起脊梁，勒紧腰带，在人均仅 0.8 亩粮田的条件下，向国家提供了 150 万斤粮食，并挤出节省下来的地瓜干、地瓜叶接济周围村队农民兄弟度荒的感人事迹。

1988 年胶东大旱歉收，下丁家乡 35 个村向国家提供小麦 22 万斤。而其中下丁家一个村即提供了 20 万斤，占 90%，差价（议价）8 万元。

同时，此厅还展示了他们坚持以副养农，发展林果经济作物取得的双赢效益。

第四展厅"时代楷模 丰碑高耸"。由公仆颂、班子赞、群英谱、迎宾曲、下丁家（1951—2000）党组织沿革和结束语组成。主要展示的是，三十几年来，王永幸坚持实事求是、坚持真理，刚正不阿的硬骨头精神和吃苦在前、享受在后，有功不居、有名不显，直道谋身、清正立本的优良品质。三中全会后，他一直在极力探索现代化大农业规模经营改革模式，一心带领村民共同致富。

强将手下无弱兵。他还带出一个"特别能战斗"的过硬领导班子。

班子成员如众星拱月，紧紧团结在党总支周围，为建设社会主义新农村发挥了模范带头作用。同时，此厅侧重介绍了"老铁人""老愚公""铁肩膀""铁脚板""小石匠"等英雄群体中的十几个典型人物。另外，此厅还展示了接待外宾及国内参观人员的盛况。

# （三）

几十年过去了。"一大地"、高山水库和环山路一项项农田水利建设工程仍在默默地传播着发愤图强的正能量，仍在默默地向后来人诉说着下丁家人为生存、为民族振兴而苦干的感人故事。

对于这一代人为改变贫困命运所进行的探索与拼搏，成功与失败都是财富，经验与教训都是至宝。下丁家艰苦创业纪念馆还告诫后人：以史为鉴，居安思危。珍惜耕地，珍惜粮食。他们勒紧腰带苦干、拼命干，为的是填饱肚子，为的是子孙后代过好日子，为的是"肩负起富强国家的重担"。

下丁家人当年践行的是艰苦创业，追求的是共同富裕，他们在那特殊历史条件下对国家做出的贡献已载入史册。下丁家精神是民族精神，优良传统没有时限。穷要艰苦奋斗，富要艰苦奋

纪念馆第一厅"靓山村"

斗，全面建设小康社会也要艰苦奋斗，曾激励过无数人忘我奋斗的下丁家精神光照千秋。

# 后 记

20世纪80年代初政协恢复活动后，我即由从事文学创作转行进行文史资料搜集编撰。一晃近40年过去了，尽管工作单位几经调换，我却痴心不改，一直孜孜不怠，从未放弃对地方文史的关注和热衷。就这样，时断时续，日积月累，这部谫陋的选集汇成了。其中有几篇是二三十年后才修订增补成稿的。

我始终认为从事文史工作，须注意以下四点。一是要讲史德、史才，讲政治，存史资政，服务于改革开放与祖国统一大业。二是要讲选材。抓重大题材，抓有影响的人物，凸现地方特色，树立走出烟台、冲出山东、攀上全国的高标准。三是要讲"抢"，抢时间。要有全局观念与只争朝夕的紧迫感，发现有价值的史料线索，趁当事人、知情人与亲经亲历者健在，抢时间挖掘征集。四是要讲质量。文史有别于文学，尽管也讲文采及可读性与趣味性，但"史重于文"，必须端正治史的严谨与科学态度。

毋庸讳言，历代写史修志都有局限性。尤其文史，因为强调"三亲"，其局限性更为明显。殷待后来者摆脱自身思想束缚，直面给人们留下困惑与弊端的史实，在《东莱风云录》这个蓝本基础上进一步探索修订，使其日臻完善，成为经得住时间检验的信史。

值此本书付梓之际，感谢曾勖勉和支持过我的老领导李克俭、丁方明、谢华、修琪、侯玉珍及帮助我出版此书的政协负责人；感谢为我校对书稿的张仁庆、王世永、单汝军、赵术经、郑祖华诸位老友。

张久深

2019年8月于龙口

图书在版编目（CIP）数据

东莱风云录/张久深著；中国人民政治协商会议山东省龙口市委员会编 . — 青岛 : 中国海洋大学出版社，2020.11

ISBN 978-7-5670-2652-0

Ⅰ . ①东… Ⅱ . ①张… ②中… Ⅲ . ①文化史 – 龙口 Ⅳ . ① K295.24

中国版本图书馆 CIP 数据核字 (2020) 第 226437 号

----------------------------------------------------------------

DŌNGLÁI FĒNGYÚNLÙ
# 东 莱 风 云 录

| | | | |
|---|---|---|---|
| 出版发行 | 中国海洋大学出版社 | | |
| 社　　址 | 青岛市香港东路 23 号 | 邮政编码 | 266071 |
| 网　　址 | http://pub.ouc.edu.cn | | |
| 出 版 人 | 杨立敏 | | |
| 责任编辑 | 孙玉苗 | 电　　话 | 0532-85901040 |
| 电子邮箱 | 94260876@qq.com | | |
| 印　　制 | 北京虎彩文化传播有限公司 | | |
| 版　　次 | 2020 年 12 月第 1 版 | | |
| 印　　次 | 2020 年 12 月第 1 次印刷 | | |
| 成品尺寸 | 160 mm × 230 mm | | |
| 印　　张 | 26 | | |
| 字　　数 | 387 千字 | | |
| 印　　数 | 1~1300 | | |
| 定　　价 | 88.00 元 | | |
| 订购电话 | 0532-82032573（传真） | | |

发现印装质量问题，请致电 010-84720900，由印刷厂负责调换。